Albert Fleischmann/ Werner Schmidt
Christian Stary/ Stefan Obermeier
Egon Börger/

SUBJEKTORIENTIERTES PROZESS-MANAGEMENT

Mitarbeiter einbinden, Motivation
und Prozessakzeptanz steigern

HANSER

Bibliografische Information der Deutschen Nationalbibliothek
Die Deutsche Nationalbibliothek verzeichnet diese Publikation in der
Deutschen Nationalbibliografie; detaillierte bibliografische Daten
sind im Internet über http://dnb.d-nb.de abrufbar.

© 2011 Carl Hanser Verlag München
http://www.hanser.de
Lektorat: Lisa Hoffmann-Bäuml
Herstellung: Thomas Gerhardy
Satz/Illustrationen: Anna Fleischmann, Pfaffenhofen
Umschlagdesign: keitel & knoch kommunikationsdesign, münchen
Umschlagrealisation: Stephan Rönigk

Gesamtherstellung: Kösel, Krugzell

Printed in Germany
Buch ISBN   978-3-446-42707-5
eBook ISBN   978-3-446-42969-7

Zum Thema Geschäftsprozessmanagement gibt es zahlreiche Erfolgsmeldungen, aber vermutlich ebenso viele Misserfolgsmeldungen. Es ist häufig ein endloses Thema, das viele verbinden mit Papier, großen Zeichnungen an den Wänden, endlosen Diskussionen usw. Die IT-Abteilung erhält in der Regel im Anschluss einen Auftrag, aus den Ergebnissen der Fachabteilung einen IT-gestützten Ablauf zu entwickeln, der dann wenig mit dem Ausgangsmodell gemeinsam hat und aus diesem Grund bei den Mitarbeitern wenig Akzeptanz findet. Das Ergebnis all dieser Mühen ist bislang häufig unbefriedigend. Viele Führungskräfte sehen deshalb das Thema Geschäftsprozessmanagement kritisch und distanziert. Dabei hat jede Organisation – ob Industriebetrieb oder Kleintierzuchtverein – Prozesse. Nur wenn diese Prozesse immer wieder hinterfragt und optimiert werden, lässt sich unnötige Arbeit vermeiden und letztendlich das Überleben der Organisation sichern.

In ihrem Buch „Luhmann leicht gemacht" schreibt Margot Berghaus: „Soziale Systeme operieren in Form von Kommunikation, sind Kommunikationssysteme" und Organisationen sind soziale Systeme [Berghaus 2004]. Oder anders formuliert:

Organisation = Kommunikation

(Die entsprechende Internetsuche mit Google liefert dazu am 2. Juni 2011 269 Treffer). In Organisationen werden Aktivitäten, die einzelne Mitglieder ausführen, hinsichtlich eines Ziels koordiniert. Voraussetzung hierfür ist, dass die Betroffenen miteinander kommunizieren.

In allen bekannten Sprachen besteht ein natürlich-sprachlicher Satz aus den drei Bestandteilen Subjekt, Prädikat und Objekt. Das Subjekt ist der Ausgangspunkt der Handlung, das Prädikat ist die Handlung und auf das Objekt wirkt die Handlung. Dieser Struktur folgend ist jeder befähigt, prozessorientiert zu denken und zu modellieren.

Auf diesen einfachen Grundüberlegungen basiert der hier vorgestellte Ansatz des Subjektorientierten Geschäftsprozessmanagements. Die Handelnden (Subjekte) mit ihren Aktionen und ihrem Kommunikationsverhalten werden hier in den Mittelpunkt der Betrachtung gestellt. Durch die Strukturierung der Aktionen und der erforderlichen Abstimmung der notwendigen Kommunikation kommt ein Prozess zustande.

Das vorliegende Buch wollen wir, ausgehend von obigen Grundüberlegungen als Einladung verstanden wissen, die vielen Einzelaspekte für die Gestaltung von Organisationen zu erschließen und reflektiert zur Diskussion zu stellen. Alle Interessierten sollen ermuntert werden, diesen pragmatischen Ansatz einfach mal auszuprobieren. Es gibt schon viele Unternehmen und Institutionen, die dies erfolgreich tun und erstaunt sind, dass ihre Prozesse verständlich geworden sind.

Ein Buch zu einem Thema zu schreiben, das technische, psychologische, wirtschaftliche, mathematische und organisatorische Aspekte betrachtet, ist ein ehrgeiziges Unterfangen. Wir haben versucht, all diese unterschiedlichen Aspekte zu betrachten und wir wissen, es könnte noch vieles dazu geschrieben werden.

Hierzu ist es gelungen, uns in einem Team zu finden, in dem jeder einen unterschiedlichen Hintergrund aus Theorie und Praxis mitbringt, wodurch im Zusammenwirken ein umfängliches Bild der Subjektorientierung entstehen konnte. Das gemeinsame Ringen um die Inhalte und die konstruktive und humorvolle Zusammenarbeit hat uns viel Spaß gemacht. Diese Leichtigkeit sollte neben den komplexen Inhalten zwischen den Zeilen zu lesen sein.

Für das Gelingen danken wir

- unseren Familien, die uns mehr oder weniger freiwillig den Rücken gestärkt haben,
- allen Interessierten, die auf das Fertigstellen des Buches gewartet haben und uns durch ihr penetrantes Nachfragen unter einen freundlichen Erfolgsdruck gesetzt haben,
- der Firma Metasonic für das zur Verfügung stellen von Ressourcen,
- den Kunden der Firma Metasonic für die zahlreichen Verbesserungsvorschläge aus der Praxis
- dem Hanser Verlag, insbesondere Frau Hoffmann-Bäuml, für die konstruktive Zusammenarbeit,
- den Korrekturlesern und
- der Deutschen Bahn für ihre Notebook-tauglichen Züge, in denen sogar Bücher geschrieben werden können.

Besonderer Dank gilt Anna Fleischmann, die mit ihrer ausgefallenen graphischen Gestaltung und Formatierung dem Buch eine ganz individuelle Note gegeben hat.

Hierzu gehören auch die Gestaltung der „To Go's": Um den Einstieg in die einzelnen Kapitel oder wichtigen Abschnitte von Kapitel 5 zu erleichtern, gibt es die Abschnitte auch zum Mitnehmen. Diese „To Go's" sind fiktive unterhaltsame Dialoge zwischen Beteiligten am Prozessmanagement. Als Illustration der Rollen haben wir die wesentlichen Gegenstände von Schnellrestaurants gewählt: Essenstüten und Trinkbecher. Der Leser kann sie leicht mitnehmen und an einem Platz seiner Wahl schnell verzehren. Ab dem Kapitel 4 spielen sie die Akteure des S-BPM-Vorgehensmodells, die im vorhergehenden Kapitel eingeführt worden sind und tragen dann einen Anstecker mit dem ersten Rollenbuchstaben.

Und noch ein Hinweis zu „Gender": Zur besseren Lesbarkeit wird in der Regel die männliche Form verwendet, die weibliche Form ist immer mit berücksichtigt. Sogar bei den Fastfood-Utensilien wurde auf eine strenge Ausgeglichenheit der Geschlechter geachtet.

Nun wünschen wir den geneigten Leserinnen und Lesern viel Freude und bitten um Nachsicht für den einen oder anderen Kommafehler. Wenn jemand Fehler findet, dann kann er sie entweder behalten oder an uns zurückgeben. Letzteres gehört sich an und für sich für Fundsachen.

Sollte sich unser Ziel erfüllen, dass sie mit dieser Methode arbeiten wollen, verweisen wir auf die Seiten der Non-profit-Organisation I2PM (www.i2pm.net), die Material und Werkzeuge zur Verfügung stellt. Hinter der Domain I2PM verbirgt sich das Institute of Innovative Process Management e.V. Jede/r kann Mitglied werden, die/der das Thema Prozessmanagement abseits von ausgetretenen Pfaden vorwärts treiben möchte, vor allem mit seinem Wissen und seinen wertvollen Erfahrungen.

Sommer, 2011

Albert Fleischmann, Werner Schmidt, Christian Stary, Stefan Obermeier, Egon Börger

■ Literatur

[Berghaus 2004]
  Berghaus, M., Luhmann leicht gemacht, Köln/Weimar/Wien, 2004.

Inhalt

1

Geschäftsprozesse systemisch betrachten

■ 1.1 To Go

Warum soll ich das Buch lesen und mich mit der Subjektorientierung befassen? Was ist das Besondere dran? Ist das nicht wieder so ein neues Buch, das seit Langem bekannte Fakten aufwärmt und mit mehr oder weniger schönen Beispielen und Bildern anreichert? Was ist an den Subjekten das Besondere?

Zu Geschäftsprozessen gibt es Tonnen von Literatur, die Prozesse als Reihenfolgen von Aktivitäten betrachten. Wenn überhaupt wird nur am Rande erwähnt, wer die Aktivitäten ausführt. Die Aktivitäten in Prozessen werden von den jeweiligen Betroffenen ausgeführt, nämlich den Subjekten. In allen Geschäftsprozessen gibt es Subjekte. Diese erfindet das vorliegende Buch nicht neu. Sie sind selbstverständlich. So selbstverständlich, dass sie bislang eher sekundär betrachtet wurden. Rücken wir jedoch das Subjekt in den Mittelpunkt eines Prozesses, ändert sich damit die Perspektive auf den Prozess. Und viele Fragen, die bislang nicht beantwortet werden konnten, sind deutlich schärfer. Und das Schöne ist: Subjektorientierte Prozesse kann man technisch abbilden. Aber lies selbst!

■ 1.2 Einleitung

Unternehmenserfolg basiert heute vielfach auf einer flexiblen und dynamischen Gestaltung von Geschäftsvorgängen [Scheer et al. 2007]. Dabei gilt es unterschiedlichen Einflussfaktoren Rechnung zu tragen:

- Globalisierung: Durch die weltweite Öffnung von Güter-, Arbeits- und Informationsmärkten ist die Dynamik im unternehmerischen Handeln kontinuierlich gestiegen. So werden nicht nur neue Märkte erschlossen und wird zusätzliches Wachstum generiert, sondern es werden ständig Arbeitsplätze umgestaltet, Portfolios gewechselt und Unternehmensabläufe reorganisiert. Jede kleine Veränderung kann eine weitreichende Auswirkung in einer vernetzten Organisation haben. Die Arbeitsteilung überschreitet Firmen- und Landesgrenzen.

- Stakeholder-Orientierung: Neben den Vertretern von Beschaffungs- und Absatzmärkten nehmen auch andere Akteure Interessen wahr und beeinflussen das Unternehmen direkt oder indirekt. Bei börsennotierten Unternehmen haben die Aktionäre einen hohen Einfluss. Das Management ist verpflichtet, ihnen im besonderen Maße gerecht zu werden. Und nicht zuletzt sind immer mehr regionale, nationale, europäische und internationale Gesetze und Verordnungen einzuhalten. Zu diesen Compliance-Anforderungen gehören unter anderem auch die Vorgaben für den Einsatz von Risikomanagementsystemen. In diesem Zusammenhang stehen beispielsweise die verpflichtend gewordenen Eigenkapitalvereinbarungen (z. B. Basel II), welche die Kreditvergabe an Unternehmen über ein Ratingsystem regeln.

- Fortschreitende Durchdringung der Geschäftswelt mit Informations- und Kommunikationstechnologien: Die Internettechnologie stellt eine der treibenden Kräfte für organisatorisch-technische Veränderungen in nahezu allen volkswirtschaftlich und betriebswirtschaftlich relevanten Bereichen der Gesellschaft dar. Die Übertragungs- und Kommunikationsplattformen ermöglichen die teilweise bis vollständige Unterstützung, Abwicklung und Aufrechterhaltung von Leistungsaustauschprozessen mittels elektronischer Kommunikationsnetze. Der Begriff der Leistungsaustauschprozesse beschreibt den Transfer von materiellen und immateriellen Gütern sowie von Dienstleistungen. Begleitet wird diese Entwicklung durch konfigurierbare Strukturbeschreibungssprachen wie die Extensible Markup Language (XML), die den Austausch von Information über technische Systemgrenzen hinweg an die jeweiligen Interaktionspartner angepasst ermöglichen.

Jeder dieser Einflussfaktoren steht mit der Organisation und der Umsetzung von Geschäftsvorgängen bzw. Arbeitsprozessen mittelbar oder unmittelbar in Zusammenhang. Gleichzeitig bedingen diese Faktoren einander und können nicht isoliert voneinander betrachtet werden. Die Beherrschung von komplexen Geschäftsvorgängen gehört zu den großen Herausforderungen eines jeden Unternehmens. Es sind Konzepte erforderlich, mit diesen Veränderungen strukturiert umgehen zu können [Heracleous 2003].

Aufgrund der geschilderten Ausgangslage der Unternehmen kommt der steten Gestaltung von Geschäftsvorgängen und damit dem Geschäftsprozessmanagement (GPM) (engl. Business Process Management – BPM) eine entscheidende Bedeutung zu. Es umfasst die Umsetzung von Strategien und Geschäftsmodellen in organisatorische Abläufe und geht somit über klassische Managementaktivitäten im Sinne zyklischer Planung, Organisation, Führung und Kontrolle von Organisationen hinaus, wie etwa von Liappas anschaulich beschrieben: „Unternehmen haben oft inhomogene Geschäfte. Unterschiedliche Geschäfte verlangen unterschiedliche Organisationen. Die Organisation ist auf die Markt- bzw. Kundenanforderungen auszurichten." (Liappas in [Scheer et al. 2007, S. 44]). Das Management eines Unternehmens interessieren zwei Sichten: Mit den Finanzzahlen wird in der Regel in die Vergangenheit geblickt. BPM bietet ein Instrumentarium, welches zusätzlich einen Blick in die Zukunft eines Unternehmens erlaubt [Gilbert 2010].

Wie wir sehen, hat BPM primär mit Geschäften eines Unternehmens zu tun. Es ist kein Zufall, dass das Wort „Business" (Geschäft) im Begriff vorangestellt ist. Prozesse sind die Hebel, um Geschäfte im Sinne der jeweiligen Strategie zu betreiben bzw. die Organisation im Sinne eines öffentlichen Auftrags auszurichten (vgl. Liappas in [Scheer et al. 2007, S. 44]).

Subjektorientiere Prozessorientierung bedeutet eine Abkehr von der reinen Ergebnisorientierung. Gewinn ist nur zu erzielen bei hoher Stakeholder-Zufriedenheit.

Zwei Beispiele aus der Beratungspraxis (ebenda):

- „Ein marktführendes Chemieunternehmen hat die Kostenführerschaft als den wichtigsten Erfolgsfaktor in seinem Geschäft identifiziert. Produkt- und Prozesskosten sind hierzu die zwei entscheidenden Hebel. Der Produktionsverbund, der für die Produktherstellung verantwortlich gewesen ist, garantierte niedrige Produktkosten. Das Unternehmen beschloss, seine Bemühungen auf die Schaffung einer leistungsfähigen, effizienten Prozesslandschaft zu konzentrieren. Sie sollte einerseits die Interaktion der Kunden mit dem Unternehmen vereinfachen und automatisieren und andererseits die geforderte Stringenz in der Einhaltung des beschlossenen Geschäftsmodells durch die Organisation sicherstellen.

- Eine europäische Behörde hat beschlossen, die Geschäftsprozesse als Instrument der Umsetzung der Strategie und der effizienten Ressourcennutzung einzusetzen. Als Basis für die nachfolgenden Aktivitäten wurde ein Geschäftsprozessmodell erstellt, das den gesetzlichen Auftrag an diese Behörde widerspiegelte. Basierend auf diesem Modell wurden verschiedene Gestaltungsvorhaben aufgesetzt wie Zero-Based Budgeting, Optimierungen in diversen Bereichen der Organisation oder die Einführung eines neuen ERP-Systems.

Organisationen des öffentlichen Dienstes stellen häufig die Frage, ob sie die gleichen Methoden verwenden können wie Unternehmen mit einer marktwirtschaftlichen Ausrichtung. Der einzige Unterschied liegt im Zweck der Organisation: Die einen wollen Geld verdienen und die anderen müssen das Gesetz vollziehen. Die Herangehensweise zur Erfüllung des jeweiligen Zwecks kann in beiden Fällen identisch sein.

In diesen Beispielen begegnet uns keine abstrakte Auseinandersetzung mit dem Thema Geschäftsprozesse, sondern eine konkrete Verbindung mit dem Geschäft und seinen Prioritäten. Hier liegt auch das größte Risiko für BPM heute: die Trivialisierung des Umgangs mit Prozessen. Es ist anspruchsvoll, sich gleichzeitig mit dem Geschäftsmodell des Unternehmens, den Abläufen, den Planungs- und Steuerungssystemen, den Verhaltensregeln, der Informationstechnik und den Personalbelangen zu befassen.

> Fehlende Kenntnisse über Geschäftsprozesse können zu Fehlentscheidungen mit negativen Folgen führen.

* Verantwortliche müssen sich mit Prozessen beschäftigen, Geschäftsprozesse beobachten, aufnehmen, aufzeichnen und ablegen. Eine derartige Fokussierung auf die Abläufe ist häufig der in der Praxis gewählte Ansatz zu dem Preis, dass die Ergebnisse dürftig sind und die Akzeptanz für BPM gering ist. Häufig publizieren Unternehmen ihre Prozessbeschreibungen in ihrem Intranet. Allerdings sind die Zugriffe auf diese Seiten meist sehr selten. Warum wohl? Weil jeder die Prozessdokumentation schon auswendig kann oder sich niemand dafür interessiert? „Prozesse kann man jedoch nicht vom Geschäft entkoppeln!" (Liappas in [Scheer et al. 2007]). Sie steuern das, was im Unternehmen geschieht.

* Ein weiteres Problem ist die weithin verbreitete Tatsache, dass das Thema Geschäftsprozesse von unterschiedlichen Interessengruppen verfolgt wird. So werden Prozesse in den Fachbereichen aufgenommen und modelliert, ebenso wie von den IT-Abteilungen, die allerdings dabei einen anderen Blickwinkel auf das Thema einnehmen. Die Gesprächspartner sprechen nicht die gleiche Sprache. Eine große Behörde hat berichtet, dass dieser Prozess des Verstehens in ihrem Prozessmanagement die meiste Arbeit verursacht. Dies spiegelt sich bereits in den Begriffen Geschäftsprozess und Workflow wieder. Die Geschäftsprozesse der Fachabteilungen werden häufig mithilfe von Informationstechnologien implementiert. Damit wird aus dem Geschäftsprozess ein Workflow und Workflows werden häufig mit anderen Methoden beschrieben als Geschäftsprozesse. Dies führt zu Informationsverlust, bedingt durch Überführungen bzw. Übersetzungen. Darüber hinaus sind zumeist Prozessbeschreibungen von den Fachabteilungen nicht ausreichend detailliert, um ohne weiteren Aufwand in ein Workflow-System überführt werden zu können. Dies führt in weiterer Folge dazu, dass für eine erfolgreiche Umsetzung Annahmen getroffen werden (müssen).

* Eine Gestaltung der Geschäftsabläufe sollte mit der Business Intelligence [Kemper et al. 2004] in Einklang stehen. Sie bündelt relevante Information über Organisationen. Durch die Modellierung von Geschäftsprozessen kann die Organisation eine Business Intelligence aufbauen, d. h., sie kann ihr Wissen zur Erreichung von Organisationszielen sammeln und transparent zur zielgerichteten Verarbeitung modellieren. Dabei spielen Informations- und Kommunikationstechnologien eine wesentliche Rolle für die Darstellung, Abbildung und Verarbeitung von Prozessinformation.

* Darüber hinaus ist die Organisation als System von Personen und ihren Kommunikationsbeziehungen zu berücksichtigen. Diese Personen sind verantwortlich für

die Umsetzung der Geschäftsabläufe, von ihrer Qualifikation und Motivation hängt der Erfolg des Geschäftes ab. Systemorientiertes Denken bedeutet das Erkennen und bewusste Gestalten von Zusammenhängen.

> Je mehr Organisationsveränderung (zunächst) anhand von Modellen erfolgt, umso wichtiger wird die Berücksichtigung von Kontext-Information, sogenanntes systemisches Denken.

Die Generierung von Wertschöpfung erfordert also einen integrierten BPM-Ansatz, der viele ganz unterschiedliche Aspekte berücksichtigt und integriert. Hierzu ist eine ganze Reihe verschiedener Fähigkeiten erforderlich, wie:

- Produktorientierung: Eine marktgerechte Orientierung an Partnern und Produkten [Lehner et al. 2007] inkludiert Dienstleistungen und Software und stellt einen der wesentlichen Orientierungsfaktoren im Rahmen der Prozessgestaltung dar. Der Einsatz von Unternehmensressourcen (Information, Material, Kompetenzen etc.) ist auf den Lebenszyklus von Produkten auszurichten.
- Kunden- bzw. Marktorientierung: Neben der Produktorientierung stellt die Kundenorientierung den wichtigsten Korrektur- bzw. Anlassfaktor für Gestaltung und Veränderungen dar. Selbst der Produkt-Lebenszyklus hat sich an Kundenvorstellungen auszurichten (vgl. die Debatte um den Klimaschutz), und ist damit Änderungen im Kundenverhalten unterworfen. Dennoch haben die Entwicklung bzw. Fertigung sowie der Vertrieb von Produkten bzw. Dienstleistungen den Grundsätzen der Wirtschaftlichkeit zu genügen.
- Systemisches Denken: Dies erfordert bei allen unternehmensspezifischen Vorgängen insbesondere bei Entscheidungsfindungsprozessen die Berücksichtigung von Kontext und das Vernetzen von Information über Systemgrenzen hinweg.
- Denken in Modellen: Das Herangehen an Potenziale und Probleme erfolgt vermehrt in Abbildungen, welche über Ereignisse und Strukturen der menschlich beobachtbaren Welt abstrahieren. Die Bestimmung des „Wesentlichen" ohne Verlust zielspezifischer Zusammenhänge rückt in den Mittelpunkt.

Den primären Gestaltungsbereich von Veränderungen bei integriertem BPM stellen Organisationen als zunehmend selbst gesteuerte soziotechnische Systeme dar [Exner et al. 2010]. Technische Systeme, insbesondere ablaufunterstützende Systeme wie Workflow-Management-Systeme befinden sich im organisatorischen Kontext und sind daher ökonomisch nutzbringend und menschengerecht zum Einsatz zu bringen. Hierzu sind geeignete Modelle, Methoden und Werkzeuge anzuwenden.

Systemisches Geschäftsprozessmanagement bedeutet kontextsensitives Vorgehen in zweifacher Hinsicht: Zum einen sind organisatorische, technische und menschlich-soziale Faktoren in ihrem wechselseitigen Zusammenhang mitzudenken, zum anderen bilden diese mit ihren Abhängigkeiten den Kontext für sämtliche BPM-Aktivitäten (von der Erhebung über die Evaluierung bis hin zur Ausführung).

Eine umfassende Methode für die konkrete Umsetzung eines integrierten BPM-Ansatzes ist das Subjektorientierte Geschäftsprozessmanagement (S-BPM). Es stellt in seinem Wesen das Subjekt eines Prozesses in den Mittelpunkt der Betrachtung. Damit werden Geschäftsprozesse und ihr organisatorisches Umfeld aus einer neuen Perspektive betrachtet, die den aktuellen Anforderungen viel gerechter wird. Hagen Buchwald unterschied 2009 bei einem Kongress [Buchwald 2009, S. 20 f.] drei Phasen von Perspektiven in der Informatik: 1970 standen Ablaufdiagramme im Vordergrund (prädikatsorientiert).

Integration ist mehr als die Summe seiner Teile. Der Subjektorientierte Managementprozess ist nicht nur ergebnisorientiert, sondern ganzheitlich und konstruktiv. Verantwortliche vertrauen ihren Mitarbeitern, um Geschäftsabläufe reflektieren und gestalten zu können.

Dies änderte sich etwa 1990 durch den Paradigmenwechsel zur Objektorientierung. Und noch einmal 20 Jahre später, im Jahr 2010, zeichnet sich eine weitere Veränderung ab zur Subjektorientierung.

Sie beschreibt ein durchgängiges Vorgehensmodell, Geschäftsprozesse im Unternehmen integriert zu managen: Ihr Fokus liegt auf der Zusammenarbeit von Beteiligten an Prozessen und Verantwortlichen für Prozesse, die in einer global vernetzten Struktur das Wissen vom Unternehmen teilen. Damit ist S-BPM ein Ansatz, die Organisation ganzheitlich weiterzuentwickeln. Und das vor dem Hintergrund von Prozessen, die sich in subjektorientierter Form in besonders geeignetem Maße in komplexe und heterogene IT-Landschaften integrieren lassen.

Die einzige Voraussetzung für den Erwerb von Modellierungs- bzw. S-BPM-Kompetenz ist die Beherrschung der natürlichen Sprache. Basierend auf Erkenntnissen der Entwicklungspsychologie und der Linguistik werden wir zunächst in Kapitel 2 erläutern, dass für eine vollständige Spezifikation eine vollständige Standardsatzsemantik zu verwenden ist. Dies gilt insbesondere für die Modellierungen von Geschäftsprozessen, wollen Verantwortliche gewährleisten, dass die Anforderungen der verschiedenen Akteure und externen Stakeholder vollständig umgesetzt werden. Durch den engen Bezug zu Handlungen und den Austausch aufgabenrelevanter Information zwischen Akteuren ist die subjektorientierte Modellierung für alle rasch erlernbar. Es wird erläutert, wie IT-Systeme mithilfe von S-BPM aufgebaut werden können, um verschiedensten Anforderungen gerecht zu werden und diese unmittelbar umsetzen zu können.

In Kapitel 3 erläutern wir das integrierte S-BPM-Vorgehensmodell zur Entwicklung von Organisationen auf Basis von subjektorientierten Geschäftsprozessmodellen. Das Vorgehensmodell ist durchgängig und begründet so die Praxistauglichkeit von S-BPM. Außerdem liegen inzwischen zahlreiche weltweite Erfahrungen beim Einsatz von S-BPM vor. Die Kapitel 4 bis 11 beschreiben die mit dem S-BPM-Vorgehensmodell verbundenen Aktivitätsbündel, wie z. B. die Prozessanalyse. Anhand dieser Bündel zeigen wir, wie die Subjektorientierung schrittweise mit Fokussierung auf Kommunikationsbeziehungen im Rahmen der Leistungserbringung in der Praxis eingesetzt und erfahren werden kann. Die Vorteile der subjektorientierten Sicht liegen auch in der Echtzeitausführung von Spezifikationen, die ebenso wie die Modellierung erlaubt, mit einfachen Konzepten komplexe Probleme zu strukturieren und schließlich zu lösen. In Kapitel 12 liefern wir eine formale Präzisierung der Modellierungsmethode. Kapitel 13 illustriert, wie die vorher beschriebenen Aktivitätsbündel mit Unterstützung von geeigneten Softwarewerkzeugen bearbeitet werden können.

Im abschließenden Teil des Buches zeigen wir in Kapitel 15 einen typischen Round-Trip aus der Praxis des S-BPM und stellen den Modellierungsansatz bestehenden formalen Modellierungsmethoden für Geschäftsprozesse in Kapitel 14 gegenüber. Die Ansätze werden auf Basis ihrer Grundlagen beschrieben und wir erläutern, welche Beziehung formale Modellierungssprachen der Informatik allgemein zu natürlichen Sprachen haben und wie sich die subjektorientierte Modellierungsmethode aus der Struktur der natürlichen Sprache entwickelt hat. Somit schließt sich der Kreis der humanzentrierten Gestaltung soziotechnischer Systeme.

Jedes Kapitel beginnt mit einer Zusammenfassung wesentlicher Erkenntnisse aus diesem Abschnitt, den sogenannten „To Go's": In einem fiktiven Dialog setzen sich Akteure des Subjektorientierten Geschäftsprozessmanagements in einem kleinen Rollenspiel mit dem Inhalt des Kapitels anschaulich und unterhaltsam auseinander.

Das Glossar und der Index runden die Ausführungen ab und sollen dem raschen Nachschlagen und der unmittelbaren Verständnisbildung der vermittelten Konzepte und Methoden dienen.

■ 1.3 Literatur

[Buchwald 2010]

Buchwald, H.: The Power of 'As-Is' Processes, Springer CCIS 85, pp. 13–23, 2010.

[Exner et al. 2010]

Exner, A.; Exner, H,; Hochreiter, G.: „Unternehmens(Selbst)Steuerung - Ein praktikables Managementmodell", in: Organisationsentwicklung – Zeitschrift für Unternehmensentwicklung und Change Management, No. 2, S. 56–65, 2010.

[Gilbert 2010]

Gilbert, P.: „The next decade of BPM", in: Hull, R., Mendling, J., Tai, S. (Eds.), Business Process Management, Springer LNCS 6336, Berlin 2010.

[Heracleous 2003]

Heracleous, L.: Strategy and Organization – Realizing Strategic Management, Cambridge/UK 2003.

[Kemper et al. 2004]

Kemper, H.-G.; Mehanna, W.; Unger, C.: Business Intelligence: Grundlagen und praktische Anwendungen, Wiesbaden 2004.

[Lehner et al. 2007]

Lehner, F.; Wildner, S.; Scholz M.: Wirtschaftsinformatik – Eine Einführung, München 2007.

[Schatten et al. 2007]

Schatten, A.; Schiefer, J.: „Agile Business Process Management with Sense and Respond", in: Proceedings IEEE International Conference on e-Business Engineering (ICE-BE'07), pp. 319–322, 2007.

[Scheer et al. 2007]

Scheer, A.-W. et al. (Hrsg.): Agilität durch ARIS-Geschäftsprozessmanagement, Jahrbuch Business Process Excellence 2006/2007, Berlin 2007.

2

Vom Spracherwerb zum subjektorientierten Modell

■ 2.1 To Go

Sprache beherrscht doch jeder, naja mehr oder weniger. Warum beschreiben wir Prozesse so gern in natürlicher Sprache? Weil ich diese schon mehr oder weniger gut kann und nicht irgendein verqueres Informatikkauderwelsch lernen will. Was hilft mir das nächste Gedöns S-BPM? Ein neues Kauderwelsch? Was hilft denn subjektorientiert? Was hat dies mit natürlicher Sprache zu tun?

Ein Geschäftsprozess ist eine hochkomplexe Form von Kommunikation in einer Organisation. Der Mensch hat gelernt, mit Sprache zu kommunizieren. Daher ist es sinnvoll, Geschäftsprozesse sprachlich vollständig zu beschreiben. Vollständige Sätze bestehen aus Subjekt, Prädikat und Objekt, und zwar in den meisten Sprachen. Jedenfalls kenne ich keine Sprache, in der es nicht so ist, und ich habe schon Menschen unterschiedlichster Herkunft gefragt. Okay, die Reihenfolge im Satz kann unterschiedlich sein, aber diese Bestandteile hat jeder Satz. In vielen BPM-Methoden fehlt aber irgendeiner dieser Teile oder wird sehr stiefmütterlich behandelt, eigentlich fast immer das Subjekt. Wir beschreiben Prozesse durch Listen von Prädikaten. Bei den sogenannten objektorientierten Methoden gibt es neben den Prädikaten auch die zugehörigen Objekte, auf denen operiert wird. Aber wir drücken uns immer herum, zu definieren, wer was macht. Wir sagen, dass nichts von selbst geschieht, nichts passiert ohne Subjekte, deshalb rücken wir diese in den Betrachtungsmittelpunkt.

Wir zeigen zunächst eine reflektierte Betrachtung der menschlichen Denk-, Sprach- und Handlungsentwicklung, ehe wir Subjektorientiertes Geschäftsprozessmanagement (S-BPM) mit seinen wesentlichen Merkmalen und Konstrukten zur Unterstützung organisationaler Entwicklungsschritte einführen. Das Besondere von S-BPM ist, dass sie Subjekte in den Mittelpunkt stellt, das sind die aktiven Handlungsträger bzw. Systeme. Diese Methode orientiert sich an der Semantik von Standardsätzen in natürlicher Sprache, die aus Subjekt, Prädikat und Objekt besteht. Die subjektorientierten Geschäftsprozessmodelle lassen sich aus diesem Grund direkt aus einer natürlichen Sprache ableiten. Sprache ist ein komplexes Kommunikationssystem, das willkürlich gewählte Symbole verwendet, die auf unzählige Arten miteinander kombiniert werden können. Ihr Ziel ist, Information zu übermitteln.

Wir geben im Folgenden einen Überblick über Grundelemente der menschlichen Sprache und zeigen den Übergang in ein subjektorientiertes Modell auf. Zunächst beginnen wir mit wesentlichen Untersuchungen zum Spracherwerb und diskutieren danach den entwicklungsbedingten Zusammenhang von Sprechen und Handeln. Die folgenden Ausführungen zu Sprachmerkmalen und zur Sprachentwicklung sind an die grundlegenden Ausführungen von Zwisler angelehnt bzw. überwiegend zitiert [Zwisler 1999].

Aus diesem Grund beschäftigen wir uns zunächst mit der Standardsemantik von Sätzen, die ohne weiteren Lernaufwand den Einstieg in subjektorientierte Modellierung von Geschäftsvorgängen ermöglicht. Danach wird das Verhältnis von formalen zu natürlichen Sprache geklärt.

■ 2.2 Spracherwerb und der Umgang mit Strukturen

Nicht nur der Antrieb zum Spracherwerb scheint intrinsisch motiviert zu sein, sondern auch der Gebrauch der Sprache und damit der Umgang mit den sie auszeichnenden Strukturen. Personen wollen Informationen bzw. bedeutungtragende Inhalte mithilfe von Sprache übermitteln. Schon Kinder sind an Kommunikation mittels Sprache interessiert: Früh stellen sie fest, dass sie durch bestimmte Handlungen Einfluss auf ihre Umwelt nehmen können. Das genügt bald nicht mehr, und sie versuchen, die Sprache der Eltern zu imitieren. Sie lernen, dass ein zweimaliges stimmhaftes Öffnen und Schließen des Mundes (das Ergebnis hört sich an wie „mama" ...) die nächsten Bezugspersonen in helle Freude versetzen kann. So experimentieren sie damit, mit Sprache zu spielen, und verstehen, dass es wohl nützlich ist, die gleiche Sprache wie die Eltern zu sprechen. Was hier passiert, können wir konzeptionell erklären: „Die Grundlage der Sprache bilden Übereinkünfte über die Kombination von Lauten zu bedeutungsvollen Einheiten und von Worten zu Sätzen. Phoneme sind die Klänge, aus denen sich die

Sprache zusammensetzt. Morpheme sind die kleinsten bedeutungstragenden Einheiten." [Zwisler 1999].

Sprache unterliegt folglich bestimmten Regeln, ist also Strukturgeber der Kommunikation bzw. Interaktion zwischen Personen. Während die syntaktische Dimension die Beziehung sprachlicher Zeichen untereinander festlegt, bestimmt die semantische Dimension das Verhältnis der Zeichen zu nicht sprachlichen Realitäten. Die pragmatische Dimension schließlich stellt das Verhältnis von den Zeichen zu Sprechenden und Zuhörenden her.

Sprache selbst kann also als formales System aufgefasst werden, in dem isolierbare syntaktische und semantische Elemente regelhaft aufeinander bezogen sind. Die wichtigste semantische Grundeinheit stellt dabei der Satz dar. Sprachbeschreibung und -erklärung sind damit reduziert auf die Beschreibung und Erklärung von Sätzen; die Sprachverwendung bleibt ausgeklammert. Nach Chomsky erbringen Sprecher sowie Hörer beim Gebrauch von Sprache mehrere Leistungen, wobei die Wahrnehmung vor der Produktion von Sprache erlernt wird [Chomsky 1986]:

▪ Sie können Sätze auf ihre Grammatikalität hin beurteilen.

▪ Sie erkennen, ob verschiedene Sätze bedeutungsgleich sind.

▪ Sie sind in der Lage, Mehrdeutigkeiten zu durchschauen und durch Paraphrasierung aufzulösen.

▪ Sie sind fähig, immer wieder neue Sätze zu bilden und zu verstehen. Sie zeigen sprachliche Kreativität.

Aus den ersten drei Beobachtungen zieht Chomsky den Schluss, dass den wahrnehmbaren Gestalten von Sätzen Baupläne zugrunde liegen, die die eigentliche Bedeutung konstituieren. Dabei unterscheidet er eine Oberflächenstruktur und eine Tiefenstruktur von Sätzen. Mithilfe der Tiefenstruktur ist festgelegt, welche grammatikalischen Kategorien ein Satz enthält, welche grammatikalischen Relationen zwischen den Kategorien bestehen, und welche lexikalischen Einheiten für die grammatischen Kategorien eingesetzt werden können. Der Tiefenstruktur wird entsprechend eine semantische Interpretation zugeordnet, die ihre Bedeutungsstruktur bestimmt. Mittels Transformationsregeln wird die Tiefenstruktur in die Oberflächenstruktur überführt. Die richtige Aussprache von Sätzen wird schließlich durch die phonologische Komponente gewährleistet [Chomsky 1986].

Heranwachsende entwickeln innerhalb ihrer Altersgruppe bzw. ihres sozialen Bezugsraums (peer group) eine eigene Jugendsprache. Diese ist in der Regel geprägt von einfachen Sätzen. Dies zeigt, dass für die Kommunikation eine Sprache hinreichend ist, welche der Standardsemantik genügt.

Später werden wir zeigen, dass die Übertragung der Sprache auf ein Modell in S-BPM vollständig ist, mit dem subjektorientierten Modell ist deshalb eine vollständige Kommunikation möglich.

Sprache als formales System enthält als grundlegendes Mittel die Grammatik zur Bildung von Ausdrücken, Sätzen und Abhandlungen.

2.3 Handlungsbezug: Funktionale Ausrichtung von Sätzen

Menschen produzieren nicht nur Sätze einfach so, sie verwenden diese intentional und zweckgerichtet. Sprachliche Kompetenz im Sinne der Verständigungsfähigkeit umfasst das Wissen, in welchem sozialen Kontext, in welcher Weise und mit welchen Erwartungen einem Gesprächspartner etwas zu sagen und unter Umständen auch etwas zu verschweigen ist. Menschen lernen die sozio-normativen Regeln der Verständigung, also die kommunikative Kompetenz, aufgrund ihrer Kommunikation, nicht aufgrund der Beherrschung grammatikalischer Regeln. Durch den Gebrauch von Sprache erwerben Menschen die Struktur von Sätzen, die ihrerseits neue Formen des Gebrauchs ermöglicht. Funktion und Struktur sind also untrennbar miteinander verbunden.

Sprache in ihrer funktionalen Ausrichtung ermöglicht Sprechen. Dieses stellt eine Form des Handelns dar, wobei die Sprechhandlung (der Sprechakt) konstituierend für die Beziehung der Kommunikationspartner zueinander ist. Die Sprechhandlung kann, wie jede andere Handlung auch, gelingen oder misslingen. Bühler, mit Betonung des Handlungscharakters von Sprache, interpretierte sie als Werkzeug, „um Einer dem Anderen etwas mitzuteilen über die Dinge" [Bühler 1937]. Damit werden drei konstituierende Komponenten unterschieden:

- die subjektive Komponente: „Einer" (Ausdruck),
- die intersubjektive Komponente: „dem Anderen" (Appell),
- die objektive Komponente: „über die Dinge" (Darstellung).

Diese Unterscheidung betont die Bedeutung der Trennung von Darstellung und Inhalt. Die dabei eingesetzten Zeichen sind

- Symbole kraft ihrer Beziehung zu Gegenständen und Sachverhalten (objektive Komponente) und sie sind
- Symptome kraft ihrer Abhängigkeit von der Sprecherintention, also vom Sender (subjektive Komponente), und sie sind
- Signale kraft ihres Appells an den Hörer, dessen Verhalten sie steuern (intersubjektive Komponente).

Eine Sprechhandlung dient also immer zugleich der Darstellung, dem Ausdruck und dem Appell. In der Regel steht bei jeder Sprechhandlung eine Funktion im Vordergrund. Ebenso sind Modellbildungen in BPM auf eine bestimmte Funktion ausgerichtet.

■ 2.4 Sprachbeherrschung: Übermittlung von Bedeutung

Im „Besitz" einer (Modellierungs-)Sprache zu sein bedeutet für eine Person, zum einen das sprachliche Ausdrucksmittel im Sinne des grammatischen Regelrepertoires zu beherrschen. Zum anderen bedeutet dies, sich anderen Personen gegenüber verständlich machen zu können, sich über Gegenstände und Sachverhalte zu verständigen und dabei gegebenenfalls eine Einigung zu erzielen. Der erste, funktionale Aspekt wird auch als „linguistische Kompetenz" bezeichnet, während der zweite, auf die Handlung bezogene Aspekt „kommunikative Kompetenz" genannt wird. Im Kontext einer Modellierung von Geschäftsabläufen bedeutet der funktionale Aspekt, die passenden Darstellungsmittel bis hin zu einem Gesamtbild, also einem schlüssigen Geschäftsprozessmodell zu benutzen. Der Handlungsaspekt bedeutet, einen Sachverhalt mithilfe einer Modellierungssprache adäquat darstellen zu können.

Sprachbeherrschung geht folglich über das Wissen und die Anwendung von Grammatik einer Sprache zur Übermittlung von Bedeutung hinaus. Personen können nur vor dem Hintergrund des Gesamtkontextes zutreffend interpretieren. Was eine Person eigentlich meint, wenn sie Wörter in einer bestimmten Abfolge äußert, kann nur beantwortet werden, wenn auch bekannt ist, wem gegenüber in welcher konkreten Situation sie diese äußert. Der Bezug zur Bedeutung bestimmt unter anderem die kulturelle Evolution:

- Semantizität: Die Äußerung eines Wortes ist nicht notwendigerweise mit der Anwesenheit des Bezeichneten verbunden.
- Produktivität: Äußerungen sind möglich, die noch nie geäußert wurden.
- Ersetzbarkeit: Kommunikation kann unabhängig von Raum und Zeit erfolgen.

Übertragen wir diese Erkenntnis auf S-BPM bzw. die Entwicklung von Organisationen, dann wird organisationale Entwicklung mithilfe von Modellen von Geschäftsvorgängen durch diese drei Merkmale wie folgt bedingt: Die Semantizität bedeutet, dass Modelle auf Basis der Sprachstruktur (als Abbilder der beobachtbaren bzw. antizipierten Realität) Aussagekraft bezüglich organisationaler Entwicklungsmöglichkeiten besitzen. Die Produktivität verweist auf in der Zukunft erreichbare Zustände. Die Ersetzbarkeit bedeutet die Möglichkeit des Festhaltens von Vorstellungen, die produktiv (im Sinne des vorigen Satzes) wirksam werden können.

Der Besitz der natürlichen Sprache befähigt folglich aufgrund ihres Bezugs zur kulturellen Evolution zu einer aktiven Teilnahme an organisationalen Entwicklungen.

Sprache erlaubt die Abbildung von Kontext mit den ihr eigenen Mitteln. Wir nutzen unser Wissen über Sprache, um Prozesse und ihre Einbettung in Organisationen auszudrücken.

■ 2.5 Entwicklung abgestimmter Sprach-, Denk- und Handlungsfähigkeit

Nach den Erkenntnissen der Entwicklungspsychologie ist die Fähigkeit von Menschen zur Sprache biologisch bestimmt. Die Umwelt hilft dabei nur, das biologische Potenzial auszulösen. Die Rezeptor- und Artikulationsmechanismen der Sprache in ihrer anatomisch-physiologischen Grundlage sind schon im Augenblick der Geburt funktionsbereit, aber die für das tatsächliche Funktionieren dieser Mechanismen benötigten Gehirnzentren müssen nach der Geburt erst noch einen weiteren Reifungsprozess durchlaufen. Ein Sprecher kann nach Chomsky die Sprache nur erlernen, wenn er aus der Fülle der ihn als Kind umgebenden sprachlichen Äußerungen die Regeln extrahiert hat, nach denen diese Äußerungen gebaut sind. Diese Regeln geben an, wie die Oberflächenstruktur einer Sprache mit der zugrunde liegenden Tiefenstruktur verbunden ist. Das Beherrschen aller dieser Regeln bezeichnet Chomsky als Sprachkompetenz. Dabei handelt es sich aber um eine ideale Forderung, die in der Realität nie anzutreffen sein wird. Das tatsächliche Sprachvermögen ist die Sprachperformanz.

Nach Chomsky gibt es universelle Prinzipien, die die Formen grammatischer Regelmäßigkeiten in den einzelnen Sprachen bestimmen; diese sollen dem Kind als Spracherwerbsmechanismen angeboren sein. Was biologisch determiniert sein soll, ist ein aus universellen Strukturprinzipien bestehender Regelapparat, durch den der Grammatikerwerb im Sozialisationsprozess geleitet bzw. kanalisiert wird. Dieser Regelapparat heißt „LAD" (language acquisition device) und erlaubt dem Kind, aus seinen Erfahrungen mit der Umweltsprache über das Bilden von Hypothesen generelle Regeln zu induzieren und damit die Grammatik für eben diese Sprache aufzubauen. Damit tritt also die konstruktive Tätigkeit des Kindes in den Vordergrund. Sprache wird so in einem lang anhaltenden Prozess erworben. Weil das Kind im Duktus der Hörer und Sprecher umfassenden Dynamik steht, kann es verstehen, was der (erwachsene) Sprecher meint. Weil das Kind schon weiß, was der Sprecher meint, kann es die Bedeutung dessen erschließen, was er sagt. Das Kind lernt also nicht, was ein Wort bedeutet, sondern wie eine schon vorhandene Bedeutung, ein Begriff oder Konzept, verbal zu bezeichnen ist. Die Verankerung des Sprache-Lernens liegt also im Erkennen der Intention des Sprechers.

Bis zu einem gewissen Punkt verlaufen die Entwicklung des Denkens und die der Sprache getrennt voneinander; dann, an diesem Punkt, treffen sie sich: Das Denken wird sprachlich und die Sprache wird intellektuell – dies geschieht mit etwa zwei Jahren. „Es gibt allerdings keine Möglichkeit, Leistungen des Denkens ohne Sprache sichtbar zu machen" [Zwisler 1999].

Die Sprachentwicklung selbst verläuft in mehreren Phasen, von denen für die Vermittlung von Bedeutung die folgenden besonders wichtig sind:

- Das Ein-Wort-Stadium (ein Jahr bis zwei Jahre): Das Kind verwendet einzelne Wörter, um ganze Phrasen oder Sätze auszudrücken; die Wörter werden in ihrer Bedeutung von den Erwachsenen aufgrund des Kontextes verstanden. Das Kind versteht viel von dem, was es hört; dies zeigt sich darin, dass es entsprechende Aufforderungen ausführt.

- Der Spurt in der Wortentwicklung (zwei Jahre): Der Wortschatz wächst von etwa 300 Wörtern mit 24 Monaten auf 1.000 Wörter mit 36 Monaten an. Zwei- und Drei-Wort-Sätze werden gebildet nach eigenen Regeln, die nicht der Erwachsenensprache abgeschaut sind.

- Die Satzperiode (drei Jahre): Zu dieser Zeit verwendet das Kind Sätze, die die grammatischen Merkmale der Erwachsenensprache enthalten. Das Kind kann funktional komplette, aber grammatisch lückenhafte Sätze verwenden.

- Bis fünf Jahre: Das Kind verwendet Sätze jeder Art: unverständliche; funktional komplette aber grammatisch lückenhafte Sätze; einfache; verbundene; komplexe; verbundene und komplexe.

Sätze, in denen das wirkliche Subjekt nicht explizit genannt wird, sind für Kinder schwer zu verstehen („At night, a black cat is hard to see" - Wer sieht die Katze? Das Subjekt, etwa „jede Person" wird dazu gedacht). Bei seinen Untersuchungen verwendete Chomsky eine Puppe, der er die Augen verband; er stellte dann die Frage: "Is the doll easy to see or hard to see?" Erst ab einem Alter von sieben Jahren waren die Antworten überzufällig oft richtig. Letzteres ist besonders bedeutsam, da der Bezug von dargestellten Inhalten zu den jeweiligen Akteuren von besonderer Bedeutung zu sein scheint.

Ebenso bedeutsam ist die Satzbildung. Der Satz setzt Wörter in Beziehung zueinander. Die zwei wichtigsten Schlüssel zum Verständnis von Sätzen sind die Folgen der Wörter und ihre Beugung. Das Kind beginnt mit dem Wort, das die wichtigste Bedeutung hat und das den Schwerpunkt dessen, was es sagen will, beinhaltet (Verbindung zur Semantik). Eine der schwierigsten grammatikalischen Formen scheint der Passiv-Satz zu sein. Oft wird er erst nach dem siebten Lebensjahr beherrscht; für dessen Verständnis ist die Umkehrbarkeit der Gedanken notwendig.

Semantische Entwicklung geschieht zunächst über Lautäußerungen. Damit kann das Kind bestimmte Dinge erreichen. Das Kind weiß also nur, dass ein bestimmtes verbales Verhalten zu erstrebenswerten Konsequenzen führen kann; die eigentliche Bedeutung des Wortes ist ihm dabei aber noch fremd, sie erfolgt durch induktive Extrapolation: Das Kind übernimmt solche Sprachäußerungen aus der Umwelt, die es häufig hört, und die für seine Wünsche und Bedürfnisse von Bedeutung sind. Diese Äußerungen memoriert es, so gut es kann, und ruft sie in dieser memorierten Form auch wieder ab. Durch den variablen Gebrauch dieser Formen erkennt es dann allmählich, dass deren einzelne Positionen durch verschiedene Wörter besetzt werden können. Aus Wörtern in denselben Positionen werden Kategorien und aus deren Abfolgen syntaktische Wortstellungsregeln generalisierend abgeleitet.

Das Kind operiert nicht nur auf der Wortebene, sondern auch, und gerade am Sprachbeginn, mit größeren Einheiten. Es ist nicht nur kognitiv motivierter Analysator, sondern auch und zuerst sozial und emotional motivierter Imitator. Die sprachlichen Gesetzmäßigkeiten kommen nicht nur von innen, sondern auch von außen. Das Kind lernt die Syntax nicht direkt, sondern durch Vermittlung nicht linguistischer konzeptueller Information und linguistischer semantischer Information. Der Spracherwerb erfolgt aktiv.

Diese Erkenntnisse zum Spracherwerb machen klar, welche Leistungen für eine erfolgreiche Sprachbefähigung kognitiv erforderlich sind, selbst wenn sie intrinsisch motiviert sind. Der aktive Spracherwerb ermöglicht die Interaktionsfähigkeit von Menschen und letztlich ihr Zusammenleben in allen gesellschaftlichen Bereichen. Diese Entwicklungsleistungen wollen wir für die Modellierung von Geschäftsvorgängen und damit zur organisationalen Entwicklung nutzen. Betrachten wir den Vorgang des Erwerbs von Sprachfertigkeit, so verhält sich allerdings die Modellierung des S-BPM mithilfe von Sprachkonstrukten dazu invers. Durch bewussten Gebrauch der Syntax wird bedeutungsvoller Gehalt von Modellen erzeugt, wie in der Folge gezeigt.

◼ 2.6 Modelle und Standardsemantik von Sätzen

Alle Modelle als Abbildungen menschlich wahrgenommener Realität können mit Mitteln der natürlichen Sprache formuliert werden, selbst wenn sie schließlich mittels IT be- bzw. verarbeitet werden. Der Vorteil natürlich sprachlicher Beschreibungen ist, dass sie von allen Personen unmittelbar verstanden werden können. Sie verfügen über eine vollständige Standardsatzsemantik mit Subjekt, Prädikat und Objekt. Was hier als Standardsatzsemantik bezeichnet wird ist in der Sprachwissenschaft die zweithöchste Ebene der Satzsemantik mit den semantischen Rollen Agens, Prädikation und Thema („Max spielt den Ball"). Die Ebene eins entspricht Aussagen wie „der Ball ist rund". Die letzte und dritte Ebene entspricht satzsemantischen Strukturen innerhalb von Satzgliedern („Peters Freude am Fußball brachte Glück"). Einzelheiten siehe [Schmidt et.al. 2005]. Diese Standardsatzsemantik ist jedem vertraut, da wir sie stets zur Kommunikation benutzen.

Allerdings haben natürliche Sprachen den Nachteil, dass sie häufig unvollständig und gegebenenfalls nicht präzise genug verwendet werden. Unterschiedliche Interpretationen und Missverständnisse sind damit vorprogrammiert. So findet sich das folgende illustrative Beispiel in mehreren Internetforen:

> Ein Softwareingenieur (Programmierer) und seine Frau.
>
> Sie: „Schatz, wir haben kein Brot mehr, könntest du bitte zum Supermarkt gehen und eins holen? Und wenn sie Eier haben, bring sechs Stück mit."
> Er: „Klar Schatz, mach ich!"
>
> Nach kurzer Zeit kommt er wieder und hat sechs Brote dabei.
>
> Sie: „Warum hast du sechs Brote gekauft?!?"
> Er: „Sie hatten Eier."

Abbildung 2.1: Beispiel eines sprachlichen Missverständnisses

Was ist hier passiert? Die Frau hat ihren Auftrag unvollständig formuliert. Aber im üblichen Sprachgebrauch versteht jeder, was sie will. Nicht jedoch der Mann, seine Interpretation ist für den üblichen Sprachgebrauch neu und ungewöhnlich. Das Ergebnis ist kurios. So folgt dieses Beispiel einem Muster, aus dem viele Witze aufgebaut sind. Wer den Auftrag der Frau logisch korrekt interpretiert, müsste sogar auf das Ergebnis kommen, dass der Mann sieben Brote hätte einkaufen müssen. Aber dies ist für den Zweck der Geschichte wiederum ohne Bedeutung. Dieses kleine Beispiel zeigt die Grenze von umgangssprachlicher Verwendung für Formalisierungen auf.

Formale Sprachen hingegen haben eine eindeutige Wortsemantik. Formale Modelle haben den Zweck, zu abstrahieren, und nutzen zugunsten eindeutiger Interpretation eine stark reduzierte Satzsemantik. Jedes Modell wird individuell in natürlicher Sprache interpretiert. Menschen sind es gewohnt, in vollständigen Sätzen der Form Subjekt, Prädikat, Objekt zu kommunizieren. Sind Sätze unvollständig, so kommt es zu Verständnisproblemen. Sätze haben folglich vollständig zu sein, um die vollständige Bedeutung zu übermitteln.

Bei der Modellbildung wird zwischen essenziellen und akzidentellen (zufälligen) Aspekten unterschieden. Erste bezeichnen notwendige Bestandteile zur Satzbildung. Diese Unterscheidung zeigt sich auch in der natürlichen Sprache: Passivsätze werden dann verwendet, wenn eine Aktion im Vordergrund steht, ohne dass der Handelnde genannt werden muss. (Bemerkung: Dieser Satz ist ebenfalls im Passiv geschrieben, das zugehörige Subjekt „ein Schreiber" ist in diesem Kontext bedeutungslos.) Um verständliche vollständige Sätze zu bilden, empfiehlt es sich, formale Modellierungssprachen zu schaffen, die sich einer vollständigen Standardsatzsemantik bedienen. Dies hilft, Verständnisprobleme zu vermeiden.

> Standardsätze weisen die Struktur „Subjekt-Prädikat-Objekt" zur Vermittlung von Bedeutung auf, wie etwa „Ich schreibe ein Buch" einen Sachverhalt grundsätzlich beschreibt. Diese Kenntnis begründet die Fähigkeit zur Subjektorientierten Geschäftsprozessmodellierung.

Natürliche Sprachen werden zur Kommunikation zwischen Menschen benutzt. In Bezug auf Geschäftsprozesse beschreiben Modelle die Aktivitäten und die Kommunikation der beteiligten Personen, Anwendungssysteme, Maschinen, Daten und sonstige Hilfsmittel bzw. Werkzeuge. Ein Geschäftsprozess ist das Medium, um für alle Beteiligten einen Bezug zu den Tätigkeiten und der Technik herzustellen. Auf der einen Seite finden sich Akteure oder Anwender, die ausdrücken, wie sie ihre Tätigkeiten verrichten sollen oder können, und auf der anderen Seite Softwareentwickler, die bestimmte Anwendungsprogramme in einen Prozess integrieren, und weitere Beteiligte, die z. B. den Geschäftsprozess bewerten. Über den Geschäftsprozess erhalten alle Beteiligten ein gemeinsames Verständnis von Geschäftsvorgängen. Ein Modell darf also nicht nur von den Spezialisten verstanden werden, die Modelle erstellen, sondern auch von denjenigen, die später entsprechend dem Modell, der Geschäftsprozessbeschreibung arbeiten sollen oder die Geschäftsprozesse durch Hilfsmittel ergänzen sollen.

Es gibt eine Modellbeschreibungssprache, die jeder Mensch beherrscht und die grundsätzlich für eine erste Beschreibung von Geschäftsvorgängen hinreichend ist: die natürliche Sprache. Der Vorteil ist, dass sie allen bekannt ist, von allen sofort verstanden und verwendet werden kann. Vorgangs- oder Prozessbeschreibungen werden deshalb fast immer in der ersten Fassung in natürlicher Sprache, ergänzt mit Diagrammen, erstellt.

Natürliche Sprachen haben drei wesentliche semantische Bestandteile. Dies sind das Subjekt als Ausgangspunkt einer Handlung, das Prädikat als die ausgeführte Handlung und das Objekt als das Ziel der Handlung. Diese drei Bestandteile definieren einen vollständigen Satz mit der entsprechenden Standardsatzsemantik. Diese kommt der Beschreibung von Geschäftsprozessen sehr entgegen: Auch in Prozessen gibt es Handelnde, die Handlungen auf bestimmten Objekten ausführen. In Abbildung 2.2 wird eine Aussage zu einem Dienstreisevorgang in ihre Bestandteile Subjekt, Prädikat und Objekt zerlegt.

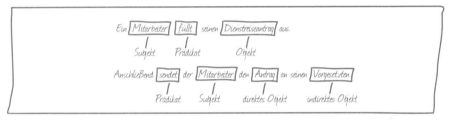

Abbildung 2.2: Vorgangsbeschreibung in natürlicher Sprache

■ 2.7 Formale Sprachen und natürliche Sprache

In der theoretischen Informatik spielt die Theorie der formalen Sprachen eine zentrale Rolle. Es konnte bewiesen werden, dass Programmiersprachen formale Sprachen sind, die maschinell verarbeitet werden können [Hopcroft et al. 2001]. Dies ist eine der wesentlichsten Aussagen der theoretischen Informatik. Mit formalen Sprachen lassen sich natürliche Sprachen jedoch nicht vollständig beschreiben, diese sind mächtiger.

Das Verhältnis von formalen und natürlichen Sprachen ist auch Gegenstand der Linguistik. Hier wird zwischen „Langue" als Konvention in einem Sprachsystem und „Parole" als Inhalt unterschieden, der dynamisch und kontextabhängig ist. In den 80er-Jahren entwickelte Chomsky die Begriffe weiter und führte die Bezeichnungen i-language für interne Sprache und e-language für externe Sprache ein [Chomsky 1986]: Die Standardsatzsemantik ist im linguistischen Sinn eine i-language und mächtiger als eine formale

Sprache im klassischen Sinne der Informatik. Sie ist jedem vertraut, da sie täglich in der Kommunikation benutzt wird.

Wie beschrieben spielt bei der natürlichen Sprache jedoch auch eine Rolle, dass sie Bestandteile der e-language enthält, die unterschiedlich interpretiert werden und Missverständnisse hervorrufen können. Formale Sprachen haben im Gegensatz hierzu eine eindeutige (und damit unter Umständen reduzierte) Wortsemantik. In formalen Modellen wird darüber hinaus eine reduzierte Satzsemantik verwendet. Sie erleichtert die automatisierte Verarbeitung von Ausdrücken in einer Sprache.

Häufig werden in der Modellierung einer oder sogar zwei der Standardsatzteile Subjekt, Objekt und Prädikat weggelassen. So werden in Flussdiagrammen die Aktionen, d. h. nur die Prädikate, betrachtet. Subjekte und Objekte können als Bemerkungen zu den einzelnen Aktionen ergänzt werden. Damit sind sie jedoch nicht vollständig im Modell integriert. Datenstrukturbeschreibungen betrachten nur die Objekte, ohne näher auf die Aktionen oder den Ausgangspunkt der Handlungen einzugehen.

Formale Modelle können bei der Geschäftsprozessmodellierung bzw. Softwareentwicklung unterschiedlich interpretiert werden. Um Missverständnisse zu vermeiden und die Verständlichkeit sicherzustellen, sind sie auch bei reduzierter Wort- bzw. Satzsemantik in natürliche Sprache zu übersetzen.

Zur Modellierung kann es erforderlich werden, wieder das Subjekt als Handelnden bzw. Ausgangspunkt einer Handlung in den Vordergrund bzw. „Denkanfang" zu rücken.

■ 2.8 Subjektorientierte Modellbildung

Wir zeigen nun anhand eines einfachen Beispiels – die Beantragung einer Dienstreise – die Abbildung von Sprache auf ein subjektorientiertes Modell. Dabei rückt der Ausgangspunkt der Handlung, das Subjekt, in den Blickpunkt der Betrachtung. Diese Methode ist das Kernstück des S-BPM. Es wird gezeigt, welche Teile der Standardsemantik Subjekt, Prädikat, Objekt essenziell und welche akzidentell sind, und wie der Beispielprozess in der jeweiligen Modellierungsart beschrieben wird.

Abbildung 2.3 zeigt zunächst die natürlichsprachliche Beschreibung eines Dienstreiseantragsprozesses.

Der Mitarbeiter Schulz beantragt eine Dienstreise. Der Antrag wird vom Vorgesetzten geprüft, dieser informiert den Mitarbeiter über Annahme oder Ablehnung. Der genehmigte Antrag geht an die Dienstreisestelle, die Ticket- und Hotelbuchung vornimmt.

Abbildung 2.3: Natürlichsprachliche Beschreibung des Dienstreiseantragsprozesses

Die subjektorientierte Beschreibung eines Prozesses beginnt mit der Identifikation der am Prozess beteiligten prozessspezifischen Rollen, den Subjekten, und der zwischen diesen ausgetauschten Nachrichten. Beim Senden von Nachrichten werden die vom Empfänger benötigten Daten mit übermittelt. So werden mit der Nachricht Dienstreiseantrag, die der Mitarbeiter an den Vorgesetzten sendet, unter anderem Beginn- und Endedatum der Dienstreise übertragen.

Abbildung 2.4 gibt die Interaktionsstruktur des Prozesses wieder.

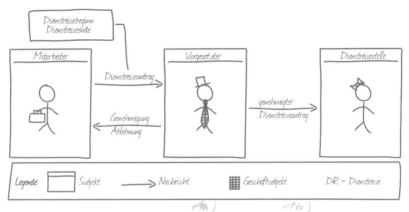

Abbildung 2.4: Am Dienstreiseantragsprozess beteiligte Subjekte und deren Interaktionen

In einer weiteren Verfeinerungsstufe wird nun beschrieben, welche Aktivitäten und Interaktionen die Subjekte bei der Erledigung des Vorgangs in welcher Reihenfolge ausführen, d. h., das Verhalten der einzelnen Subjekte wird definiert.

Zunächst betrachten wir das Verhalten des Mitarbeiters aus seiner Perspektive näher, welches sich natürlichsprachlich beispielsweise wie in Abbildung 2.5 formulieren lässt.

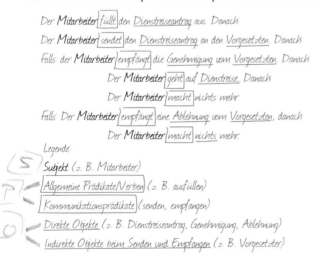

Abbildung 2.5: Natürlich-sprachliche Beschreibung des Mitarbeiterverhaltens beim Dienstreiseantrag

Die benutzten Sätze sind holprig und der Prozessablauf fächert sich in alternative Pfade auf, sodass eine bildhafte Darstellung übersichtlicher erscheint. In den folgenden Ausführungen werden wir deshalb eine grafische Darstellung verwenden. Abbildung 2.6 zeigt die Reihenfolge, in welcher der Mitarbeiter Nachrichten sendet, empfängt und interne Aktionen ausführt, sowie in welchen Zuständen er sich dabei befindet.

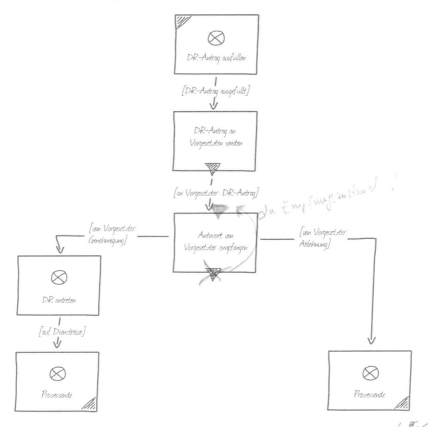

Abbildung 2.6: Grafische Darstellung des Mitarbeiterverhaltens beim Dienstreiseantrag

Der Anfangszustand ist durch ein Dreieck in der linken oberen Ecke gekennzeichnet. Bei ihm handelt es sich um einen Funktionszustand, in dem der Mitarbeiter seinen Dienstreiseantrag ausfüllt. Anschließend kommt er über den Zustandsübergang ‚Dienstreiseantrag ausgefüllt' in einen Sendezustand, in dem er den Dienstreiseantrag an den Vorgesetzten verschickt, ehe er in den Empfangszustand ‚Antwort vom Vorgesetzten empfangen' übergeht. Hier wartet der Antragsteller auf die Antwort des Vorgesetzten. Bekommt er eine Nachricht ‚Ablehnung vom Vorgesetzten' ist der Prozess beendet. Erhält der Mitarbeiter die Nachricht ‚Genehmigung vom Vorgesetzten' tritt er zu dem vereinbarten Datum die Dienstreise an und der Dienstreiseantragsprozess ist abgeschlossen.

Das Verhalten des Vorgesetzten ist komplementär zu dem des Mitarbeiters (vgl. Abbildung 2.7). Nachrichten, die der Mitarbeiter sendet, empfängt der Vorgesetzte und umgekehrt. Der Vorgesetzte erwartet also zunächst in einem Empfangszustand den Dienstreiseantrag des Mitarbeiters. Nach Erhalt des Antrags geht er in den Zustand der Prüfung über, welche zur Genehmigung oder Ablehnung führt. Im zweiten Fall folgt ein Sendezustand für den Versand der Ablehnung an den Mitarbeiter. Im ersten Fall geht der Vorgesetzte zunächst in einen Sendezustand für die Übermittlung der Genehmigung an den Antragsteller und anschließend in einen Zustand zur Information der Dienstreisestelle über den genehmigten Antrag über.

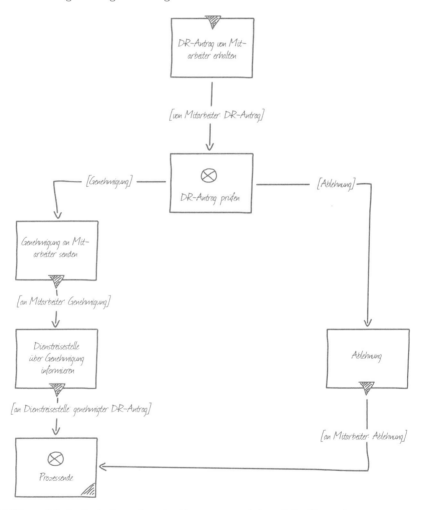

Abbildung 2.7: Grafische Darstellung des Vorgesetztenverhaltens beim Dienstreiseantrag

Die Abbildung 2.8 zeigt das Verhalten der Dienstreisestelle. Diese bekommt den genehmigten Dienstreiseantrag und legt ihn ab. Danach ist für sie der Prozess beendet.

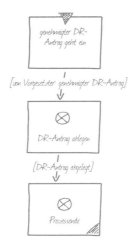

Abbildung 2.8: Grafische Darstellung des Verhaltens der Reisestelle beim Dienstreiseantrag

In diesem Beispiel wurden

- die an dem Prozess beteiligten Subjekte,
- die zwischen ihnen stattfindenden Interaktionen,
- die Nachrichten, die sie bei jeder Interaktion senden bzw. empfangen, sowie
- das Verhalten der einzelnen Subjekte

und damit die wesentlichen Elemente eines subjektorientierten Modells beschrieben.

In der Beschreibung eines Subjekts wird festgelegt, in welcher Reihenfolge es Nachrichten sendet und empfängt bzw. interne Funktionen ausführt. Sein Verhalten definiert also, in welcher Reihenfolge das Subjekt welche Prädikate (Operationen) anstößt. Dies können die Standardprädikate Senden oder Empfangen sein oder andere Prädikate, die auf entsprechenden Objekten definiert sind.

> Subjekte konstituieren zwar Organisationen, ihre Interaktion macht aber erst das Geschehen im Sinne von Geschäftsprozessen aus. Deshalb nie den Austausch von Nachrichten, der mit dem Austausch aufgabenrelevanter Daten einhergeht, vergessen!

Den einzelnen Zuständen und Zustandsübergängen in einer Subjektbeschreibung muss also noch jeweils eine Operation zugeordnet werden, wobei es nicht von Bedeutung ist, wie diese definiert wird. Dies kann durch ein Objekt erfolgen oder natürlich-sprachlich. Deshalb wird in der folgenden Erläuterung für Funktions-, Sende- und Empfangszustand nicht der Begriff Methode bzw. Operation verwendet, sondern der allgemeine Begriff Service (Dienst):

- Funktionszustand
  Einer internen Funktion wird ein Service zugeordnet. Bei Erreichen dieses Zustands wird der zugeordnete Service ausgeführt. Die Endebedingungen des ausgeführten

Service entsprechen den Kanten, die den jeweiligen internen Funktionszustand verlassen.

▪ Sendezustand
Dem Ausgang eines Sendezustands ist über den Nachrichtennamen ein Service zugeordnet. Dieser wird vor dem Übertragungsvorgang angestoßen und ermittelt die Werte der Nachrichtenparameter, die mit der Nachricht übertragen werden sollen.

▪ Empfangszustand
Auch jedem Ausgang eines Empfangszustands wird über den Nachrichtennamen ein Service zugeordnet. Mit der Annahme einer in diesem Zustand vorgesehenen Nachricht wird dieser Service angestoßen. Er übernimmt die mit der Nachricht eingegangenen Parameterwerte und verarbeitet sie.

Die beschriebenen Services werden benutzt, um den einzelnen Schritten in einem Subjekt eine klare fachliche Bedeutung zuzuweisen. Sie werden synchron angestoßen, d. h., ein Subjekt geht erst dann zum entsprechenden Folgezustand, wenn der benutzte Service auch vollständig abgearbeitet ist.

Die Abbildung 2.9 zeigt am Beispiel des Mitarbeiterverhaltens beim Dienstreiseantrag, wie die in einem Subjekt verwendeten Prädikate mithilfe eines Objekts (Klassendefinition im objektorientierten Sinn) definiert werden.

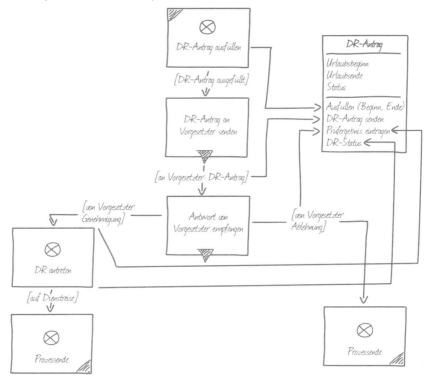

Abbildung 2.9: Prädikatsdefinition im Subjektverhalten mithilfe eines Objekts

■ 2.9 Literatur

[Bühler 1937]

Bühler, Ch.: Kind und Familie: Untersuchungen der Wechselbeziehungen des Kindes mit seiner Familie, Jena 1937.

[Chomsky 1986]

Chomsky, N., Knowledge of Language, New York 1986.

[Hopcroft et al. 2001]

Hopcroft, J.E.; Motwani, R.; Ullman, J.D.: Introduction to Automata Theory, Languages, and Computation Second Edition, Upper Saddle River 2001.

[Schmidt et al. 2005]

Schmidt J.E.; Rabanus S.; Vilmos A.: Syntax, http://web.uni-marburg.de/dsa//Direktor/Rabanus/SS2005/Grundlagen.pdf, 2005.

[Zwisler 1999]

Zwisler,   R.:   Sprachentwicklung,   http://www.psychologie.uni-regensburg. de/~zwr02102/scripts/Sprachentwicklung.html   (99-07-01),   Download   am 13.08.2010.

3

Integriertes S-BPM-Vorgehensmodell

■ 3.1 To Go

Nun habe ich aus den letzten beiden Kapiteln verstanden, dass Sprache eine wichtige Rolle bei der Dokumentation und Modellierung von Geschäftsprozessen spielt. Auch ist einsichtig, dass in einem Prozess das Subjekt im Mittelpunkt steht, denn ohne Handelnden keine Handlung. Aber die Einführung von Prozessen erfolgt doch auch hier in der üblichen Weise – Analyse, Modellierung, Einführung. Warum heißt das Kapitel „Vorgehensmodell"?

Der Gedanke des S-BPM wird auch bei der Einführung oder Verbesserung von Prozessen konsequent umgesetzt. So ist das Vorgehensmodell für S-BPM selbst subjektorientiert. Das Erstellen eines Prozesses ist ja auch ein Prozess mit seinen Handelnden. Ein Prozess entsteht nicht von selbst. Wir lösen uns damit von den klassischen hierarchischen Rollenverständnissen und kommen zu vier wesentlichen „Akteuren" im S-BPM unabhängig von ihrer Einordnung in die Hierarchie. Die Rollen im S-BPM orientieren sich an den Anforderungen im Prozess. Auch die Handlungsfelder sind nicht neu. Wir nennen sie „Aktivitätsbündel" und meinen damit, dass je nach Prozess und Anforderungen Aktionen zur Verfügung stehen, die auszuwählen sind. Damit kann man zeigen, dass S-BPM den zuvor genannten Anforderungen einer integrierten Methode genügt.

Subjektorientiertes Geschäftsprozessmanagement beinhaltet nicht nur die Möglichkeit, im Rahmen der Modellierung in natürlicher Sprache dargestellte Sachverhalte ohne wesentliche Übersetzungsleistung in ein Modell zu übertragen. Sie ermöglicht auch eine kontinuierliche Veränderung von Geschäftsabläufen in strukturierter Form. Diese S-BPM-Methodik selbst ist ebenfalls subjektorientiert, wobei Akteure (Subjekte) im Mittelpunkt stehen. Wir beschäftigen uns in der Folge mit aufeinander abgestimmten Aktivitätsbündeln (Prädikate), die von den jeweiligen Akteuren ausgeführt werden. Das Objekt im S-BPM ist der Prozess selbst. Damit ist S-BPM eine Methodik, die sich selbst mit ihren eigenen Elementen vollständig definieren kann. Diese Selbstreferenzialität von S-BPM zeigt die Kohärenz des Ansatzes.

Zu Beginn legen wir das zugrunde liegende Prozessverständnis dar. Wir gehen auf die Bedeutung von S-BPM für Organisationen ein und führen die verschiedenen S-BPM-Akteure und -Aktivitätsbündel ein. Anschließend behandeln wir ausführlich die Rahmenbedingungen von S-BPM. Und zuletzt zeigen wir den mehrfach integrativen Charakter von S-BPM.

■ 3.2 S-BPM-Prozessverständnis

Das Prozessverständnis im S-BPM deckt sich mit den gängigen Begriffsfassungen für Geschäftsprozesse (vgl. z. B. [Becker et al. 2008, S. 6], [Schmelzer et al. 2010, S. 61 ff.]) und [Fischermann 2006]. Wir verstehen folglich unter einem Geschäftsprozess eine

- Summe von miteinander verknüpften Aktivitäten (Aufgaben),
- die von Handelnden (Menschen, Systeme als Aufgabenträger)
- in sachlogischer und zeitlicher Reihenfolge
- mit Hilfsmitteln (Sachmittel, Information)
- zur Bearbeitung eines Geschäftsobjekts ausgeführt werden,
- um ein Kundenbedürfnis zu befriedigen (und damit zur Wertschöpfung beizutragen), und
- einen definierten Anfang und Input sowie ein definiertes Ende und Ergebnis aufweisen.

Geschäftsobjekte sind dabei jene betriebswirtschaftlich relevanten Objekte, die das Geschäft prägen und Kommunikationsbeziehungen zur Aufgabenerfüllung einschließen. Bei S-BPM werden folglich jene Objekte erfasst, die beim Austausch von Nachrichten zwischen Subjekten und auch für die einzelnen Aktivitäten der Subjekte relevant sind.

3.3 S-BPM-Akteure

S-BPM wird von mehreren Akteuren getragen. Kümmerer, Treiber und Verantwortliche (Governors) schaffen die Rahmenbedingungen, unter denen operativ Arbeitshandelnde (Actors), gegebenenfalls mit Fachspezialisten (Experts) Arbeitsaufgaben bewältigen. Governors zeichnen auch für die organisationale Entwicklung verantwortlich. Die jeweiligen Entwicklungsschritte werden von Entwicklungsbegleitern (Facilitators) unterstützt, unter Umständen ebenfalls unter Einbeziehung von Fachexperten. S-BPM sieht keine hierarchische Gliederung dieser Akteure vor. Es bedarf daher keiner expliziten Leitungsstrukturen. Zudem ist zu bemerken, dass im S-BPM die klassische Unterscheidung zwischen Fachbereich und IT aufgelöst wird. Vertreter von beiden Bereichen finden sich in allen Rollen wieder.

3.3.1 Kümmerer, Treiber und Verantwortliche („Governors")

Governors sind Subjekte, die Verantwortung für Rahmenbedingungen besitzen und Einfluss auf die jeweiligen Arbeits- und Entwicklungsprozesse nehmen. Ihnen obliegt der Brückenschlag im Rahmen der organisationalen Entwicklung von der Geschäftsleitung hin zum operativen Geschäft. Für eine inhaltliche und fachliche Steuerung sind sie nicht zuständig, sondern dafür, dass die Prozesse gegebenen Standards entsprechen: Ein Prozess ist immer im Kontext einer Organisation zu sehen. Für seine Einsetzung sollten deshalb Vorgaben der Unternehmensführung vorliegen. Diese sind bei der Durchführung einzuhalten (Compliance, IT-Compliance), wofür der Governor verantwortlich ist.

Im Rahmen der Modellierung setzt die Organisationsabteilung in der Rolle als Governor die Regeln, wie modelliert werden soll (Methodik, Modelltypen, Werkzeuge etc.). Sie sorgt für die Begleitung der Prozesssachbearbeiter (als Actors bei der Modellierung von Prozessen) durch Methodenspezialisten (Experts) der Organisationsabteilung.

Ein Governor kann für mehrere Rahmenbedingungen gleichzeitig verantwortlich sein. Ebenso ist es möglich, dass differenzierte Rahmenbedingungen auch von unterschiedlichen Akteuren gesetzt werden. Beispiele dafür sind:

- Geschäftsleitung: Definition von Unternehmens-/Geschäftsfeldstrategie.
- Mittleres Management: Definition von Funktionalstrategien.
- IT-Leitung: Definition der IT-Strategie.
- Organisationsabteilung: Vorgabe von Methoden, Werkzeugen, Konventionen.
- Process Owner: Definition von Prozesskennzahlen und Zielwerten für diese.

Das Aufgabenprofil von Governors ist damit vielfältig. Ihre Aktivitäten im Umgang im Rahmen des S-BPM werden später bei den Beschreibungen der Aktivitätsbündel detailliert.

Hilflosigkeit von Managern schützt Organisationen nicht vor Schaden – es sind Alternativen, die es aufzubauen gilt. Dafür gibt es den Governor – er hilft, die erforderlichen Gestaltungs- und Reflexionsprozesse in Gang zu setzen. Und: Er übernimmt die Verantwortung für diese!

3.3.2 Arbeitshandelnde („Actors")

Arbeitshandelnde führen Prozesse aus und werden durch S-BPM in die Lage versetzt, an deren Entwicklung aktiv teilzunehmen. Sie entsprechen den Subjekten, die in subjektorientierten Prozessmodellen abgebildet werden.

Actors stellen vor allem im Rahmen der Analyse, Modellierung, Optimierung und Implementierung von Geschäftsprozessmodellen, entsprechend der Zielsetzung des S-BPM, Bezugspunkt und Handelnde zugleich dar. Unterstützt werden sie von Fachexperten (Experts) und Entwicklungsbegleitern (Facilitators).

Beispielsweise können Sachbearbeiter als Actors Schwachstellen in ihrem Prozess erkennen und, gegebenenfalls in Abstimmung mit zuständigen Governors und begleitet von Facilitators und Experts, selbstständig beseitigen.

Ohne Zeit und Geld sowie individuell investierte Energie kein S-BPM – Arbeitshandelnde (Actors) brauchen Zeit, Qualifikation, Muße und Vertrauen, sich auf Veränderungsprozesse mit der erforderlichen Intensität einzulassen.

3.3.3 Fachspezialisten („Experts")

In vielen Situationen ist es für Arbeitshandelnde erforderlich, fachliche Unterstützung einzuholen. Hierzu werden Experts benötigt, welche entweder von den Entwicklungsbegleitern, den Governors oder den operativen Kräften selbst eingeschaltet werden. Von ihnen werden Lösungen für erkannte bzw. anstehende Probleme erwartet.

Typische Beispiele für Fachspezialisten sind:

- interne und externe Prozessberater,
- Organisationsentwickler,
- IT-Architekten,
- Domänenexperten, wie beispielsweise Softwareentwickler oder Datenbankspezialisten.

Organisatorische Handlungsmöglichkeiten können weder verordnet noch von einer einzelnen Person neu erfunden werden – es sind Fachverantwortliche, die gemeinsam mit den Arbeitshandelnden Entstehungs- und Veränderungsprozesse inhaltlich prägen.

3.3.4 Organisationale Entwicklungsbegleiter („Facilitators")

Ein Facilitator unterstützt Arbeitshandelnde beim Initiieren von organisationalen Entwicklungsschritten, bei Aktivitäten innerhalb einer geschlossenen Gruppe von Aktivitäten sowie bei Übergängen von einem Aktivitätsbündel in ein anderes. Er begleitet den Prozess zum Einführen oder Anpassen eines Prozesses und beeinflusst mit seinen Empfehlungen organisationale Entwicklungsverläufe. Ist beispielsweise ein bestimmter Abschnitt fertig modelliert, rät der Facilitator, den aktuellen Stand zu validieren, bevor mit der Modellierung weitergemacht wird.

„Beharrung" (Strukturkonservativität) ist meist durch fehlende Kommunikation charakterisiert – der Facilitator erkundet Möglichkeiten zur Stakeholder-Kommunikation. Es schafft die erforderlichen Interaktionswege und begleitet die Stakeholder im Rahmen von Gestaltungs- und Reflexionsprozessen. Der Facilitator regelt und unterstützt auch die Kommunikation von Arbeitshandelnden und Fachspezialisten. Wenn beispielsweise ein weiterer Actor oder Expert in das Geschehen einbezogen werden soll, merkt er dies an.

Damit können wir den Facilitator als Katalysator bezüglich der organisationalen Entwicklung auffassen, dem es gelingt, die beteiligten Akteure fachlich oder aber auch persönlich weiterzuentwickeln. Typische Beispiele für Facilitators, welche naturgemäß unterschiedliche Unterstützungsleistungen erbringen, sind

- Führungskräfte des mittleren Managements,
- Projektleiter,
- Organisationsentwickler,
- Coaches,
- Service-Desk-Mitarbeiter.

Es ist die innere Haltung, die Veränderungen bewirkt. Wenn die Organisation nicht erkennt, dass sich die Bedingungen im Umfeld verändern und wie, dann kann sie ihre Aufgabe nicht mehr erfüllen und „stirbt" früher oder später. Es erfordert ein Team mit Governor, Facilitator, Actor und Expert, um überindividuell eine derartige Haltung zu prägen.

3.4 S-BPM-Aktivitätsbündel

Die verschiedenen Aktivitätsbündel (vgl. [Schmidt et al. 2009, S. 52 f.]) sind Gegenstand der nachfolgenden Hauptkapitel. Sie werden daher hier nur überblicksartig beschrieben:

- Analyse

Den ersten Schritt im S-BPM-Vorgehensmodell bildet in der Regel die Analyse, deren Wesen es ist, einen Prozess und seine Rahmenbedingungen zu untersuchen und ihn hierzu in Teilaspekte zu zerlegen. Der konkrete Analysegegenstand wird zum einen von der Organisations- und S-BPM-Strategie abgeleitet. Zum anderen lösen auch Rückkopplungen aus anderen Aktivitätsbündeln, insbesondere dem Monitoring, Analysetätigkeiten aus, etwa zur Ermittlung von Ursachen für Abweichungen der festgestellten von der gewünschten Prozessperformance.

- Modellierung

Unter Modellierung wird in der Betriebswirtschaft die Komplexität reduzierende Abbildung eines Ausschnitts der Realität mithilfe eines anderen Mediums verstanden [Meyer 1990, S. 16]. Vor dieser Abbildung ist eine gedankliche, abstrahierende Ausgliederung von abgegrenzten und überschaubaren Teilzusammenhängen charakteristischer Sachverhalte aus der betrachteten Wirklichkeit vorzunehmen. Bei der Modellierung von Geschäftsprozessen geht es im Wesentlichen darum, darzustellen, welche Subjekte (Menschen, Maschinen als Handelnde) welche Aktivitäten (Verrichtungen, Funktionen) an welchen Objekten (in der Regel an bestimmte Träger gebundene Informationen), mit welchen Hilfsmitteln (z. B. IT-Systeme) ausführen und wie sie dabei interagieren, um die gewünschten Prozessziele und -ergebnisse zu erreichen. Dabei entsteht zunächst ein abstraktes Prozessmodell. Dieses Modell ist noch unabhängig von den konkret Handelnden. Diese werden dann im Rahmen der organisatorischen und informationstechnischen Implementierung hinzugefügt.

- Validierung

Unter Validierung ist im Kontext von S-BPM die Überprüfung zu verstehen, ob ein Prozess effektiv ist, d. h. den von ihm erwarteten Output in Form eines Produktes oder einer Dienstleistung erbringt. Validierungsobjekt ist der betrachtete Geschäftsprozess selbst bzw. sein Modell. Mit der Validierung wird geprüft, ob ein Modell dem beabsichtigten Abbild entspricht.

- Optimierung

Während die Validierung die Sicherstellung der Effektivität von Geschäftsprozessen zum Ziel hat, geht es bei der Optimierung um die Effizienz derselben. Prozesseffizienz lässt sich fassen über Prozessattribute zur Ressourcenbeanspruchung wie Dauer, Kosten und Häufigkeit. Optimierung bedeutet, eine im Hinblick auf solche Prozessparameter optimierten (d. h. im Sinne der organisationalen Zielerreichung mit entsprechenden Werten belegte Parameter) Gestaltung eines Prozesses mit seinen Teilschritten zu finden.

- Organisationsspezifische Implementierung

  Mit der organisationsspezifischen Implementierung werden validierte und optimierte Prozesse in eine bestehende und gegebenenfalls neu zu gestaltende ablauf- und aufbauorganisatorische Umgebung eingebracht.

- Informationstechnische Implementierung

  Die IT-Implementierung eines Prozesses bedeutet, ihn als IT-gestützten Workflow unter Integration einer geeigneten Benutzeroberfläche, der Ablauflogik und der beteiligten IT-Systeme abzubilden.

- Monitoring

  Optimierte und implementierte Prozesse gehen nach der Abnahme in den Betrieb (Produktivsetzung) und werden in der aufgebauten Organisations- und IT-Umgebung im Tagesgeschäft ausgeführt. Das Monitoring nimmt während der Prozessausführung Messdaten auf und berechnet daraus Ist-Werte für vorher definierte Leistungsparameter. Die Ergebnisse werden im Reporting zielgruppengerecht aufbereitet und den vorgesehenen Adressaten zur Verfügung gestellt. Die Bewertung der Ergebnisse in Soll-Ist-Vergleichen führt bei unerwünschten Abweichungen zurück in die Analyse zur Erforschung der Ursachen und von dort je nach Art des erkannten Handlungsbedarfs wieder in eines der Analyse nachgelagerten Aktivitätsbündels.

■ 3.5 Offener Regelkreis der S-BPM-Aktivitätsbündel

Die Modellbildung von Geschäftsprozessen ist ein wesentlicher Teil von Geschäftsprozessmanagement. In seinen Grundzügen stellt dieses einen klassischen Managementprozess dar. Das Managementobjekt bilden dabei die Geschäftsprozesse, die den Managementaktivitäten in einem Regelkreis mit den Phasen Analyse, Modellierung, Validierung, Optimierung, organisationsspezifische Implementierung, IT-Implementierung sowie Betrieb und Monitoring unterzogen werden. Die Phasen drücken eine sachlogische Abfolge aus, in deren Verlauf die Information über den Geschäftsprozess und seine Gestaltung sukzessive angereichert wird.

Die Aktivitätsbündel im S-BPM entsprechen weitgehend diesen Managementaktivitäten des klassischen Prozessmanagements. Sie werden aber in der Regel nicht unbedingt sequenziell in der angegebenen Reihenfolge ausgeführt. Wir sprechen deshalb von einem offenen, von den vorgestellten S-BPM-Akteuren gesteuerten offenen Regelkreis (vgl. Abbildung 3.1). In diesem können die Aktivitätsbündel im Rahmen eines durchgängigen organisationalen Entwicklungsschrittes sachlogisch in der in Abschnitt 3.4 genannten Abfolge durchlaufen werden. Die Durchführung kann jedoch auch in anderen, nichtlinearen Reihenfolgen erfolgen. Ereignisse in den einzelnen Aktivitätsbündeln, welche solche anderen Pfade erfordern, werden wir in dem jeweiligen Teilkapitel ansprechen.

> Der Regelkreis der Kybernetik lehrt uns in rückgekoppelten Systemen zu denken, S-BPM trägt der Vielfalt organisationaler Interventionseinstiege Rechnung. Trotz der zentralen Stellung der Modellierung kann auf steuernder (z. B. Optimierung), umsetzender (z. B. IT-Implementierung) oder analytischer Ebene (z. B. Validierung) in einen kontinuierlichen Prozess eingestiegen werden.

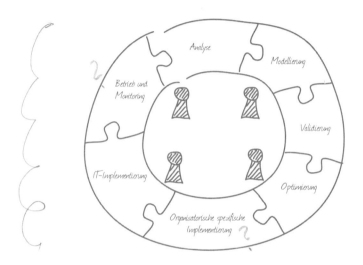

Abbildung 3.1: Aktivitätsbündel zur Gestaltung eines Prozesses

In der BPM-Praxis sind die Tätigkeiten der Aktivitätsbündel oft nicht scharf voneinander zu trennen. Es wird häufig fließend und gegebenenfalls auch mehrfach zwischen ihnen hin und her gewechselt. Stellt beispielsweise ein Actor bei der Modellierung seines Prozessausschnitts Unklarheiten fest, wechselt er für Fragen an einen Akteur im vorgelagerten Prozessschritt in die Analyse. Ist die Frage geklärt, modelliert er weiter. Im Zuge der Validierung können die Beteiligten offenkundige Optimierungsmöglichkeiten erkennen, sofort im Modell berücksichtigen und erneut validieren.

In diesem Sinn werden die Aktivitätsbündel auf dem Weg der Informationsanreicherung so oft iterativ durchlaufen, bis der dem Projektzweck angemessene Vollständigkeits- und Detailgrad einer Prozessspezifikation erreicht ist. Rücksprünge führen dabei zunächst immer in den Analysezustand und von dort abhängig vom Analyseergebnis wieder in eines der anderen, zeitlich nachgelagerten Aktivitätsbündel. Dies gilt insbesondere für die Rückkopplung aus dem Monitoring. Folgen Modifikationen am Modell, sind ab der Modellierung alle weiteren Aktivitätsbündel erneut komplett zu durchlaufen. Ansonsten ist es möglich, Schritte auszulassen. Stellt ein Prozessverantwortlicher beispielsweise beim Monitoring eine negative Soll/Ist-Abweichung der Durchlaufzeit

fest, stößt er eine Analyse der Ursachen an. Ergibt diese als Grund eine zu geringe Anzahl an Sachbearbeitern, ist dieser Mangel ohne Modelländerung bei der organisatorischen Implementierung durch die Bereitstellung von zusätzlichem Sachbearbeitungs-
personal zu beheben. Weitere Schritte sind nicht nötig. Kommt der Prozessverantwortliche
im Rahmen der Analyse zum Ergebnis, dass die lange Durchlaufzeit an der fehlenden
Parallelisierung von Prozessschritten liegt, führt dies zu Änderungen am Modell, welches dann neu zu validieren ist. In diesem Fall muss anschließend auch die Einbettung
des Prozesses in die Organisation und in die IT gemäß dem veränderten Modell überprüft und gegebenenfalls angepasst werden.

Welche Aktivitätsbündel iterativ abgearbeitet werden, hängt vom Zweck des jeweiligen
Vorhabens ab. Erstreckt sich dieser beispielsweise nur auf die Prozessdokumentation
(z. B. für eine Zertifizierung im Rahmen des Qualitätsmanagements), enden die Aktivitäten im Regelfall mit der Modellierung und Beschreibung des Ist-Prozesses.

Ehe die einzelnen Aktivitätsbündel des S-BPM in jeweils einem eigenen Hauptkapitel
vertieft werden, setzen wir uns noch mit Rahmenbedingungen auseinander, unter welchen die Aktivitäten stattfinden und von denen diese beeinflusst werden.

■ 3.6 S-BPM-Rahmenbedingungen

Geschäftsprozessmanagement mit den beschriebenen Aktivitätsbündeln findet nicht
unabhängig von seiner Umgebung in der Organisation statt. Es ist eingebettet in Rahmenbedingungen, welche vorwiegend von den Governors gestaltet werden. Abbildung
3.2 gibt einen Überblick über verschiedene Rahmenbedingungen, die typischerweise
dafür zuständigen Governors und die betroffenen Aktivitätsbündel (vgl. Abbildung 3.2).
Anschließend gehen wir auf die wichtigsten Rahmenbedingungen ein.

Rahmenbedingungen	Mögliche Governors	Betroffene Aktivitätsbündel
Geschäftssystem einer Organisation	Geschäftsleitung	Analyse
IT in der Organisation (IT-Strategie, Architektur, Entwicklung)	IT-Leitung (CIO)	IT-Implementierung
BPM-Governance (Vorgehensmodell)	Organisationsabteilung	alle Aktivitätsbündel (Metaprozess)
BPM-Governance (Modellierungsgrundsätze/-konventionen)	Organisationsabteilung	Modellierung
BPM-Governance (Werkzeugverwendung)	Organisationsabteilung	alle Aktivitätsbündel
BPM-Vision	Geschäftsleitung, Organisationsabteilung, IT-Leitung	alle Aktivitätsbündel
BPM-Strategie	Geschäftsleitung, Organisationsabteilung, IT-Leitung	alle Aktivitätsbündel
BPM-Kultur	Alle, angestoßen von der Organisationsabteilung	alle Aktivitätsbündel

Abbildung 3.2: Gestaltung von Rahmenbedingungen durch Governors

3.6.1 Geschäftssystem einer Organisation

Die Vision setzt den Rahmen für die Zielformulierung einer Organisation. Die Strategie definiert Wege zur Zielerreichung wie z. B. die Produkt- Marktkombination zur Positionierung im Wettbewerb oder die Beeinflussung von Kostenstrukturen.

Für die Strategieumsetzung, also die eigentliche Ausübung der Geschäftstätigkeit, bedarf es der Gestaltung und Ausführung von Geschäftsprozessen inklusive deren Unterstützung durch geeignete IT-Systeme. Bei diesem Dreiklang von Strategie, Prozessen und Informationssystemen (vgl. [Österle et al. 2003, S. 3 ff.] und [Schmidt 2010a, S. 37 ff.]) setzt das Business Process Management in seiner bereits vorgestellten umfassenden Bedeutung an (vgl. Abschnitt 3.7). Als Managementkonzept steht es in engen, in der Regel komplementären Beziehungen zu anderen Managementinstrumenten wie Balanced Scorecard (BSC), Six Sigma, Total Quality Management (TQM) oder dem Modell der European Foundation for Quality Management (EFQM) (vgl. [Schmelzer et al. 2010, S. 14 ff.] und [Fischer et al. 2006, S. 21 ff.]).

Die gesamte Geschäftstätigkeit unterliegt der Corporate Governance, einem Führungssystem zur Unternehmenssteuerung und -überwachung, das an der langfristigen Wertschöpfung orientiert ist und dabei sowohl juristischen Rahmenbedingungen als auch ethischen Grundsätzen folgt (vgl. [RDCGK 2010, Präambel] und [Schmidt 2010b, S. 355]). Die Grundlage dafür bilden der Deutsche Corporate Governance Kodex, das Gesetz zur Kontrolle und Transparenz im Unternehmensbereich (KonTraG) und das Bilanzrechtsmodernisierungsgesetz (BilMoG) (vgl. [Klotz et al. 2008, S. 6]).

Die angesprochenen Aspekte liegen üblicherweise im Verantwortungsbereich der Geschäftsleitung als Governor und sind vorwiegend für die Analyse relevant.

3.6.2 IT in einer Organisation

Im Sinne des IT/Business Alignment sind IT-Vision und IT-Strategie aus ihren im vorangegangenen Abschnitt angesprochenen Pendants auf Organisationsebene (Unternehmensebene) abzuleiten (vgl. [Schmidt 2010a, S. 75 ff.]). Die IT ihrerseits liefert Impulse für das Geschäft, z. B. durch Ermöglichung neuer Geschäftsmodelle (Enabling).

Eine aus der Corporate Governance abgeleitete IT-Governance soll mit geeigneter Führung und ebensolchen Organisationsstrukturen und Prozessen sicherstellen, dass die IT die Erreichung der Geschäftsziele unterstützt (Wertbeitrag), und dabei Ressourcen verantwortungsvoll eingesetzt und Risiken angemessen überwacht werden (vgl. [ITGI 2003, S. 11 ff.] und [Schmidt 2010b, S. 355 ff.] und [Johannsen et al. 2007, S. 21 f.]).

Ihren Wertbeitrag liefert die IT im strategischen Sinne durch die Ermöglichung von Wettbewerbsvorteilen und im operativen Sinne durch die optimale Unterstützung der zur Umsetzung der Geschäftsstrategie nötigen Geschäftsprozesse. Hier scheint die technische Dimension des S-BPM auf (vgl. Abschnitt 3.7).

Die Vision, Strategie, Architektur und Governance der IT stellen die wesentlichen Rahmenbedingungen für die IT-Implementierung von Geschäftsprozessen dar. Die Governor-Rolle für ihre Definition übt in der Regel die Leitung der IT (CIO) aus.

3.6.3 Business Process Management in einer Organisation

Geschäftssystem und IT einer Organisation bilden den Rahmen für das Business Process Management. Das BPM seinerseits sollte Rahmenbedingungen schaffen, in welche das BPM-Vorgehensmodell eingebettet ist. Im Wesentlichen geht es dabei um die Entwicklung einer Vision sowie einer Strategie, welche mit der Unternehmenskultur verbunden sind und eine Governance für das Business Process Management ableiten lassen. Diese Rahmenbedingungen gelten meist langfristig, müssen aber aufgrund von Rückkopplungen aus den Aktivitätsbündeln oder bei sich verändernden Umweltbedingungen (z. B. Wechsel der Unternehmensstrategie) angepasst werden. Insbesondere im Falle von S-BPM können Anstöße vom operativ Arbeitshandelnden ausgehen, welche im Rahmen einer Langfristentwicklung die Vision und Strategie beeinflussen.

3.6.3.1 Entwicklung einer S-BPM-Vision

Eine Vision ist ein attraktives, identifikationsfähiges Abbild der zukünftigen Wirklichkeit [Wittmann et al. 2004, S. 16]. Die Vision nimmt diese Zukunftssituation nicht vorweg, indem sie sie konkret beschreibt. Vielmehr soll sie eine kreative Spannung zwischen dem gegenwärtigen Zustand (Ist) und einem angestrebten Zustand (Soll) erzeugen und damit als Führungs- und Motivationsinstrument dienen. Visionen werden meist auf Unternehmensebene formuliert (vgl. Abschnitt 3.6.3) und auf Organisationseinheiten (z. B. IT) und Projekte heruntergebrochen. Für die Einführung und weitere Verfolgung des Business Process Management sind die in Abbildung 3.3 sichtbaren Kernaussagen als Vision zielführend.

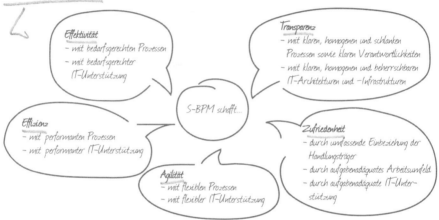

Abbildung 3.3: Denkbare S-BPM-Vision [Schmidt 2009, S. 7]

Mit ihrem Fokus auf Prozessen zur Strategieumsetzung und deren IT-Unterstützung steht die S-BPM-Vision in engem Bezug zur übergeordneten Unternehmensvision und zur IT-Vision. Daraus leiten sich die Geschäftsleitung, die Organisationsabteilung sowie die IT-Leitung als Governor ab.

Im Hinblick auf die Schaffung einer Stakeholder-orientierten Teilnahme und Teilhabe an organisationalen Entwicklungsprozessen muss die S-BPM-Vision in einer Organisation flächendeckend kommuniziert werden.

> Ohne S-BPM-Vision keine Strategieentwicklung – sie rückt die unterschiedlichen Rollen zur Organisationsentwicklung in den Mittelpunkt, und dies in abgestimmter Form, sodass Vielfalt und Komplexität gleichermaßen konstruktiv bearbeitet werden können.

3.6.3.2 Entwicklung einer S-BPM-Strategie

Die Entwicklung einer S-BPM-Strategie (strategische Prozessplanung) stellt den ersten Schritt von strategischem Prozesscontrolling dar (vgl. Abschnitt 11.1). Bei der erstmaligen Formulierung der S-BPM-Strategie werden zunächst für Handlungsfelder auf Basis der S-BPM-Vision konkrete Ziele festgelegt, welche die Institution erreichen will (vgl. [Schmelzer et al. 2010, S. 231 ff.]). Neben der Vision können in diese Zielformulierung sowohl Anstöße aus dem Wettbewerbsumfeld (Impulse von außen) als auch, wenn S-BPM bereits implementiert ist, Ergebnisrückkopplungen aus dem S-BPM-Vorgehensmodell (Impulse von innen) im Sinne eines kontinuierlichen Verbesserungsprozesses einfließen. Die nächste Aufgabe ist die Identifikation der zu betrachtenden Prozesse (vgl. [Becker et al. 2008, S. 123 ff.]). Sie beginnt mit der Abbildung der vorhandenen sowie der gewünschten Wertschöpfungskette. Anschließend erfolgt die Klassifizierung der existierenden Prozesse aufgrund einer ersten Prozesslandkarte. Damit können Prozessgruppen hinsichtlich Ist- und Soll-Zuständen gebildet und bewertet werden.

Unter Beteiligung der Stakeholder werden Prozessgruppen mit den größten Potenzialen zuerst ausgewählt und detaillierte Wirtschaftlichkeitsbetrachtungen durchgeführt, wobei der vorhandenen und möglichen IT-Unterstützung und Automatisierung eine besondere Beachtung zukommt. Die dabei ermittelten Ergebnisse liefern die Basis für die Priorisierung der Prozesse, welche schließlich den Gegenstand des GPM bilden. Für die so identifizierten Prozesse nehmen GPM-Verantwortliche schließlich eine Detailplanung hinsichtlich der Projektdurchführung vor. Aufgrund ihrer Priorisierungen entsteht eine wirtschaftlich fundierte Roadmap für die Umsetzung der S-BPM-Strategie. Strategie und Roadmap sind wie die Vision im Sinne der Transparenz und Akzeptanz unternehmensweit seitens der Verantwortlichen zu kommunizieren [Schmidt 2009, S. 8].

Mit der dargestellten strategischen Prozessplanung, die sich Instrumenten wie der Balanced Scorecard (BSC) und der Strategy Maps bedient, ist der erste Schritt zu strategischem Prozesscontrolling getan. Wird die BSC für das Unternehmen bzw. einen Geschäftsbereich in Scorecards mit Kennzahlen für die dort anzutreffenden Geschäftsprozesse überführt, kann die Umsetzung der S-BPM-Strategie im Rahmen der strategischen Prozesskontrolle und -steuerung überprüft werden.

Eine Abweichungsanalyse mit dem Vergleich der Soll-Werte für die Kennziffern mit den periodisch (z. B. quartalsweise) erhobenen Ist-Werten kann dann strategische Lücken und Handlungsbedarfe aufzeigen (vgl. [Schmelzer et al. 2010, S. 231 ff.]). Auch die Reifegradbewertung von Prozessen mit entsprechenden Modellen liefert Hinweise für die Weiterentwicklung der S-BPM-Strategie (vgl. Abschnitt 11.1.1).

Besonderer Stellenwert kommt der Lernperspektive zu, da hier Entwicklungspotenzial bezüglich Organisationsveränderung, Kundenstruktur und Finanzen transparent gemacht werden kann. Mit S-BPM können Verantwortliche und operative tätige Personen Geschäftsprozesse aus ihrer individuellen Handlungsperspektive erstellen. Die so entstandenen Modelle repräsentieren den Reflexions- und Entwicklungsgegenstand im Rahmen von Lernprozessen. Letztere führen schließlich zu einer veränderten Prozesslandkarte einer Organisation.

Die Wertschöpfungskette und die daraus abgeleiteten Prozessklassen werden wesentlich von der Unternehmensstrategie beeinflusst. Deshalb sichert die skizzierte Vorgehensweise weitgehend die Konsistenz der S-BPM-Vision und -Strategie mit der Unternehmensvision und -strategie. So dürften etwa bei einer Kostenführerschaftsstrategie andere Prozessgruppen in den Vordergrund rücken als bei einer Differenzierungsstrategie. Mit der besonderen Beachtung der IT-Unterstützung und Automation wird in der

S-BPM-Strategie auch der Bezug zur IT-Strategie hergestellt. S-BPM-Strategie und -Vision bilden demnach ein Bindeglied zwischen Unternehmensvision und -strategie und IT-Vision und -Strategie und liefern damit einen wesentlichen Beitrag zum in Abschnitt 3.6.2 thematisierten IT/Business Alignment.

Die Governor-Rolle für die S-BPM-Strategie als Rahmenbedingung obliegt, wie bei der S-BPM-Vision, der Geschäftsleitung, der Organisationsabteilung und IT-Leitung.

3.6.3.3 Entwicklung und Förderung einer S-BPM-Kultur

S-BPM-Vision und -Strategie tragen dazu bei, in der Organisation eine S-BPM-Kultur zu entwickeln und nachhaltig zu etablieren. Eine solche Kultur ist zugleich Ergebnis wie auch kritischer Erfolgsfaktor des S-BPM-Vorgehensmodells [Schmidt 2009, S. 9].

Unabdingbar für ihr Entstehen sind das Bekenntnis der Geschäftsleitung zur Prozessorientierung im Allgemeinen und die massive Unterstützung der S-BPM-Vorhaben im Speziellen. Ohne diese Rückendeckung besteht die Gefahr, dass die nachhaltige Etablierung von S-BPM vom mehr oder weniger stark ausgeprägten Beharrungsvermögen einer Organisation verhindert oder zumindest erschwert wird.

Auf allen Hierarchieebenen gilt es, die Akzeptanz von Führungskräften und Mitarbeitern für S-BPM-Projekte zu fördern und sie im Idealfall zur aktiven Teilnahme zu motivieren. Dazu geeignete Maßnahmen sind unter anderem die frühzeitige, regelmäßige und reflektierte

- Sensibilisierung für die Bedeutung von S-BPM,
- Kommunikation von S-BPM-Vision und -Strategie,
- Information über konkrete S-BPM-Projekte,
- Einbeziehung betroffener Personen und Institutionen („Betroffene zu Beteiligten machen"),
- Qualifizierung von Beteiligten (situativ) und
- Kommunikation von Ergebnissen des S-BPM („Erfolgsgeschichten").

Auf diese Weise lässt sich eine Kultur entwickeln, die hilft, Mitarbeitern Orientierung zu geben und Unsicherheit und Ängste vor Veränderungen zu vermindern. In einem auf Lernen ausgerichteten Klima fällt es leichter, Promotoren und vor allem Opponenten der S-BPM-Thematik zu einem konstruktiven Diskurs zu bewegen.

Anreize, wie beispielsweise ein auf das Prozessergebnis ausgerichtetes Prämiensystem (z. B. Bonus für die Erreichung von Zielwerten bei Key Performance Indicators wie der durchschnittlichen Prozessdauer) und ein betriebliches Vorschlagswesen, das unter anderem prozessbezogene Verbesserungsvorschläge belohnt, können Veränderungsbereitschaft bewirken.

3.6.3.4 Entwicklung einer S-BPM-Governance

S-BPM-Governance soll in diesem Kontext in weitgehender Analogie zur IT-Governance interpretiert werden als Führungshandeln, organisatorische Strukturen und Regeln, die sicherstellen, dass das S-BPM die Unternehmensstrategie und -ziele optimal unterstützt

und Risiken sorgfältig berücksichtigt. Führungshandeln und organisatorische Strukturen werden vor allem durch die Verankerung des S-BPM in der Organisation abgebildet.
Regeln äußern sich beispielsweise in der Definition von S-BPM-Standards.

So sind z. B. vor der Durchführung von S-BPM-Vorhaben eine Reihe von generellen Regelungen zu treffen und in einem verbindlichen Modellierungsstandard zu dokumentieren und zu kommunizieren [Schmidt 2009, S. 10]. Wichtige Inhalte eines solchen häufig
auch als Konventionenhandbuch bezeichneten Leitfadens sind:

- Vorgehensmodell: Vorgabe einer einheitlichen Vorgehensweise (Prozess des BPM),
  z. B. gemäß dem S-BPM-Vorgehensmodell.

- Modellierungsgrundsätze: Vorgabe von bei der Modellierung zu beachtenden Rahmenbedingungen wie die in Abbildung 3.4 sichtbaren Grundsätze ordnungsmäßiger
  Modellierung (GoM) (vgl. [Becker et al. 2008, S. 47 ff.]).

- Modellierungskonventionen: Vorgabe von bei der Modellierung einzuhaltenden konkreten Regeln z. B. zur Verwendung von Methoden und Modelltypen, Bezeichnungen,
  Layout etc.

- Vorgabe einer vorher sorgfältig auszuwählenden Werkzeugumgebung für die Modellierung und gegebenenfalls weitere Aktivitätsbündel.

Grundsatz	Bedeutung
Richtigkeit	Korrekte Wiedergabe des dargestellten Sachverhalts
Systematischer Aufbau	Wohldefinierte Schnittstellen zwischen Teilmodellen
Klarheit	Verständlichkeit für Adressaten, möglichst ohne tief greifende Methodenkenntnis
Vergleichbarkeit	Gleichartige Modellierung in unterschiedlichen Projekten durch Einhaltung übergreifender Konventionen
Relevanz	Nur Darstellung von Sachverhalten, die zur Modellbeschreibung nötig sind.
Wirtschaftlichkeit	Angemessenes Kosten-Nutzen-Verhältnis

Abbildung 3.4: Grundsätze ordnungsmäßiger Modellierung (GoM)

In der Praxis umfassen Konventionenhandbücher oft 100 und mehr Seiten. Die Gefahr,
dass darin zu viel bzw. zu kleinlich geregelt wird und die Zielpersonen die Vorgaben
nicht akzeptieren, ist offensichtlich. Wie noch gezeigt wird, bedarf es bei der subjektorientierten Modellierung nur einige Konventionen, da die Methode mit wenigen Symbolen auskommt.

Die skizzierten Standards sind regelmäßig zu überprüfen und gegebenenfalls den praktischen Erfahrungen anzupassen. Sie werden von Organisationsabteilungen gesetzt, welche hier eine Governor-Rolle einnehmen.

Für S-BPM-Governance gilt der Grundsatz systemischen Denkens und Handelns. Neben klassischen ökonomischen Kenngrößen sind die organisationsspezifischen Faktoren (Informationsinfrastruktur, Handlungsprofile, Kommunikationsstrukturen etc.) und deren Wechselbeziehungen zu berücksichtigen.

3.6.4 Governance-Risk-Compliance-Trias (GRC-Trias)

Eine übergreifende Rahmenbedingung für das Business Process Management bildet die sogenannte Governance-Risk-Compliance-Trias. Der Begriff drückt die enge Verflechtung der drei Aspekte und ihre zunehmende Relevanz aus [Klotz et al. 2008, S. 7].

In den vorangegangenen Abschnitten wurde die Governance auf Unternehmens-, IT- und S-BPM-Ebene thematisiert. Dabei hat sich gezeigt, dass diese als einen wesentlichen Bestandteil die Auseinandersetzung mit Risiken umfasst und deshalb die Etablierung eines tragfähigen Risikomanagements (Risk Management) im Unternehmen impliziert. Ein nicht unerheblicher Teil der Unternehmensrisiken resultiert aus der zunehmenden Flut von Regelungen, denen Unternehmen unterliegen.

Hier setzt die Compliance an, deren Ziel es ist, Risiken aus Verstößen gegen externe und interne Regelungen zu vermeiden, indem die Befolgung solcher Vorgaben sichergestellt wird (vgl. [Klotz et al. 2008, S. 5 ff.]). Es geht dabei nicht um die selbstverständliche Einhaltung von geltendem Recht, sondern darum, mögliche Verstöße gegen Regelungen als dem Risikomanagement zu unterwerfende Risiken zu identifizieren, denen mit geeigneten organisatorischen, technischen und personellen Maßnahmen zu begegnen ist (vgl. [Klotz et al. 2008, S. 7]). Beispiele für solche Maßnahmen sind die Gestaltung und Implementierung entsprechender Prozesse (z. B. Genehmigungs-Workflows), die sorgfältige Sensibilisierung, Information und Schulung des Personals und die regelmäßige Kontrolle und Dokumentation der Regelkonformität inklusive Sanktionen bei Verstößen.

Wie bei der Governance können wir die IT-Compliance als Untermenge der Corporate Compliance betrachten. In einem umfassenden Verständnis beziehen sich beide nicht nur auf die Einhaltung rechtlicher Vorschriften wie des Bundesdatenschutzgesetzes (BDSG), des Signaturgesetzes (SigG) oder der Grundsätze zum Datenzugriff und zur Prüfbarkeit digitaler Unterlagen (GDPdU), sondern auch auf die Erfüllung weiterer unternehmensexterner Regularien, (z. B. Verträge wie Service Level Agreements oder Frameworks wie die IT Infrastructure Library (ITIL), sowie unternehmensinterner Vorgaben z. B. selbst auferlegte Regelwerke wie eine IT-Sicherheitsrichtlinie. Die Bindungswirkung und die Risiken der Nichteinhaltung nehmen von den externen Regelwerken hin zu den internen Normen ab (vgl. [Klotz et al. 2008, S. 8 ff.]).

Das Zusammenwirken von Corporate Compliance und IT-Compliance lässt sich als Compliance für das Business Process Management (BPM-Compliance) interpretieren. Im Rahmen der Corporate Compliance, also auf Geschäftsebene, gilt es, Compliance-relevante Prozesse zu identifizieren und dafür Compliance-Anforderungen zu formulieren. S-BPM erleichtert, die Anforderungen durch entsprechende Prozessgestaltung (z. B. Einbau von Kontrollschritten) zu erfüllen (vgl. [Schmelzer et al. 2010, S. 40 f.]). Die IT-Compliance deckt dann die Befolgung von IT-relevanten Regelungen bei der IT-Unterstützung der Geschäftsprozesse ab. Bei der Entwicklung und Pflege von Prozessen sorgt insbesondere der zuständige Governor dafür, dass die Vorgaben in die jeweiligen Prozesse eingearbeitet werden.

> 1. Governance 2. Risk 3. Compliance – nicht umgekehrt. Aus Standardierungsbemühungen wird kein lebbares ganzheitliches Organisationsmodell entstehen können.

■ 3.7 S-BPM zur integrierten Organisationsentwicklung

S-BPM ist ein Vorgehensmodell, mit dessen Hilfe mehrfache Integration in der Organisation möglich ist. Um dies zu zeigen, betrachten wir zunächst mit dem betriebswirtschaftlichen und technischen Aspekt zwei Dimensionen, mit denen sich der Begriff Business Process Management (BPM) bzw. Geschäftsprozessmanagement (GPM) klassisch fassen lässt (vgl. z. B. [Bucher et al. 2009, S. 6], [Becker et al. 2009, S. 3] und [Schmelzer et al. 2010, S. 5]). Die ursprünglich ausschließlich betriebswirtschaftliche Sicht bezieht sich auf ein integriertes Managementkonzept für Dokumentation, Design, Optimierung, Implementierung, Steuerung und Weiterentwicklung von Management-, Kern- und Support-Prozessen in Organisationen. Es soll helfen, die Anforderungen der Stakeholder, vor allem der Kunden, zu befriedigen und die Unternehmensziele zu erreichen.

Daneben wird von vielen mit dem BPM-Begriff in Wissenschaft und Praxis auch die technische Dimension der IT-Unterstützung von Geschäftsprozessen in Verbindung gebracht. Diese reicht unter anderem von Werkzeugen für die Dokumentation und Modellierung von Prozessen über Workflow Engines zur Abarbeitung von Prozessinstanzen unter Nutzung von Funktionalitäten von Anwendungssoftware (z. B. Services eines ERP-Systems) bis hin zu Business-Intelligence-Applikationen zur Auswertung der Performance von Prozessen. Lösungen mit einem hohen Grad der Abdeckung der genannten Teilaspekte werden als Business-Process-Management-Systeme (BPMS) oder, bevorzugt von Softwareherstellern, als Business-Process-Management-Suiten bezeichnet. Als Beispiel sei die Metasonic Suite genannt, die bereits die Modellierung und Validierung von Prozessspezifikationen auf der Basis ausführbarer Modelle abdeckt.

S-BPM integriert die betriebswirtschaftliche und technische Sicht, indem es Geschäftsabläufe aus der Sicht aller beteiligten Akteure in dem Mittelpunkt bringt und ihnen ein Hilfsmittel zur Verfügung stellt, ihre jeweilige Sicht auf diese Abläufe effektiv und effizient auszudrücken. S-BPM ist ein rollen- und kommunikationszentriertes Werkzeug zur Entwicklung von Organisationen. Im Gegensatz zu anderen BPM-Ansätzen steht nicht die Entwicklung von funktionalen Abläufen im Vordergrund, sondern die Beteiligten, die Subjekte und ihre Interaktion. So ist gleichermaßen eine Entwicklung auf organisationaler wie auch auf personaler Ebene möglich.

Der organisatorische Aspekt von Arbeit kommt nicht nur im ablauftechnischen Sinn zur Geltung, sondern bereits mit den jeweilig erforderlichen Handlungsprofilen, in deren Kontext schließlich die operativen Kräfte informationstechnisch zu unterstützen sind. Im Rahmen von S-BPM definieren Subjekte die Rollen von Akteuren, die für die Erreichung eines Organisationsziels relevant sind. In weiterer Folge wird dann deren jeweiliges Verhalten festgelegt und durch den Austausch von Nachrichten zur Aufgabenerfüllung synchronisiert.

Im Gegensatz zu vielen BPM-Ansätzen ist ein mit S-BPM entwickeltes Modell unmittelbar ausführbar. Dies bedeutet, in jedem Entwicklungsschritt können Modelle unmittelbar ohne weitere Transformation ausgeführt werden, wodurch sich erstmals ein kohärenter Entwicklungsprozess auf Basis subjektorientierter Modellierung ergibt (seamless round-trip engineering). Modellierung und Umsetzung sind damit unmittelbar miteinander verzahnbar.

Darüber hinaus ist das S-BPM-Vorgehensmodell ein Ablaufmodell, mit dem die Aktivitätsbündel dynamisch miteinander integriert werden können. Über einen klassischen Zyklus hinaus kann das Vorgehen parallele und verzweigte Aktivitäten anstoßen – je nachdem, was im Geschäftsprozess gerade erforderlich ist. Rückkopplungen zwischen den Aktivitätsbündeln können auftreten, welche zu Übergängen nicht nur vorwärts und rückwärts zwischen logisch aufeinanderfolgenden Zuständen, sondern auch unter Auslassen von Zwischenzuständen führen.

Schließlich lässt sich S-BPM mit den vorliegenden Werkzeugen selbst subjektorientiert darstellen. Der Modellierungsgegenstand (der Prozess) kann mithilfe von Subjekt-Prädikat-Objekt-Deskriptoren erfasst werden (Modellierung), ebenso wie der Prozess der Entwicklung selbst durch Subjekt-Prädikat-Objekt-Folgen darstellbar ist, wie unter Abbildung 3.1 beschrieben. Den Kern stellt der Modellierungsprozess, die Hülle stellt der organisationsspezifische Entwicklungsprozess auf Basis der Modellierung dar.

S-BPM bleibt sich selbst treu: Es sind die Stakeholder, die als Governor, Actor, Facilitator oder Expert, also Subjekte, die Interaktionen setzen (Prädikat), die zu Veränderung von organisationalen Prozessen (Objekte) führen. Für S-BPM-Projekte immer in vollständigen Sätzen denken!

3.8 Literatur

[Becker et al. 2009]

Becker, J.; Mathas, C.; Winkelmann, A.: Geschäftsprozessmanagement, Berlin 2009.

[Becker et al. 2008]

Becker, J.; Kugeler, M.; Rosemann, M. (Hrsg.): Prozessmanagement, 6. Auflage, Berlin 2008.

[Bucher et al. 2009]

Bucher, T.; Winter, R.: Geschäftsprozessmanagement – Einsatz, Weiterentwicklung und Anpassungsmöglichkeiten aus Methodiksicht, HMD 266, S. 5-15.

[Fischer et al. 2006]

Fischer, H., Fleischmann, A.; Obermeier, S.: Geschäftsprozesse realisieren, Wiesbaden 2006.

[Fischermann 2006]

Fischermann, G.: Praxishandbuch Prozessmanagement, ibo Schriftenreihe Band 9, Gießen 2006.

[ITGI 2003]

IT Governance Institute: IT Governance für Geschäftsführer und Vorstände, 2. Ausgabe 2003, http://www.itgi.org/Template _ITGI. cfm?Section=Recent_Publications&CONTENTID=14529&TEMPLATE=/ContentManagement/ContentDisplay.cfm, Download am 19.01.2007.

[Johannsen et al. 2007]

Johannsen, W.; Goeken, M.: Referenzmodelle für IT-Governance, Heidelberg 2007.

[Klotz et al. 2008]

Klotz, M.; Dorn, D.: „IT-Compliance – Begriff, Umfang und relevante Regelwerke", in: HMD – Praxis der Wirtschaftsinformatik, Heft 263, 2008, S. 5-14.

[Meyer 1990]

Meyer, M.:Operations Research – Systemforschung, 3. Auflage, Stuttgart 1990.

[Österle et al. 2003]

Österle, H. und Winter, R., Business Engineering, in: Österle, H. und Winter, R. (Hrsg.), Business Engineering, 2. Auflage, Berlin 2003, S. 3-20.

[RDCGK 2010]

Regierungskommission Deutscher Corporate Governance Kodex, Deutscher Corporate Governance Kodex in der Fassung vom 26. Mai 2010, http://www.corporate-governance-code.de/ger/download/kodex_2010/D_CorGov_Endfassung_Mai_2010.pdf, Download am 15.02.2011.

[Schmelzer et al. 2010]

Schmelzer, H.; Sesselmann, W.: Geschäftsprozessmanagement in der Praxis, 7. Auflage, München 2010.

[Schmidt 2010a]

Schmidt, W.: „IT-Strategie", in: Hofmann, J.; Schmidt, W. (Hrsg.): Masterkurs IT-Management, Wiesbaden 2010, S. 11-92.

[Schmidt 2010b]

Schmidt, W.: „IT-Governance", in: Hofmann, J.; Schmidt, W. (Hrsg.): Masterkurs IT-Management, Wiesbaden 2010, S. 355-403.

[Schmidt et al. 2009]

Schmidt, W.; Fleischmann, A.; Gilbert, O.: Subjektorientiertes Geschäftsprozessmanagement, HMD – Praxis der Wirtschaftsinformatik, Heft 266, S. 52–62, 2009.

[Schmidt 2009]

Schmidt, W.: Integrierter Business-Process-Management-Zyklus, Arbeitsberichte (Working Papers) der Hochschule Ingolstadt, Heft Nr. 16, 2009

[Wittmann et al. 2004]

Wittmann, R. et al.: Unternehmensstrategie und Businessplan, Frankfurt am Main 2004.

4

Subjektorientierte Prozessanalyse

■ 4.1 To Go

Für was brauche ich eine Analyse? Ich kenne doch den Laden hier wie meine eigene Westentasche! Ich weiß, wie es geht. Gut, dass ich und meine Kollegen jetzt auch gefragt werde.

Wir wollen nicht irgendwelche Fakten zusammentragen – unser Erfolg wird nicht an der „Menge von Aktenordnern" gemessen, wenn wir Dokumente sammeln. Vielmehr müssen wir auf unsere Gesamtziele sehen und zielgerichtet vorgehen. Wo wollen wir hin und was bringt's?

Zudem wollen wir hier nicht nur die Kenntnisse eines Einzelnen heranziehen – das ist der Grund für das Scheitern vieler Projekte zur Prozessanalyse. Wir wollen hier alle einbinden, die für den Prozess einen Beitrag leisten können.

Daher ist Analyse ein übergreifender Vorgang, in den möglicherweise ein größerer Teil der Organisation in geeigneter Weise einzubinden ist. Die Prozessanalyse erlaubt uns dies, ohne das Gesamtbild zu vernachlässigen.

Die Prozessanalyse ist im S-BPM-Vorgehensmodell ein zentrales Aktivitätsbündel. Wird ein S-BPM-Projekt begonnen, so steht die Analyse an erster Stelle. Sie bedeutet eine zielgerichtete Sammlung und Auswertung relevanter Prozessinformationen zur Vorbereitung für die weiteren Schritte. Zu solchen Prozessinformationen zählen beispielsweise bestehende Beschreibungen von Geschäftsvorgängen, bestehende Prozessspezifikationen (z. B. ARIS-Diagramme), Messungen und Auswertungen von Kennzahlen oder sonstige Dokumentationen zur Qualitätssicherung. Prozessdefinitionen beschreiben bestimmte Geschäftsvorgänge, die der Erreichung der Organisationsziele dienen. Die wesentlichen Bestandteile von Prozessdefinitionen haben wir in Abschnitt 3.2 zum S-BPM-Prozessverständnis vorgestellt.

Wurden bei der Analyse für diese Elemente keine aussagekräftigen Daten gewonnen oder fehlen wichtige Informationen, beeinflusst dies andere Aktivitätsbündel des integrierten S-BPM-Vorgehens. In solchen Fällen ist die Analyse zur Verfeinerung ein weiteres Mal zu durchlaufen. Die Besonderheit der subjektorientierten Analyse ist die Orientierung an Subjekten und damit an den Prozesshandelnden. Sie realisiert systemisches Denken, indem mit der Information über Geschäftsvorgänge Aufgabenträger bzw. Rollen bestimmt werden, die als Referenzpunkte dienen. Damit unterscheidet sich S-BPM von herkömmlichem BPM. So ist etwa bei ARIS-basierter Vorgehensweise in der Analysephase die Dokumentation eines kontextlosen Funktionsbaums möglich [Scheer 1998]. Damit werden jedoch wichtige Fragestellungen noch nicht beantwortet wie beispielsweise die zur Funktionserfüllung erforderlichen Kommunikationsbeziehungen beteiligter Akteure, sie müssen später mit höherem Aufwand nachgezogen werden.

Der entscheidende Vorteil für Organisationen besteht bei der Analyse mit der Methode des S-BPM darin, dass Ausführende (Actors) und Verantwortliche (Governors) direkt in die Erhebung und Auswertung eingebunden werden können, und zwar ohne Schulungsaufwand, da davon ausgegangen werden kann, dass sie die Standardsatzsemantik der natürlichen Sprache beherrschen. Daher zeigen wir zunächst, welche Aufgaben die Akteure bei der Analyse haben.

In der Folge gehen wir erst auf die unterschiedlichen Bezugspunkte der subjektorientierten Prozessanalyse ein. Sie bilden den Kontext für die anschließend erklärte Analysemethodik.

■ 4.2 S-BPM-Akteure bei der Analyse

Die Prozessanalyse kann jeweils aus den Blickwinkeln der vier verschiedenen S-BPM-Akteure betrachtet werden. Die vier Rollen haben unterschiedliche Fragestellungen.

|| Die sich für den einzelnen Arbeitshandelnden ergebenden Handlungsempfehlungen || aus der Prozessanalyse sollen die Anpassung der Arbeit an den Menschen fördern. ||

4.2.1 Actors

An einem Prozess sind in der Regel mehrere Actors (operativ Handelnde) beteiligt. Diese analysieren, welche Teile eines Prozesses bereits bekannt sind und wie deren Zusammenspiel am besten darzustellen ist. Die Leitfragen der Actors orientieren sich an der Sprache, sie werden fragen, welche Subjekte, Aktionen (Prädikate) und Objekte vorhanden sind und wie sie miteinander kommunizieren. Die Actors eines Prozesses wissen auch in der Regel am besten, wo die Probleme liegen und wie diese eventuell behoben werden können.

4.2.2 Facilitators

Ein Facilitator (Entwicklungsbegleiter) analysiert, welches Vorgehen im Rahmen von GPM-Vorhaben am besten geeignet ist. Er unterstützt den Actor bei der Suche nach geeigneten Ansprechpartnern oder bindet Experten ein. Er kümmert sich um die Kommunikation zwischen den Beteiligten. Insbesondere sorgt er dafür, dass die Ziele, die mit einer Prozessanpassung verbunden sind, durch den Governor ausreichend bekannt gemacht werden und deren Beziehung zu den Gesamtzielen des Unternehmens Actors und Experts erklärt wird.

|| Lassen Sie die Arbeitshandelnden über den Facilitator miteinander in den Dialog tre- || ten. Experten können helfen, eine Außensicht auf bestehende Prozesse zu entwi- || ckeln, sodass die Governors sich auf die organisationsspezifische Entwicklung kon- || zentrieren können. ||

4.2.3 Governors

Ein Governor (oragnisatorisch Verantwortlicher) achtet darauf, dass die Rahmenbedingungen der Organisation eingehalten werden. Er sorgt dafür, dass die Ziele des zu bearbeitenden oder neu zu erstellenden Prozesses mit den Zielen der Gesamtorganisation abgestimmt sind. Insbesondere beeinflusst er die Kennzahlen des Prozesses, wie sie gemessen werden sollen und welche Zielwerte angestrebt werden.

Grenzen sind immer zu ziehen – auch bei der Organisationsbetrachtung. Wenn Sie im Kleinen, also in für Governors überschaubaren Bereichen, etwa der Produktion, beginnen, können Sie explizit Schnittstellen benennen, die in weiterer Folge in deren Kontext, etwa Produktentwicklung, bearbeitet werden können.

4.2.4 Experts

Experten können Spezialisten sein, die unmittelbar und mittelbar mit dem Prozess zu tun haben und Hintergrundinformationen dazu besitzen, die für die Prozessgestaltung entscheidend sind. Sie bringen bei Bedarf Daten, Informationen und Wissen über den Prozess, Referenzprozessmodelle etc. in die Analyse ein. Sollen beispielsweise im Rahmen einer Analyse Messungen hinsichtlich der Effizienz des bisherigen Prozesses durchgeführt werden, so kann dies durch entsprechende Spezialisten erfolgen. Um der oft beobachteten Betriebsblindheit zu begegnen, ist es in der Regel sinnvoll, Experten von extern hinzuzuziehen.

◼ 4.3 Referenzpunkte

Nach den S-BPM-Akteuren beleuchten wir folgende Rahmenbedingungen der Analyse und beschreiben diese anschließend näher:

- Prozessanalyse ist eine Form der Systemanalyse.
- Prozessanalyse ist eine Form von Wissensmanagement.
- Prozessanalyse beinhaltet die Analyse der Organisation.
- Prozessanalyse fordert stringentes Vorgehen.

4.3.1 Systemtheorie

Die Wurzeln der Systemtheorie finden sich in der Biologie. Darüber hinaus wird sie heute in vielen anderen Bereichen angewendet, wie Physik, Chemie, Soziologie usw. [Bertalanffy 1969]. Die Systemtheorie ist ein interdisziplinäres Erkenntnismodell, in dem Systeme zur Beschreibung und Erklärung unterschiedlich komplexer Phänomene herangezogen werden. Ein System besteht aus Elementen, die sich aufeinander beziehen und in einer Weise wechselwirken, dass sie als eine aufgaben-, sinn- oder zweckgebundene Einheit angesehen werden können und sich in dieser Hinsicht gegenüber der sie umgebenden Umwelt abgrenzen. Als Querschnittsdisziplin hat die Systemanalyse darüber hinaus Verwendung in vielen anderen Wissenschaften gefunden, auch in der Organisationstheorie (vgl. [Häfele 1990]).

Im systemischen Denken treten an Stelle geradlinig-kausaler Zusammenhänge assoziative, gegebenenfalls auch zirkuläre Erklärungen und aus isolierten Elementen werden eng gekoppelte Systemelemente. Über die Systemanalyse werden die Elemente eines Systems mit ihren wichtigsten Wirkungsbeziehungen identifiziert und beschrieben. Es bestehen nicht nur lineare „wenn-dann"-Ketten, sondern es gibt auch Rückkopplungsschleifen [Krallmann et al. 1999]. Das integrierte S-BPM-Vorgehensmodell berücksichtigt neben grundsätzlichen Systemzusammenhängen wie beispielsweise der Umsetzung von Compliance-Regeln in Geschäftsvorgängen dezidiert Möglichkeiten zur Rückkopplung. Im Vordergrund steht das Subjekt mit seinen Kommunikationsbeziehungen nach außen.

Eine Prozessanalyse ist daher eine spezielle Form der Systemanalyse angewandt auf Geschäftsvorgänge. Elemente und Beziehungen können auf das Prozessmanagement übertragen werden durch die Interpretation eines Prozesses als eine Menge von Handelnden, Aktivitäten, Abläufen etc. Wie in Abschnitt 3.2 erläutert sind Aktivitäten oder Aufgaben, Aufgabenträger, Sachmittel und Information wesentliche Bestandteile von Prozessen. Diese Elemente können in entsprechenden Wirkungsbeziehungen stehen. So bestehen zwischen Aufgaben in der Regel Nachfolger- bzw. Vorgängerbeziehungen. Einer Aktion kann durch die Relation „benutzt" eine Ressource zugeordnet sein, und mit der Relation „führt aus" wird definiert, welcher Aufgabenträger für die Ausführung einer Aufgabe zuständig ist. Je nach Art und Tiefe der Prozessanalyse können Elemente und Wirkungsbeziehungen in unterschiedlichen Detaillierungsgraden ausgestaltet sein. Eine Strukturierung der Analyseergebnisse ist erforderlich, um sie später in ein Prozessmodell umsetzen zu können.

Betrachten wir beispielsweise grundlegende Anforderungen an eine Modellierungssprache nach Mielke, steht hier im Mittelpunkt das Element „Aktivität" mit seinen Beziehungen zueinander [Mielke et al. 2002], wie etwa die Reihenfolge. Erst sekundär werden diese mit Objekten, Relationen und Rollen verknüpft. Diese Vorgehensweise entspricht den meisten Methoden des traditionellen BPM. Bei der subjektorientierten Prozessanalyse steht hingegen das Element „Subjekt" mit seinen Beziehungen zu anderen Subjekten im Vordergrund. Dies erlaubt transparente Stakeholder-Orientierung und rollenorientierte Kommunikationsflüsse im Gegensatz zu funktionsorientierten Ablaufspezifikationen.

Ein weiterer Aspekt bei einer Systemanalyse ist die Festlegung einer Systemgrenze und des Systemumfelds. Damit wird der Fokus der Analyse auf einen bestimmten Betrachtungsbereich eingegrenzt. Die Prozessanalyse, als besondere Form der Systemanalyse, zeigt eine Besonderheit, denn die Prozessgrenze und damit die Systemgrenze sind nicht zwingend mit den Grenzen einer Aufbauorganisation identisch. Prozesse können organisationsübergreifende Abläufe abbilden [Fischer et al. 2006., S. 3 f.].

Dies bedeutet, dass Personen (Aufgabenträger) und IT-Systeme (Ressourcen) unmittelbar oder mittelbar zum Prozess dazuzählen könnten, obwohl sie nicht Gegenstand der Organisation sind. Die Systemgrenze im Prozessmanagement ist gewissermaßen eine dynamische Grauzone [Rosenkranz 2006]. Aus diesem Grund ist bei einer Prozessanalyse in der Regel immer das Organisationsumfeld mit einzubeziehen. Dies bedeutet, dass gegebenenfalls Prozessbeteiligte in die Analyse einbezogen werden, die nicht in der Aufbauorganisation der Organisation enthalten sind, die BPM initiiert bzw. dafür verantwortlich zeichnet. Ein Beispiel hierfür ist der Paradigmenwechsel im Prozessmanagement in der Strategie des CRM (Customer Relationship Management): Der Kunde zählt zwar nicht zur eigenen Organisation, auf ihn werden jedoch letztendlich alle Prozesse ausgerichtet. Sein Wissen bestimmt im CRM die Entwicklung von Produkten.

Akteure benötigen folglich zur erfolgreichen Bewältigung ihrer Aufgaben ein systemisches Verständnis. Es dient dazu, die verschiedenen Elemente und Verknüpfungen in eine „Ordnung" zu bringen, mit der die Subjekte eines Prozesses agieren können.

4.3.2 Wissensmanagement

Bei einer Prozessanalyse handelt es sich auch um eine zielgerichtete Aufnahme von Wissen einer Organisation, zur Gewinnung der für den Prozess relevanten Information [Gronau et al. 2004]. Es wird hierbei zwischen explizitem und implizitem Wissen unterschieden [Krallmann et al. 1999].

Explizites Wissen sind bereits dokumentierte Informationen über den Prozess und die Organisation. Aufgabe einer Analyse ist es, die Informationen herauszufiltern, die für den Prozess relevant sind.

Gegenstück des expliziten Wissens ist implizites Wissen, das nicht dokumentiert zur Verfügung steht. Dieses Wissen steckt (noch) in den Köpfen der Mitarbeiter. Wie ein Ablauf funktioniert und warum er nur so funktioniert, wie er implementiert ist, sind Fragen, die Außenstehenden nicht unmittelbar einsichtig sind und die vielleicht in ihrer Komplexität gar nicht zu dokumentieren sind. Die Sammlung von implizitem Wissen und damit seine Transformation zu explizitem Wissen setzen folglich bei den unmittelbar Betroffenen an. Diesbezügliche Erhebungen führen zu detaillierten Anforderungen an Prozesse oder an Teile von Prozessen sowie zu bislang nicht dokumentierten Abhängigkeiten und Kommunikationsstrukturen zwischen den beteiligten Personen. Aufgabe der subjektorientierten Analyse sind die subjekt-, d.h. rollengerechte Verwertung des erhobenen impliziten Wissens und seine Dokumentation.

Wissensmanagement im S-BPM bedeutet zunächst, das Wissen der Organisation über die Abläufe von Prozessen [Riempp 2004] zu finden. Wesentlich ist hierbei die Rolle des Experts, der als Wissensträger fungiert. Aber auch die anderen Akteure des S-BPM sind Wissensträger: Eine Identifikation der Actors mittels Subjekten erleichtert die Wissensdokumentation erheblich, da neben dem Funktions- oder Aktivitätenbezug Handlungsträger bzw. verantwortliche Akteure bereits bei der Erhebung vorgangsrelevanter Information transparent werden. Wird ein Prozess völlig neu konzipiert, dann ist zumeist noch kein Stakeholder mit entsprechendem Erfahrungsschatz verfügbar, der befragt oder eingebunden werden könnte. Hier ist es Aufgabe der Akteure, diese Rolle zu konzipieren und ihre Notwendigkeit durch eine kommunizierbare Verhaltensspezifikation zu konzipieren.

4.3.3 Organisation

Beim traditionellen Organisationsbegriff wird zur besseren Durchdringung der komplexen Zusammenhänge die Unterscheidung zwischen Aufbau- und Ablauforganisation vorgenommen. Diese auf [Nordsieck 1934], [Seidel 1972] und [Kosiol 1976, S. 32 f.] zurückgehende Differenzierung beschreibt zwei Seiten ein und desselben Gegenstandes. Die Aufbauorganisation stellt statisch die Organisationseinheiten in den Mittelpunkt, erst sekundär werden ihre jeweiligen Gestaltungsobjekte, ihre Teilaufgaben, betrachtet.

Stellenbeschreibungen legen fest, welche Aufgabenbereiche auf welche Teile der Organisation übertragen werden. Zur Aufbauorganisation hinzugerechnet werden heute auch Informations- und Kommunikationssysteme [Fischermann 2006]. Diese werden nicht allein als losgelöste Sachmittel betrachtet, sondern als Medien, um Information „zum richtigen Zeitpunkt am richtigen Ort" zur Verfügung zu stellen. Ihnen wird eine wesentliche Bedeutung zur Verrichtung der Aufgaben beigemessen.

Eine Aufbauorganisation bildet zudem die identitätsstiftende Struktur eines Unternehmens, hier kann sich jeder Mitarbeiter mit seinen Aufgabenfeldern und einer bestimmten Einheit identifizieren [Fischer et al. 2006]. Organigramme sind nach wie vor für viele Organisationen die Visitenkarten nach außen und wichtiges Ordnungskriterium nach innen. Auf den Visitenkarten der meisten Mitarbeiter eines Unternehmens steht ihre Einordnung in die Organisation.

Stehen hingegen die sachlichen, in Raum und Zeit ablaufenden Leistungsprozesse im Vordergrund, die sich bei und zwischen den Aufgabenträgern vollziehen, dann wird von einer Ablauforganisation gesprochen. Dies stellt die dynamische Sicht der Unternehmung dar [Picot et al. 2005]. In der Ablauforganisation stehen also die Aufgaben im Mittelpunkt und vor allem, wie diese Aufgaben aufeinanderfolgen. Wesentliche Fragestellung ist, wie die Organisationseinheiten miteinander in Beziehung stehen, um die zeitliche Reihenfolge der Ausführung der Aufgaben zu bewerkstelligen. Prozesse sind die konkrete Umsetzung der Ablauforganisation in die Praxis [Fischer et al. 2006]. „Die Summe aller Prozesse bildet die Prozessorganisation" [Fischermann 2006]. Prozesse können durch IT-Unterstützung auf Workflows abgebildet und zumindest teilweise automatisiert werden.

Beide Sichtweisen einer Organisation beinhalten wertvolle Information, sodass im Rahmen der subjektorientierten Prozessanalyse immer beide Organisationsdimensionen zu betrachten sind. In der Organisationstheorie ist in den vergangenen Jahren ein Paradigmenwechsel vollzogen worden. Dieser findet sich auch in der Organisationsforschung: Während in der Vergangenheit die Aufbauorganisation mit Organigrammen und Stellenbeschreibungen etc. im Vordergrund stand, spricht man vom „Primat der Prozessorganisation" [Gaitanides 1983]. Nicht die Struktur einer Organisation, sondern der Prozess steht im Vordergrund, auch „structure follows process" genannt [Fischermann 2006].

Für das Primat einer Prozessorganisation spricht, dass der Bedarf an abteilungs- und unternehmensübergreifender Zusammenarbeit stark gewachsen ist. Organisatorische Wertschöpfung findet immer weniger über isolierte Leistungen statt. Die Arbeitsteilung für Leistungen und Produkte erstreckt sich in vielen Fällen über den ganzen Globus. Die Zusammenarbeit kann über Prozesse beschrieben und durch IT effizient unterstützt werden.

Findet die Orientierung an der Ablauforganisation stark einseitig statt, hat dies jedoch auch Nachteile:

- Die Verantwortung für Mitarbeiter, Aufgaben, Ziele und Budget liegen heute noch vorrangig in der Linie der Aufbauorganisation. Dies kann zu Widersprüchen zwischen den Prozess- und den Organisationszielen führen.

- Eine Identifikation der Menschen in einer Organisation erfolgt primär über die Stelle, nicht über Prozesse. Im Rahmen eines Prozesses werden gerade in der Organisationshierarchie höher angesiedelte Mitarbeiter mit einfachen Tätigkeiten, wie z. B. einer Genehmigung, beschäftigt. Beim Ausführen der Prozesse liegt der Schwerpunkt auf der Zusammenarbeit und weniger in der Hierarchie. Das ist für manche Vorgesetzte schwieriger zu akzeptieren.

- Denken in Prozessen ist in der Regel schwieriger als Denken in gewohnten Strukturen einer Aufbauorganisation [Fischermann 2006].

Eine Prozessanalyse ist also eine spezielle Form der Organisationsanalyse. Dies bedeutet im Umkehrschluss, dass hierbei in geeigneter Form auch die Aufbauorganisation zu berücksichtigen ist. Die Prozessabläufe sind an der entsprechenden Organisation auszurichten und der Prozess ist in diese einzubetten. Oder anders formuliert: „In der praktischen Organisationsarbeit ist häufig die Aufbauorganisation eine Vorgabe, sodass sich die Ablauforganisation in dem nicht zu verändernden Rahmen der Aufbauorganisation bewegt" [Steinbuch et al. 1997]. Aus diesen Gründen müssen beide Organisationssichten zusammenwachsen. Fischermann empfiehlt eine prozessorientierte Aufbauorganisation [Fischermann 2006].

Beim subjektorientierten Prozessmanagement kann sich der Prozess an der Aufbauorganisation orientieren. Daher bezeichnen wir S-BPM auch als an der Aufbauorganisation orientiertes Prozessmanagement. Die S-BPM-Rolle des Governors repräsentiert dabei den Treiber (z. B. Geschäftsführung, Organisationsentwicklung) der Einbindung der Geschäftsprozesse in eine Organisation.

■ 4.4 Wahlfreiheit beim Vorgehen

In der traditionellen Prozessanalyse werden grundsätzlich zwei Vorgehensweisen unterschieden, der Top-down- und der Bottom-up-Ansatz:

> Es ist durch vorherrschende Denkmuster in Ihrer Organisation bestimmt, ob Sie top down, bottom up oder middle out wählen sollten.

Im **Top-down-Ansatz** wird zur Analyse bei den Unternehmensstrategien und Visionen einer Organisation angesetzt. Unterschieden werden im sogenannten FAU-Prozessmodell (Führung/Ausführung/Unterstützung) folgende drei Prozesstypen [Fischermann 2006]:

- Führungsprozesse (Managementprozesse) sind Prozesse zur Erstellung einer Strategie, der Planungen und der Steuerung. Sie können auch als Metaprozesse für das Prozessmanagement bezeichnet werden, die sich auf andere Prozesse auswirken, insbesondere auf die Ausführungs- und Unterstützungsprozesse.
- Ausführungsprozesse (Kernprozesse, Wertschöpfungsprozesse) beschreiben die eigentlichen operativen Prozesse. Traditionell werden sie an der Produktion oder an der Dienstleistung ausgerichtet. Moderne CRM-Strategien empfehlen die Ausrichtung am Kunden: Jeder Prozess sollte für den Kunden einen messbaren Wert erzielen. Nach [Hammer et al. 1996] soll es in jeder Organisation nicht mehr als zehn Kernprozesse geben.
- Unterstützungsprozesse (Support-Prozesse) werden benötigt, um die benötigten Ressourcen für die Führungs- und Ausführungsprozesse bereitzustellen. Hierzu zählen beispielsweise Personalverwaltung, Finanzmanagement oder IT-Management.

Die Vertreter der drei Prozesstypen auf der obersten Ebene werden beim Top-down-Vorgehen schrittweise weiter detailliert und untergliedert. Prozessanalyse wird hier auch verstanden als schrittweise Verfeinerung der Prozesse von einer groben Darstellung zu einer genaueren Beschreibungsstufe [Gaitanides 1983]. Dieser Schritt kann beliebig oft wiederholt werden, bis hin zur Beschreibung einzelner Handgriffe. In der Literatur gibt es mehrere Empfehlungen zur Untergliederung, beispielsweise werden bei [Buchner et al. 1999] Unternehmensprozesse, Geschäftsprozesse, Teilprozesse, Arbeitsabläufe, Teilarbeitsabläufe, Unterarbeitsläufe und Tätigkeiten unterschieden.

Eine einfachere Variante nach [Fischermann 2006] gliedert nach Unternehmensprozessen, Teilprozessen verschiedener Ordnung und Aufgaben. Bei beiden hier genannten

Ansätzen zur Detaillierung eines Prozesses drängt sich die Frage auf, auf welcher Detaillierungsebene denn ein Prozess initial festzulegen ist und wie ein Wechsel von einer Detaillierungsstufe zur nächsten gestaltet wird. Verschiedene Personen werden hier unterschiedliche Einschätzungen haben. In der Praxis erscheint daher eine derartige Systematisierung schwierig, der Analysierende und die an der Erhebung und Auswertung Beteiligten werden unter Umständen jeweils ganz anders interpretieren, auf welcher Ebene ein Prozess anzusiedeln ist. So ergeben sich aus dem Blickwinkel einer Zertifizierung, Softwareentwicklung oder Prozesskostenrechnung etc. unterschiedliche Ziele und subjektive Einschätzungen der Prozessebenen. Hier ist es Aufgabe von Governors, eine gemeinsame Sicht zwischen den Beteiligten an der Prozessentwicklung herzustellen.

Der Vorteil der Top-down-Analyse ist, dass die Prozessziele einfacher in den Unternehmenszielen zu verankern sind, da ja von diesen ausgegangen wird.

Im **Bottom-up-Ansatz** hingegen wird der Prozess von der „Basis" her aufgebaut. Ausgangspunkt sind Einzelaktionen, die verbunden werden zu Abläufen und Prozessen. Die Erhebung könnte von jedem Handgriff ausgehen, um daraus den Prozess zu konstruieren. Nachteil des Bottom-up-Ansatzes ist, dass davon ausgegangen wird, dass jede Aktion für sich alleine erforderlich ist. Erst bei einer Optimierung können gegebenenfalls einzelne Schritte zusammengefasst oder weggelassen werden. Zudem besteht bei dieser Analysemethode die Gefahr, dass sich die Analysearbeiten im Detail verlieren. Vorteil hingegen ist, dass über den Bottom-up-Ansatz der Prozess auf detaillierte Fakten aufgebaut wird.

Der Vorteil einer Bottom-up-Vorgehensweise mit Beteiligung der ausführenden Aufgabenträger ist, dass sie zunächst jene Abstraktionsebene wählen, die ihrer Wahrnehmung entspricht, und daher nur Prozesse erhoben und beschrieben werden, die der wahrgenommenen Realität entsprechen. Ein weiterer Vorteil dieser Vorgehensweise besteht darin, dass der Einstieg in partizipatives organisationales Lernen geschafft ist, sobald individuelle Sichtweisen auf Vorgänge in kommunizierbarer Form vorliegen (vgl. [Stary et al. 2011]).

Die subjektorientierte Analyse vereinigt die Vorteile von Top-down- und Bottom-up-Ansatz: Sie setzt bei der Analyse am handelnden Subjekt an. Aus der jeweiligen Fragestellung wird deutlich, ob eher eine Top-down-Analyse erforderlich ist, also wie die Subjekte kommunizieren, oder eine Bottom-up-Analyse, indem bestimmte Operationen im Detail zu betrachten sind. Beide Ansätze widersprechen sich nicht und können sogar kombiniert werden: Ist es für den Prozess erforderlich, bestimmte Aspekte im Detail zu betrachten, werden diese fokussiert, während andere Subjekte, z. B. der Kunde, abstrakt bleiben können.

4.5 Prozessrahmen bestimmen

Noch bevor der eigentliche Ablauf eines Prozesses beschrieben wird, ist das Analyseziel zu formulieren und sind Basisinformationen über den Prozess einzuholen, die seinen Bezugsrahmen bilden. Hierzu zählen Kennzeichen, z. B. ein eindeutiger Prozessname, aber auch interne und externe Rahmenbedingungen, die Einfluss auf den Prozess haben. In der Folge werden diese eingeführt.

4.5.1 Analyseziel

Wichtige Voraussetzung für eine erfolgreiche Erhebung und Auswertung ist die Festlegung des Ziels, das mit der Analyse erreicht werden soll. Allein die Vorgabe, irgendwelche Informationen zum Prozess zu sammeln, ist nicht hinreichend, vor allem dann, wenn die Analyse eine Folgephase eines anderen Schritts des S-BPM-Vorgehensmodells ist. In diesem Fall wird die Analyse mit einer ganz konkreten Vorgabe durchgeführt. So wurde beispielsweise Optimierungsbedarf identifiziert, über den noch weitere Informationen einzuholen sind, da die bisherige Information aus den Analyseergebnissen hierfür noch nicht ausreichend ist.

4.5.2 Ausgangsinformation

Zur Bestimmung eines Prozesses ist folgende Basisinformation einzuholen:

- **Prozessname:** Der Prozess muss im Unternehmen einen eindeutigen Namen führen. Bei der Analyse ist festzustellen, ob derselbe Prozess nicht gleichzeitig in anderem Kontext mit anderem Namen geführt wird. Ist dies der Fall, ist der „Zwillingsprozess" in die Analyse mit einzubeziehen.
Beispiel: Bei dem durchgängigen Beispielprozess handelt es sich um den Prozess ‚Dienstreiseantrag'.
- **Prozesstyp:** In Abschnitt 4.4 wurden grundlegende Prozesstypen beschrieben. Bei jedem Prozess ist zu bestimmen, ob es sich hierbei um einen Führungs-, Ausführungs- oder Unterstützungsprozess handelt.
Beispiel: Der Prozess ‚Dienstreiseantrag' ist ein Unterstützungsprozess des Unternehmens, in der Regel trägt er nicht unmittelbar zur Wertschöpfung bei.
- **Prozessziel:** Jeder Prozess hat ein oder mehrere Ziele, für deren Erreichung er implementiert wurde. Diese Ziele spielen eine wesentliche Rolle bei der Feststellung geeigneter Messgrößen und sind Ansätze bei der Optimierung.
Beispiel: Durch den Prozess ‚Dienstreiseantrag' sollen alle Mitarbeiter eine abgestimmte und einheitliche Vorbereitung für eine Dienstreise durchführen.

- **Zielsetzung des S-BPM-Projektes:** Der Auftraggeber (Governor) hat an das S-BPM-Projekt verschiedene Anforderungen. In der Regel erwarten sich Beteiligte oder Verantwortliche entweder eine Verbesserung der Effizienz oder der Effektivität des Prozesses.

  Beispiel: Der Auftraggeber verspricht sich von dem Prozess ‚Dienstreiseantrag' vor allem eine Verbesserung der Effektivität, da die Fehlerquote bislang ziemlich hoch gewesen ist.

- **Prozessmessgrößen:** Sehr früh werden in der Regel Messgrößen eines Prozesses festgelegt, wir sprechen hier von KPIs (Key Performance Indicators) (vgl. Abschnitt 11.4.2).

  Beispiel: Bei dem Prozess ‚Dienstreiseantrag' ist die Durchlaufzeit ein KPI. Ist sie zu hoch, sind für ein Unternehmen keine kurzfristigen Dienstreisen mit Genehmigung möglich.

- **Process Owner:** Es ist vom Governor eine Person zu bestimmen, die für den Prozess verantwortlich ist. Der Process Owner hat in der Regel eine Governor-Rolle inne. Diese Person hat die Aufgabe, das Prozessmodell abzunehmen und den Prozess implementieren zu lassen. Im laufenden Betrieb müssen Änderungswünsche an den Prozess vom Owner freigegeben werden. Er trägt auch Sorge dafür, dass der Prozess regelmäßig kontrolliert und gegebenenfalls optimiert wird.

  Beispiel: Für den Prozess ‚Dienstreiseantrag' übernimmt der Abteilungsleiter HR (Personal) die Rolle des Process Owner sbzw. Governors.

- **Vorhandene Prozessmodelle:** Es ist zu überprüfen, ob der Prozess bereits (teilweise) mit einem Werkzeug (z. B. mit ARIS) modelliert worden ist. Dies ist festzuhalten, da es möglicherweise Auswirkungen auf den Modellierungsweg hat – solche vorliegenden Prozessbeschreibungen können eventuell verwendet werden.

  Beispiel: Der Prozess ‚Dienstreiseantrag' ist bislang noch nicht modelliert worden.

- **Unterstützende IT-Systeme:** Häufig werden bereits Werkzeuge zur Prozessuntestützung benutzt. Dies ist zu dokumentieren.

  Beispiel: Für den Prozess ‚Dienstreiseantrag' wurde eine Excel-Tabelle entwickelt, in welche die Personalabteilung bislang alle Dienstreisen eingetragen hat.

- **Über-/untergeordneter Prozess:** Steht der Prozess im Kontext mit anderen Prozessen?

  Beispiel: Der Prozess ‚Dienstreiseantrag' steht in enger Verbindung mit den Prozessen ‚Buchung'und ‚Abwesenheitsplanung'.

- **Prozesslandkarte:** In einer Prozesslandkarte werden grobe Beziehungen des Prozesses zu anderen Prozessen und zur Organisation dargestellt. Nach [Schmelzer et al. 2010] zählen hierzu auch die Beziehungen zu Kunden und Partnern.

  Beispiel: In Abbildung 4.1 wird gezeigt, wie der Dienstreiseantrag in die Prozesslandkarte des Unternehmens eingeordnet ist.

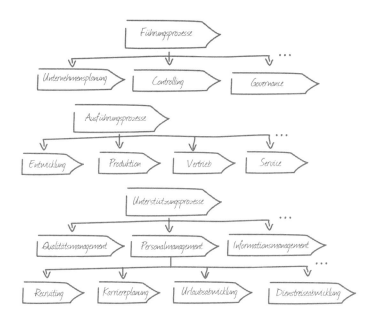

Abbildung 4.1: Beispiel einer Prozesslandkarte mit dem Dienstreiseantrag

Level 1: Initial – wherein business processes are performed in inconsistent sometimes ad hoc ways with results that are difficult to predict.

Level 2: Managed – wherein management stabilizes the work within local work units to ensure that it can be performed in a repeatable way that satisfies the workgroup's primary commitments. However, work units performing similar tasks may use different procedures.

Level 3: Standardized – wherein common, standard processes are synthesized from best practices identified in the work groups and tailoring guidelines are provided for supporting different business needs. Standard processes provide an economy of scale and a foundation for learning from common measures and experience.

Level 4: Predictable – wherein the capabilities enabled by standard processes are exploited and provided back into the work units. Process performance is managed statistically throughout the workflow to understand and control variation so that process outcomes can be predicted from intermediate states.

Level 5: Innovating – wherein both proactive and opportunistic improvement actions seek innovations that can close gaps between the organization's current capability and the capability required to achieve its business objectives.

Abbildung 4.2: Reifegrade des BPMM [OMG 2008]

- **Reifegrad:** In einer ersten Schätzung kann der Reifegrad des Prozesses bestimmt werden. Bekannte Ansätze dazu sind das von der Object Management Group entwickelte Business Process Maturity Model (BPMM) und die an das Modell der European

Foundation for Quality Management (EFQM) angelehnten Prozessassessment-Modelle für Geschäftsprozesse (PAG) und für Unternehmen (PAU) (vgl. [Hogrebe et al. 2009], [OMG 2008] und [Schmelzer et al. 2010, S. 288 ff.]). Abbildung 4.2 zeigt als Beispiel die Reifegradstufen des BPMM.

Beispiel: Der Prozess ‚Dienstreiseantrag' wird überwiegend im Unternehmen bereits gelebt, die Mitarbeiter arbeiten weitgehend nach demselben Prinzip. Hinweise für das Stellen eines Dienstreiseantrags stehen im Intranet, sie sind jedoch nicht ver-bindlich und lassen hohen Handlungsspielraum. Nach dem OMG-Stufenmodell kann der Prozess Stufe 2 (Managed) zugeordnet werden.

4.5.3 Interne Rahmenbedingungen

Interne Rahmenbedingungen der Analyse sind organisationsinterneFaktoren, die den Ablauf der Erhebung und Auswertung beeinflussen (siehe Abschnitt 3.6).

- **S-BPM-Strategie:** Unter einer S-BPM-Strategie, die aus der Geschäftsstrategie abgelei-tet wird, werden Konzepte und Vorgaben der Unternehmensführung verstanden, wie Prozesse im Unternehmen zu managen sind (vgl. Abschnitt 3.6.3.2).
Beispiel: Alle Standardverwaltungsprozesse sind zu vereinheitlichen und mit einem gemeinsamen Werkzeug abzubilden. Diese Vorgabe zwingt, auch den Dienstreiseprozess im Rahmen eines Projektes zu untersuchen.

- **S-BPM-Kultur:** Hierunter wird verstanden, wie in der Organisation mit dem Prozessthema informell umgegangen wird (vgl. Abschnitt 3.6.3.3).
Beispiel: Es ist gängige Praxis, das Prozessmanagement in die Hände von externen Beratern zu geben. Diese Kosten sind zu rechtfertigen, da in den meisten Organisationen die Entwicklung einer gemeinsamen Lösung lange dauert. Die Mitarbeiter sind es gewohnt, sich an Veränderungen aktiv zu beteiligen, wodurch Ziele nicht immer zeitgerecht erreicht werden können. Der Prozess ‚Dienstreiseantrag' wird daher zunächst von neutraler Seite untersucht.

- **S-BPM-Governance:** Unter S-BPM-Governance wird eine Steuerung verstanden, wie Prozesse in der Organisation zu implementieren sind (vgl. Abschnitt 3.6.3.4).
Beispiel: Die Gestaltung des Prozesses ‚Dienstreiseantrag' erfolgt nach dem Vorgehensmodell des S-BPM.

- **Budget/Haushalt:** Einzubeziehen ist die aktuelle Finanzsituation. In Zeiten knapper finanzieller und personeller Ressourcen wäre ein komplettes Neuaufsetzen vieler Prozesse möglicherweise ein ungeeignetes Mittel. Schwerpunkt beim Vorgehen wird dann eher eine kostengünstige Optimierung sein.
Beispiel: Für den Prozess ‚Dienstreiseantrag' wurde in der Budgetplanung ein Betrag von 25.000 € eingestellt.

- **Projekte:** Im Rahmen des Multiprojektmanagements ist zu untersuchen, ob weitere Vorhaben durchgeführt werden, von denen das S-BPM-Projekt mittelbar oder unmittelbar betroffen ist. Möglicherweise wird der Prozess von einem Projekt bereits untersucht, hier könnten Synergieeffekte genutzt werden.

Beispiel: Im Unternehmen wird zurzeit ein ERP-System eingeführt. Dieses besitzt jedoch keine Funktionalität, um den Prozess ‚Dienstreiseantrag' abzubilden.

4.5.4 Externe Rahmenbedingungen

Das Vorgehen einer Prozessananalyse bezieht sich auf des Umfeld des Untersuchungsgegenstandes (Abschnitt 4.3.1). Hierzu sind die externen Rahmenbedingungen des Prozesses zu berücksichtigen.

- **Marktsituation:** Es ist unter Umständen zu klären, wie der beschriebene Prozess von der Marktsituation beeinflusst wird.
  Beispiel: Wegen des starken Marktwachstums in Osteuropa verstärkt der Vertrieb seine Aktivitäten in dieser Region. Hierfür wurde das Dienstreisebudget um 50 % aufgestockt, sodass mit einer entsprechenden Zunahme an Dienstreiseanträgen zu rechnen ist.

- **Wettbewerber:** Insbesondere bei Kundenprozessen ist, soweit möglich, der Prozess des Wettbewerbs zu untersuchen und daraus abzuleiten, welche Vorteile und Nachteile sich hieraus ergeben. Kann das eigene Unternehmen einen schnelleren, transparenteren und kundenorientierteren Prozess anbieten, stellt dies einen Wettbewerbsvorteil dar.
  Beispiel: Die Reisekosten der eigenen Berater werden den Honorarsätzen für die Kunden hinzuaddiert. Bei einem Wettbewerber ist bekannt, dass es hierbei immer wieder zu Fehlern kommt, die Abrechnungen sind offenbar willkürlich und nicht miteinander vergleichbar. Durch das Aufsetzen des Prozesses ‚Dienstreiseantrag' soll garantiert werden, dass diese Abrechnungen einheitlich erfolgen. Dies könnte ein Vorteil gegenüber Mitbewerbern sein.

Von den Besten lernen! Wissen Sie, warum Ihr Mitbewerber besser ist als Sie? Oder woran Wettbewerb in Ihrem Wirkungskreis festgemacht wird? Wenn nein, reflektieren Sie den Referenzrahmen.

■ 4.6 Prozesse in natürlicher Sprache beschreiben

Wie bereits im zweiten Kapitel erläutert, ist ein Prozess mithilfe von Elementen der natürlichen Sprache - Subjekt, Prädikat, Objekt - beschreibbar. So ist es Aufgabe einer Analyse, diese Satzelemente aus verfügbarer Information herauszuarbeiten [Buchner et al. 1999, S. 84 f.]. Analog den Fragen nach den Satzbausteinen („Wer oder was?") gibt es hierzu die drei in Abbildung 4.3 dargestellten grundlegenden Fragestellungen.

Abbildung 4.3: Satzelemente

Im Folgenden beschreiben wir das Vorgehen bei der subjektorientierten Prozessanalyse entlang dieser Fragen.

4.6.1 Identifikation der Subjekte

Ausgang und Mittelpunkt der subjektorientierten Analyse ist das Subjekt mit der Frage „Wer handelt?". Subjekte sind in einem Prozess abstrakt Handelnde und repräsentieren bestimmte Rollen. Damit bleibt ein Subjekt unabhängig von konkreten Personen. Wesentliche Fragestellungen:

- Wer (eigentlich: welche Rolle) handelt aktiv im Prozess?
- Wer ist an dem Prozess passiv (z. B. als Informations-"Senke") beteiligt?
- Wer muss mit wem kommunizieren?
- Welche Organisationseinheiten sind betroffen?

Ergebnis: Die Namen der identifizierten Subjekte werden zusammen mit einer kurzen Beschreibung festgehalten. Der Subjektname soll ein in der Organisation allgemein anerkannter und eindeutiger Name der Rolle sein. Ist dieser mehrfach belegt oder gibt es hiervon verschiedene Varianten, ist eine Namenskonvention festzulegen.

Beispiel: Das Subjekt ‚Reisestelle' gibt es in mehreren Ausprägungen. So existiert eine Stelle für Inlandsreisen und eine andere für Auslandsreise.

Die Scheu vor der Modellierung können Sie allen Beteiligten dadurch nehmen, indem diese lernen Aussagen im Rahmen von Kommunikationsprozessen im Sinne der Vollständigkeit von Sätzen zu reflektieren, um so gegebenenfalls eine neue Kommunikationskultur zu etablieren.

4.6.2 Identifikation der Aktivitäten

Ausgehend von den Subjekten wird hinterfragt, was diese tun. Im subjektorientierten Kontext wird eine Aktivität als Verhalten bezeichnet. Damit wird zum Ausdruck gebracht und unterstrichen, dass eine Aktivität niemals von alleine stattfindet, es gibt immer einen Akteur, das Subjekt. Hierbei sind zwei Verhaltenstypen zu differenzieren: Entweder kommuniziert das Subjekt mit anderen Subjekten, oder es verrichtet eigene

Tätigkeiten, gegebenenfalls Mithilfe von Geschäftsobjekten, die im dritten Schritt spezifiziert werden.

Wesentliche Fragestellungen sind:

- Mit wem kommuniziert das Subjekt?
  - Von wem erhält das Subjekt Information?
  - An wen gibt das Subjekt Information weiter?
- Welche Tätigkeiten verrichtet das Subjekt für sich?
  - Welche Aufgaben hat das Subjekt aus seiner Stellenbeschreibung?
  - In welcher Reihenfolge werden diese Tätigkeiten ausgeführt?
  - Sind die Tätigkeiten von anderen Ereignissen abhängig?
  - Gibt es bestimmte Wartezeiten?
  - Welche anderen Voraussetzungen müssen für das Ausführen der Tätigkeiten erfüllt sein?

Auch hier ist die natürliche Sprache eine Richtschnur für die Analyse: mit dem Dativ werden in der Regel Kommunikationspartner beschrieben („Das Subjekt X gibt das Dokument dem Subjekt Y"), mit dem Akkusativ werden meist die eigenen Handlungen beschrieben („Das Subjekt X bearbeitet den Vorgang").

Ergebnis:

Die Subjektbeschreibungen sind durch die jeweiligen Verhaltensbeschreibungen ergänzt.

Quantitative und qualitative Bewertung:

Möglicherweise ist es gefordert, das Verhalten zu messen. Dann sollten bei der Analyse bestimmte Kennzahlen festgelegt werden (vgl. Kapitel 11.4):

- Prozessausführungskennzahlen (Leistungsparameter): Im Hinblick auf spätere Prozessberechnungen kann es nützlich sein, früh Leistungsparameter zu bestimmen. So kann für eine Aktion eine minimale oder maximale Dauer bestimmt werden.

- Qualitative Anforderungen an die Aktion: Hier sind Vorgaben aufzunehmen, wie „es sind die Qualitätsnormen gemäß ISO 9000 ff. einzuhalten" oder „Anforderungen gemäß Prozesshandbuch sind einzuhalten" etc.

4.6.3 Identifikation der Geschäftsobjekte

Sind die Subjekte und ihre Verhalten aufgenommen, werden im dritten Schritt die Hilfsmittel, Gegenstände oder auch Produkte spezifiziert, die das Subjekt bearbeitet, benutzt oder an andere weitergibt. Geschäftsobjekte sind alle Gegenstände oder Werkzeuge, die ein Subjekt zur Ausführung eines Prozesses braucht. Sie können sowohl anfassbar als auch nicht anfassbar sein [Allee 2002]. Sie beziehen sich in der Regel auf die Aktionen zur Kommunikation und die eigenen Tätigkeiten.

Wesentliche Fragestellungen:

- Werden im Rahmen des Prozesses physische oder elektronische Dokumente oder Formulare verarbeitet oder erstellt oder weitergeleitet?
- Wie sind diese strukturiert?
- Welche Elemente enthalten sie und wie ist deren Struktur und Format?
- Werden physische oder elektronische Dokumente zur Bearbeitung benutzt?
- Welche IT-Unterstützung, etwa durch ein Content-Management-System oder durch Transaktionen eines ERP-Systems, ist gegeben?
- Welche Eingabemasken werden im Rahmen des Prozesses benutzt?
- Welche Daten werden hierbei lesend oder schreibend benutzt?
- Wird im Rahmen des Prozesses Information aus dem Internet ermittelt?

Ergebnis:

Das Ergebnis ist eine Sammlung von Materialien, beispielsweise eine Liste von Dokumenten, elektronischen Formularen, Eingabemasken benutzter Applikationen sowie Datensatz- und Datenelementbeschreibungen etc.

Wer macht was womit wann? Auch die W-Fragen können helfen, zu vollständigen Sätzen zu gelangen.

4.6.4 Beispiel

Eine erste, im Rahmen der Analyse entstandene Dokumentation des Prozesses ‚Dienstreiseantrag' in natürlicher Sprache kann lauten:

Ist es für einen Mitarbeiter erforderlich, eine Dienstreise anzutreten füllt er einen Dienstreiseantrag aus.
Hierauf erfasst er folgende Daten:

* Name und Personalnummer des Mitarbeiters
* Reiseziel
* Zweck der Reise
* Datum/Uhrzeit der Hinreise und Rückreise
* Gewünschtes Beförderungsmittel
* Wunsch für erforderliche Übernachtung
* Hinweis auf andere Reiseteilnehmer
* Datum und Unterschrift

Den Dienstreiseantrag (Word-Formular) legt er seinem Vorgesetzten vor, dieser zeichnet ihn ab und gibt ihn bei
Ablehnung entweder an den Mitarbeiter zurück oder leitet ihn bei einer Zustimmung an die Reisekostenstelle
weiter. Sie bucht Hotel und Verkehrsmittel und schickt die Tickets dem Mitarbeiter zu.

Subjektsicht	Prädikatsicht	Objektsicht
Wer handelt?	Was wird getan?	Was wird bearbeitet?
* Mitarbeiter * Vorgesetzter * Reisekostenstelle	* vorlegen * abzeichnen * zurückgeben * weiterleiten * buchen * schicken	* Dienstreiseantrag (mit Feldern) * Hotel * Verkehrsmittel * Ticket

Abbildung 4.4: Herausarbeiten der Satzelemente in der Analyse am Beispiel des Dienstreiseantrags

4.6.5 Dokumentationshinweise

Bei der Dokumentation der sprachlichen Anforderungen können die folgenden Hinweise helfen, die Anforderungen klarer zu beschreiben (vgl. [Pohl et al. 2009]):

- **Kein Passiv verwenden:** Zur Beschreibung von Abläufen wird häufig Passiv verwendet. Hier fehlt dann aber das Subjekt, es ist nicht mehr bekannt, wer eigentlich für die Aktion zuständig ist. Stattdessen sollten Sätze in Aktivform geschrieben sein, oder Passivsätze werden durch adverbiale Ergänzungen erweitert.
Beispiel: „Dann werden die Daten ins System eingegeben."
Besser: „Der Sachbearbeiter gibt anschließend die Daten auf der Stammmaske des Personalverarbeitungssystems ein."

- **Keine Nominalisierung von Prädikaten:** Prädikate als Nomen verschleiern häufig weitere Information. Eine Auflösung und genauere Erklärung ist häufig hilfreich:
Beispiel: „(...) Anschließend erfolgt die Weiterleitung des Urlaubsantrages."
Besser: „Der Mitarbeiter leitet seinen Urlaubsantrag als E-Mail-Anhang an seinen Vorgesetzten weiter."

- **Spezifikation von Universalquantoren:** Universalquantoren weichen Anforderungen auf, hier sind konkrete Angaben zu machen.
  Beispiel: „In der Regel ist der Antrag damit erledigt."
  Besser: „Mit der Ablage des Antrags geht der Prozess in den Status ‚vorläufig beendet' über. Dort verbleibt er bis zum Ablauf der vierwöchigen Widerspruchsfrist. Geht in dieser Zeit ein Widerspruch ein, wird der Status wieder auf ‚in Bearbeitung' gesetzt, ansonsten auf ‚beendet'."

- **Vollständig spezifizierte Bedingungen:** Voraussetzungen für Entscheidungspunkte müssen eindeutig formulierte Bedingungen sein.
  Beispiel: „Wenn alle erforderlichen Eingaben erfolgt sind, kann der Vorgang abgeschlossen werden."
  Besser: „Der Vorgang kann abgeschlossen werden, wenn

  - die Reisekostenstelle, den Vornamen und Nachnamen eingegeben hat,

  - sie eine syntaktisch korrekte Personennummer eingegeben hat, die anhand des Nachnamens überprüft wurde,

  - sie ein Anfangs- und Endedatum für die Dienstreise eingegeben hat, wobei das Endedatum größer oder gleich dem Anfangsdatum sein muss. Die Eingabe der Reisedaten darf frühestens drei Monate vor dem Reiseantritt erfolgen."

4.6.6 Gewinnung und Dokumentation von nicht expliziertem Wissen

Die oben beschriebene Vorgehensweise ist anwendbar für die Erhebung expliziten Wissens, welches bereits in bestehenden Prozesshandbüchern, Formularen, Reports, Softwarehandbüchern und sonstigen Dokumenten festgehalten ist. Implizites Wissen ist dagegen nicht dokumentiert, sondern steckt in den Köpfen der Wissensträger, welche daher in die Erschließung einzubeziehen sind. Organisationsentwickler konzipieren Vorgehensweisen für die Transformation von implizitem in explizites Wissen. Eine Auswahl gängiger Methoden dafür umfasst:

- **Befragungstechniken:** Standardisierte Wissensermittlung über Fragebögen oder Interviews mit vorgefertigten Fragen kann eine Vielzahl von Information in gleicher Form erheben. Der Vorteil hiervon ist, dass zielgerichtet Daten gesammelt werden und Stakeholder nicht dazu verleitet werden, irrelevante Information abzugeben. Nachteil ist, dass durch Vorformulierung der Fragestellung bestimmte Ergebnisse vorgezeichnet werden bzw. bestimmte Aspekte ausgeschlossen werden können. Dem lässt sich teilweise durch die Aufnahme offener Fragen begegnen.

- **Kreativitätstechniken:** Verschiedene Methoden wie das bekannte Brainstorming erlauben es, bei der Analyse wertvolles Wissen zu sammeln. Eine interessante Methode ist das sogenannte Sechs-Hut-Denken [De Bono 2006]: Jeder Stakeholder hat zur Aufgabe, sich in sechs verschiedene andere Rollen einzudenken und zu versuchen, diese aus deren Sicht zu beschreiben. Damit kann ein unter Umständen subjektiv eingeschränkter Blickwinkel geweitet werden. Weitere bekannte und für Analysezwecke einsetzbare Kreativitätstechniken sind das Mind-Mapping, die 6-3-5-Methode, der morphologischer Kasten, die Reizwortanalyse oder die Osborne-Checkliste (vgl. z. B. [Backerra et al. 2007]).

- **Beobachtungstechniken:** ist eine Zusammenarbeit mit den Stakeholdern aus Kosten- oder Zeitgründen schwierig, kann der Analysierende selbst beobachten. Jedoch sollte hier mithilfe einer geeigneten Technik gearbeitet werden, sonst läuft die Analyse Gefahr, ein individuelles Soll-Konzept zu liefern, ohne dass hinreichende Wissensaufnahme erfolgt ist. Eine wirksame Methode ist das „Apprenticing": Der Analysierende erlernt die Tätigkeiten der Prozessbeteiligten, führt sie selbst aus und kann die Erfahrungen dann verwerten. Dies funktioniert jedoch nur bei überschaubaren Tätigkeiten ohne erforderliche Zusatzausbildung, wie etwa für Expertentätigkeiten.

Die Ergebnisse werden in der Regel immer in natürlicher Sprache dokumentiert.

Sammeln Sie nicht Daten um des Sammelns willen. Eine an der Strategie ausgerichtete Zielreflexion sollte die Erhebung von Daten zur Analyse leiten.

■ 4.7 Bewerten und Entscheiden

Am Ende einer Analyse steht an, eine vorläufige Bewertung vorzunehmen. Eine Analyse ist nicht nur eine Sammlung von Daten, hierbei wird in der Regel auch deutlich,

- welche Ergebnisse gut strukturiert oder eher verwirrend und klärungsbedürftig erscheinen,
- welche Subjekte ein klar beschreibbares Operationsfeld haben und welche Subjektbeschreibungen den Eindruck erwecken, dass nicht alles dokumentiert wurde, was für den Zweck des durchgeführten Vorhabens (z. B. Workflow-Definition) erforderlich wäre,
- welche Prozessphasen am ehesten einer Unterstützung bedürfen und welche nicht.

Diese Beobachtungen sind abschließend ergänzend zu den Rahmenbedingungen und der sprachorientierten Analyse zu dokumentieren.

Anschließend ist über den Facilitator zu klären, wie weitergearbeitet werden soll. Die Bestimmung des Reifegrades ist Hilfestellung, den weiteren Weg in dem S-BPM-Vorgehensmodell festzulegen.

Die Analyse gilt als abgeschlossen, sobald für die anfängliche Fragestellung ausreichend Material gesammelt, strukturiert und bewertet wurde, sodass mit weiteren S-BPM-Aufgabenbündeln fortgefahren werden kann.

◼ 4.8 Literatur

[Allee 2002]

Allee, V.: The Future of Knowledge – Increasing Prosperity Through Value Networks, Butterworth Heineman, New York 2002.

[Backerra et al. 2007]

Backerra, H.; Malorny, C.; Schwarz, W.: Kreativitätstechniken - kreative Prozesse anstoßen, Innovationen fördern, 3. Auflage, München 2007.

[Bertalanffy 1969]

Bertalanffy, L.: General System Theory, New York 1969.

[Buchner et al. 1999]

Buchner, D.; Hofmann, U.; Magnus, S.: Prozess-Power, Wiesbaden 1999.

[De Bono 2006]

De Bono, E.: Six Thinking Hat, London 2006.

[Dori 2004]

Dori, D.: „System Model Acquisition from requirements text", in: BPM Conference 2004, Potsdam 2004.

[Fischer et al. 2006]

Fischer H.; Fleischmann A.; Obermeier S.: Geschäftsprozesse realisieren, Wiesbaden 2006.

[Fischermann 2006]

Fischermann, G.: Praxishandbuch Prozessmanagement, ibo Schriftenreihe Band 9, Gießen 2006.

[Gaitanides 1983]

Gaitanides, M.: Prozessorganisation. Entwicklung, Ansätze und Programme prozessorientierter Organisationsgestaltung, München 1983.

[Gronau et al. 2004]

Gronau N.; Weber E.: „Management of knowledge intensive business processes" in: BPM Conference 2004, Potsdam 2004.

[Häfele 1990]

Häfele W.: Systemische Organisationsentwicklung, Frankfurt am Main 1990.

[Hammer et al. 1996]

Hammer M.; Champy J.: Business Reengineering. 6. Auflage, Frankfurt am Main 1996.

[Hirzel et al. 2008]

Hirzel, M.; Kühn, F.; Gaida, I.: Prozessmanagement in der Praxis, Wiesbaden 2008.

[Hogrebe et al. 2009]

Hogrebe, F.; Nüttgens, M.: „Business Process Maturity Model (BPMM): Konzeption, Anwendung und Nutzenpotenziale", *HMD – Praxis der Wirtschaftsinformatik*, Heft 266, 2009, S. 17–25

[Kosiol 1976]

Kosiol E.: Organisation der Unternehmung, 2. Auflage, Wiesbaden 1976.

[Krallmann et al. 1999]

Krallmann H.; Frank H,; Gronau N.: Systemanalyse im Unternehmen, München 1999.

[Mielke et al. 2002]

Mielke, K.; Balzert, H. (Hrsg.): Geschäftsprozesse - UML-Modellierung und Anwendungs-Generierung, Heidelberg, 2002.

[Morgan 2002]

Morgan, G.: Bilder der Organisation, Stuttgart 2002.

[Nordsieck 1934]

Nordsieck, F.: Grundlagen der Organisationslehre, Stuttgart 1934.

[OMG2008]

Object Management Group, Business Process Maturity Model (BPMM), Version 1.0, http://www.omg.org/spec/BPMM/1.0, Download am 13.07.2010.

[Österle 1995]

Österle H.: Prozessanalytik, Oldenburg-Verlag, München 1995.

[Picot et al. 2005]

Picot A.; Dietl H., Franck E.: Organisation, eine ökonomische Perspektive, Stuttgart 2005.

[Pohl et al. 2009]

Pohl K.; Rupp C.: Basiswissen Requirements Engineering, Heidelberg 2009.

[Riempp 2004]

Riempp G.: Integrierte Wissensmanagementsysteme, Berlin 2004.

[Rosenkranz 2006]

Rosenkranz, F.: Geschäftsprozesse, Springer, Berlin 2006.

[Scheer 1998]

Scheer A.-W.: ARIS - Modellierungsmethoden, Metamodelle, Anwendungen, Berlin 1998.

[Schmelzer et al. 2010]

Schmelzer, H.; Sesselmann, W.: Geschäftsprozessmanagement in der Praxis, 7. Auflage, München 2010.

[Seidel 1972]

Seidel K.: Betriebsorganisation, Berlin 1972.

[Simon 2011]

Simon, F.: Einführung in Systemtheorie und Konstruktivismus, 5. Auflage, Heidelberg 2011.

[Stary et al. 2011]

Stary, C.; Fleischmann, A.: Evidence-based Interactive Management of Change, in: *Knowledge Management & E-Learning*, in press, 2011.

[Steinbuch et al. 1997]

Steinbuch, P.: Organisation, Ludwigshafen 1997.

[Vahr 2009]

Vahr, D.: Organisation, Stuttgart 2009.

5

Subjektorientiert Prozesse modellieren

■ 5.1 To Go

Unsere Prozesse sind manchmal ziemlich kompliziert. Ich möchte gerne, dass die hohe Komplexität auch umgesetzt wird und alles trotzdem übersichtlich bleibt. So einfach wie möglich, aber nicht einfacher, wie Albert Einstein einst sagte.

Will man komplexe Probleme lösen, sucht man bald nach Strukturierungsmöglichkeiten. Am besten wären eine Handvoll Beschreibungssymbole für die Prozessstruktur und die Dynamik. Gut wäre, wenn es zu den Grundelementen noch eine Handvoll Erweiterungen gäbe, mit denen man immer wiederkehrende Sachverhalte kompakt und übersichtlich beschreiben kann.

Die Grundkonstrukte müssen so sein, dass sie jeder versteht, und sie sollten sich daran orientieren, was wir tun. Was machen wir denn? Wir kommunizieren mit Kollegen, um Informationen auszutauschen und uns zu synchronisieren, und wir machen etwas mit den Informationen oder Dingen, die wir von Kollegen erhalten.

Ja, das ist die Art der Wirklichkeit, die wir bei Prozessen vorfinden. Diese Art der Wirklichkeit beschreiben wir durch Modelle. Diese Prozessmodelle beschreiben also, wer wann mit wem kommuniziert und was dazwischen passiert.

In den folgenden Ausführungen wird im Detail auf das Aktivitätsbündel der Modellierung eingegangen.

Da für das Verständnis von Modellierung die Unterscheidung zwischen Modellbildung und Laufzeit wesentlich ist, unterscheiden wir zunächst zwischen Modellen und Instanzen. Danach erläutern wir, welche Rolle die S-BPM-Akteure bei der Modellierung haben. Anschließend werden die einzelnen Modellierungskonstrukte beschrieben. Hierbei unterscheiden wir zwischen Grund- und Erweiterungskonstrukten.

Mit den einfachen Grundkonstrukten lassen sich subjektorientierte Prozesse vollständig beschreiben. Für die kompakte und übersichtliche Modelldarstellung von in der menschlich wahrgenommenen Realität komplexen Konstellationen sieht die subjektorientierte Methode jedoch Erweiterungskonstrukte vor. Ihre Verwendung erlaubt eine wesentlich verkürzte und transparentere Notation (Benennung) von bestimmten Sachverhalten in Prozessen. Diese Konzepte stellen keine grundsätzliche Erweiterung der Mächtigkeit der Spezifikationssprache dar, sondern sind lediglich Notationsvereinfachungen, die mithilfe der Basiskonzepte aufgelöst werden können. Die Erweiterungskonstrukte resultieren aus praktischen Erfahrungen mit dem subjektorientierten Ansatz. Durch den fortgesetzten praktischen Einsatz kann es sich durchaus als sinnvoll erweisen, weitere Konstrukte hinzuzufügen. Allerdings müssen diese Erweiterungen immer auf die Basiskonstrukte rückführbar sein.

■ 5.2 Prozessmodelle und Prozessinstanzen

Im Geschäftsprozessmanagement wird zwischen Prozessmodellen und Prozessinstanzen unterschieden. Subjektorientierte Prozessmodelle beschreiben das Verhalten von Prozessbeteiligten bei Geschäftsvorgängen, insbesondere, welche Aktivitäten von wem ausgeführt werden, um ein Ergebnis von Wert zu erbringen. Solche Modelle stellen verallgemeinerte Sachverhalte dar, wie ein Geschäftsvorgang abläuft bzw. zu bearbeiten ist. Subjekte sind abstrakte Ressourcen, welche die Handelnden in einem Prozess repräsentieren.

Beispielsweise beschreibt ein Prozessmodell für einen Dienstreiseantrag, welche Subjekte beteiligt sind, was für ein Subjekt zuständige Personen in welcher Abfolge tun und wie diese miteinander kommunizieren.

Eine Prozessinstanz hingegen ist eine konkrete Ausprägung des modellhaft beschriebenen Prozesses. Sie entsteht, wenn ein Geschäftsvorgang angestoßen wird. Eine Prozessinstanz wird im Fall des Dienstreiseantrags initiiert, wenn ein Mitarbeiter, beispielsweise Herr Schulz, einen Antrag stellt.

Prozessinstanzen enthalten konkrete Daten: Handelnde, Aktivitäten und betroffene Geschäftsobjekte sowie Nachrichten, Modelle beschreiben diese.

Ein Prozessmodell wird unabhängig von spezifischen Organisationseinheiten oder Handelnden erstellt. Ebenso ist das Modell unabhängig von den Werkzeugen bzw. Anwendungsprogrammen, die zur Abwicklung des Vorganges zur Verfügung stehen. So kann ein Dienstreiseantrag grundsätzlich von jedem Mitarbeiter einer Organisation gestellt werden. Die hierfür erforderlichen Aktionen sind üblicherweise für alle dieselben, sie werden in den Rollen/Subjekten ‚Mitarbeiter' (Antragsteller), ‚Vorgesetzter' (Genehmiger) und ‚Reisestelle' (Bearbeiter) ausgeführt. Zudem kann unterschiedliche IT-Unterstützung für denselben Prozess eingesetzt werden. Eine Organisationszentrale könnte die Dienstreiseanträge mit einer SAP-Lösung verwalten, während in Niederlassungen dafür Eigenentwicklungen zum Einsatz kommen.

Ein Prozessmodell wird also einerseits mehrfach in der Organisation und andererseits möglicherweise in unterschiedlichen IT-Umgebungen implementiert. Dies erschwert zwar die von vielen Organisationen angestrebte Standardisierung und Homogenisierung, entspricht aber der Realität, da häufig historisch gewachsene oder durch Unternehmensfusionen entstandene heterogene Organisations- und Systemlandschaften zu berücksichtigen sind. Ein Prozessmodell soll deshalb weitgehend unabhängig von solchen Umgebungsbedingungen sein.

Eine Initiierung von Prozessinstanzen kann auf unterschiedliche Art und Weise erfolgen. In einer ersten Variante erzeugt ein Benutzer eine Instanz durch eine Benutzerinteraktion an einem IT-System. Beispielsweise legt der Mitarbeiter Schulz einen Dienstreiseantrag an, weil er einen Kunden besuchen muss. Diese Prozessinstanz wird entsprechend den Modellvorgaben und mithilfe der durch die Einbettung konkret zugeordneten Personen und Hilfsmittel abgearbeitet. Eine zweite Variante ist die Instanziierung durch das Eintreten einer Zeitbedingung. So wird beispielsweise jeden Donnerstag automatisch ein Dienstreiseantrag für eine regelmäßige Besprechung in der Außenstelle gestellt. Eine dritte Möglichkeit ist die Instanzenbildung aufgrund bestimmter Datenkonstellationen. Überschreitet beispielsweise der Soll-Saldo eines Kontos den eingeräumten Überziehungskredit, so wird ein entsprechender Abstimmungsprozess instanziiert. Beispielsweise könnte der Auslöser ein bestimmter Börsenkurs sein: Sinkt der Wert unter eine bestimmte Marke und ist für einen Bankkunden eine bestimmte Risikoklasse gespeichert, wird automatisch ein Prozess initiiert, um auf diese Kurssituation zu reagieren. Dies wird durch ein sogenanntes Complex Event Processing System realisiert.

In den folgenden Ausführungen wird auf die Beschreibung von Modellen eingegangen. Die Einbettung in das organisationsspezifische Umfeld und in die IT-Umgebung sowie die Bildung und Ausführung von Instanzen des Prozessmodells sind Gegenstände anschließender Kapitel.

■ 5.3 Vorgehensweise bei der Modellierung

Ein subjektorientiertes Prozessmodell beschreibt im Gegensatz zu existierenden Modellierungsansätzen Geschäftsvorgänge primär aus Sicht von miteinander kommunizierenden Handelnden oder Systemen. Es erfasst, welche Arbeitsschritte eines Geschäftsprozesses durch wen mit welchen Hilfsmitteln ausgeführt werden, welches Ergebnis dadurch erzeugt wird und für wen dieses bestimmt ist.

Ein Prozessmodell ist ein Grundmuster, nach dem für konkrete Situationen Prozessinstanzen erzeugt werden. So beschreibt ein Modell des Prozesses ‚Dienstreiseantrag‘, wie der Prozess grundsätzlich abläuft, während eine Instanz des Prozesses beispielsweise die konkrete Abarbeitung des Dienstreiseantrags von Herrn Schulz gemäß dem Prozessmodell widerspiegelt.

Bei der Modellierung nach dem subjektorientierten Ansatz stehen die Subjekte als Repräsentanten für an einem Prozess beteiligte Handelnde im Mittelpunkt der Betrachtung. Die Modellierung läuft im Wesentlichen in folgenden Schritten mit zunehmendem Detaillierungsgrad ab:

- Identifikation der Prozesse in einer Organisation: Das Ergebnis ist eine Prozesslandkarte mit den Prozessen und ihren Beziehungen untereinander.
- Festlegen der Kommunikationsstruktur: Auf Basis der Identifikation der Subjekte und ihrer Interaktionen kann in diesem Schritt die Kommunikationsstruktur eines Geschäftsprozesses einschließlich der zwischen den Subjekten ausgetauschten Nachrichten bestimmt werden.
- Spezifikation des Verhaltens der an dem Prozess beteiligten Subjekte: Dabei werden auch die Arbeitsschritte der Subjekte und die darin zu befolgenden Regeln festgelegt.
- Beschreiben der von den Subjekten im Prozess lokal bearbeiteten und untereinander über die Nachrichten ausgetauschten Information.

> Eine Organisation ist in Wirklichkeit ein fortwährender Prozess, eine ununterbrochene Kommunikationskette, unabhängig ob beide Partner gleichgeschaltet (synchron) oder zeitlich versetzt (asynchron) agieren.

Da die Identifikation der Prozesse und ihrer konstituierenden Elemente bereits Gegenstand der subjektorientierten Prozessanalyse ist (siehe Kapitel 4), wird hier die Vorgehensweise ab dem zweiten Schritt in der Folge detailliert. Die dabei eingesetzten Modellierungskonstrukte werden am Beispiel der Abwicklung eines Dienstreiseantrags in einer Organisation näher beschrieben und illustriert.

Dieses Kapitel zeigt die Grundelemente von S-BPM, die Subjekte, ihre Interaktionen über Nachrichten, ihr Verhalten und die Geschäftsobjekte, welche sie bearbeiten bzw. über Nachrichten austauschen. Diesen Grundelementen sind in der Darstellung die dafür vorgesehenen Konstrukte zugeordnet. Die in den folgenden Abschnitten vorgestellten Grundkonstrukte sind ausreichend, um die auftretenden Sachverhalte zu modellieren.

■ 5.4 S-BPM-Akteure bei der Modellierung

5.4.1 To Go

Ich darf daran erinnern, dass jedes Vorhaben bestimmte Rollen braucht. Darum sehe ich es jetzt auch als meine Aufgabe an, Ihnen die Hüte, die Personen im Rahmen eines S-BPM-Vorhabens aufhaben, näherzubringen. Damit gibt es klare Verantwortlichkeiten. Jeder bekommt seinen Hut oder Anstecker.

Ein alter Hut, am Ende kennt sich wieder keiner aus.

Vier Hüte, das wissen wir dank de Bono, reichen für ein ausgewogenes Vorgehen aus!

Neben mir als Verantwortlichem oder Governor interagieren der Facilitator, Experten und die Arbeitshandelnden im Rahmen eines S-BPM-Vorhabens.

Ob dies meine Aufgabe leichter macht?

Jein, auf der einen Seite tragen die Beteiligten zu einem bestimmten
Zeitpunkt immer nur einen Hut. Nur wenn sie versuchen, mehr als
einen zu tragen, braucht es ein kurzes Innehalten und Klarstellen.
Dies ist abhängig vom Vorhabenstand, den der Facilitator aufgrund
seiner Begleitung des Vorhabens kennt – dies erklärt auch schon die
Funktion des Facilitators.

... wenn dies bei mir auch so einfach ginge.

Eigentlich schon. Arbeitshandelnde sind Träger des Geschehens. Sie
sind diejenigen, deren Kommunikationsverhalten über den Erfolg der
Organisation entscheidet. Ohne sie verliert ein S-BPM-Vorhaben
seine Legitimation.

Wenn im Rahmen des Vorhabens spezielle Methoden zur Darstellung von
Wissen oder aber facheinschlägige Information erforderlich sind, helfen uns
Experten weiter. Gemeinsam gelingt es, das jeweilige Organisationsziel,
welches es mittels S-BPM zu erreichen gilt, zu verfolgen.

An den im vorangegangenen Abschnitt beschriebenen Aktionen im Aktivitätsbündel
Modellierung sind verschiedene Akteure in unterschiedlicher Intensität beteiligt. In den
folgenden Abschnitten wird deren Wirken in den einzelnen Aktivitäten beschrieben.

5.4.2 Governors

Die Governors (Treiber und Verantwortliche) setzen die Rahmenbedingungen für einen
Prozess und damit die Regeln, nach denen Prozessmodelle erstellt und gepflegt werden.
Die Governors legen in erster Linie fest, welchen Prozessbereich die Beteiligten im jeweiligen Projekt betrachten (Scope), mit welcher Methodik sie dabei vorgehen und welche Werkzeuge sie dabei nutzen sollen.

Festlegungen zum Scope beziehen sich bei den Modellierungsaktivitäten vor allem auf
die Prozessgrenzen, also darauf, wie ein Prozessbereich von anderen Prozessen abge-
grenzt, aber auch, in welche Teilprozesse er zerlegt werden soll. Ebenfalls zur Definition
des Scope gehört die Vorgabe, welche Ergebnisse eines vorausgegangenen Aktivitätsbündels (z. B. Analyse oder Monitoring) schwerpunktmäßig mit der Überarbeitung oder
Neuerstellung eines Modells adressiert werden sollen, also letztlich eine Priorisierung.

Schließlich entscheidet ein Governor auch, wann ein Modell abgeschlossen ist und in das Aktivitätsbündel Validierung oder ein anderes übergehen soll.

Governors setzen also Standards in unterschiedlichen Dimensionen der Modellierung. So wird für den Scope, je nach Bedeutung des Prozesses, das Topmanagement oder das mittlere Management verantwortlich zeichnen, während die Vorgaben für zu verwendende Methoden und Werkzeuge oft von der Organisationsabteilung kommen. Betroffene akzeptieren von anderen Stellen gesetzte Standards in unterschiedlichem, oft zu geringem Ausmaß. Deshalb bedarf es insbesondere bei Regeln, welche nicht kraft ihrer Definition durch die Geschäftsleitungsebene hohe Bindungswirkung besitzen, zumindest der ideellen Unterstützung aus dem Topmanagement, um die Akzeptanz zu steigern.

5.4.3 Actors

Die Actors (Arbeitshandelnde) sind die konkret Handelnden im Prozess. Es sind Personen oder Maschinen, welche die einzelnen Aktionen in den jeweiligen Prozessen bzw. Prozessinstanzen ausführen. Prozessbeschreibungen sind essenziell für die Actors, denn sie geben an, wie sie sich im Prozess bzw. in seinen Teilschritten zu verhalten, d. h. welche Aktivitäten sie wann auszuführen haben.

S-BPM versetzt die Actors in die Lage, diese Beschreibung im Rahmen der Vorgaben der Governors selbst vorzunehmen und damit die Entwicklung der jeweiligen Prozesse aktiv zu gestalten. Da prinzipiell jeder Mitarbeiter einer Organisation in mindestens einen Prozess als Actor involviert ist, gilt dies für jedes Mitglied der Organisation. Die Verhaltensvorschrift für einen Actor in einem Prozess entspricht seiner Subjektbeschreibung. Dies bedeutet, dass bei der Modellierung alle direkt und indirekt Betroffenen einzubeziehen sind, welche den Prozess als Beteiligte repräsentieren. Denn diese wissen im Regelfall gut, was sie in den jeweiligen Prozessen wann in welcher Reihenfolge zu tun haben, und auch, wie sie die Arbeiten effektiv und effizient erledigen können. Die Actors wissen außerdem, mit welchen Partnern sie im Rahmen der Ausführung einer Prozessinstanz kommunizieren und welche Daten sie dabei austauschen müssen, um einen möglichst reibungslosen Prozessablauf zu ermöglichen.

Bei Bedarf fordern die Actors selbst oder der Facilitator zur Unterstützung bei diesen Abstimmungs- und Modellierungstätigkeiten Experten an.

Ohne Actors keine Prozessbeschreibung. S-BPM-Modelle sollten semantisch richtig sein – Modelle sollten den Arbeitssachverhalt für die jeweiligen Stakeholder stimmig widerspiegeln.

5.4.4 Experts

Experts (Fachspezialisten) unterstützen die Governors, Actors und Facilitators mit methodischem und fachlichem Wissen (vgl. Abschnitt 9.4.3). Experten werden zu bestimmten fachlichen Fragestellungen hinzugezogen, um effektive und effiziente Lösungen vorzustellen. Mit der Auswahl und dem Einsatz geeigneter Methoden können sie bei der Suche nach Problemlösungen helfen.

Die Experten können die Govenors bei der Formulierung von Modellierungsvorgaben, wie etwa Konventionenhandbüchern unterstützen. Auf Anforderung eines Facilitators können Experten auch Methoden- und Tool-Schulungen für Actors durchführen.

Die Experten können den Actors auch bei der Modellierung von Prozessabläufen helfen, z. B. mit dem Einsatz von Referenzprozessmodellen. Hier kann die Erfahrung der Experten dazu dienen, bestimmte Aufgabensequenzen transparent und verständlich zu beschreiben und die vorgabenkonforme Modellierung sicherzustellen.

Die beschriebene Expertenkompetenz bezüglich Modellierung und Werkzeugen ist in größeren Unternehmen häufig in einer Organisationsabteilung gebündelt.

Bei der Implementierung von Prozessen oder Prozessteilen ist die Hilfe von IT-Experten oft unumgänglich.

5.4.5 Facilitators

Ein Facilitator (Entwicklungsbegleiter) koordiniert die einzelnen Aufgaben innerhalb des Aktivitätsbündels der Modellierung. Dies bedeutet, er organisiert die Kommunikation zwischen den Governors, den Actors und den Experten. Er sorgt dafür, dass die Governors rechtzeitig die notwendigen Modellierungsvorgaben zur Verfügung stellen und alle Akteure diese verstehen.

Bei Bedarf identifiziert der Facilitator für bestimmte Aufgabenstellungen geeignete Experten und fordert diese an, wie beispielsweise einen Tool-Spezialisten zur Lösung eines Problems mit dem Modellierungswerkzeug.

Der Entwicklungsbegleiter kümmert sich darum, dass die Actors mit ihren Mitarbeitern kommunizieren, und den Ablauf ihrer Tätigkeiten während der Modellierung miteinander abstimmen. Der Facilitator überprüft auch immer wieder selbst oder mithilfe von Experten, ob das Modell den Vorgaben der Governors entspricht und die Anforderungen des vorangegangenen Aktivitätsbündels eingearbeitet werden. Unklarheiten werden gemeinsam mit den zuständigen Governors und den betroffenen Actors geklärt.

Gemeinsam mit den Governors führt der Entwicklungsbegleiter den Übergang von der Modellierung zur Validierung durch und leitet somit das nächste Aktivitätsbündel ein. Facilitators gehören meist der Organisationsabteilung oder dem mittleren Führungskreis an und haben die Aufgabe eines Projektleiters für ein Prozessänderungsprojekt temporär übernommen. Sie können für eine vollständige Prozessänderung zuständig sein oder nur für ein bestimmtes Aktivitätsbündel wie die Modellierung benannt werden. In diesem Fall endet die Rolle einer Person als Entwicklungsbegleiter mit dem

Übergang zur Validierung. Dies kommt insbesondere bei der Modellierung häufig vor, da der Facilitator hier oft gleichzeitig Experte für die Modellierungsmethodik ist.

S-BPM-Verantwortliche sollten Mitarbeitern von Anfang an den Willen zur Kommunikation signalisieren, das Ziel der Veränderung aufzeigen und sie im Verlauf der Entwicklung über die jeweiligen Schritte informieren.

■ 5.5 Grundkonstrukte der subjektorientierten Modellierung

5.5.1 To Go

Ich bekomme ständig Anfragen, Daten abzuliefern oder bei der Modellierung von Prozessen mitzumachen. Was bedeutet dies?

Der Governor hat ein Projekt gestartet.

Was ist das Ziel dieses Projekts?

Das Ziel des Projekts hat der Governor vorgegeben. Wir wollen einige unserer Prozesse verbessern.

Wir wollen prüfen, ob unsere bestehenden Geschäftsprozessmodelle der gelebten Wirklichkeit an den Arbeitsplätzen entsprechen, und wollen die Prozesse dadurch gezielt verbessern.

Und dazu muss ich etwas beitragen?

Aber erst, wenn wir neben dem Ziel das weitere Vorgehen abgeklärt haben. Für Actors bedeutet dies, dass ihr Eingreifen in das Prozessgeschehen abgeklärt ist.

5.5.2 Subjekt

Beim einfachen Ausgangsszenario des Dienstreiseantrags lassen sich mit dem Mitarbeiter als Antragsteller, dem Vorgesetzten als Genehmiger und der Reisestelle als Bearbeiter drei Subjekte identifizieren.

Die Festlegung, welche Subjekte es in einem Prozess geben soll, ist eine Führungsentscheidung, weshalb der Governor einzubeziehen ist. Zum einen ergeben sich die notwendigen Subjekte aus der Ist-Situation, wie sie beispielsweise schon in der Analyse beschrieben wurde. Zum anderen kann der Subjektzuschnitt, d. h., die Frage, welche Subjekte es gibt und welche Aufgaben sie grob erfüllen, entsprechend der Soll-Situation angepasst werden.

Je nach notwendiger oder gewünschter Arbeitsteilung in einem Prozess ist eine entsprechende Anzahl von Subjekten notwendig. Diese Aufteilung ist eine Entwurfsentscheidung, die entsprechend den Geschäftsanforderungen getroffen werden muss. Sie beeinflusst die notwendige Granularität eines Prozessmodells (siehe Abschnitt 5.5.6).

Werden viele spezialisierte Subjekte an einem Prozess beteiligt, bedeutet dies häufig viele unter Umständen komplexe Interaktionen zwischen den Subjekten. Diese können zum Problem werden, da die Kommunikation zwischen den Prozessbeteiligten immer die Gefahr von Verzögerungen und Missverständnissen birgt. Bei wenigen Subjekten dagegen müssen die Subjektträger oft ein zu breites Spektrum an Tätigkeiten abdecken, was hohe Anforderungen an die Beteiligten stellt. Die Entscheidung des Subjektzuschnitts hat also weitreichende Konsequenzen. Sie ist deshalb komplex, stellt eine große Herausforderung dar und erfordert entsprechende Erfahrung und Sorgfalt.

5.5.3 Subjekt-Subjekt-Kommunikation

Nach der Identifikation der am Prozess beteiligten Subjekte als prozessspezifische Rollen gilt es, ihre Interaktionsbeziehungen darzustellen. Dies sind die zwischen den Subjekten ausgetauschten Nachrichten. Solche Nachrichten können bei Bedarf strukturierte Information, sogenannte Geschäftsobjekte (vgl. Abschnitt 5.5.7), enthalten.

Ergebnis ist ein nach Subjekten strukturiertes Modell mit expliziten Kommunikationsbeziehungen, das als Subjektinteraktionsdiagramm (SID) oder synonym als Kommunikationsstrukturdiagramm (KSD) bezeichnet wird (vgl. Abbildung 5.1).

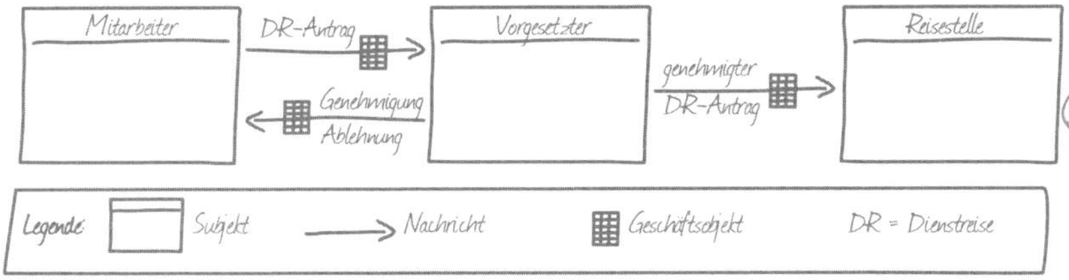

Abbildung 5.1: Subjektinteraktionsdiagramm für den Prozess ‚Dienstreiseantrag‘

Nachrichten bilden die Interaktionen der Subjekte bei der Abarbeitung des Prozesses ab. Es empfiehlt sich, diese Nachrichten so zu betiteln, dass sie auf Anhieb verständlich sind und daraus hervorgeht, was diese Nachricht für den Prozess bedeutet. Im Dienstreisebeispiel werden deshalb die Nachrichten als ‚DR-Antrag‘ bzw. Ablehnung‘ und ‚Genehmigung‘ bezeichnet.

Nachrichten dienen als Container für die Informationen, die von einem sendenden zu einem empfangenden Subjekt übertragen werden. Es gibt zwei Möglichkeiten für den Nachrichteninhalt:

- Einfache Datentypen: Einfache Datentypen sind Zeichenketten (string), Ganzzahl (integer), Zeichen (character) usw. Im Dienstreisebeispiel kann die Nachricht ‚DR-Antrag‘ mehrere Datenelemente vom Typ Zeichenkette (z. B. Reiseziel, Reisegrund etc.) und vom Typ Zahl (z. B. Dauer in Tagen) enthalten.

- Geschäftsobjekte: Geschäftsobjekte sind in ihrer allgemeinen Form physische und logische ‚Dinge‘, die zur Abwicklung des Geschäfts erforderlich sind. Als logische Geschäftsobjekte in Prozessen werden Datenstrukturen erachtet, deren Elemente einfache Datenelemente oder selbst wieder Datenstrukturen sein können. Das Geschäftsobjekt ‚Dienstreiseantrag‘ könnte etwa aus den Datenstrukturen ‚Daten zum Antragsteller‘, ‚Daten zur Reise‘ und ‚Daten zur Genehmigung‘, jeweils mit mehreren Datenelementen, bestehen.

5.5.4 Synchronisation des technischen Nachrichtenaustausches

Es wurde im vorherigen Abschnitt beschrieben, dass zwischen den Subjekten Nachrichten übertragen werden und welcher Art diese sein können. Offen ist noch, wie der Nachrichtenaustausch und die damit verbundene Informationsübertragung und Synchronisation der Subjekte im Detail erfolgen können. Dies wird in den folgenden Abschnitten gezeigt.

5.5.4.1 Synchroner und asynchroner Nachrichtenaustausch

Beim synchronen Nachrichtenaustausch warten Sender und Empfänger aufeinander, bis eine Nachricht übergeben werden kann. Möchte ein Subjekt eine Nachricht schicken und das empfangende Subjekt befindet sich noch nicht in einem entsprechenden Empfangszustand, so wartet der Sender so lange, bis der Empfänger in der Lage ist, diese Nachricht zu empfangen. Umgekehrt muss ein Empfänger auf eine erwünschte Nachricht so lange warten, bis sie vom Sender zur Verfügung gestellt wird.

Der Nachteil des synchronen Verfahrens ist also die enge zeitliche Kopplung von Sender und Empfänger. Dies wirft Probleme auf bei der Implementierung von Geschäftsprozessen in Form von Workflows, insbesondere über Firmengrenzen hinweg. Diese stellen in der Regel auch Systemgrenzen dar, über die hinweg sich eine enge Kopplung von Sender und Empfänger meist sehr aufwendig gestaltet. Bei lang andauernden Prozessen können Sender und Empfänger unter Umständen Tage und Wochen aufeinander warten.

Beim asynchronen Nachrichtenaustausch wird kann ein Sender immer senden. Er legt die Nachricht in einen Nachrichtenpuffer ab, aus dem sie der Empfänger abholt. Allerdings sieht z. B. der Empfänger immer nur die älteste Nachricht im Puffer und kann nur diese annehmen. Handelt es sich dabei nicht um die gewünschte Nachricht, ist der Empfänger blockiert, obwohl sich die Nachricht schon im Puffer befinden kann, aber eben auf einem nicht sichtbaren Pufferplatz. Um dies zu vermeiden, hat der Empfänger die Alternative, alle Nachrichten aus dem Puffer zu nehmen und selbst zu verwalten. In diesem Fall kann er die passende Nachricht identifizieren und verarbeiten, sobald er sie benötigt. Bei dieser asynchronen Form des Nachrichtenaustausches sind Sender und Empfänger nur lose gekoppelt. Probleme bereitet die realistischerweise in der Praxis physikalisch begrenzte Größe des Empfangspuffers, die dazu führt, dass nicht beliebig viele Nachrichten aufgenommen werden können. Das Erreichen der physikalischen Grenze durch eine hohe Belegung des Puffers kann zu einem nicht vorsehbaren Verhalten eines von einem Geschäftsprozess abgeleiteten Workflows führen. Um dies zu vermeiden wurde für S-BPM das Input-Pool-Konzept entwickelt (vgl. Abschnitt 5.5.5.2).

Ein typisches Beispiel für einen Nachrichtenaustausch ist die Dienstreise als Geschäftsvorgang. Sie wird von einem Ereignis ausgelöst wie etwa einem geplanten Kundenbesuch. Die Beantragung der Dienstreise kann lange vor dem tatsächlichen Antritt der Reise liegen. Vor diesem sind Buchungen von Hotel und Reisemittel erforderlich, Prozesse, welche verzahnt oder parallel ablaufen können.

Wurde die Reise angetreten, dann ist damit der Vorgang nicht abgeschlossen, nun muss abgerechnet und gegebenenfalls die Spesenerstattung beantragt werden. Eine permanente Synchronisierung aller Schritte ist nicht nur aufwendig, sondern meist nicht erforderlich, da sich aus der Kausalität der Abläufe eine kohärente Abwicklung des Geschäftsvorgangs ‚Dienstreise' ableiten lässt. Hier bietet sich ein asynchroner Nachrichtenaustausch an.

5.5.4.2 Nachrichtenaustausch über Input Pool

Zur Lösung der skizzierten Probleme bei asynchronem Nachrichtenaustausch wurde das Konzept des Input Pools entwickelt. Kommunikation über Input Pool ist zwar deutlich komplexer als die bislang gezeigten, allerdings lassen sich beliebig viele Nachrichten gleichzeitig übermitteln. Auf Grund seiner hohen praktischen Bedeutung gilt es als Grundkonstrukt des S-BPM.

> Betrachten Sie den Input Pool als Postkasten von Arbeitshandelnden, dessen Bedienung genau geregelt ist.

Jedes Subjekt besitzt einen eigenen Input Pool. Er dient als Nachrichtenpuffer, in dem an das Subjekt gesendete Nachrichten zwischengespeichert werden, unabhängig davon, von welchem Kommunikationspartner sie stammen. Die Input Pools sind demnach Posteingänge zur flexiblen Konfiguration des Nachrichtenaustausches zwischen den Subjekten. Im Vergleich zum Puffer, bei dem immer nur die vorderste Nachricht gesehen und entnommen werden kann, ermöglicht die Pool-Lösung die Entnahme beliebiger Nachrichten. Für ein Subjekt sind alle Nachrichten, die sich in seinem Input Pool befinden, sichtbar.

Der Input Pool hat folgende Konfigurationsparameter (vgl. Abbildung 5.2):

- Input-Pool-Größe: Mit der Input-Pool-Größe wird festgelegt, wie viele Nachrichten in einem Input Pool maximal abgelegt werden können, unabhängig von der Anzahl und Komplexität der Nachrichtenparameter, die mit einer Nachricht übertragen werden. Steht die Input-Pool-Größe auf null, bedeutet dies, dass Nachrichten lediglich synchron ausgetauscht werden können.

- Maximalanzahl für Nachrichten von bestimmten Subjekten: Für einen Input Pool kann festgelegt werden, wie viele Nachrichten von einem bestimmten Subjekt gleichzeitig im Input Pool abgelegt sein dürfen. Auch hier bedeutet der Wert null, dass Nachrichten nur synchron angenommen werden können.

- Maximalanzahl von Nachrichten mit bestimmtem Bezeichner: Für einen Input Pool kann festgelegt werden, wie viele Nachrichten eines bestimmten, durch den Bezeichner festgelegten Nachrichtentyps (z. B. Rechnung) gleichzeitig im Input Pool abgelegt sein dürfen, unabhängig davon, von welchem Subjekt sie stammen. Eine angegebene Größe von null lässt nur einen synchronen Nachrichtenempfang zu.

- Maximalanzahl für Nachrichten mit bestimmtem Bezeichner von bestimmten Subjekten: Für einen Input Pool kann festgelegt werden, wie viele Nachrichten eines bestimmten Bezeichners von einem bestimmten Subjekt gleichzeitig im Input Pool abgelegt sein dürfen. Die Bedeutung des Nullwertes ist analog den anderen Fällen.

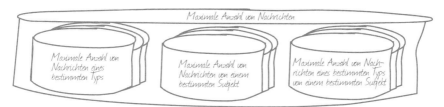

Abbildung 5.2: Konfiguration des Input Pool durch Parameter

Durch die Größenbegrenzung des Input Pool kann es zur Prozesslaufzeit passieren, dass dieser keine Nachrichten mehr aufnehmen kann. Dies bedeutet, dass bei der Nachrichtenübertragung Synchronisierungsmechanismen greifen müssen, welche die Belegung des Input Pool mit Nachrichten steuern. Im Wesentlichen gibt es dafür drei Strategien:

- Blockierung des Senders, bis der Input Pool frei ist: Sind alle Plätze in einem Input Pool belegt, wird das sendende Subjekt so lange blockiert, bis das empfangende Subjekt eine Nachricht entnimmt. Dadurch wird ein Platz für eine neue Nachricht frei. Wollen mehrere Subjekte eine Nachricht in einem voll belegten Input Pool ablegen, kommt dasjenige Subjekt zum Zug, das schon am längsten auf einen freien Platz wartet. Analog wird vorgegangen, wenn entsprechende Input-Pool-Parameter das Ablegen der Nachricht im Input Pool nicht erlauben, d. h., wenn bereits die entsprechende Anzahl von Nachrichten desselben Namens oder vom selben Subjekt im Input Pool abgelegt ist.

- Löschen und Freigabe der ältesten Nachricht: Sind bereits alle Plätze im Input Pool des adressierten Subjekts belegt, wird die älteste Nachricht mit der neuen Nachricht überschrieben.

- Löschen und Freigabe der jüngsten Nachricht: Aus dem Input Pool wird die jüngste Nachricht gelöscht, um das Ablegen der ankommenden Nachricht zu ermöglichen. Sind alle Plätze im Input Pool des adressierten Subjekts belegt, wird die jüngste Nachricht im Input Pool mit der neuen Nachricht überschrieben. Dies gilt analog, wenn die maximale Nachrichtenzahl des Input Pool bezüglich Sender oder Nachrichtentyp erreicht wurde.

5.5.4.3 Senden von Nachrichten

Vor dem Versenden einer Nachricht sind die Werte der zu übertragenden Parameter zu ermitteln. Sind die Nachrichtenparameter einfache Datentypen, werden die erforderlichen Werte aus lokalen Variablen bzw. Geschäftsobjekten des sendenden Subjekts in die Nachrichten übernommen. Bei Geschäftsobjekten wird eine aktuelle Instanz des Geschäftsobjekts als Nachrichtenparameter übertragen.

Der Sendevorgang versucht, die Nachricht zum Zielsubjekt zu übertragen und in dessen Input Pool abzulegen. Je nach beschriebener Konfiguration und Status des Input Pool wird die Nachricht dort entweder sofort abgelegt oder das sendende Subjekt so lange blockiert, bis ein Abliefern der Nachricht möglich ist.

Im Dienstreiseantragsbeispiel überträgt der Mitarbeiter den ausgefüllten Antrag mit der Nachricht ‚DR-Antrag an den Vorgesetzten senden' in den Input Pool des Vorgesetzten. Aus einem Sendezustand heraus können auch mehrere Nachrichten alternativ gesendet werden. Das folgende Beispiel zeigt einen Sendezustand, in dem die Nachricht M1 an das Subjekt S1 oder alternativ die Nachricht M2 an S2 gesendet wird, und der deshalb als alternatives Senden bezeichnet wird (vgl. Abbildung 5.3). Dabei ist es gleichgültig, welche der Nachrichten zuerst zu senden versucht wird. Ist der Sendevorgang erfolgreich, wird der entsprechende Zustandsübergang ausgeführt. Kann die Nachricht nicht im Input Pool des Zielsubjekts abgelegt werden, bricht der Sendevorgang automatisch ab, und es wird versucht, eine andere der vorgesehenen Nachrichten zu senden.

Ein Sendesubjekt wird somit nur blockiert, wenn es keine der vorgesehenen Nachrichten absetzen kann.

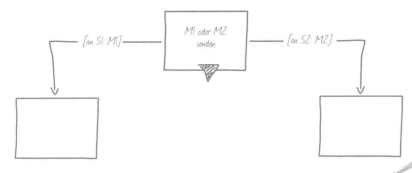

Abbildung 5.3: Beispiel für alternatives Senden

Durch die Angabe von Prioritäten kann auf die Reihenfolge des Sendens Einfluss genommen werden. So kann im Beispiel bestimmt werden, dass die Nachricht Ml an Sl eine höhere Priorität hat als die Nachricht M2 an S2. Durch diese Festlegung beginnt das sendende Subjekt mit dem Senden von Nachricht Ml an S1 und versucht lediglich beim Scheitern anschließend Nachricht M2 an S2 zu schicken. Kann auch die Nachricht M2 nicht an das Subjekt S2 gesendet werden, wird mit den Sendeversuchen wieder von vorne begonnen.

Die Blockade von Subjekten bei Sendeversuchen kann zeitlich mit dem sogenannten Time-out überwacht werden. Das Beispiel in Abbildung 5.4 zeigt mit ‚Time-out: 24 Stunden‘ einen zusätzlichen Zustandsübergang, der stattfindet, falls es innerhalb von 24 Stunden nicht gelingt, eine der beiden Nachrichten zu senden. Wird für den Timeout ein Wert von null angegeben, folgt der Prozess sofort dem Time-out-Pfad, wenn die alternative Nachrichtenzustellung komplett scheitert.

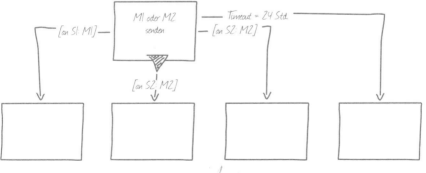

Abbildung 5.4: Senden mit Zeitüberwachung

5.5.4.4 Empfangen von Nachrichten

Wie der Sendevorgang gliedert sich auch das Empfangen in zwei Phasen, welche umgekehrt zum Senden ablaufen.

Der erste Schritt ist die Prüfung, ob die erwartete Nachricht zur Annahme bereitsteht. Bei synchronem Nachrichtenaustausch stellt sich hier die Frage, ob das Sendersubjekt die Nachricht anbietet. Bei der asynchronen Variante geht es um die Frage, ob die Nachricht bereits im Input Pool abgelegt worden ist. Liegt die erwartete Nachricht in einer der beiden genannten Formen vor, so wird sie entgegengenommen, und in einem zweiten Schritt wird der entsprechende Zustandsübergang (Transition) ausgeführt. Dabei kommt es zur Übernahme der Nachrichtenparameter der angenommenen Nachricht in lokale Variable oder Geschäftsobjekte des empfangenden Subjekts. Steht die erwartete Nachricht nicht bereit, wird das empfangende Subjekt so lange blockiert, bis die Nachricht eintrifft und angenommen werden kann.

Ein Subjekt kann in einem Zustand alternativ mehrere Nachrichten erwarten. In diesem Fall wird geprüft, ob eine dieser Nachrichten verfügbar ist und angenommen werden kann. Die Prüfreihenfolge ist willkürlich, es sei denn, für die Nachrichten sind Prioritäten definiert. Es wird dann eine verfügbare Nachricht mit der höchsten Priorität angenommen. Alle anderen Nachrichten bleiben aber verfügbar (z. B. im Input Pool) und können in anderen Empfangszuständen angenommen werden.

Die Abbildung 5.5 zeigt einen Empfangszustand des Subjekts ‚Mitarbeiter' in dem auf die Antwort bezüglich des Dienstreiseantrags gewartet wird. Die Antwort kann eine Genehmigung oder Ablehnung sein.

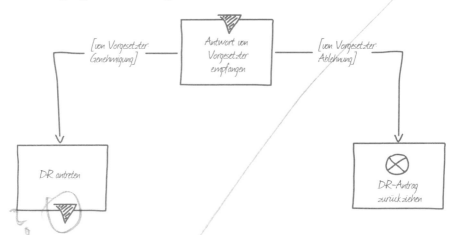

Abbildung 5.5: Beispiel für alternatives Empfangen

Wie das Senden kann auch das Empfangen von Nachrichten zeitlich überwacht werden. Liegt keine der erwarteten Nachrichten vor und wird das empfangende Subjekt deshalb blockiert, kann für diese Blockade eine zeitliche Begrenzung angegeben werden. Nach Ablauf der angegebenen Zeit führt das Subjekt den für den Time-out vorgesehenen Zustandsübergang aus. Die Dauer für die zeitliche Begrenzung kann auch dynamisch sein, und zwar in dem Sinn, dass beim Ablauf einer Prozessinstanz durch den dem Subjekt zugeordneten Prozessbeteiligten entschieden wird, dass der entsprechende Übergang auszuführen ist. Wir sprechen dann von einem manuellen Timeout.

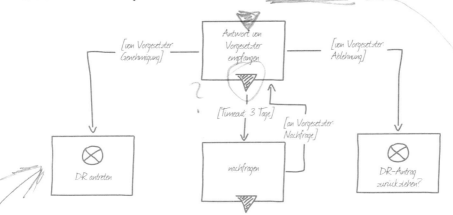

Abbildung 5.6: Zeitüberwachung beim Nachrichtenempfang

Die Abbildung 5.6 zeigt, dass der Mitarbeiter nach drei Tagen eine Nachfrage an den Vorgesetzten sendet.

Statt nach einer vorgegebenen Zeit kann das Warten auf eine Nachricht durch das Subjekt jederzeit selbst abgebrochen werden. In diesem Fall kann an das Schlüsselwort ‚Abbruch' noch ein Abbruchgrund angehängt werden. In dem in Abbildung 5.7 dargestellten Beispiel wird der Empfangszustand aufgrund einer gewissen Ungeduld des Subjekts ‚Mitarbeiter' verlassen.

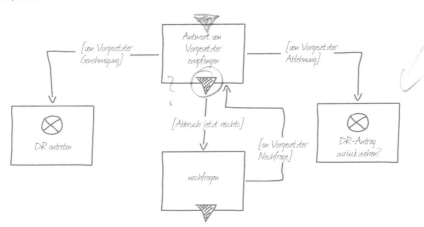

Abbildung 5.7: Nachrichtenempfang mit manuellem Abbruch

5.5.5 Subjektverhalten

Die möglichen Reihenfolgen der Handlungen eines Subjekts im Rahmen eines Prozesses nennen wir Subjektverhalten. Über Zustände und Zustandsübergänge wird beschrieben, welche Aktionen es durchführt und wie diese voneinander abhängen. Neben den beschriebenen Kommunikationsaktionen für Senden und Empfangen, führt ein Subjekt auch sogenannte interne Aktionen bzw. Funktionen aus.

Bei den Zuständen eines Subjekts wird deshalb unterschieden zwischen Aktions- und Kommunikationszuständen zur Interaktion mit anderen Subjekten (Empfangen und Senden). Hieraus ergeben sich für ein Subjekt drei unterschiedliche Zustandstypen, in denen es sich befinden kann:

⊗   Funktionen ausführen (Funktionszustand)

▽   Nachrichten senden (Sendezustand)

▽   Nachrichten empfangen (Empfangszustand)

> Beim S-BPM werden Arbeitshandelnde zur Bewältigung ihrer Aufgaben mit grundsätzlichen Aktivitäten ausgestattet: dem Senden und Empfangen von Nachrichten sowie dem unmittelbaren Erledigen einer Aufgabe (Funktionszustand).

Ist die mit einem Zustand verknüpfte Aktivität (Senden, Empfangen, Tun) möglich, wird diese ausgeführt und es kommt zu einem Zustandsübergang (Transition) zum Folgezustand. Der Übergang ist gekennzeichnet durch das Ergebnis der Aktion des betrachteten Zustands: Bei einem Sendezustand wird durch den Zustandsübergang festgelegt, an welches Subjekt welche Information übertragen wird. Bei einem Empfangszustand wird dadurch bekannt, von welchem Subjekt, es welche Information bekommt. Bei einem Funktionszustand beschreibt der Zustandsübergang das Ergebnis der Aktion, beispielsweise, dass die Änderung an einem Geschäftsobjekt erfolgreich war oder nicht ausgeführt werden konnte.

Das Verhalten von Subjekten stellt der Modellierer mithilfe von Subjektverhaltensdiagrammen (SVD) dar. Abbildung 5.8 zeigt die Subjektverhaltensdiagramme mit den Verhalten der Subjekte ‚Mitarbeiter', ‚Vorgesetzter' und ‚Reisestelle' zusammen mit den dazugehörigen Zuständen und Zustandsübergängen.

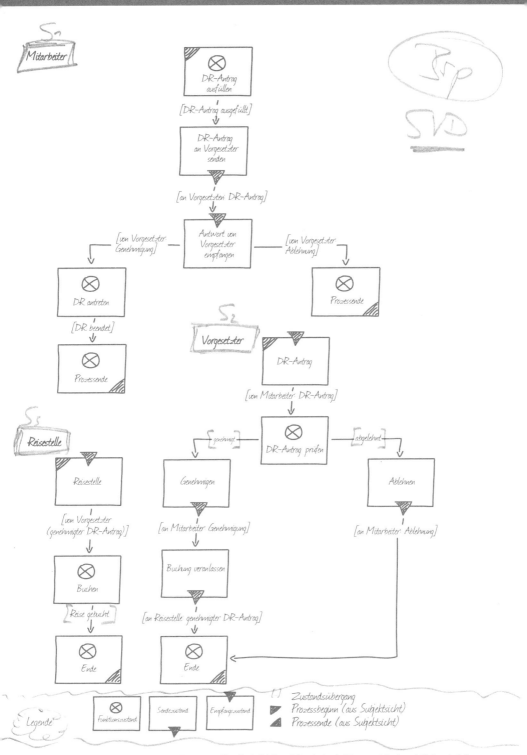

Abbildung 5.8: Subjektverhaltensdiagramm für die Subjekte ‚Mitarbeiter‘, ‚Vorgesetzter‘ und ‚Reisestelle‘

5.5.6 Normalisierung

Das Standardverhalten eines Subjekts wird durch sein Aktionsverhalten (Ausführen von Funktionen) und Kommunikationsverhalten (Senden und Empfangen von Nachrichten) abgebildet.

Beim Aktionsverhalten können prinzipiell beliebig viele interne Funktionen nacheinander folgen, um die einzelnen Arbeitsschritte eines Subjekts zu beschreiben. In diesen Sequenzen von internen Funktionen sind keine Sende- und Empfangsknoten enthalten. Dies ist als Arbeits-/Handlungsanweisung für Personen oder Rollen, die ein Subjekt repräsentieren, nötig und sinnvoll, kann aber zu umfangreichen und damit unübersichtlichen Verhaltensdiagrammen führen. Außerdem sind diese Sequenzen von internen Funktionen für das Kommunikationsverhalten nicht von Bedeutung und deshalb für die Kommunikationspartner nicht relevant.

Für eine vereinfachte Darstellung können wir uns die Überlegung zunutze machen, dass Nachbarsubjekte, mit denen das betreffende, gerade in seinem Verhalten zu beschreibende Subjekt im Rahmen der Prozessabwicklung interagiert, vorwiegend an dessen Kommunikationsverhalten (bekomme ich das gewünschte Ergebnis?) und weniger an seinem Aktionsverhalten interessiert sind. Das Aktionsverhalten ist nur insoweit von Interesse, als es das Kommunikationsverhalten beeinflusst. Vor diesem Hintergrund kann bei Bedarf ein sogenanntes normalisiertes Verhalten definiert werden, in dem Folgen von Funktionen zu einer größeren Funktion zusammengefasst werden. Mit diesem Ausblenden von Funktionsdetails wird das Subjektverhalten aus der Sicht von Nachbarsubjekten wesentlich transparenter, ohne dass sich die für sie wichtige Darstellung des Kommunikationsverhaltens ändert.

Abbildung 5.9 zeigt in der oberen Hälfte die ausführliche Verhaltensdarstellung für das Subjekt ‚Mitarbeiter‘, wie sie als Arbeitsvorgabe für die betroffenen Mitarbeiter gegeben ist. In der unteren Hälfte der Abbildung wurden die beiden Aktionen ‚DR-Antrag zurückziehen?‘ und ‚DR-Antrag ändern‘ (doppelt umrandet) zu einer größeren Aktion zusammengefasst.

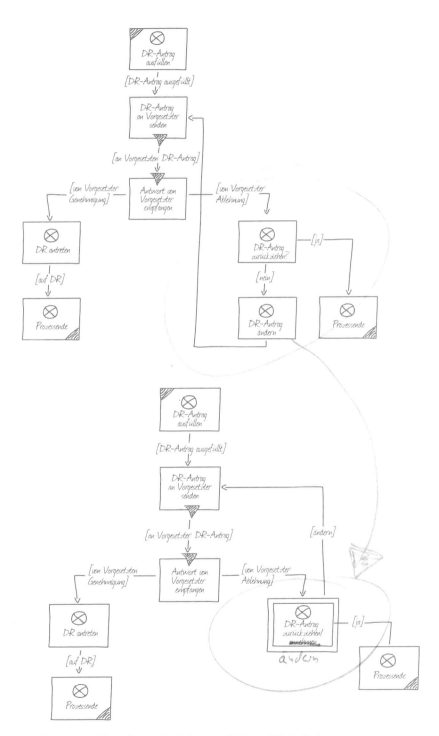

Abbildung 5.9: Normalisiertes Verhalten des Subjekts ‚Mitarbeiter'

Für ein normalisiertes Verhalten lassen sich prinzipiell alle Funktionszustände zwischen den sie umschließenden Sende- und Empfangszuständen zusammenfassen, die für Nachbarsubjekte sichtbar bleiben. Davon ausgenommen sind Endzustände, weshalb es im Beispiel nicht möglich ist, die Funktionen ‚DR antreten‘ und ‚Prozessende‘ zu gruppieren. Dieses normalisierte Verhalten liefert auch Anhaltspunkte für den Detaillierungsgrad eines Prozessmodells.

Eine wichtige Frage in BPM-Projekten ist, in welcher Granularität die Prozessschritte zu beschreiben sind. Diese Problematik wurde bereits im Kapitel zur Analyse (vgl. Kapitel 4.4) angesprochen. Die Normalisierung der subjektorientierten Modellierung ist ein geeignetes Werkzeug, um festzulegen, dass zur vollständigen Darstellung das normalisierte Verhalten hinreichend ist.

Mit diesem Konstrukt lassen sich die aufgezeigten Probleme bei der Granularitätsfindung bei Top-down- oder Bottom-up-Vorgehensweise lösen. Die geeignete Granularitätsstufe lässt sich festlegen, wenn bekannt ist, welche Subjekte beteiligt sind und welche Aufgaben sie in einem Prozess erfüllen sollen.

Zur Erläuterung dieses Sachverhalts verwenden wir wieder den Dienstreiseantrag als Beispiel. Die dabei anfallenden Aktivitäten sind in Abbildung 5.10 in verschiedenen Granularitätsstufen dargestellt.

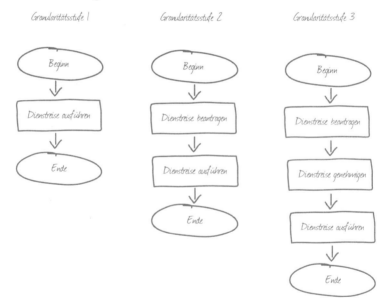

Abbildung 5.10: Aktionen im Prozess Dienstreiseantrag in unterschiedlichen Granularitätsstufen

Abbildung 5.11 zeigt, dass erst Granularitätsstufe 3 es ermöglicht, die Aktivitäten den drei Subjekten ‚Mitarbeiter‘, ‚Vorgesetzter‘ und ‚Reisestelle‘ zuzuordnen. Vorher waren die Aktivitäten zu grob formuliert, um dies zu ermöglichen.

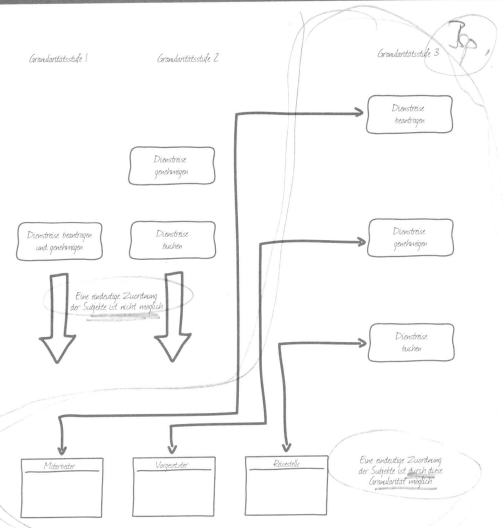

Abbildung 5.11: Zuordnung von Aufgaben zu Subjekten

Das Beispiel illustriert, dass die Granularität der Aktionen in einer Prozessbeschreibung durch die Beteiligten, die Handelnden, definiert wird. Die einzelnen Aktionen müssen eindeutig den Handelnden zugeordnet werden können.

Mit der Normalisierung wird also zum einen die gröbste mögliche Beschreibung eines Prozesses und zum anderen die Mindestgranularität für Prozessbeschreibungen festgelegt. Die Normalisierung von Subjekten wird auch benötigt, um das beobachtbare Verhalten eines Prozesses zu ermitteln (vgl. Abschnitt 5.6.7).

Stellen Sie übereinstimmende Abläufe fest, erheben Sie diese durch Normalisierung zum Leitvorgehen. So können sich Stakeholder orientieren.

5.5.7 Geschäftsobjekte

5.5.7.1 Verständnis von Geschäftsobjekten

In der natürlichen Sprache bestehen Sätze in der Regel aus Subjekt, Prädikat und Objekt (z. B. „Robert spielt Ball"). Ein Objekt ist für einen grammatisch korrekten Satzbau nicht zwingend erforderlich, allerdings fehlt dann die Information, auf was das Prädikat wirkt (z. B. „Robert spielt, aber womit?"). Dies ist übertragbar auf einen Prozess:

Ein Geschäftsprozess besteht aus Handelnden, die in einer bestimmten Abfolge bestimmte Aktionen, die Prädikate, durchführen, und den Objekten, auf denen die Prädikate definiert sind. Das Senden und Empfangen stellen dabei spezielle Prädikate mit der Nachricht als direktem Objekt und Adressat bzw. Absender als indirekten Objekten dar.

Geschäftsobjekte sind jene Dinge, die zur Leistungserbringung in Geschäftsprozessen benötigt werden. Es sind also die Dinge, die in einem Prozess verwendet werden. Geschäftsobjekte sind passiv, d. h., sie initiieren keine Interaktionen oder Aktionen. Geschäftsobjekte werden von Subjekten bearbeitet (vgl. [Grässle et al. 2004]). Sie können die Ausführung einer Prozessinstanz überdauern und in später initiierten Prozessinstanzen als Informationsquellen verwendet werden.

Die folgenden Ausführungen befassen sich mit der Modellierung von Geschäftsobjekten und mit Operationen, welche bei der Abarbeitung von Prozessinstanzen auf ihnen ausführbar sind. Der Fokus liegt dabei weniger auf physischen Geschäftsobjekten (z. B. ein Produkt, das geliefert wird), als auf logischen Geschäftsobjekten (z. B. die dazugehörige Lieferscheininformation oder ein Dienstreiseantrag).

5.5.7.2 Strukturen von Geschäftsobjekten

Eine Grundstruktur von Geschäftsobjekten besteht aus einem Bezeichner, aus Datenstrukturen und Datenelementen. Der Bezeichner eines Geschäftsobjektes ergibt sich aus dem Geschäftsumfeld, in dem es eingesetzt wird. Beispiele sind Dienstreiseantrag, Bestellung, Lieferschein, Rechnung etc.

Geschäftsobjekte setzen sich aus Datenstrukturen zusammen, deren Komponenten einfache Datenelemente eines bestimmten Typs (z. B. Zeichenkette oder Zahl) oder selbst wieder Datenstrukturen sein können.

Für das Verständnis empfiehlt es sich, die Bedeutung der Datenelemente näher zu beschreiben, insbesondere dann, wenn sich diese nicht zweifelsfrei aus den Bezeichnern ableiten lässt.

Abbildung 5.12 zeigt ein Beispiel für einen Dienstreiseantrag. Dieser besteht unter anderem aus der Datenstruktur ‚Daten zum Antragsteller‘ (Mitarbeiter) mit den Datenelementen für Name, Vorname und Personalnummer und der Struktur ‚Daten zur Dienstreise‘ mit den Datenelementen für Beginn, Ende und Zweck der Reise.

Datenstruktur	Bedeutung	Datentyp	Kann/Muss	Wertebereich/Default
Daten zum Antragsteller				
Name	Nachname	Character	M	...
Vorname	Vorname	Character	M	...
Personalnummer	...	Integer	M	...
Organisationseinheit			K	
Vergütungsgruppe			K	.
Daten zur Reise				
Reisebeginn	...	Date	M	innerhalb 1 Jahres ab akt. Datum/akt. Datum
Reiseende	...	Date	M	Reisebeginn plus 1 Jahr/Reisebeginn
Internationale Reise	...	Boolean?	K	j/n. n
Reiseziel (Ort/Land)	...	Character	M	
Reisegrund	...	Character	M	
Gewünschter Vorschuss	...	Integer	K	
Daten zur Genehmigung				
Genehmigung	Genehmigungsvermerk	Boolean?	M	j/n. n
Kostenstelle	...	Integer	M	...
Gewünschter Vorschuss	...	Integer	K	...

Abbildung 5.12: Datenstruktur des Geschäftsobjekts ‚DR-Antrag' (Dienstreiseantrag)

5.5.7.3 Status von Geschäftsobjekten und deren Instanzen

In vielen Fällen ändert sich die Semantik eines Geschäftsobjekts während der Prozessausführung, etwa wenn ein Lieferschein in eine Rechnung überführt wird. Für ein Geschäftsobjekt können deshalb mehrere verschiedene Status definiert werden. Bei einem Wechsel des Status werden nur die Datenstrukturen bzw. Datenelemente des vorherigen Status übernommen, die der neue Status benötigt, und bei Bedarf neue Komponenten hinzugefügt oder nicht mehr benötigte entfernt. Damit ist gewährleistet, dass ein Subjekt nur diejenigen Datenelemente für seine Arbeit zur Verfügung bekommt, die es dafür wirklich benötigt. Dies erleichtert die Einhaltung von Datenschutzbestimmungen.

Im Beispiel des Dienstreiseantrags kann aus dem ursprünglichen Status ‚Reiseantrag' des Geschäftsobjekts (vgl. Abbildung 5.12) der Status ‚Dienstreisebuchung' abgeleitet werden. Dabei werden insbesondere Datenelemente mit internen Angaben wie Personalnummer, Vergütungsgruppe, Reisegrund und die komplette Datenstruktur zur Genehmigung entfernt, welche beispielsweise bei der Einschaltung eines Reiseagenten für die Buchung das Unternehmen nicht verlassen sollen und auch nicht relevant sind. Dafür wird, wie in Abbildung 5.13 gezeigt, eine neue Datenstruktur ‚Daten zur Buchung' eingefügt. Sie enthält Datenelemente, mit denen die Reisestelle gegenüber dem Reiseagenten eine Frist für den spätesten Eingang der Buchungsbestätigung setzen und bestimmte Hotelketten vorgeben kann, mit denen Rahmenverträge bestehen.

Datenstruktur/Datenelement	Bedeutung	Datentyp	Kann/Muss	Wertebereich/Default
Daten zum Antragsteller				
Name	Nachname	Character	M	...
Vorname	Vorname	Character	M	...
Daten zur Reise				
Reisebeginn	...	Date	M	innerhalb 1 Jahres ab akt. Datum/akt. Datum
Reiseende	...	Date	M	Reisebeginn plus 1 Jahr/Reisebeginn
Reiseziel (Ort/Land)	...	Character	M	...
Daten zur Buchung				
Vertragshotelketten	Genehmigungsvermerk	Character	M	...
Frist für Buchungsbestätigung	...	Date	K	...
Buchungsbestätigung	...	Date	M	j/n

Abbildung 5.13: Geschäftsobjekt ‚DR-Antrag' im Status ‚Dienstreisebuchung'

Mithilfe von Status lässt sich auch eine Formularvorlage aufbauen. Zunächst wird ein Status als Geschäftsobjekttyp definiert, aus dem Varianten von Geschäftsobjekten zur Verwendung in anderen Geschäftsprozessumfeldern abgeleitet werden. So wäre etwa denkbar, dass die Reisestelle als besonderen Service für das Personal auch die Buchung privater Reisen übernimmt. In einem solchen Fall könnte aus dem vorhergehenden Status des Geschäftsobjekts ‚DR-Antrag' ein Geschäftsobjekt ‚Privatreisebuchung' entstehen, indem die für eine private Reise irrelevanten Datenfelder (z. B. Reisegrund, Vorschuss etc.) entfernt, und dafür andere ergänzt werden (z. B. beim Wunsch einer Reiserücktrittskostenversicherung).

5.5.7.4 Sichten auf Geschäftsobjekte und deren Instanzen

Neben der Definition von Status für Geschäftsobjekte und deren Instanzen kann es erforderlich werden, für verschiedene Subjekte unterschiedliche Sichten zu bestimmen. Im Gegensatz zu Statusänderungen werden Datenstrukturen bzw. -elemente bei den Sichten nicht physisch aus einem Geschäftsobjekt bzw. dessen Instanzen entfernt, sondern lediglich differenzierte Zugriffsrechte darauf vergeben. Dies geschieht für jedes Subjekt im jeweiligen Prozesskontext, d. h. für den jeweiligen Verhaltensstatus des Subjekts. Wie üblich bedeutet Leserecht (read) hierbei, dass ein Subjekt Datenelemente und deren Inhalte nur sehen kann. Sind ihm zusätzlich Schreibrechte zugeordnet, kann es auch Werte verändern (read/write).

Abbildung 5.14 zeigt die Sichten der Subjekte ‚Mitarbeiter', ‚Vorgesetzter' und ‚Reisestelle' auf den Status ‚Reiseantrag' des Geschäftsobjekts ‚DR-Antrag'. Der Antragsteller etwa kann alle Datenelemente lesen, soll aber üblicher Weise den Genehmigungsvermerk, die Kostenstelle und die Höhe des gewährten Vorschusses nicht selbst eintragen können. Dies bleibt dem Vorgesetzten vorbehalten. Die Sicht der Reisestelle umfasst nur Leserechte und selbst diese nicht für alle Datenelemente. So sind der Reisegrund und der vom Antragsteller gewünschte Vorschuss für die Reisestelle nicht sichtbar, da sie für die Aktionen dieses Subjekts keine Relevanz besitzen.

Datenstruktur/Datenelement	Sicht Mitarbeiter	Sicht Vorgesetzter	Sicht Reisestelle
Daten zum Antragsteller			
Name	R/W	R	R
Vorname	R/W	R	R
Personalnummer	R/W	R	R
Organisationseinheit	R/W	R	R
Vergütungsgruppe	R/W	R	R
Daten zur Reise			
Reisebeginn	R/W	R/W	R
Reiseende	R/W	R/W	R
Internationale Reise	R/W	R	R
Reiseziel (Ort / Land)	R/W	R	R
Reisegrund	R/W	R/W	–
Gewünschter Vorschuss	R/W	R	–
Daten zur Genehmigung			
Genehmigung	R	R/W	R
Kostenstelle	R	R/W	R
Gewährter Vorschuss	R	R/W	R

Abbildung 5.14: Sichten auf das Geschäftsobjekt ‚DR- Antrag' im Status ‚Reiseantrag'

Betrachten wir die Sichten auf das Geschäftsobjekt ‚DR-Antrag' im fortgeschrittenen Status ‚Reisebuchung' (vgl. Abbildung 5.15). Dieser Status ist für die Reisestelle relevant, welche den Eingang der Buchungsbestätigung vom Reiseagenten überwacht und gegebenenfalls bei Verfügbarkeitsproblemen Reisedaten ändern muss. Die Mitarbeiter sind hingegen nur an der Information interessiert, ob die Reisebuchung bereits erledigt ist, während der Vorgesetzte überhaupt keine Sicht auf den Status benötigt.

Datenstruktur/Datenelement	Sicht Mitarbeiter	Sicht Vorgesetzter	Sicht Reisestelle
Daten zum Antragsteller			
Name	R	–	R
Vorname	R	–	R
Daten zur Reise			
Reisebeginn	R	–	R/W
Reiseende	R	–	R/W
Reiseziel	R	–	R
Daten zur Buchung			
Vertragshotelketten	–	–	R/W
Frist für Buchungsbestätigung	–	–	R/W
Buchungsbestätigung	R	–	R/W

Abbildung 5.15: Sichten auf das Geschäftsobjekt ‚DR-Antrag' im Status ‚Reisebuchung'

5.5.7.5 Zugriffsrechte auf Geschäftsobjektinstanzen

Für Geschäftsobjektinstanzen kann der Modellierer festlegen, ob nur ein Subjekt, näm-lich das erzeugende, oder auch andere Subjekte direkt darauf zugreifen können. Demge-mäß unterscheiden wir zwischen lokalen und globalen Geschäftsobjekten.

Lokales Geschäftsobjekt (Private Business Object)
Ein Subjekt erzeugt eine lokale Instanz eines Geschäftsobjekts. Deren Datenelemente können nur vom erzeugenden Subjekt gelesen oder verändert werden. Andere Subjek-te können einen Zugriff auf eine Instanz eines Geschäftsobjekts erhalten, wenn ihnen diese Instanz explizit in einer Nachricht als Kopie zugestellt worden ist.
Lokale Geschäftsobjekte bieten sich für den Geschäftsverkehr mit externen Partnern wie Lieferanten und Kunden an, da fremde Subjekte aus Sicherheitsgründen nicht direkt auf Geschäftsobjekte zugreifen sollen. Gemäß der Geschäftslogik vorzunehmen-de Änderungen können ebenfalls per Nachricht zurückgelangen und zur kontrollier-ten Modifikation der Daten des privaten Geschäftsobjektes durch das dafür vorgesehe-ne und dazu berechtigte Subjekt führen.
In Abbildung 5.16 kann zunächst nur das Subjekt ‚Mitarbeiter' auf sein Exemplar des Geschäftsobjekts ‚DR-Antrag' zugreifen. Der Vorgesetzte kann seine Information erst dann ergänzen, wenn ihm die Nachricht mit der Kopie des Geschäftsobjekts zugegan-gen ist. Analog kann die Reisestelle die Bearbeitung erst aufnehmen, wenn ihr der Vorgesetzte eine Kopie des Geschäftsobjekts im neuen Status ‚Genehmigter

DR-Antrag' zugeschickt hat. Mit dem Senden bzw. Empfangen von Nachrichten wird eine Kopie des benötigten Geschäftsobjekts an den jeweiligen Partner übertragen.

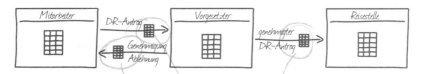

Abbildung 5.16: DR-Antrag als privates Geschäftsobjekt des Subjekts ‚Mitarbeiter' (Übertragung per Nachricht)

Globales Geschäftsobjekt (Shared Business Object)
Ein globales Geschäftsobjekt kann bei seiner Definition mehreren Subjekten gleichzeitig zugeordnet werden. Alle diese Subjekte (‚object owner') können Datenelemente in Instanzen des globalen Geschäftsobjektes gemäß ihrer über die Sichten gesteuerten Zugriffsrechten bearbeiten. Ein entsprechendes Beispiel ist in Abbildung 5.17 zu sehen.

Da alle beteiligten Subjekte auf das Geschäftsobjekt ‚DR-Antrag' zugreifen können, genügt es, wenn der Mitarbeiter das Geschäftsobjekt ausfüllt und dann seinen Vorgesetzten per Nachricht darüber informiert, ohne das Geschäftsobjekt zu übertragen. Der Vorgesetzte kann dann direkt auf den Antrag zugreifen und seine Ergänzungen vornehmen. Analog gilt dies im weiteren Verlauf für die Reisestelle.

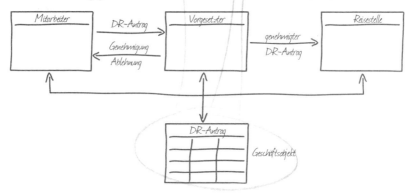

Abbildung 5.17: DR-Antrag als globales Geschäftsobjekt der Subjekte ‚Mitarbeiter', ‚Vorgesetzter' und ‚Reisestelle'

Globale Geschäftsobjekte lassen sich für beliebig viele Subjekte einer Organisation freigeben, die in einem komplexen Prozessnetzwerk (vgl. Abschnitt 5.5.5) vorhanden sind. Der Vorteil ist, dass verschiedene Subjekte transaktionssicher auf einen gemeinsamen Datenbestand zugreifen können, da nicht mehrere Kopien eines Geschäftsobjekts in Gebrauch sind. Der Nachteil ist, dass die Subjekte eine Möglichkeit haben müssen, auf gemeinsame Geschäftsobjekte zuzugreifen. Bei organisationsübergreifenden Prozessen ist dies oft nicht so ohne Weiteres möglich.

Mithilfe des globalen Geschäftsobjekts lassen sich auch elegant komplexe Zugriffs-rechtefragen klären: Ein Subjekt hat auf ein Geschäftsobjekt nur dann Zugriff, wenn es innerhalb der Prozessinstanz eine Aufgabe erledigen soll, die in Zusammenhang mit dem betrachteten Geschäftsobjekt steht.

Im Beispiel des Dienstreiseantrags ist es für die Reisestelle nicht erforderlich, alle Personen- und Reisedaten dauerhaft einsehen zu können. Mit statischen Systemen ist jedoch in der Regel keine andere Lösung möglich. Wird der Datenzugriff jedoch über ein globales Geschäftsobjekt implementiert, hat die Reisestelle nur dann Zugriff, wenn sie die Daten zur Bearbeitung braucht. Spätestens nach Prozessabschluss sind diese wieder geschützt.

Nicht alle Arbeitshandelnden sollen alle Daten sehen und manipulieren können. Sie nehmen eine bestimmte Sicht auf Geschäftsobjekte ein. Diese „Brille" sollte jene Information widerspiegeln, die sie zur Aufgabenbewältigung benötigen – nicht mehr und nicht weniger, allerdings mit einem Blick auf die Zeit (just-in-time).

5.5.7.6 Operationen auf Geschäftsobjekten

Bei der Abarbeitung von Geschäftsprozessinstanzen führen Subjekte im Rahmen ihres Aktions- und Kommunikationsverhaltens Operationen auf Geschäftsobjektinstanzen aus. In Abhängigkeit der Berechtigungen eines Subjekts sind die folgenden Operationen möglich:

- Geschäftsobjektinstanzen erzeugen
  Ein Subjekt kann eine Geschäftsobjektinstanz erzeugen, indem es sie aus der allgemeinen Geschäftsobjektdefinition ableitet oder von einer bereits existierenden Instanz kopiert.

- Geschäftsobjekte mit Werten belegen
  Sobald Geschäftsobjekte instanziiert wurden, können die einzelnen Elemente von den dazu berechtigten Subjekten mit Werten belegt werden, welche für die Ausführung des jeweiligen Prozesses notwendig sind. Wie diese Werte eingetragen werden, wird im Rahmen der Implementierung eines Prozesses durch die Einbettung in die organisatorische Umgebung und in die IT-Umgebung festgelegt. Beispiele sind die manuelle Ermittlung und Eintragung von Daten durch Personen (z. B. Menge in einer Bestellposition) oder das Abspeichern eines automatisch berechneten Ergebnisses durch ein IT-System (z. B. MwSt.-Betrag in einer Rechnung).
  Beim Dienstreiseprozess wird demnach beispielsweise aus der Spezifikation des Geschäftsobjekts ‚DR-Antrag' ein konkretes Exemplar generiert, sobald ein Mitarbeiter eine Reise beantragt. Für das Ausfüllen ist denkbar, dass der Mitarbeiter als Antragsteller die Personalnummer selbst in ein elektronisches Formular eingibt und eine Anwendung damit Name, Vorname und Vergütungsgruppe ermittelt und in die passenden Felder einträgt.

- Geschäftsobjektinstanzen duplizieren
  Geschäftsobjektinstanzen können dupliziert werden, um beispielsweise einen bestimmten Status eines Geschäftsobjekts zu konservieren. Im Beispiel

des Dienstreiseantrags kann so der Status nach dem Ausfüllen durch den Mitarbeiter erhalten bleiben, ehe etwa der Vorgesetzte eine Änderung z. B. beim Datum vornimmt. Jedes Duplikat erhält zur Unterscheidung von anderen Exemplaren eine eindeutige Bezeichnung. Diese wird in dem Status festgelegt, in dem die Kopie erzeugt wird.

- Datenelemente aus einer Geschäftsobjektinstanz übernehmen
  Aus einer Geschäftsobjektinstanz können Feldwerte in Datenelemente von Instanzen anderer Geschäftsobjekte übernommen werden. Dazu müssen lediglich die Typen der Datenelemente übereinstimmen. Eine solche Abbildung von Werten muss in Funktionszuständen der Ablaufbeschreibung eines Subjekts definiert werden. Existieren bereits Duplikate der Zielinstanz, muss auch angegeben werden, auf welche Duplikate sich die Abbildung bezieht.

- Status einer Geschäftsobjektinstanz ändern
  Eine Statusänderung bei Geschäftsobjekten wurde als Variation des Ausgangsgeschäftsobjekts durch Weglassen und/oder Hinzufügen von Datenelementen eingeführt. Dabei werden in einem Funktionszustand zur Laufzeit, also für Geschäftsobjektinstanzen, beibehaltene Datenelemente mit ihren Werten in den neuen Status übernommen. Wegfallende Datenelemente werden mitsamt ihren Werten für den neuen Status gelöscht, während hinzugefügte Datenelemente zunächst leer sind und auf ihre Befüllung warten. Auch hier muss bei der Existenz mehrerer Instanzen spezifiziert werden, auf welche sich die Statusänderung beziehen soll.

- Geschäftsobjektinstanz versenden
  Diese Operation kann nur in einem Sendezustand ausgeführt werden. Sie führt dazu, dass eine Kopie einer Geschäftsobjektinstanz versendet wird. Existieren mehrere Exemplare der Instanz, muss angegeben werden, auf welche sich die Sendeoperation beziehen soll.

- Geschäftsobjektinstanz empfangen
  Ein Subjekt, welches Adressat einer Nachricht mit einer Geschäftsobjektinstanz ist, muss sich in einem Empfangsstatus befinden, um die Sendung annehmen zu können. Entnimmt es die betreffende Nachricht aus dem Input Pool, wird eine eindeutig bezeichnete Kopie der Geschäftsobjektinstanz erzeugt.

Wie die jeweiligen Operationen auf einem Geschäftsobjekt ausgeführt werden wird im Rahmen der IT-Implementierung eines Geschäftsobjekts festgelegt (vgl. Abschnitt 10.5.1). In der Modellbildung wird nur festgelegt, was mit einem Geschäftsobjekt geschieht bzw. was sich an seinem Inhalt ändert.

Mit der Sicht kommt das Recht. Die Zugriffsrechte auf Geschäftsobjekte werden aus den Notwendigkeiten der Arbeitsunterstützung abgeleitet. Es ist zu beantworten, ob ein Stakeholder überhaupt Zugriff auf ein Geschäftsobjekt hat, und wenn ja, ob er es lesen oder gar ändern darf.

■ 5.6 Erweiterungskonstrukte für Prozessnetzwerke

5.6.1 To Go

Das klingt ja alles ganz gut, aber wie sieht es aus mit komplizier-
ten Prozessen mit vielen Subjekten? Die möchte ich in
zusammengehörige Teilprozesse zerlegen.

Wir können einen großen Prozess in Teilprozesse zerlegen, und die einzelnen
Beteiligten beschreiben dann ihren Teilprozess.

In jedem Prozess gibt es aber dann Subjekte, die mit Subjekten in
anderen Prozessen kommunizieren.

Ja, das sind die Schnittstellensubjekte.

Von einem anderen Prozess muss ich also nur das Schnittstellensubjekt kennen.

Ja, das wird in deinem Prozess als sogenanntes externes Subjekt
repräsentiert.

Damit können wir aber ganze Netzwerke von Prozessen aufbauen. Wir sehen, wie die Prozesse in unserem Unternehmen zusammenhängen.

5.6.2 Schnittstellensubjekte und Prozessnetzwerk

Bisher haben wir nur einzelne Prozesse betrachtet. Prozesse hängen aber in der Regel zusammen, d. h., Subjekte in einem Prozess kommunizieren mit Subjekten in anderen Prozessen. Dadurch entstehen Netzwerke von Prozessen. Umgekehrt können große und komplexe Prozesse in kleinere Teilprozesse zerlegt werden. In den folgenden Abschnitten werden die einzelnen Konzepte zur Bildung von Prozessnetzwerken vorgestellt.

Vernetzte Organisationen profitieren von S-BPM besonders. Es erlaubt, den Informationsfluss in transparenter Form über die Grenzen einer Organisation hinaus zu strukturieren und die Offenlegung jener Teile der beteiligten Organisationen, die die jeweiligen Netzwerkpartner für erfolgreiche Kooperation brauchen.

Der Prozess ‚Dienstreiseantrag‘ stellt lediglich einen Ausschnitt aus dem gesamten Dienstreiseprozess dar. In der Realität kann dieser aus einer ganzen Reihe kleiner, miteinander verknüpfter Prozesse bestehen. Nach der Genehmigung durch den Vorgesetzten ist etwa als nachfolgender Prozess denkbar, dass die Reisestelle über einen Reiseagenten bei der Bahn eine Fahrkarte und bei einer Hotelkette ein Zimmer für den Mitarbeiter (Antragsteller) bucht. Mit den Grundkonstrukten modelliert, ergibt sich zunächst das in Abbildung 5.18 sichtbare, um den Buchungsprozess erweiterte Subjektinteraktionsdiagramm.

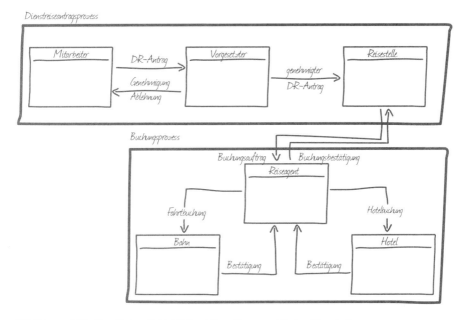

Abbildung 5.18: Erweitertes Subjektinteraktionsdiagramm für den Dienstreiseprozess

Zur Strukturierung und vereinfachten Darstellung lässt sich der Gesamtprozess aus den beiden miteinander verknüpften Teilprozessen ‚Dienstreiseantragsprozess' und ‚Buchungsprozess' darstellen. Teilprozesse beschreiben jeweils einen bestimmten, logisch abgrenzbaren Teilaspekt eines komplexen Prozesses. Den Gesamtprozess bezeichnen wir als Prozessnetzwerk. In ihm ist es erforderlich, dass Subjekte in den Teilprozessen über die Prozessgrenzen hinweg verknüpft sind und miteinander kommunizieren.

Eine Verknüpfung zweier Prozesse erfolgt über Schnittstellensubjekte, die sich gegenseitig referenzieren. Das verknüpfte Schnittstellensubjekt des jeweils anderen Prozesses wird im betrachteten Vorgang durch ein sogenanntes externes Subjekt repräsentiert.

‖ Schnittstellensubjekte regeln die Zusammenarbeit und erleichtern die Synchronisation von Prozessen der Netzwerkpartner. ‖

Im Beispiel ist der Reiseagent das Schnittstellensubjekt aus Sicht des Teilprozesses ‚Dienstreiseantragsprozess'. Im Subjektinteraktionsdiagramm in Abbildung 5.19 ist er durch Graufärbung als externes Subjekt kenntlich gemacht. Das Referenzsymbol enthält mit ‚Buchungsprozess' auch den Namen des Prozesses, in dem sich das referenzierte Subjekt befindet. Aus der Perspektive des Buchungsprozesses stellt die Reisestelle das Schnittstellensubjekt dar und der ‚Dienstreiseantragsprozess' gibt an, in welchem Prozess sich dieses externe Subjekt befindet.

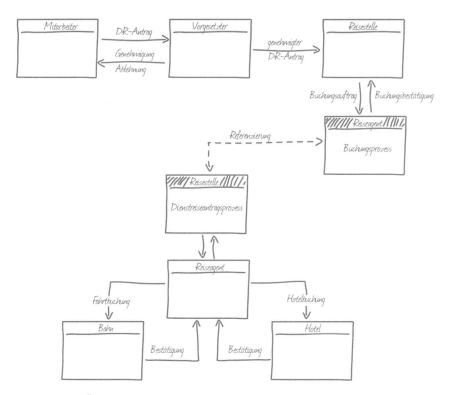

Abbildung 5.19: Über Schnittstellensubjekte verknüpfte Teilprozesse ‚Dienstreiseantragsprozess‘ und ‚Buchungsprozess‘

Mit wechselseitigen Referenzierungen lassen sich Subjektinteraktionsdiagramme zu Prozessnetzwerkdiagrammen (PND) verdichten, welche nur die in einem Prozessnetzwerk verknüpften Prozesse und die über deren Grenzen hinweg ausgetauschten Nachrichten zeigen. Wir sprechen hier von horizontalen Prozessnetzwerken. Ein solches ist in Abbildung 5.20 als Prozessnetzwerkdiagramm für den Dienstreiseprozess in seiner bisher entwickelten Form umgesetzt.

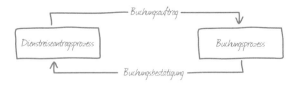

Abbildung 5.20: Horizontales Prozessnetzwerk für den Dienstreiseprozess

5.6.3 Serviceprozesse

In der betrieblichen Realität gibt es (Teil-)Prozesse, deren Leistung als Prozess gekapselt werden kann. Mehrere andere Prozesse bedienen sich des Prozesses, indem sie sich seine Leistung als definiertes Ergebnis zunutze machen.

Für die Kopplung zwischen aufrufendem Prozess und Serviceprozess wird in letzterem ein sogenanntes allgemeines externes Subjekt eingeführt. Dieses repräsentiert alle Prozesse, die den Serviceprozess nutzen. Damit werden bei der Modellierung alle möglichen aufrufenden Subjekte sublimiert, anstatt explizite Referenzen zum jeweiligen Subjekt im rufenden Prozess zu setzen.

Im Beispiel des Dienstreiseprozesses kann der Buchungsprozess als wiederverwendbarer Serviceprozess implementiert und damit auch für andere rufende Prozesse nutzbar gemacht werden. Dies ist beispielsweise dann sinnvoll, wenn das Unternehmen seinen Mitarbeitern etwa anbietet, über die Reisestelle private Reisen zu Sonderkonditionen zu buchen. Die Mitarbeiter verwenden den Serviceprozess für die Buchung dann nicht nur für die Dienstreiseabwicklung, sondern können ihn auch für die Buchung ihrer Urlaubsreisen nutzen.

Bei einem solchen Serviceprozess muss dem nutzenden Prozess das Schnittstellensubjekt des Serviceprozesses bekannt sein. Mit ihm wird wie üblich kommuniziert, sodass sich bei der Beschreibung des Verhaltens bei den nutzenden Prozessen nichts ändert.

Abbildung 5.21 zeigt den Buchungsprozess als Serviceprozess unter Nutzung von ‚Buchungskunden‘ als allgemeines externes Subjekt.

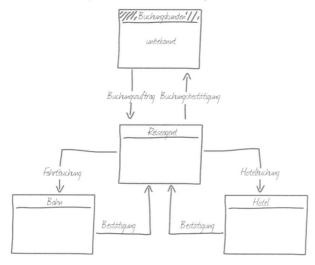

Abbildung 5.21: Buchungsprozess als Serviceprozess mit allgemeinem externem Subjekt

Dem Serviceprozess sind zum Zeitpunkt der Modellierung weder das Schnittstellensubjekt noch der dazugehörige nutzende Prozess bekannt. Deshalb muss das externe Subjekt, welches das Schnittstellensubjekt in den nutzenden Prozessen repräsentiert, mit einem formalen Namen versehen werden. Dadurch wird es möglich, die Nachrichten zu adressieren, welche von den Subjekten eines Serviceprozesses zu den nutzenden Prozessen gesendet werden. In unserem Beispiel lautet der formale Name ‚Buchungskunde'. Der Prozessname ‚unbekannt' im externen Subjekt macht deutlich, dass es sich beim betrachteten Prozess um einen Serviceprozess handelt.

5.6.4 Multiprozesse

In einem Geschäftsprozess kann es mehrere identische Teilprozesse geben, die bestimmte gleichartige Aufgaben parallel und unabhängig voneinander ausführen. So ist es bei einem Beschaffungsvorgang oft üblich, Angebote von mehreren Anbietern einzuholen. Ein Prozess oder Teilprozess wird bei der Ausführung folglich mehrfach gleichzeitig oder nacheinander durchlaufen. Eine Menge solcher gleichartiger, unabhängig voneinander ausgeführter Prozesse oder Teilprozesse bezeichnen wir als Multiprozess. Die konkrete Anzahl dieser unabhängigen Teilprozesse wird erst zur Laufzeit ermittelt.

‖Multiprozesse vereinfachen das Prozessgeschehen, in dem ein Ablauf von unterschied-‖
‖lichen Prozessen benutzt werden kann. Sie empfehlen sich bei wiederkehrenden‖
‖Strukturen und gleichartigen Abläufen.‖

Ein Beispiel für einen Multiprozess kann durch Variation des bisherigen Buchungsprozesses gezeigt werden. Der Reiseagent soll vor einer Buchung gleichzeitig bis zu fünf Angebote einholen. Sobald drei Angebote eingetroffen sind, wird eines ausgewählt und ein Zimmer gebucht. Der Prozess der Angebotseinholung bei den Hotels ist immer gleich und wird deshalb als Multiprozess modelliert.

Dadurch ändert sich die Darstellung zunächst auf der abstrakteren Ebene des Prozessnetzwerkdiagramms wie in Abbildung 5.22 gezeigt, wobei die Hinterlegung ausdrückt, dass es sich beim Hotelangebots- und -buchungsprozess um einen Multiprozess handelt.

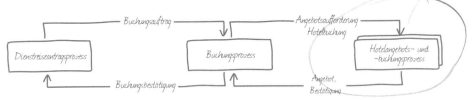

Abbildung 5.22: Prozessnetzwerkdiagramm ‚Dienstreiseantrag mit Hotelauswahl'

Auf der nächsten Detaillierungsstufe, dem Subjektinteraktionsdiagramm, zeigt das hinterlegte Symbol für das Schnittstellensubjekt ‚Hotel', dass dieses einem Multiprozess angehört (vgl. Abbildung 5.23). Jedes Mal, wenn das Subjekt ‚Reiseagent' die Nachricht ‚Angebotsaufforderung' an das Subjekt ‚Hotel' aus dem Multiprozess ‚Hotelangebots und -buchungsprozess' sendet, wird eine neue Kopie dieses Prozesses erzeugt. Jede Kopie entspricht einem angefragten Hotel.

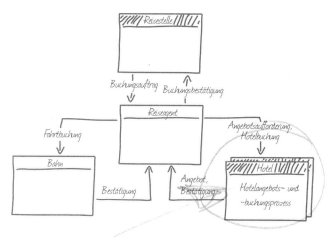

Abbildung 5.23: Subjektinteraktionsdiagramm für den ‚Buchungsprozess‘ mit ‚Hotelangebots und -buchungsprozess‘ als Multiprozess

Der Hotelangebots- und -buchungsprozess enthält nur das Subjekt ‚Hotel‘, welches mit dem externen Subjekt ‚Reiseagent‘ im Buchungsprozess kommuniziert (vgl. Abbildung 5.24).

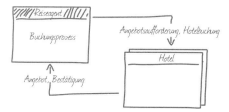

Abbildung 5.24: Subjektinteraktionsdiagramm für den Hotelangebots- und -buchungsprozess

Multiprozesse werden in gleicher Weise beschrieben wie normale Prozesse eines Prozessnetzwerks. Eine Ergänzung ist erforderlich für das beauftragende Subjekt, das mit einem Subjekt aus einem Multiprozess kommuniziert. Es muss wissen, wie viele und welche Kopien es von einem Multiprozess erzeugt hat. Daher werden bei der Beschreibung seines Verhaltens die einzelnen Kopien wie Elemente eines Feldes indiziert, um die betreffende Prozesskopie bei Zustandsübergängen identifizieren zu können. Möchte etwa ein Subjekt mit einem Subjekt einer bestimmten Prozesskopie aus dem Multiprozessfeld kommunizieren, gibt es bei der entsprechenden Sende- bzw. Empfangsaktion den Index des jeweiligen Prozessexemplars an. In unserem Beispiel wird in der Aktion ‚Hotel auswählen‘ der Index für das beste Angebot in der Variablen ‚ausgewählt‘ gespeichert. Darüber kann mit dem betreffenden Hotel kommuniziert werden.

Abbildung 5.25 zeigt diesen Sachverhalt mit den Zustandsübergängen [an: Hotel Angebotsaufforderung [5]] und [von: Hotel Angebot [3]]. Damit wird ausgedrückt, dass von fünf Hotels Angebote einzuholen sind, und dass ausgewählt und gebucht wird, sobald drei Angebote eingegangen sind.

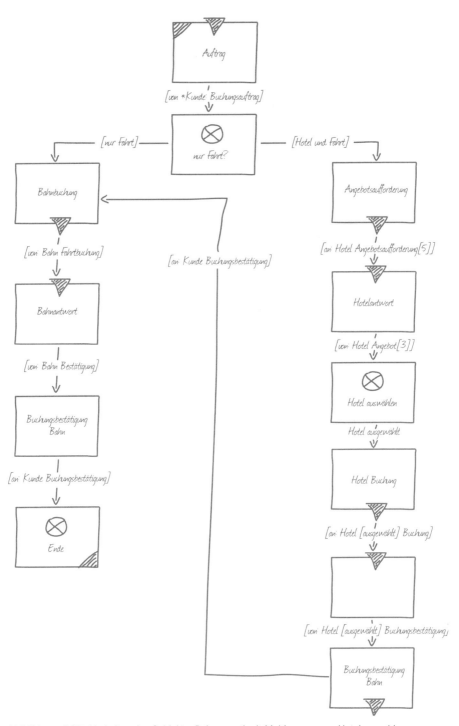

Abbildung 5.25: Verhalten des Subjekts ,Reiseagent' mit Multiprozess zur Hotelauswahl

5.6.5 Komplexe Prozessnetzwerktopologien

Bisher wurden vorwiegend Prozessnetzwerke mit zwei oder drei Prozessen betrachtet und es wurde gezeigt, welche Methoden es zur Verknüpfung gibt. Es ist jedoch möglich, die Netzwerke mit beliebiger Komplexität auszubauen und hierarchisch zu strukturieren. Die hierarchische Strukturierung ist keine Erweiterung der Darstellungsmittel, sondern eine strukturierte Anwendung der bereits gezeigten Möglichkeiten, Prozesse zu verknüpfen. Prozessverknüpfungen in komplexen Prozessnetztopologien können vertikaler und horizontaler Natur sein und lassen sich mit „vertikalen" und „horizontalen" Subjekten aufbauen.

Wie dies aussehen kann, soll zunächst am Beispiel des Prozesses ‚Dienstreiseantrag' gezeigt werden. Er sei in ein umfassenderes Prozessnetzwerk ‚Kundenbetreuung' eingebettet. Darin werden durch den Prozess ‚Serviceabwicklung' Kundenmeldungen entgegengenommen und bearbeitet. In manchen Fällen ist zur Bearbeitung des Kundenanliegens ein Kundenbesuch durch einen Servicemitarbeiter notwendig. Dazu wird durch den Versand der Nachricht ‚Serviceauftrag' der Prozess ‚Dienstreiseantrag' angestoßen. Die Abbildung 5.26 zeigt dieses Prozessnetzwerk.

Abbildung 5.26: Prozesse im Prozessnetzwerk ‚Kundenbetreuung'

Nachrichten werden gemäß der Methodik nicht zwischen Prozessen, sondern immer zwischen Subjekten in Prozessen ausgetauscht. Dies führt im Beispiel zu einer Verfeinerung, bei der das Subjekt ‚Service Desk' aus dem Prozess ‚Serviceabwicklung' die Nachricht ‚Serviceauftrag' an das Subjekt ‚Mitarbeiter' im Prozess ‚Dienstreiseantrag' sendet (vgl. Abbildung 5.27). Beide Subjekte sind jeweils aus Sicht des anderen Prozesses externe Subjekte und nicht am Verhalten ihres jeweiligen Kommunikationspartners im anderen Prozess interessiert. Weitere in beiden Prozessen vorkommende Subjekte wie der Vorgesetzte im Dienstreiseantragsprozess oder ein Service Dispatcher im Serviceabwicklungsprozess bleiben folglich auf dieser Ebene ausgeblendet. Diese Subjekte sind aus der Perspektive des jeweils anderen Prozesses nicht sichtbar.

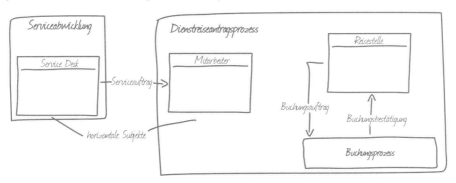

Abbildung 5.27: Verknüpfung von Prozessen in Prozessnetzwerken über Schnittstellensubjekte

Im Prozess ‚Dienstreiseantrag' sendet das Subjekt ‚Reisestelle' die Nachricht ‚Buchungs-auftrag' dem Buchungsprozess zu und erhält die Nachricht ‚Buchungsbestätigung' zu-rück. Der Buchungsprozess ist für den Prozess ‚Serviceabwicklung' als Gesamtes nicht sichtbar, er wird also vom Prozess ‚Dienstreiseantrag' gekapselt. Damit liegt der Bu-chungsprozess eine Stufe tiefer als die Prozesse ‚Serviceabwicklung' und ‚Dienstreise-antrag', die sich auf gleicher Hierarchieebene befinden und von den Subjekten ‚Service Desk' und ‚Mitarbeiter' mit einer horizontalen Kommunikationsbeziehung verbunden werden. Solche Subjekte, die mit Subjekten in anderen Prozessen auf gleicher Ebene kommunizieren, heißen horizontale Subjekte.

Eine Verfeinerung des Buchungsprozesses durch die Einführung des Subjekts ‚Reise-agent' als Kommunikationspartner der Reisestelle führt zu dem in Abbildung 5.28 dar-gestellten Bild. Wegen ihrer vertikalen Kommunikationsbeziehung werden Reisestelle und Reiseagent als vertikale Subjekte bezeichnet. So werden allgemein die Subjekte ei-nes Prozesses genannt, welche mit Subjekten in untergeordneten oder übergeordneten Prozessen kommunizieren.

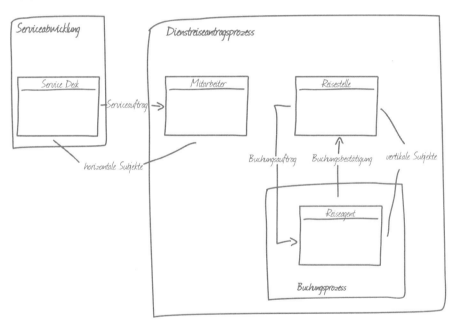

Abbildung 5.28: Externe Subjekte in mehrstufigen hierarchischen Prozessnetzwerken

Das Beispiel zeigt, dass für die Struktur eines Prozessnetzwerks nur die Subjekte we-sentlich sind, die mit Subjekten in anderen Prozessen kommunizieren. Schnittstellen-subjekte definieren also die Beziehung zwischen Prozessen und damit das Prozessnetz-werk. Aus Sicht der Subjekte eines bestimmten Prozesses im Netzwerk ist es unerheblich, ob die von ihnen wahrgenommenen externen Subjekte in Kommunikationsbeziehungen mit anderen Subjekten ihres Prozesses eingebunden sind oder nicht. Dies macht auch die Abbildung 5.29 deutlich.

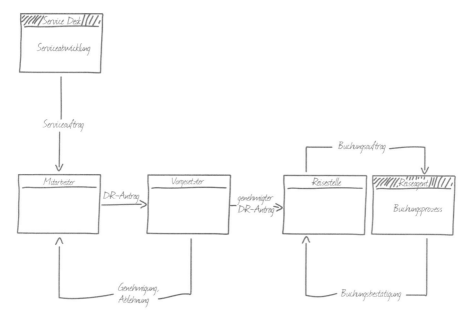

Abbildung 5.29: Dienstreiseantragsprozess mit den zugehörigen externen Subjekten

Die bisher vorgestellten Konzepte für den Aufbau hierarchischer Prozessnetzwerke werden nun an einem komplexeren, allerdings abstrakten Beispiel detailliert erläutert. Abbildung 5.30 zeigt hierzu ein Prozessnetzwerk aus den drei Prozessen A, B und C, bei denen es sich selbst wieder um Prozessnetzwerke handelt.

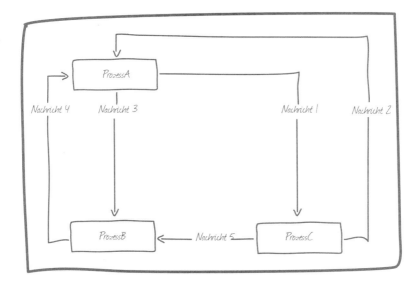

Abbildung 5.30: Beispiel eines komplexen Prozessnetzwerkes

Das in Abbildung 5.31 sichtbare Prozessnetzwerk ‚ProzessA' besteht aus den Prozessen ‚A1' und ‚A2' und den externen Subjekten (Schnittstellensubjekten) ‚SA1' bis ‚SA4'. Die Subjekte ‚SA3' und ‚SA4' repräsentieren den ‚ProzessA' gegenüber ‚ProzessB' und ‚ProzessC' während ‚SA1' und ‚SA2' mit ‚ProzessA1' bzw. ‚ProzessA2' kommunizieren.

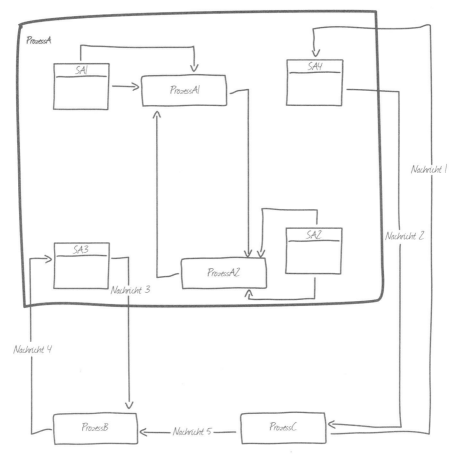

Abbildung 5.31: Innere Struktur einer Hierarchiestufe eines komplexen Prozessnetzwerks

Neben den Schnittstellensubjekten kann der Prozess ‚ProzessA' noch weitere Subjekte enthalten, die intern interagieren, aber gegenüber anderen Prozessen nicht in Erscheinung treten und deshalb ausgeblendet sind. Die Abbildung 5.32 verfeinert das Subjektinteraktionsdiagramm von Prozess ‚ProzessA'. Statt der Partnerprozesse ‚B' und ‚C' sind die dazugehörigen externen Subjekte ‚SB1' und ‚SC1' enthalten. Die nur in ‚ProzessA' sichtbaren Prozesse ‚A1' und ‚A2' werden durch die externen Subjekte ‚SA11' und ‚SA21' repräsentiert. Der Zusammenhang zwischen den Prozessen ‚ProzessA1' und ‚ProzessA2' ist für die Subjekte in ‚ProzessA' nicht von Bedeutung und befindet sich deshalb nicht in Abbildung 5.32. Aus Übersichtlichkeitsgründen wurden in Abbildung 5.32 ebenso wie in den weiteren Grafiken die zwischen den Subjekten ausgetauschten Nachrichten lediglich durch Pfeile, aber ohne Beschriftung dargestellt.

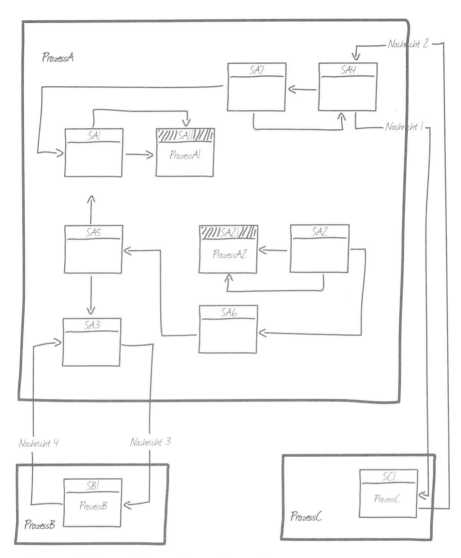

Abbildung 5.32: Kommunikationsstruktur von ‚ProzessA'

Betrachten wir nun die Kommunikationsstrukturen der Prozesse ‚A1' und ‚A2' näher, ergibt sich die Übersicht in Abbildung 5.33. Auf der linken Seite sehen wir für ‚A1', dass sein Partnerprozess ‚A' durch das Schnittstellensubjekt ‚SA1' (vertikale Beziehung) und sein Partnerprozess ‚A2' durch das Schnittstellensubjekt ‚SA23' (vertikale Beziehung) repräsentiert wird. Entsprechend gilt auf der rechten Seite für den Prozess ‚A2', dass die Schnittstellensubjekte ‚SA2' und ‚SA23' die Verbindung zu seinen Partnerprozessen ‚A' (vertikale Beziehung) und ‚A1' (vertikale Beziehung) herstellen.

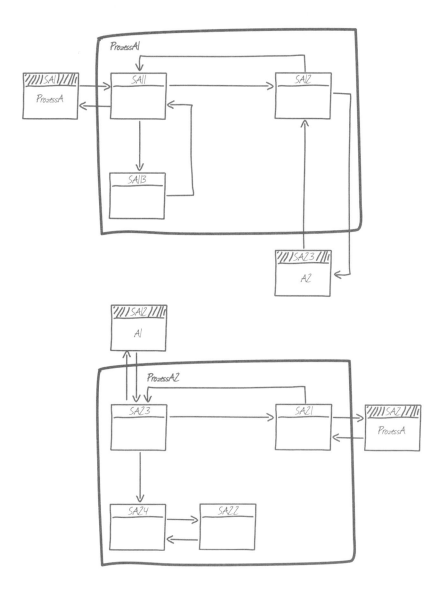

Abbildung 5.33: Kommunikationsstruktur der Prozesse ‚A1' und ‚A2'

Nachdem jetzt einzelne Ausschnitte des Prozessnetzes behandelt wurden, zeigt Abbildung 5.34 die Hierarchie des komplexen Prozesssystems. Sie enthält nur diejenigen Subjekte, welche mit Subjekten aus anderen Prozessen kommunizieren, also in diesen Prozessen als Schnittstellensubjekte gesehen werden.

So kommuniziert Prozess ‚A' über die jeweils horizontalen Subjekte ‚SA3' und ‚SB1' mit Prozess ‚B' bzw. über ‚SA4' und ‚SC1' mit Prozess ‚C'. Die Prozesse ‚ProzessA1' und ‚ProzessA2' sind ‚ProzessA' untergeordnet. Subjekte in diesen Prozessen sind deshalb nur von Prozessen in ‚ProzessA' aus erreichbar, etwa über die Verbindungen der vertikalen Subjekte ‚SA1' und ‚SA11' bzw. ‚SA2' und ‚SA21'.

Abbildung 5.34 zeigt die externen Subjekte von ‚ProzessA'.

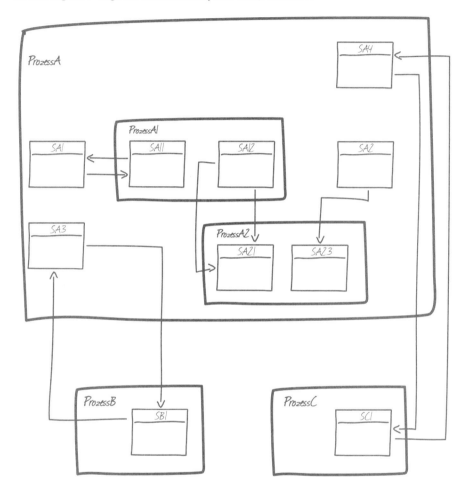

Abbildung 5.34: Externe Subjekte im ‚ProzessA'

Analog der Hierarchisierung von ‚ProzessA' können auch die Prozesse ‚ProzessB' und ‚ProzessC' weiter zerlegt werden. Abbildung 5.35 zeigt die in den Prozessen ‚ProzessB' und ‚ProzessC' eingebetteten Prozesse und die zugehörigen horizontalen und vertikalen Subjekte. ‚ProzessA' ist hier wieder auf seine externen Subjekte aus Sicht der Prozesse ‚B' und ‚C' reduziert.

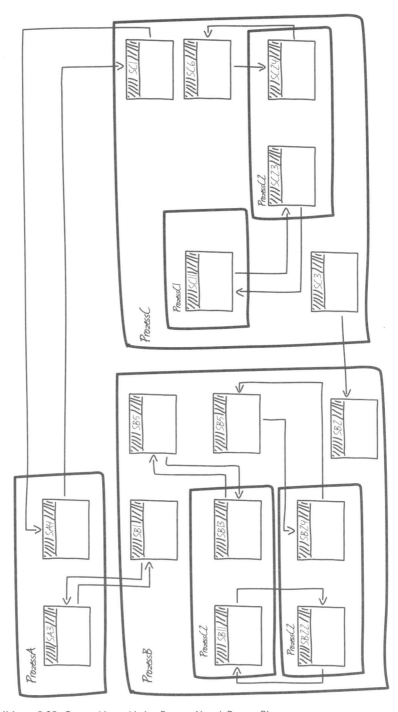

Abbildung 5.35: Prozesshierarchie im ‚ProzessA' und ‚ProzessB'

Die vorangegangenen Ausführungen haben sich mit Möglichkeiten befasst, ein komplexes Prozesssystem in Teilausschnitten möglichst effizient zu strukturieren. Kombinieren wir die Abbildungen 5.30 und 5.31, so entsteht die Kommunikationsstruktur des komplexen Prozesssystems mit allen horizontalen und vertikalen Subjekten. Zusätzlich wären in der vollständigen Darstellung auch noch alle internen Subjekte enthalten, die von Subjekten aus anderen Prozessen nicht gesehen werden und deshalb ausgeblendet wurden.

Eine solche vollständig aufgelöste Struktur ist in der Regel sehr unübersichtlich. Für die kompakte Übersicht über ein komplexes hierarchisches Prozessnetzwerk führen wir deshalb das Prozesshierarchiediagramm (PHD) ein. Es verdichtet die Darstellung auf die hierarchischen und kommunikativen Beziehungen zwischen den Prozessen. Abbildung 5.36 zeigt das Prozesshierarchiediagramm für das verwendete Beispiel.

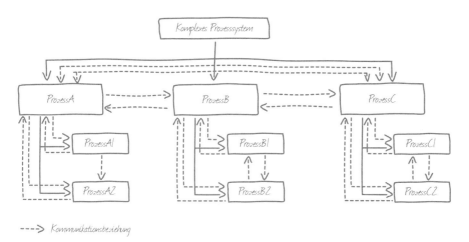

Abbildung 5.36: Prozesshierarchiediagramm

Wir betrachten nun Subjekte von Prozessen, die in einem Prozessnetzwerk eingebettet sind. Diese können nur indirekt mit den anderen Subjekten des Subjektnetzwerkes kommunizieren. Wie aus dem Prozesshierarchiediagramm in der Abbildung ersichtlich, kann ein Subjekt im ‚ProzessB1' nur über ein Subjekt im ‚ProzessB' und ‚ProzessC' mit einem Subjekt ‚Cl' kommunizieren.

5.6.6 Geschäftsobjekte in Prozessnetzwerken

Wie wirken sich die hierarchischen Zusammenhänge von Prozessen auf die gemeinsame Eigentümerschaft (gemeinsame Zugriffsrechte) von Subjekten an Geschäftsobjekten aus? Im Kontext hierarchischer Prozessnetzwerke lässt sich zum Verständnis ein Shared Business Objects wie folgt ergänzen:

- Gemeinsame Eigentümerschaft aller Subjekte einer bestimmten Hierarchieebene
  Alle Subjekte, die innerhalb eines bestimmten Prozessnetzwerks auf einer bestimmten Hierarchiestufe liegen, können bei Vorliegen von Sichten mit passenden Zugriffsrechten lesend und/oder schreibend auf das betreffende Geschäftsobjekt zugreifen.
  Subjekten in darüber- oder darunterliegenden Hierarchiestufen ist dies nicht möglich.
  In Abbildung 5.37 ist ‚G0-1‘ ein solches Geschäftsobjekt, welches in der gemeinsamen
  Eigentümerschaft der Subjekte ‚SC1‘, ‚SC3‘ und ‚SC6‘ sowie aller weiteren Subjekte
  auf dieser Ebene liegt. Letztere tauchen in der Grafik nicht auf, da sie keine Schnittstellensubjekte sind.

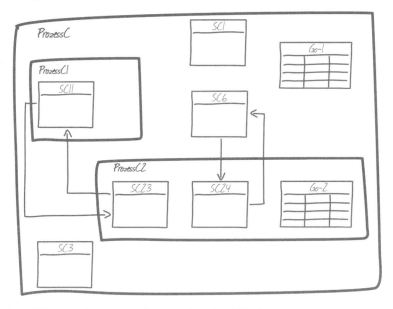

Abbildung 5.37: Gemeinsame Eigentümerschaft an Geschäftsobjekten in Prozessnetzwerken

- Gemeinsame Eigentümerschaft aller Subjekte ab einer bestimmten Hierarchieebene
  abwärts
  In diesem Fall sind zusätzlich alle Subjekte in den Prozessen ‚ProzessC1‘ und ‚ProzessC2‘
  gemeinsame Eigentümer des Geschäftsobjekts ‚G0-1‘ in Abbildung 5.37.
- Gemeinsame Eigentümerschaft aller Subjekte ab einer bestimmten Hierarchieebene
  aufwärts
  Bei einer solchen Definition befindet sich das Geschäftsobjekt ‚G0-2‘ in Abbildung
  5.37 in gemeinsamer Eigentümerschaft aller Subjekte im Prozess ‚ProzessC2‘ sowie
  aller Subjekte im übergeordneten Prozess.
- Gemeinsame Eigentümerschaft aller Subjekte im gesamten hierarchischen Prozessnetzwerk
  Auf ein so definiertes Geschäftsobjekt können alle Subjekte im hierarchischen Prozessnetzwerk gemäß ihren Sichten zugreifen.

Verständlichkeit kann durch den Leitsatz „So einfach wie möglich, aber so kompliziert wie nötig" bei der Modellierung erreicht werden. Prozessnetzwerke können hierarchische Strukturen mit sich bringen. Diese erleichtern das „Durchsteigen" durch die Einführung von Verallgemeinerung und Verfeinerung.

5.6.7 Reduktion auf beobachtbares Verhalten

Ebenso ,einfach wie möglich" lässt sich Verhalten oft auf das im Netz beobachtbare reduzieren.

Die bisher behandelten Darstellungsvereinfachungen über horizontale Prozessnetzwerke beziehen sich auf die Interaktionsstruktur. Darüber hinaus sind auch auf der Ebene des Subjektverhaltens Darstellungen notwendig, um das von außen sichtbare Verhalten eines Schnittstellensubjekts abzuleiten. Wir machen uns hierzu die Überlegung zunutze, dass Subjekte, die in Prozessnetzwerken miteinander kommunizieren und verschiedenen Prozessen angehören, nicht am internen Verhalten des Partnersubjekts interessiert sind.

Das Aktionsverhalten des externen Kommunikationspartners und seine Interaktionen mit anderen Subjekten in seinem Heimatprozess sind im Regelfall nicht relevant für Subjekte in verknüpften Prozessen. Einem Subjekt ist lediglich das ihm selbst gegenüber gezeigte Kommunikationsverhalten des Partners im anderen Prozess wichtig. Deshalb kann das Partnerverhalten bei der Modellierung darauf reduziert werden. Dies geschieht zunächst, indem alle diejenigen Sende- und Empfangszustände des Kommunikationspartners, mit denen dieser lediglich mit seinen prozessinternen Subjekten interagiert, durch sogenannte pseudointerne Funktionen ersetzt werden. Dadurch wird im Verhalten des Partnersubjekts jenes Kommunikationsverhalten ausgeblendet, welches den Prozesspartner nicht selbst betrifft. In einem zweiten Schritt können durch die in Abschnitt 5.5.6 vorgestellte Verhaltensnormalisierung auch Teile des Aktionsverhaltens für das Partnersubjekt ausgeblendet werden. Das auf diese Weise reduzierte, von außen beobachtbare Verhalten eines Subjekts stellt letztlich die Schnittstellenbeschreibung eines Prozesses gegenüber dem Partnerprozess dar.

Unter einer Verhaltensreduktion verstehen wir folglich eine Beschränkung des Verhaltens eines Subjekts auf die Aspekte, wie sie von einem Subjekt in einem verknüpften Prozess erkennbar sein müssen.

Im Beispiel ist es für das Schnittstellensubjekt ,Reiseagent' unerheblich, dass die Reisestelle innerhalb ihres Teilprozesses ,Dienstreiseantrag' mit dem Vorgesetzten des Antragstellers kommuniziert. Den Reiseagenten interessiert nur das auf ihn bezogene Kommunikationsverhalten der Reisestelle, also die Tatsache, dass diese ihm den Buchungsauftrag erteilt. Das ursprüngliche, im linken Teil der Abbildung 5.38 dargestellte Verhalten der Reisestelle lässt sich demnach also aus Sicht des Reiseagenten auf das im ganz rechten Teil sichtbare Verhalten reduzieren.

Im ersten Schritt ersetzen wir den Empfangszustand ‚DR-Anfrage' durch die pseudo-interne Funktion ‚DR-Anfrage'. Das Ergebnis ist in der mittleren Verhaltensbeschreibung zu sehen. Diese kann anschließend durch Normalisierung weiter vereinfacht werden, indem die beiden internen Zustände ‚DR-Anfrage' und ‚DR-Antrag vermerken' zur Funktion ‚irgendwas' zusammengefasst werden. Es ergibt sich die rechte Beschreibung, welche das Schnittstellenverhalten des Prozesses ‚Dienstreiseantrag' gegenüber dem Subjekt ‚Reiseagent' im Buchungsprozess repräsentiert.

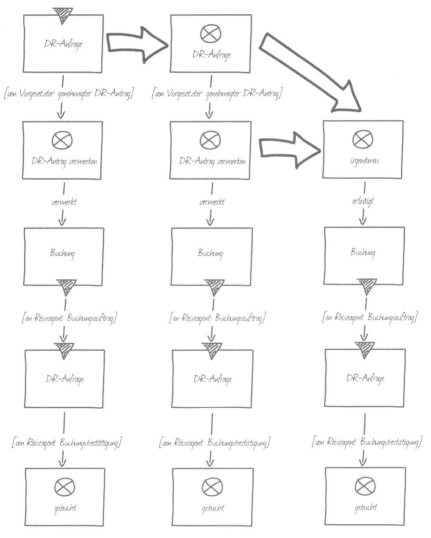

Abbildung 5.38: Ableiten des Schnittstellenverhaltens des Prozesses ‚Dienstreiseantrag' gegenüber dem externen Subjekt ‚Reiseagent' aus dem Verhalten des Subjekts ‚Reisestelle'

■ 5.7 Erweiterungskonstrukte für das Subjektverhalten

5.7.1 To Go

Mit den Strukturierungskonzepten von großen Prozessstrukturen, das klappt ja ganz gut, aber wir haben Probleme mit der Beschreibung von komplexen Subjektverhalten.

Was meinst Du damit? Kannst Du das konkretisieren

Ja, z. B. wenn immer wieder das gleiche Verhaltensmuster vorkommt – Das haben wir bei Genehmigungen, oder auch wenn Nachrichten so komplett außer der Reihe eintreffen, wie das bei Stornierungen der Fall ist. Grundsätzlich kann das schon mit den vorhandenen Konstrukten beschrieben werden, aber es ist umständlich und wirkt auch nicht sehr transparent.

Ja da gibt es Möglichkeiten. Man kann für gleichartiges Verhalten Makros verwenden, Mit Hilfe der Ausnahmebehandlung kann gut auf wichtige Nachrichten reagiert werden.

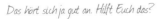

Das hört sich ja gut an. Hilft Euch das?

Ja da gibt es Möglichkeiten. Man kann für gleichartiges Verhalten Makros verwenden. Mit Hilfe der Ausnahmebehandlung kann gut auf wichtige Nachrichten reagiert werden.

5.7.2 Verhaltensmakros

Es kommt häufig vor, dass ein bestimmtes Verhaltensmuster innerhalb eines Subjekts wiederholt auftritt. Das geschieht genau dann, wenn in verschiedenen Prozessabschnitten identische Aktionen erforderlich sind. Stehen nur die Grundkonstrukte zur Verfügung, muss das Subjektverhalten mehrfach beschrieben werden.

Stattdessen kann dieses Verhalten als sogenanntes Verhaltensmakro definiert werden. Ein solches Makro kann beliebig oft an unterschiedlichen Stellen eines Subjektverhaltens eingebunden werden. Damit lassen sich verschiedene Verhaltensvarianten zusammenfassen und lässt sich das Gesamtverhalten deutlich vereinfachen.

Das knappe Beispiel des Dienstreiseantrags bildet hier kein geeignetes Szenario zur Verdeutlichung des Nutzens von Makros. Stattdessen verwenden wir ein Beispiel zur Auftragsabwicklung. Abbildung 5.39 enthält ein Makro für das Verhalten zur Abwicklung von Kundenaufträgen. Nach der Bestellung (Best.) erhält der Kunde eine Auftragsbestätigung, die Auslieferung (Ausl.) erfolgt und der Lieferstatus wird geändert.

Wie beim Subjekt müssen auch die Anfangs- und Endezustände eines Makros gekennzeichnet werden. Für die Anfangszustände geschieht dies, analog den Subjekten, durch schwarze Dreiecke links oben im jeweiligen Zustandskästchen. In unserem Beispiel sind mit ‚Best.' und ‚Ausl.' zwei Zustände entsprechend gekennzeichnet. Dies bedeutet allgemein, dass von einem Verhalten aus an unterschiedliche Startpunkte innerhalb des Makros springen kamm.

Das Ende eines Makros wird durch graue Balken dargestellt, welche Nachfolgezustände des übergeordneten Verhaltens repräsentieren. Diese sind im Rahmen der Makrodefinition nicht bekannt.

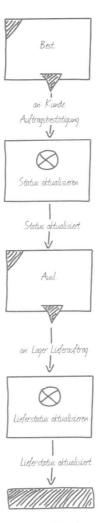

Abbildung 5.39: Verhaltensmakro ‚Auftragsabwicklung‘

Die Abbildung 5.40 zeigt ein Subjektverhalten, in welchem der Modellierer das Makro mit dem Namen ‚Auftragsabwicklung‘ benutzt, um sowohl einen normalen Auftrag mit vorheriger Bestellung als auch einen Abrufauftrag zu modellieren.

Das Symbol für ein Makro ist eine kleine Tabelle, welche in der ersten Zeile mehrere Spalten für unterschiedliche Anfangszustände des Makros enthalten kann. Der im konkreten Fall gültige Anfangszustand ist an der eingehenden Kante des Zustandsübergangs vom rufenden Verhalten erkennbar. Die mittlere Tabellenzeile enthält den Makronamen, ehe in der dritten Zeile wieder mehrere Spalten mit möglichen Ausgangstransitionen angegeben sein können, welche in Zuständen des umgebenden Verhaltens enden.

Der linke Ast der Verhaltensdarstellung bezieht sich auf normale Kundenaufträge. Das eingebundene Makro wird deshalb mit dem Status ‚Best.' (Bestellung) begonnen, indem die Kante der Transition ‚Auftrag angenommen' mit diesem Anfangszustand verbunden wird. Entsprechend wird das Makro über die Transition ‚Lieferstatus aktualisiert' verlassen.

Bei der rechten Einbettung geht es um Abrufaufträge etwa aufgrund von Rahmenverträgen. Das Makro startet deshalb im Status ‚Ausl.' (Auslieferung). Auch in diesem Fall endet es mit der Transition ‚Lieferstatus aktualisiert'.

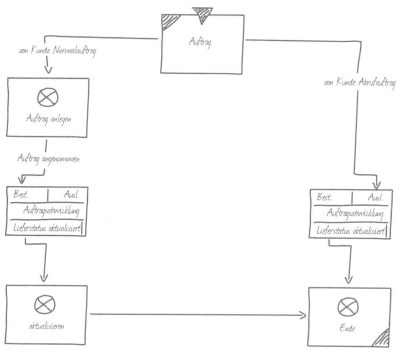

Abbildung 5.40: Subjektverhalten für Auftragsabwicklung mit Makroeinbindung

Gleichartiges Subjektverhalten kann zu Makros zusammengefasst werden. Bei ihrer Festlegung wird das Umfeld zunächst ausgeblendet, da es zur Modellierungszeit nicht bekannt ist.

5.7.3 Verhaltensmakroklassen

Mit den in Abschnitt 5.7.2 vorgestellten Verhaltensmakros ist es möglich, die Beschreibung gleichartiger Verhaltenssequenzen innerhalb eines Subjekts mehrfach zu nutzen. Es gibt aber auch die Situation, dass gleiche Verhaltenssequenzen in mehreren Subjekten gebraucht werden. Damit dieses Verhalten nicht mehrfach modelliert werden muss, werden sogenannte Verhaltensmakroklassen eingeführt. Dabei handelt es sich um Verhaltensbeschreibungen, die mehrfach in verschiedene Subjekte eingebunden werden können.

Bei der Definition einer Verhaltensmakroklasse sind die Subjekte, mit denen kommuniziert wird, nicht bekannt. Hierfür werden formale Subjektnamen verwendet. Diese repräsentieren Subjekte, mit denen innerhalb des Makros kommuniziert werden soll. Bei der Einbettung in ein Subjekt werden die formalen Subjektnamen für die anderen Sende- und Empfangsoperationen durch die Namen der Subjekte ersetzt, mit denen das aufrufende Subjekt entsprechend dem Makro kommuniziert.

Ein Beispiel für die Anwendung einer Verhaltensmakroklasse bei der Modellierung ist ein generisches Genehmigungsverfahren. Dieses läuft gleichartig ab, unabhängig davon, um welches konkrete Anliegen (Dienstreiseantrag, Urlaubsantrag etc.) es sich handelt. In Abbildung 5.41 ist die Verhaltensmakroklasse für das angesprochene Genehmigungsverfahren zu sehen. Der formale Subjektname ‚Genehmiger‘, der zur Laufzeit das konkrete Subjekt enthält, welches die Anfrage prüfen soll, ist zur Kennzeichnung in spitze Klammern gesetzt.

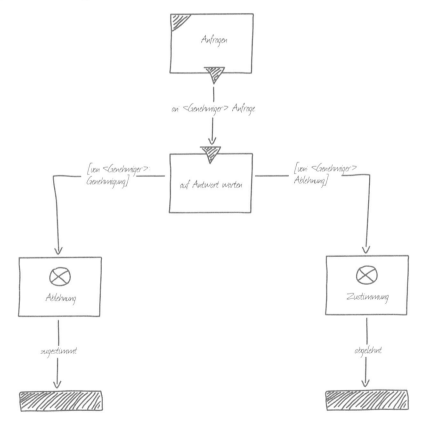

Abbildung 5.41: Verhaltensmakroklasse ‚Genehmigungsanfrage‘

Abbildung 5.42 gibt am Beispiel der ‚Genehmigungsanfrage' Aufschluss über die Art
und Weise, wie ein Makro einer Verhaltensmakroklasse in ein Subjektverhalten eingebunden werden kann. Der formale Subjektname ‚<Genehmiger>' wird zur Laufzeit
durch den Subjektnamen ‚Vorgesetzter' ersetzt.

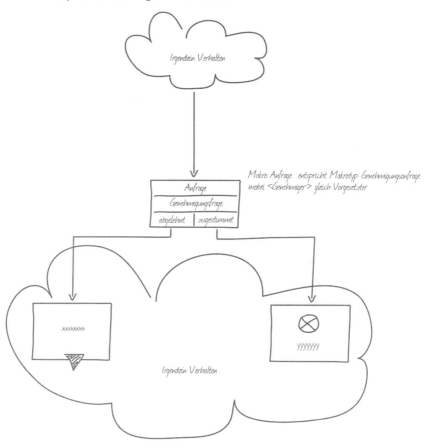

Abbildung 5.42: Verwendung einer Verhaltensmakroklasse

Verhaltensmakroklassen verbessern die Verwaltung von Prozessen. Soll beispielsweise
das Genehmigungsverfahren grundsätzlich geändert werden, so reicht es, die Definition
der Makroklasse anzupassen. Damit haben alle Prozesse, die diese Makroklasse verwenden, ein entsprechend angepasstes Verhalten. Allerdings ist darauf zu achten, dass
die Kommunikationspartner eines Subjekts mit geänderter Makroklasse zu diesem mo-
difizierten Verhalten kompatibel sind.

》》Makroklassen verallgemeinern Subjektverhalten und schreiben so Konventionen fest.》》

5.7.4 Subjektklassen

In Prozessen gibt es manchmal Subjekte, die ein gleiches Verhalten haben. Damit diese Subjekte nicht mehrfach beschrieben werden müssen, können Subjektklassen definiert werden.

Eine Subjektklasse ist ein abstraktes Subjekt, das zur Prozesslaufzeit mit einem bestimmten Subjektnamen belegt wird.

Wie bei den Verhaltensmakroklassen sind zum Zeitpunkt der Modellierung einer Subjektklasse die beteiligten Subjekte noch nicht bekannt, da diese von dem jeweiligen Prozess abhängen. Deshalb werden auch hier sogenannte formale Subjektnamen für Sende- und Empfangsaktionen verwendet.

Als Beispiel lässt sich wieder das Genehmigungsverfahren anführen. Ein Subjekt kann in vielen unterschiedlichen Kontexten als genehmigende Instanz (,Genehmiger') fungieren. Beispiele sind Dienstreise- oder Urlaubsanträge, Kauf eines PC etc. Das Verhalten läuft häufig nach dem in Abbildung 5.43 dargestellten Muster ab, welches deshalb als Subjektklasse ,Genehmiger' modelliert wird. Statt der prozessspezifischen Subjektbezeichner wird in der Subjektklasse bei den Sende- und Empfangszuständen der in spitze Klammern gesetzte formale Name ,Anfrager' verwendet.

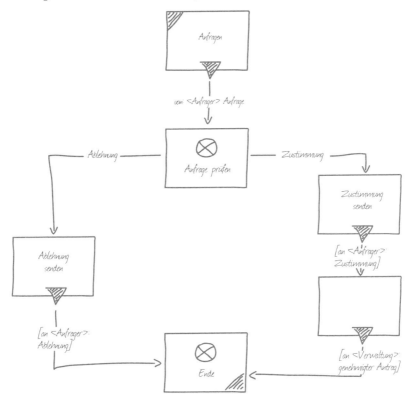

Abbildung 5.43: Beispiel für Subjektklasse: ,Genehmiger'

Die Abbildung 5.44 zeigt, wie Subjektklassen in Prozessen eingesetzt werden können. Die definierte Subjektklasse ‚Genehmiger' wird sowohl im Prozess ‚Dienstreiseantrag' als auch im Prozess ‚PC-Kauf' eingesetzt. Im Prozess ‚Dienstreiseantrag' repräsentiert sie das Subjekt ‚Vorgesetzter' und im Prozess ‚PC-Kauf' das Subjekt ‚Controller'. Der formale Subjektname ‚Anfrager' wird beim Dienstreiseantrag durch das Subjekt ‚Mitarbeiter' und beim PC-Kauf durch das Subjekt ‚Käufer' ersetzt. Der Subjektname ‚Verwaltung' wird im Prozess ‚Dienstreiseantrag' durch ‚Personal' und im Prozess ‚PC-Kauf' durch ‚Buchhaltung' ersetzt.

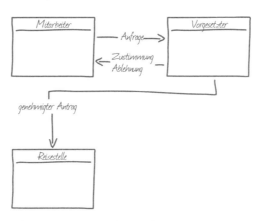

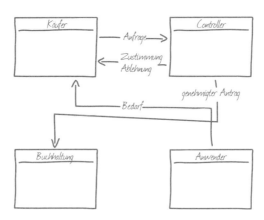

Abbildung 5.44: Verwendung von Subjektklasse ‚Genehmiger'

5.7.5 Wahlfreiheit

Bisher wurde das Verhalten von Subjekten immer als eine eindeutige Abfolge von internen Funktionen und Sende- und Empfangsaktivitäten betrachtet. In vielen Fällen ist aber die Reihenfolge der internen Abarbeitung nicht von Bedeutung.

Bestimmte Aktionsfolgen können überlappend ausgeführt werden. Wir sprechen hier von Wahlfreiheit. Dies bedeutet, dass der Modellierer keine strikte Reihenfolge der Aktivitäten vorgibt. Vielmehr kann ein Subjekt(träger) sein Verhalten zur Laufzeit in einem bestimmten Rahmen selbst organisieren.

Die Wahlfreiheit im Verhalten wird über Alternativklauseln beschrieben, welche mehrere parallele Wege skizzieren. Jeweils zu Beginn und zum Ende jeder Alternative werden Schalter eingesetzt: Ein gesetzter Schalter am Beginn bedeutet, dass dieser Alternativweg zwingend begonnen werden muss, ein gesetzter Schalter am Ende definiert, dass diese Alternative vollständig durchlaufen werden muss. Dies führt zu folgenden Alternativen:

- Anfang gesetzt/Ende gesetzt: Alternative muss bis zum Ende durchlaufen werden.
- Anfang gesetzt/Ende offen: Alternative muss begonnen, aber nicht beendet werden.
- Anfang offen/Ende gesetzt: Alternative kann durchlaufen, muss dann aber beendet werden.
- Anfang offen/Ende offen: Alternative kann durchlaufen, muss auch nicht beendet werden.

Die Ausführung einer Alternativklausel gilt als abgeschlossen, sobald alle Alternativsequenzen, die begonnen wurden und abgeschlossen sein müssen, vollständig bis zum Endeoperator der Alternativklausel durchlaufen worden sind.

Zwischen den Alternativpfaden einer Alternativklausel darf es keine Übergänge geben. Eine Alternativsequenz beginnt in ihrem Startpunkt und endet vollständig in ihrem Endpunkt.

Abbildung 5.45 zeigt ein Beispiel für die Modellierung von Alternativklauseln. Nach dem Eintreffen einer Bestellung vom Kunden können drei alternative Verhaltenssequenzen beginnen, wobei die ganz linke Sequenz mit der internen Funktion ‚Bestellung aktualisieren' und dem Senden der Nachricht ‚Bestellung ausliefern' an das Subjekt ‚Lager' in jedem Fall begonnen werden muss. Dies wird durch das ‚X' im Symbol für den Beginn von Alternativsequenzen (grauer Balken als Startpunkt für Alternativen) festgelegt. Diese Sequenz muss bis zum Ende der Alternative durchlaufen werden, da sie im Endsymbol für die Alternative mit einem ‚X' gekennzeichnet ist (grauer Balken als Endpunkt der Alternative).

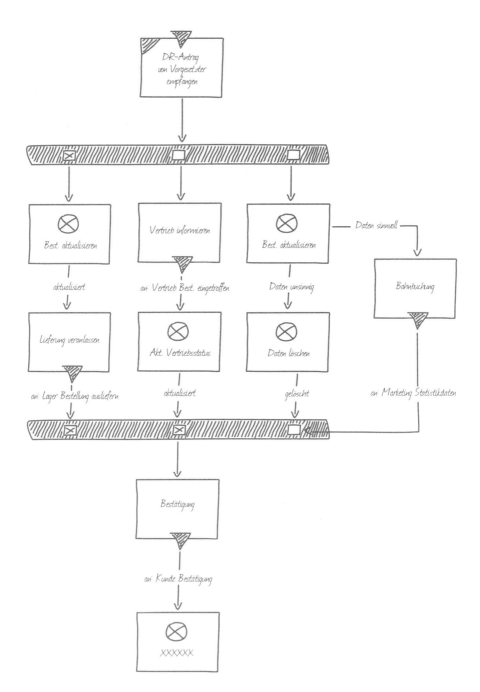

Abbildung 5.45: Beispiel für Ausführungsalternativen

Die beiden anderen Sequenzen können, müssen aber nicht begonnen werden. Wird aber die mittlere Abfolge begonnen, d. h., wird die Nachricht ‚Bestellung eingetroffen' an den Vertrieb gesendet, muss sie bis zum Ende durchlaufen werden. Dies wird durch eine entsprechende Kennzeichnung im Symbol für das Ende der Alternativen definiert (‚X' im unteren grauen Balken als Endpunkt der Alternativen). Der ganz rechte Pfad kann begonnen, muss aber nicht beendet werden.

Die einzelnen Aktionen in den Alternativpfaden einer Alternativklausel können beliebig parallel und überlappend ausgeführt werden, oder mit anderen Worten: Es kann ein Schritt in einer Alternativsequenz ausgeführt werden und danach eine Aktion in einer beliebigen anderen Folge stattfinden. Dies gibt den Ausführenden eines Subjekts die entsprechende Wahlfreiheit bei der Abarbeitung der durch den Operator geklammerten Aktionen.

Im Beispiel kann also zunächst die Bestellung aktualisiert und anschließend die Nachricht ‚Best. eingetroffen' an den Vertrieb gesendet werden. Jetzt kann entweder die Nachricht ‚Bestellung ausliefern' an das Lager gesendet oder eine der internen Funktionen ‚Akt. Vertriebsstatus' oder ‚Statistik erheben' ausgeführt werden.

Die linke Alternative muss vollständig durchlaufen und die mittlere Alternative ebenfalls abgeschlossen worden sein, falls die erste Aktion (‚Vertrieb informieren' im Beispiel) ausgeführt wird. Es kann also sein, dass nur die linke Alternative durchlaufen wird, weil die mittlere nie begonnen wurde. Alternativ kann die mittlere Sequenz bereits ihren Endpunkt erreicht haben, während die linke aber noch nicht abgeschlossen ist, sodass so lange gewartet wird, bis diese ihren Endpunkt erreicht hat. Erst dann wird der Zustand ‚Bestätigung' nach der Alternativklausel erreicht. Der rechte Zweig muss nicht begonnen und auch nicht abgeschlossen werden. Er ist also für den Abschluss des Alternativkonstrukts unerheblich.

> Mit der Wahlfreiheit wird der Handlungs- und Entscheidungsspielraum im Arbeitshandeln abbildbar – Situationsbezüge können somit ‚regel'gerecht abgebildet werden.

5.7.6 Ausnahmebehandlung

Eine Ausnahmebehandlung (auch Message Guard oder Message Control, Nachrichtenüberwachung, Nachrichtenbeobachter) ist eine Verhaltensbeschreibung für ein Subjekt, die dann relevant wird, wenn eine bestimmte Ausnahmesituation während des Subjektverhaltens eintritt. In die Ausnahmebehandlung wird gesprungen, wenn eine entsprechende Nachricht eintrifft und das Subjekt sich in einem Zustand befindet, in dem das Subjekt auf die Ausnahmebehandlung reagieren kann. Der Übergang zur Ausnahmebehandlung hat dann höchste Priorität und wird erzwungen.

Ausnahmebehandlungen sind dadurch gekennzeichnet, dass sie in einem Prozess in vielen Verhaltenszuständen von Subjekten vorkommen können. Das Eintreffen bestimmter Nachrichten, beispielsweise zum Abbruch des Prozesses, hat immer das gleiche Bearbeitungsmuster zur Folge, welches für jeden Zustand, in dem es relevant ist, modelliert werden müsste. Ausnahmebehandlungen verursachen somit einen hohen Zeichenaufwand und unübersichtliche Prozessabläufe, da von jedem betroffenen Zustand ein entsprechender Übergang ausgehen muss. Um dies zu verhindern, wird ein Konzept eingeführt, dessen Methode dem Exception Handling in Programmiersprachen bzw. dem Interrupt Handling bei Betriebssystemen ähnelt.

Um die kompakte Beschreibung von Ausnahmebehandlungen zu verdeutlichen, verwenden wir wieder den in Abschnitt 5.6.5 eingeführten Prozess der Serviceabwicklung mit dem Subjekt ‚Service Desk‘. Dieses Subjekt stellt im Rahmen der Bearbeitung eines Kundenauftrags fest, dass ein Mitarbeiter zum Kunden reisen muss, um vor Ort eine Serviceleistung zu erbringen. Das Subjekt ‚Service Desk‘ erteilt dem Mitarbeiter einen Serviceauftrag, sodass dieser einen Dienstreiseantrag stellt. Der Serviceauftrag kann bis zu seiner Erledigung prinzipiell in jedem Stadium storniert werden, was dann auch für den Dienstreiseantrag und dessen Folgeaktivitäten gilt.

Im Folgenden wird zunächst gezeigt, wie die Verhaltensmodellierung ohne das Konzept der Ausnahmebehandlungen aussieht. Die Stornierungsmeldung ist an alle betroffenen Subjekte weiterzugeben, um den Prozess zu einem definierten Ende zu führen. Abbildung 5.46 zeigt das Kommunikationsstrukturdiagramm mit den dafür hinzugefügten Stornonachrichten an die beteiligten Subjekte.

Abbildung 5.46: Kommunikationsstrukturdiagramm des Dienstreiseantragsprozesses mit Stornonachricht

Die Stornonachricht kann beim Mitarbeiter eintreffen, während er den Antrag ausfüllt oder während er auf die Genehmigungs- oder Ablehnungsnachricht vom Vorgesetzten wartet. Für das Verhalten des Subjekts ‚Mitarbeiter‘ bedeutet dies, dass im Zustand ‚Antwort vom Vorgesetzten empfangen‘ auch der mögliche Eingang der Stornonachricht und die damit verbundene Konsequenz abgebildet werden muss (vgl. Abbildung 5.47). Die Überprüfung, ob im Anschluss an das Ausfüllen des Antrags ein Storno eintrifft, geschieht durch die Modellierung eines Empfangszustands mit Time-out. Beträgt der Time-out null, befindet sich keine Stornonachricht im Input Pool und der Dienstreiseantrag wird an den Vorgesetzten gesendet. Im anderen Fall wird der Vorgesetzte über die Stornierung informiert und der Prozess ist für das Subjekt ‚Mitarbeiter‘ beendet.

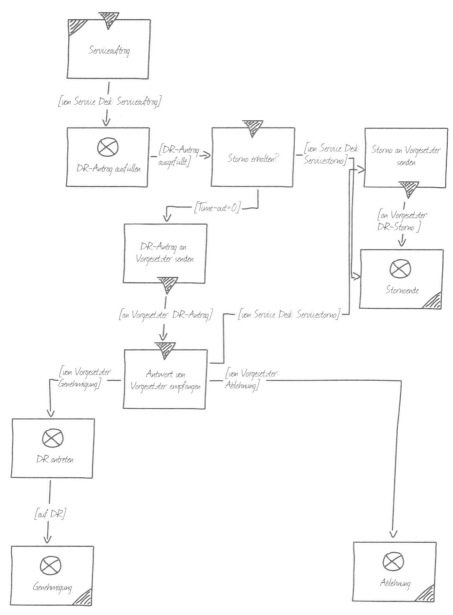

Abbildung 5.47: Behandlung der Stornonachricht mit bisherigen Beschreibungsmitteln (ohne Konzept der Ausnahmebehandlung)

Eine entsprechende Anpassung des Verhaltens muss für jedes Subjekt erfolgen, das eine Stornonachricht erhalten kann, also auch für den Vorgesetzten, die Reisestelle und das Schnittstellensubjekt ‚Reiseagent'.

Dieses relativ einfache Beispiel zeigt bereits, dass die Berücksichtigung von solchen Ausnahmenachrichten die Verhaltensbeschreibungen schnell unübersichtlich machen kann. Das Konzept der Ausnahmebehandlung soll es deshalb ermöglichen, Ergänzungen für Ausnahmen im Kontext des Standardverhaltens von Subjekten strukturiert und kompakt zu beschreiben. Wie sich dies beim Verhalten des Mitarbeiters auswirkt, ist aus Abbildung 5.48 ersichtlich.

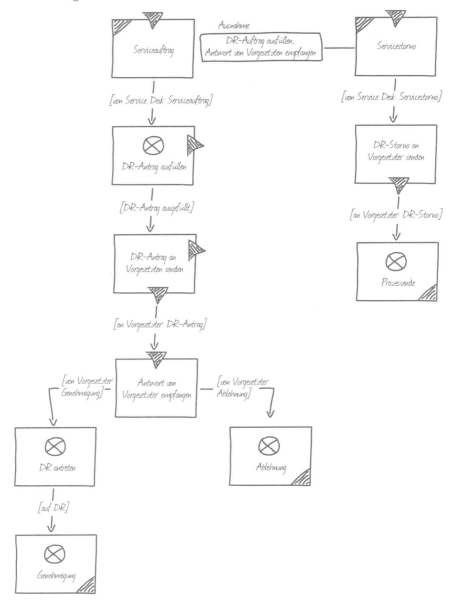

Abbildung 5.48: Verhalten des Subjekts ‚Mitarbeiter' mit Ausnahmebehandlung

Anstelle wie in Abbildung 5.47 Empfangszustände mit Time-out null und entsprechende Zustandsübergänge zu modellieren, wird die Verhaltensbeschreibung um die Ausnahmebehandlung ‚Servicestorno' ergänzt. Deren Startzustand wird mit den Zuständen beschriftet, von denen aus beim Empfang der Nachricht ‚Servicestorno' in das Ausnahmeverhalten verzweigt wird. Im Beispiel sind dies die Zustände ‚DR-Antrag ausfüllen' und ‚Antwort von Vorgesetzter empfangen'. Sie sind jeweils durch ein Dreieck an der rechten Kante des Zustandssymbols gekennzeichnet. Das Ausnahmeverhalten führt zum Beenden des Subjekts, nachdem die Nachricht ‚Servicestorno' an das Subjekt ‚Vorgesetzter' versendet wurde.

Grundsätzlich muss ein Subjektverhalten durch eine Ausnahmebehandlung aber nicht beendet werden, es kann von dort aus auch wieder in das Hauptverhalten zurückgekehrt werden. Ausnahmebehandlungen in einem Subjektverhalten können unterschiedlich ausfallen, je nachdem aus welchem Zustand heraus bzw. mit welcher Art von Nachricht (Stornierung, vorübergehendes Anhalten des Vorgangs etc.) sie aufgerufen werden. Der Startzustand einer Ausnahmebehandlung kann ein Empfangszustand oder ein Funktionszustand sein.

Nachrichten, welche wie ‚Servicestorno' in eine Ausnahmebehandlung führen, besitzen immer höhere Priorität als andere Nachrichten. Damit drücken Modellierer aus, dass bestimmte Nachrichten bevorzugt gelesen werden. Treffen beispielsweise im Input Pool des Mitarbeiters die Nachricht des Vorgesetzten mit der Genehmigung und kurz darauf die Stornonachricht ein, wird letztere zuerst gelesen. Dies führt zu den entsprechenden Abbruchkonsequenzen.

Da jetzt zwischen Subjekten zusätzlich neue Nachrichten ausgetauscht werden, kann es notwendig werden, auch die entsprechenden Bedingungen für die Input-Pool-Strukturierung anzupassen. Insbesondere sollten die Input-Pool-Bedingungen so sein, dass eine Unterbrechungsnachricht in den Input Pool abgelegt werden kann.

> Um der Organisationsdynamik gerecht zu werden, sind Ausnahmebehandlungen und Erweiterungen erforderlich. So wird nicht nur Abweichungen, sondern auch neuen Verhaltensmustern Rechnung getragen.

5.7.7 Verhaltenserweiterungen

Bei der Ausnahmebehandlung werden laufende Aktionen unterbrochen. Dies kann zu Inkonsistenzen bei der Bearbeitung von Geschäftsobjekten führen. So kann beispielsweise das Ausfüllen des Dienstreiseantrags durch das Eintreffen der Stornonachricht unterbrochen werden, und der Dienstreiseantrag ist nur halb ausgefüllt. Solche Konsequenzen werden wegen der Dringlichkeit von Stornonachrichten in Kauf genommen. In weniger dringlichen Fällen möchte der Modellierer durch eine ähnliche Vorgehensweise das Verhalten von Subjekten erweitern, ohne dass es zu Inkonsistenzen kommt. Dazu wird eine der Ausnahmebehandlung analoge Notation verwendet. Statt mit ‚Ausnahme' wird das entsprechende Diagramm mit ‚Erweiterung' beschriftet.

Verhaltenserweiterungen ergänzen ein Subjektverhalten mit Verhaltenssequenzen, die gleichermaßen aus mehreren Zuständen heraus erreicht werden.

Beispielsweise kann der Mitarbeiter selbst entscheiden, dass die Dienstreise nicht mehr notwendig ist, und seinen Reiseantrag zurückziehen. Abbildung 5.49 zeigt, dass der Mitarbeiter in den Zuständen ‚Diensreiseantrag an Vorgesetzten senden‘ und ‚Antwort von Vorgesetzter empfangen‘ seinen Dienstreiseantrag stornieren kann. Wird der Übergang ‚Dienstreiseantrag zurückziehen‘ im Zustand ‚Dienstreiseantrag an Vorgesetzten senden‘ ausgeführt, so wird in die Erweiterung ‚F1‘ gesprungen. Darin wird lediglich der Antrag verworfen. Da der Vorgesetzte noch keinen Antrag erhalten hat, muss er auch nicht informiert werden.

Entscheidet sich der Mitarbeiter erst im Zustand ‚Antwort von Mitarbeiter empfangen‘ den Dienstreiseantrag zurückzuziehen, so wird in die Erweiterung ‚F2‘ verzweigt. In dieser wird zunächst der Vorgesetzte informiert und dann der Dienstreiseantrag verworfen.

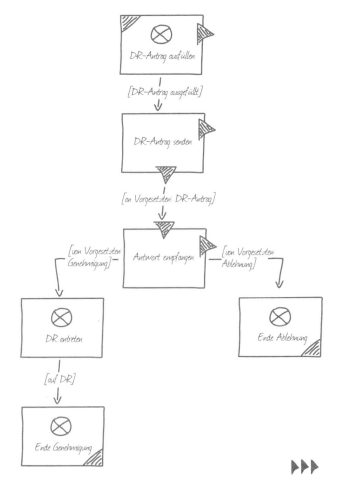

▶▶▶

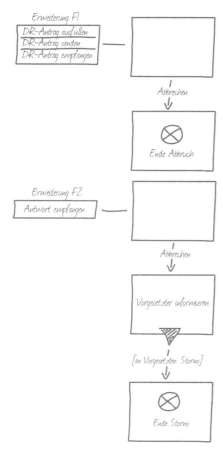

Abbildung 5.49: Subjektverhalten des Mitarbeiters mit Verhaltenserweiterungen

5.7.8 Zusatzsemantik

Häufig ist es erforderlich, im Prozess weitere Informationen abzulegen, die erläutern, welche konkreten Überlegungen in die Modellierung eingeflossen sind. Dies ist mit der sogenannten Zusatzsemantik möglich. Sie erlaubt es, zu Subjekten oder Zuständen innerhalb der Verhaltensbeschreibung Gründe für deren Existenz anzugeben.

So kann es beispielsweise aus Gründen der Compliance notwendig sein, zusätzliche Subjekte in einen Prozess aufzunehmen, zusätzliche Interaktionen zwischen Subjekten einzuführen, um bestimmten externen oder internen Vorschriften Genüge zu tun. Solche Anforderungen können beispielsweise aus Qualitätsmanagementsystemen wie ISO 9001, Umweltschutzvorschriften, Regelungen zum isnternen Kontrollsystem (IKS) wie dem Sarbanes-Oxley-Act (SOX) resultieren (vgl. Abschnitt 3.6.4). Sie verursachen in der Regel einen höheren Kommunikationsaufwand und damit oft komplexere Prozesse. Dies birgt die Gefahr, dass die zusätzlich modellierten Subjekte und Zustände einer späteren Optimierung zum Opfer fallen, weil vielleicht der Optimierer die Gründe nicht mehr kennt, weshalb bestimmte Subjekte bzw. Kommunikationsmuster eingebaut wurden. Deshalb sollten solche Subjekte und Zustände mit entsprechenden Hinweisen auf diejenigen Vorschriften versehen werden, die ihre Einführung begründen.

Abbildung 5.50 zeigt den bisherigen Dienstreiseantragsprozess mit der Ergänzung um eine interne Regelung zu internationalen Dienstreisen. Diese besagt, dass solche Reisen ab sofort von der Geschäftsleitung genehmigt werden müssen, um die Reisekosten in wirtschaftlich schwierigen Zeiten besser kontrollieren und gegebenenfalls reduzieren zu können. Im geänderten Prozess gibt es nun ein neues Subjekt ‚Geschäftsführung‘. Diesem Subjekt werden Anträge für internationale Reisen zur Prüfung vorgelegt. Es wird deshalb im Modell mit einem entsprechenden Kommentar versehen, in dem darauf hingewiesen wird, dass es wegen der Einhaltung des internen Kontrollsystems (IKS) in den Prozess eingeführt wurde.

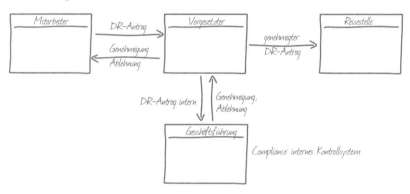

Abbildung 5.50: Geänderter Reiseantragsprozess mit Prüfung durch Geschäftsführung bei internationalen Reisen und Begründung dafür

Wegen der Einführung des Subjekts ‚Geschäftsführung‘ in den Dienstreiseantragsprozess muss auch das Verhalten des Subjekts ‚Vorgesetzter‘ angepasst werden. Dieser prüft zunächst, ob ein Antrag für eine internationale Reise vorliegt. Ist das nicht der Fall, wird wie bisher verfahren. Handelt es sich um eine internationale Reise, wird der Reiseantrag zur Prüfung an die Geschäftsführung weitergegeben. Dazu wurde der Sendezustand ‚GF anfragen‘ und der entsprechende Empfangszustand ‚GF Antwort‘ eingeführt. Beide Zustände sind mit ‚IKS-Anforderung‘ markiert. Abbildung 5.51 zeigt das geänderte Verhalten des Subjekts ‚Vorgesetzter‘.

‖ Obwohl S-BPM-Modelle systematisch aufgebaut sind (Wer ist involviert? Wer interagiert mit wem/womit? Welche Information wird zur Aufgabenerfüllung ausgetauscht?) ist es oft notwendig, Zusatzinformation anzugeben, in welcher Form ein schlüssiges Arbeitsergebnis erzielt werden kann – dann sollten Sie die S-BPM-Zusatzsemantik nutzen. ‖

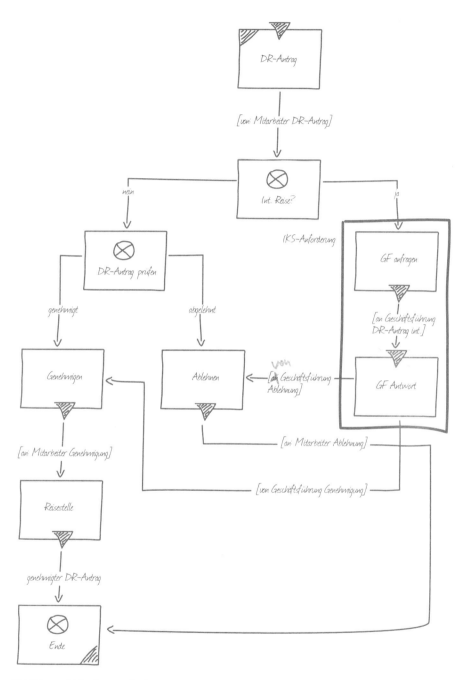

Abbildung 5.51: Kommunikation des Vorgesetzten mit der Geschäftsführung

■ 5.8 Literatur

[Fleischmann 1995]

Fleischmann, A.: Distributed Systems - Software Design and Implementation, Heidelberg 1995.

[Grässle et al. 2004]

Grässle, P.; Baumann, H.; Baumann, P.: UML 2.0 projektorientiert - Geschäftsprozessmodellierung, IT-System-Spezifikation und Systemintegration mit der UML, Bonn 2004.

6

Subjektorientiert Modellieren mit Konstruktion und Restriktion

■ 6.1 To Go

Nun habe ich im letzten Kapitel gelernt, wie ich alles Mögliche modellieren kann, aber mir graut vor dem Anfangen! Es wird eine ganze Weile dauern, bis ich etwas aufs weiße Papier bekomme.

Das ist bei der subjektorientierten Methode nicht zwingend! Es ist möglich, einen Prozess „andersherum" zu konstruieren. Beginne mit einem Prozess, wo jeder alles machen kann und wo jeder mit jedem kommuniziert. Nimm dann schrittweise das weg, was nicht gebraucht wird, bis die wesentlichen Elemente stehen bleiben.

Das klingt ja nach Striptease!

Das gefällt mir gut! Für meine Prozesse wünsche ich mir Agilität, keine Einschränkung. Meine Mitarbeiter sollen nicht gegängelt, sondern in bestimmten Bahnen geführt werden, und die sollten nur so eng wie nötig sein.

Diese Methode nennen wir Restriktion. Das schöne an der Restriktion ist, dass sie eigentlich von ihrem Wesen postmodern ist – „anything goes ...". Und dies funktioniert nur bei S-BPM. Dennoch wird in den meisten Projekten eher der klassische Weg gegangen werden – das ist auch möglich – er heißt Konstruktion.

Im vorangegangenen Kapitel wurde ausführlich auf die Modellbildung eingegangen. Hierfür steht eine Vielzahl von Konstrukten zur Verfügung. Für das Arbeiten damit gibt es zwei grundsätzliche Möglichkeiten beim Vorgehen: Modellierung durch Konstruktion und Modellierung durch Restriktion.

Die Methode der Konstruktion ist weitgehend bekannt: Ausgangspunkt ist ein Prozess, bei dem zunächst nichts klar definiert ist. Es wird mit einem „leeren Blatt Papier" begonnen und dann ein Prozessmodell aufgebaut. Die beteiligten Subjekte, ihre Aktivitäten und Geschäftsobjekte müssen Schritt für Schritt eingeführt werden. Die gängigen Modellierungsansätze wie z. B. Unified Modeling Language (UML), Business Process Modeling Notation (BPMN) oder Ereignisgesteuerte Prozessketten (EPKs) unterstützen nur Modellbildung durch Konstruktion.

Modellierung durch Restriktion funktioniert anders. Ausgangspunkt ist eine „Welt" aus Subjekten, die zunächst alles tun können und die in der Lage sind, mit allen anderen Subjekten zu kommunizieren. Die Modellierung beginnt mit einem offenen Modell, in dem sämtliche Kommunikationsbeziehungen zwischen Subjekten möglich sind. Die Ausgangslage bei der Modellierung durch Restriktion entspricht einem Bild, in dem mit moderner Kommunikationstechnologie jeder zu jedem Zeitpunkt an jedem Ort mit jedem Partner jegliche Information austauschen kann. Dieses Bild ist etwa dann Realität, wenn eine Person jede andere Person mittels elektronischer Post (E-Mail) erreichen kann. In S-BPM ist die Welt vor der Modellierung durch Reduktion ein „Universalprozess", wo jeder mit jedem kommuniziert. Dieser Prozess wird immer weiter in seinen möglichen Abläufen eingeschränkt, bis der gewünschte Prozess vorliegt. Dies geschieht, indem schrittweise die Komponenten weggelassen werden, die nicht zur Aufgabenbewältigung benötigt werden.

Die Abbildung 6.1 fasst die in S-BPM möglichen grundsätzlichen Vorgehensweisen bei der Erstellung eines Prozessmodells zusammen.

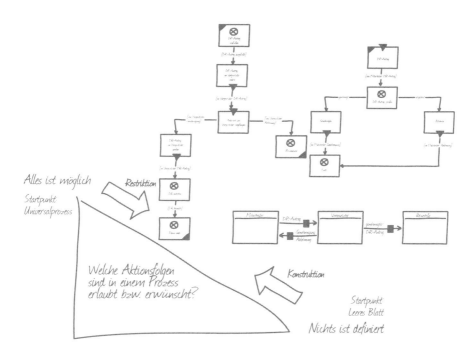

Abbildung 6.1: Gegenüberstellung von Restriktion und Konstruktion

6.2 Modellierung durch Konstruktion

Bei der Konstruktion eines Prozessmodells beginnen die Actors mit einem „leeren Blatt Papier". Mit den Informationen aus der Analyse wird Schritt für Schritt der Prozess beschrieben. Die erforderlichen Aktivitäten für den subjektorientierten Ansatz wurden bereits vorgestellt und werden hier nur kurz zusammengefasst:

- Beschreibung der Prozesse mit ihren Beziehungen (Prozessnetzwerk),
- Identifikation des zu beschreibenden Prozesses,
- Identifikation der an dem Prozess beteiligten Subjekte,
- Festlegen der zwischen den Subjekten ausgetauschten Nachrichten,
- Beschreiben des Verhaltens der einzelnen Subjekte,
- Definition der Geschäftsobjekte und deren Verwendung.

Diese Aktivitäten müssen nicht streng sequenziell durchgeführt werden. Es kann beispielsweise vorkommen, dass bei der Beschreibung des Subjektverhaltens festgestellt wird, dass später noch eine Nachricht hinzugefügt oder entfernt werden muss. Auf diese Weise wird das Prozessmodell stetig erweitert.

Diese Modellierung durch Konstruktion ist auch bei anderen Modellierungsmethoden wie z. B. BPMN oder EPKs üblich. Allerdings stellt sie dort die einzige mögliche Vorgehensweise dar.

Beginnen Sie mit einem leeren Bildschirm oder Blatt Papier. Sie konstruieren, wenn bei einem Prozess zunächst nichts klar definiert ist. Führen Sie die beteiligten Subjekte, ihre Aktivitäten und Geschäftsobjekte Schritt für Schritt ein.

■ 6.3 Modellierung durch Restriktion

Im Vorgehensmodell des S-BPM kann der Modellierer dagegen neben der Modellierung durch Konstruktion auch noch die Modellierung durch Restriktion verwenden. Dabei geht er von einem universalen Prozessmodell aus. Im universalen Prozessmodell kann jedes an einem Prozess beteiligte Subjekt an jedes andere beteiligte Subjekt jederzeit eine Nachricht senden bzw. von diesem empfangen. Diese Nachricht hat den Namen ‚Nachricht' und kann als Geschäftsobjekt beliebige Medien übertragen. Das Ergebnis ist ein Universalprozess, der durch die Anzahl seiner Subjekte gekennzeichnet ist. Die Abbildung 6.2 zeigt einen Universalprozess mit drei Subjekten.

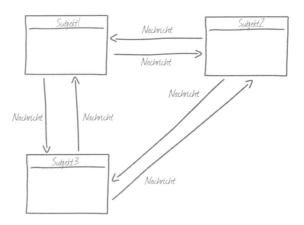

Abbildung 6.2: Universalprozess mit drei Subjekten

Jedes Subjekt kann zu jedem Zeitpunkt an jedes beliebige Subjekt Nachrichten senden und dem entsprechend auch empfangen. Dies wird durch die jeweiligen Pfeile zwischen den Subjekt-Kästchen gekennzeichnet. Daraus resultiert für jedes Subjekt ein gleichartiges initiales Verhalten. Dies zeigt Abbildung 6.3. Die Kästchen stellen Zustände des Subjekts dar, die Pfeile Übergänge, die mit Tätigkeiten einhergehen, wie beispielsweise ‚empfangen' den Übergang zwischen dem Zustand „Was mache ich?" und dem Zustand ‚Nachricht empfangen' bezeichnet.

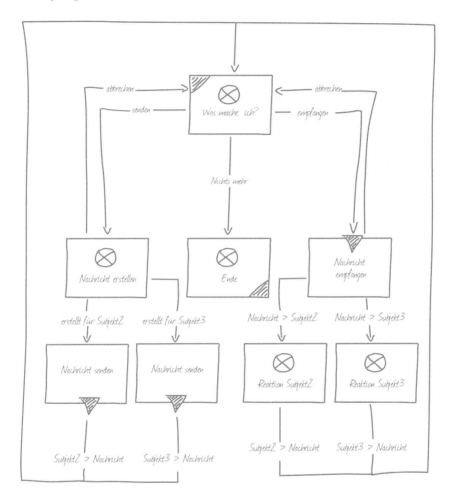

Abbildung 6.3: Initiales Subjektverhalten von Subjekt1 in einem Universalprozess mit drei Subjekten

Für das Subjekt2 und Subjekt3 sieht das Verhalten analog aus. Abbildung 6.4 zeigt als Beispiel das initiale Verhalten von Subjekt2. Die elliptische Umrahmung kennzeichnet, dass hier Subjekt2 durch Subjekt1 ersetzt wurde.

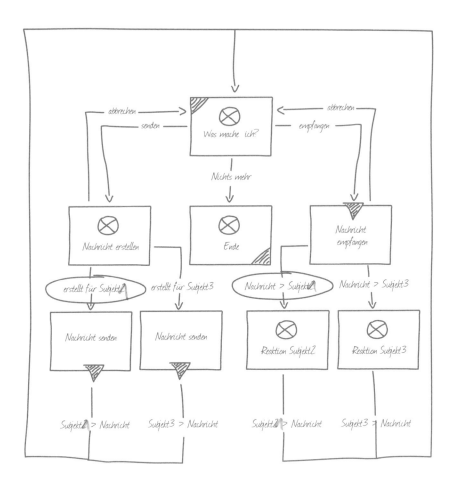

Abbildung 6.4: Initiales Subjektverhalten von Subjekt2 in einem Universalprozess mit drei Subjekten

Sind an einem Prozess mehr als drei Subjekte beteiligt, werden die Verhaltensbeschreibungen entsprechend ergänzt. Es wird ein entsprechender Sende- bzw. Empfangspfad für Subjekt4 in das Verhalten eingefügt usw.

Ausgehend von dem Universalprozess, der exemplarisch für drei Subjekte erläutert wurde, erfolgt nun Modellierung durch Restriktion in folgenden fünf Schritten:

▪ Anzahl der Subjekte und Subjektbezeichner bestimmen.

▪ Kommunikationspfade reduzieren.

▪ Nachrichtentypen spezifizieren.

▪ Verhalten der Subjekte spezifisch anpassen.

▪ Geschäftsobjekte spezifizieren und verfeinern.

Diese einzelnen Schritte werden nun in den folgenden Abschnitten detailliert. Beispielhaft wird der Prozess ‚Dienstreiseantrag' durch Restriktion entwickelt.

Wenn Sie die Arbeitshandelnden (Subjekte), die an der Aufgabenerfüllung beteiligt sind, schon kennen, dann modellieren Sie durch Restriktion. Streichen Sie schrittweise alle Interaktionen, die nicht zur Aufgabenbewältigung beitragen, um zu einem organisationsgerechten Abbild der Prozesse zu gelangen.

6.3.1 Anzahl der Subjekte und Subjektbezeichner bestimmen

Für den Prozess Dienstreiseantrag sind die drei Subjekte ‚Mitarbeiter', ‚Vorgesetzter' und ‚Reisestelle' zu verwenden. Die offenen Namen ‚Subjekt1', ‚Subjekt2' und ‚Subjekt3' werden durch diese konkreten Subjektbezeichner ersetzt. Die Abbildung 6.5 zeigt das Subjektinteraktionsdiagramm, in dem die Subjekte bereits umbenannt worden sind. Diese Änderung ist durch das Bleistiftsymbol gekennzeichnet.

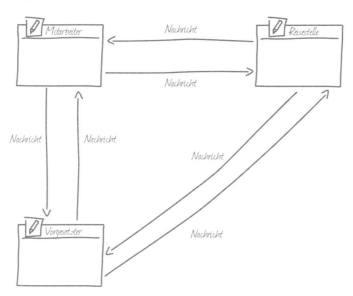

Abbildung 6.5: Subjektinteraktionsdiagramm mit Subjektbezeichnern

Nach der Umbenennung der Subjekte ist deren Verhalten anzupassen. Die durchgeführten Änderungen für das Subjekt ‚Mitarbeiter' (vorher ‚Subjekt1') zeigt die Abbildung 6.6.

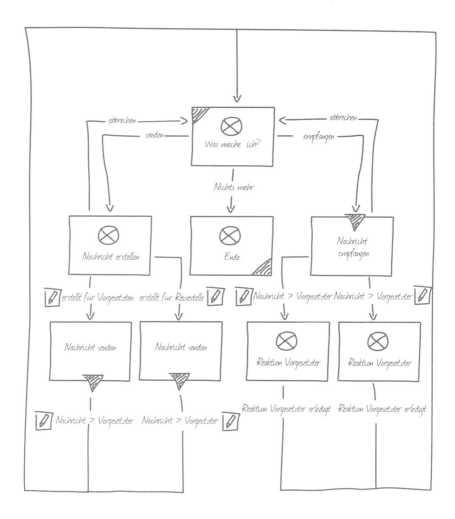

Abbildung 6.6: Verhalten des Subjekts Mitarbeiter mit Anpassung der Subjektbezeichnungen

6.3.2 Kommunikationspfade reduzieren

Bislang kann jedes Subjekt mit jedem kommunizieren. In dem Zielprozess, d. h. zur
Erreichung des Arbeitsergebnisses, sind viele Kommunikationsbeziehungen jedoch
nicht erforderlich. Sie sind deshalb aus dem Prozessmodell zu entfernen. Die Abbildung
6.7 zeigt auf der linken Seite die Kommunikationsstruktur vor der Eliminierung. Auf der
rechten Seite ist die neue Struktur ohne die nicht benötigten Kommunikationsbeziehungen zu sehen.

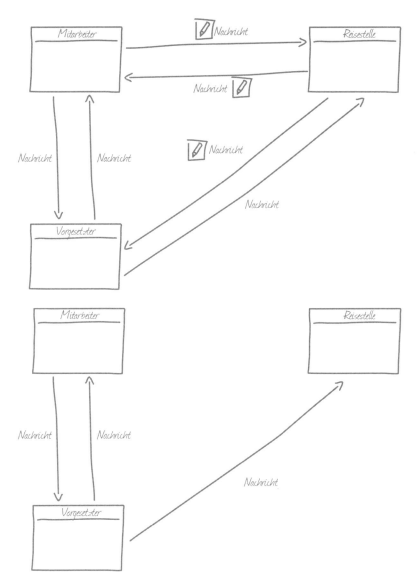

Abbildung 6.7: Entfernen nicht erforderlicher Kommunikationsbeziehungen – vorher und nachher

Aufgrund des Entfernens von Kommunikationsbeziehungen muss auch das Verhalten der betroffenen Subjekte angepasst werden. Die Abbildung 6.8 zeigt das Verhalten des Subjekts ‚Mitarbeiter' vor der Änderung. Die eingekreisten Pfade zum Senden und Empfangen von Nachrichten an das Subjekt ‚Reisestelle' sind zu entfernen.

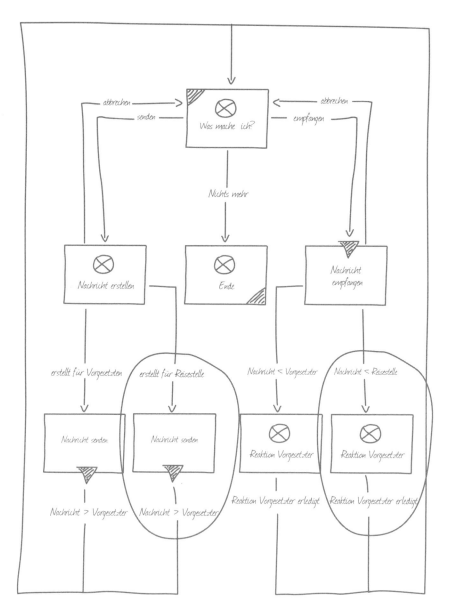

Abbildung 6.8: Verhalten vor dem Entfernen von nicht erforderlichen Kommunikationsbeziehungen

Die Abbildung 6.9 zeigt das Verhalten nach dem Entfernen der entsprechenden Verhaltenspfade.

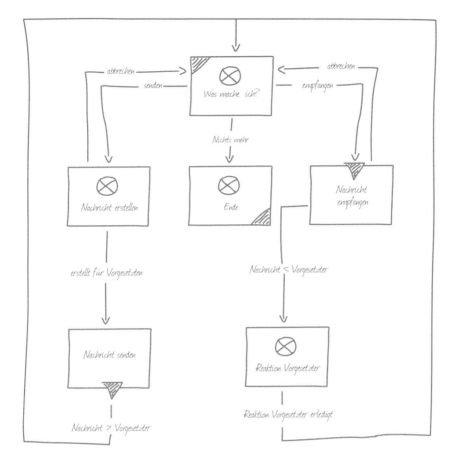

Abbildung 6.9: Verhalten nach dem Entfernen von nicht erforderlichen Kommunikationsbeziehungen

6.3.3 Nachrichtentypen spezifizieren

Im nächsten Schritt werden die Nachrichten auf die erforderlichen Inhalte reduziert. Es wird für jede Kommunikation festgelegt, welche Informationen überhaupt übertragen werden müssen. Die bislang offene Übertragungsschnittstelle ‚Nachricht' wird auf die Inhalte zugeschnitten, die für den Prozess benötigt werden.

Die Abbildung 6.10 zeigt die angepasste Kommunikationsstruktur. Zwischen den Subjekten Mitarbeiter und Vorgesetzter wird nicht mehr die allgemeine Nachricht ‚Nachricht' ausgetauscht. Der Mitarbeiter sendet die Nachricht ‚DR-Antrag' an den Vorgesetzten und dieser sendet statt einer Nachricht ‚Nachricht' die Nachricht ‚Genehmigung' oder ‚Ablehnung' zurück.

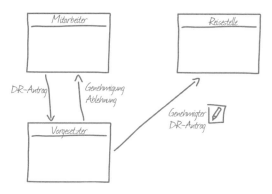

Abbildung 6.10: Kommunikationsstruktur mit anwendungsspezifischen Nachrichtentypen

Durch die Umbenennung bzw. Aufspaltung der Einheitsnachricht muss auch das Verhalten der Subjekte angepasst werden. Die Abbildung 6.11 zeigt die entsprechenden Änderungen. In der linken Hälfte des Verhaltensdiagramms wird der Nachrichtenname geändert. Im Empfangsteil wird der Nachrichtentyp ‚Nachricht‘ in die Nachrichtentypen ‚Ablehnung‘ und ‚Genehmigung‘ aufgeteilt.

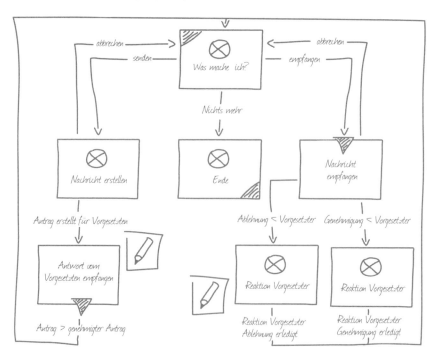

Abbildung 6.11: Verhalten mit geänderten Nachrichtentypen

6.3.4 Verhalten der Subjekte spezifisch anpassen

Bislang können im Prozessmodell alle Subjekte Nachrichten in beliebiger Reihenfolge senden und empfangen. So kann das Subjekt ‚Mitarbeiter‘ die Nachricht ‚Antrag‘ beliebig oft an das Subjekt ‚Vorgesetzter‘ übermitteln. Außerdem soll das Subjekt ‚Mitarbeiter‘ erst dann auf eine Nachricht vom Subjekt ‚Vorgesetzter‘ warten, wenn es die Nachricht ‚Antrag‘ gesendet hat. Nach dem Erhalt der Nachricht ‚Genehmigung‘ oder ‚Ablehnung‘ soll der Endezustand erreicht werden können.

Die Abbildung 6.12 zeigt das Verhalten des Subjekts ‚Mitarbeiter‘, in dem die nicht erforderlichen Verhaltenspfade gestrichelt dargestellt sind.

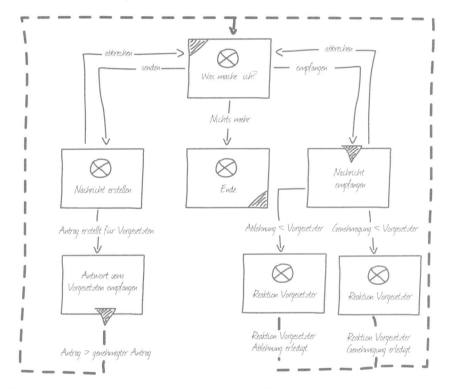

Abbildung 6.12: Subjektverhalten mit nicht erforderlichen Verhaltenspfaden (gestrichelt)

Die nicht erforderlichen Verhaltenspfade werden entfernt und durch das gewünschte Verhalten ersetzt. Nach dem Senden der Nachricht ‚Antrag‘ wird in den Zustand ‚Nachricht empfangen‘ übergeleitet. Der Übergang vom Zustand ‚Was mache ich‘ zum Zustand ‚Nachricht empfangen‘ kann entfernt werden. Durch diese Änderung ist sichergestellt, dass die Nachricht Antrag nur einmal gesendet wird und danach auf die Antwort gewartet wird.

Die Übergänge von den Zuständen ‚Reaktion Ablehnung‘ und ‚Reaktion Genehmigung‘ zum Zustand ‚Was mache ich?‘ werden ebenfalls entfernt und stattdessen Übergänge zum Zustand ‚Ende' hinzugefügt. Durch diese Änderung wird sichergestellt, dass nach der jeweiligen Antwort der Prozess bzw. die Prozessinstanz beendet wird.

Die Abbildung 6.13 zeigt das spezifisch angepasste Verhalten.

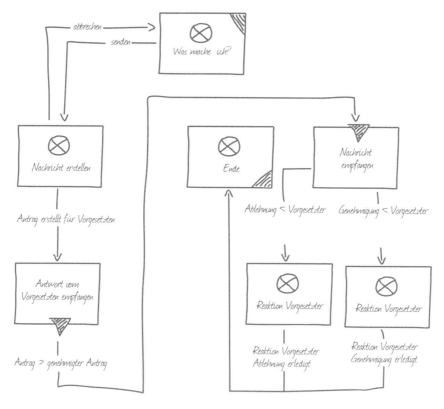

Abbildung 6.13: Angepasstes Verhalten des Subjekts Mitarbeiter

6.3.5 Geschäftsobjekte spezifizieren und verfeinern

Mit dem Nachrichtentyp ‚Nachricht' wird ein universelles Geschäftsobjekt ‚leeres Blatt Papier' übertragen. In dieses Geschäftsobjekt können formlos die zu übertragenden Informationen eingetragen werden. Diese Formfreiheit wird mit der Einführung der anwendungsspezifischen Nachrichtentypen eingeschränkt. Für jeden Nachrichtentyp wird ein Geschäftsobjekt definiert, das beim Senden des entsprechenden Nachrichtentyps die gewünschten Informationen vom Sender zum Empfänger überträgt. Die Abbildung 6.14 zeigt das Geschäftsobjekt, das bei Senden der Nachricht ‚Antrag' übertragen wird.

Feld	Inhalt
Name	
Vorname	
Reisebeginn	
Reiseende	
Reiseziel	
Reisegrund	

Abbildung 6.14: Struktur des Geschäftsobjekts für den Nachrichtentyp ‚Antrag'

Mit den Nachrichten ‚Genehmigung' bzw. ‚Ablehnung' wird weiterhin das Geschäftsobjekt ‚leeres Papier' übertragen. Hier kann bei Bedarf der Vorgesetzte die Ablehnungsgründe bzw. bei Genehmigung Hinweise beliebiger Art vermerken. Das Beispiel zeigt, dass parallel zur Definition der Nachrichtentypen die notwendigen Geschäftsobjekte definiert werden können.

6.4 Bewertung

S-BPM ist der einzige uns bekannte Ansatz, der sowohl die klassische Modellierung durch Konstruktion als auch die innovative Modellierung durch Restriktion ermöglicht.

Da Prozessmodelle nicht ohne kognitiven Aufwand und methodische Interventionen wie Interviews oder Prototyping zu erstellen sind, ist die Beschreibung von Prozessen oft durch Missverständnisse geprägt. Die durchgängige Verwendung von nachrichtenbasierter Interaktion hilft, Missverständnisse zu vermeiden, indem die Ablaufintegrität sichergestellt wird. Hauptaufgabe bei einem durchgängigen Geschäftsprozessmanagement stellt die Transformation von Geschäftsvorgängen in Kommunikationsbeziehungen zwischen Handelnden (Subjekten) dar.

Die methodische Anleitung dazu sieht in den in Abschnitt 6.2 skizzierten sechs Schritten eine Einengung eines S-BPM-Prozessmusters auf valide Interaktionsmuster zur möglichst stringenten Erreichung von Arbeitsergebnissen vor. Diese Restriktion durch Fokussierung auf einfache Interaktionsbeziehungen hilft die Akzeptanz der Modellierung von Geschäftsprozessen zu erhöhen und sichert zusätzlich die Gebrauchstauglichkeit von S-BPM.

■ 6.5 Literatur

[Fleischmann et al. 2011]

Fleischmann, A.; Stary, Ch.: „Whom to Talk to? A Stakeholder Perspective on Business Processes", in: *Universal Access in the Information Society*, Vol. 11, No. 2, 2011.

7

Subjektorientierte Validierung von Prozessen und Prozessmodellen

■ 7.1 To Go

Jetzt haben wir ein Prozessmodell, das die Kommunikation zwischen allen Beteiligten beschreibt. In die Modellbildung sind zwar die Analyseergebnisse eingeflossen, aber verhält sich das Modell auch so, wie wir beabsichtigen? Wir sollten dies überprüfen.

Ich habe mich darum gekümmert, dass die Betroffenen bei der Modellbildung dabei waren und den Prozess aus ihrer Sicht betrachtet haben. In der Validierung haben sie den Prozess durchgespielt, d. h., ich habe sozusagen Theateraufführungen organisiert statt des langweiligen Prüfens mit Checklisten. Was sowieso nur unter großem Druck getan wird, und deshalb auch nicht gründlich genug gemacht wird. Ausgewählte Beteiligte haben in einem Prozesstheater ihre Rolle gespielt, gemäß ihrem Drehbuch oder, etwas gestelzt gesagt, gemäß ihrem Subjektverhalten.

Und mit diesem Theater findet man raus, ob wir mit dem Prozess das erreichen, was wir wollen?

Ja, das Theater hat riesigen Spaß gemacht. Dadurch, dass wir entsprechend unseren Rollen den Prozess gespielt haben, konnten wir hautnah herausbekommen, ob wir so arbeiten wollen bzw. ob wir das erreichen, was wir wollen. Zuerst haben wir den Prozess mit Papier und Bleistift durchgespielt. War ein wenig aufwendig. Mit einem IT-gestützten Rollenspiel geht es schneller. Wir konnten sozusagen mehrere Aufführungen in kurzer Zeit machen und haben damit viele Ablaufvarianten ausprobieren können – eine Automatisierung des Prozesstheaters sozusagen.

Ja, beim IT-gestützten Rollenspiel haben wir sehr viel Spaß gehabt. Jeder hat alles getan, um den Prozess „aufs Kreuz zu legen". Dadurch haben wir viele Lücken gefunden, die wir schnell beheben konnten. So haben wir den Prozess vor der Inbetriebnahme intensiv testen können.

Das hört sich gut an, Prozesse vorher auszuprobieren, bevor wir sie mit viel Geld implementieren, um dann festzustellen, dass es so nicht geht.

■ 7.2 Wesen der Validierung

Nachdem ein Prozess modelliert worden ist (vgl. Kapitel 5), empfiehlt es sich, den Prozess und sein Modell zu validieren und zu optimieren, bevor das Modell in Organisation und IT implementiert wird. Im vorliegenden Kapitel behandeln wir die Validierung.

Im Prozessmanagement wird unter Validierung eine Überprüfung verstanden, ob ein Geschäftsprozess effektiv ist, d. h., ob das von ihm erwartete Ergebnis in Form eines Produktes oder einer Dienstleistung erbracht wird. Dies entspricht dem in ISO 9001:2008, Kapitel 7.5.2 (Prozesse der Produktion und Dienstleistungserbringung), geforderten Nachweis, dass ein Prozess geeignet ist, die vorgegebenen Spezifikationen und Qualitätsmerkmale zu erfüllen (vgl. [Schmelzer et. al. 2010, S. 330]). Als Output eines Prozesses wird dabei nicht nur das Prozessergebnis aus der Sicht von Kunden gesehen, sondern auch sein Beitrag zur Umsetzung der Unternehmensstrategie, also sein Wertbeitrag (vgl. Kapitel 3.6.3.2).

Mit der Validierung soll sichergestellt werden, dass der Prozess die an ihn gestellten Anforderungen erfüllt („doing the right things") und die im Zuge der Analyse und Modellierung vorgenommene Spezifikation der Prozessergebnisse und Prozessabläufe das ermöglicht, was eine Organisation mit dem betrachteten Prozess erreichen möchte. Davon abzugrenzen ist die Optimierung, wo beispielsweise durch Simulation die Effizienz des Modells verbessert werden soll („doing the things right", vgl. Kapitel 8). Andernfalls können Validierung und Optimierung zeitlich zusammenfallen. So werden in der Praxis üblicherweise bei einem Validierungs-Workshop auch dort erkannte Optimierungsansätze aufgegriffen.

Praxiserfahrungen insbesondere bei der Neukonzeption von Geschäftsprozessen zeigen, dass in der Regel nicht a priori sichergestellt werden kann, dass das entworfene Prozessmodell auch tatsächlich den aus Kunden- und Prozesseignersicht gewünschten Output in der beabsichtigten Qualität produziert. Bei der Überprüfung von Prozessmodellen wird wiederum in der Praxis beobachtet, dass ein beträchtlicher Anteil dieser Modelle durch formale und logische Fehler, unzureichende Beschreibungen und mangelhafte Berücksichtigung der Kundenbedürfnisse gekennzeichnet ist.

Die genaue Beschreibung ist die Voraussetzung für eine Überprüfung auf Richtigkeit. Dies erlaubt die eigenständige Pflege und Kontrolle.

Zu validieren sind deshalb sowohl der betrachtete Geschäftsprozess selbst mit seinen in der Analyse skizzierten Eigenschaften und Anforderungen als auch seine bei der Modellierung vorgenommene Abbildung im Modell aus inhaltlicher und formaler Hinsicht.

Konkrete Validierungsobjekte sind demnach die wesentlichen Ergebnisse der Analyse und der Modellierung. Dabei handelt es sich üblicherweise um mehr oder weniger strukturierte Textdokumente mit der Prozessbeschreibung aus strategischer Sicht sowie um in der Regel grafisch dargestellte Prozessmodelle mit dazugehörigen Datenbankeinträgen, welche die Modellbestandteile in Attributform näher beschreiben.

Wir gehen in der Folge sowohl auf die Validierung des erhobenen Prozesses (Abschnitt 7.4) als auch auf dessen Abbildung in dem entsprechenden Modell ein (Abschnitt 7.5), da Erstere die Voraussetzung für eine kohärente Abbildung in ein Geschäftsprozessmodell darstellt. Vorher zeigen wir, wie, dem Grundgedanken der Subjektorientierung folgend, die S-BPM-Akteure (Stakeholder) in die Validierung eingebunden sind (Abschnitt 7.3). Damit wird die subjektorientierte Validierung der Tatsache gerecht, dass ein Prozess üblicherweise eine hochkomplexe Struktur mit vielen impliziten Anforderungen ist, deren Erfüllung am besten durch die Beteiligung aller Betroffenen (Stakeholder) überprüft wird.

■ 7.3 S-BPM-Akteure bei der Validierung

In Abschnitt 3.3 wurden im Rahmen des Subjektorientierten Geschäftsprozessmanagements vier Gruppen von Akteuren identifiziert. Setzen wir diese in Beziehung zu den Aufgaben bei der Validierung, ergibt sich das folgende Bild.

7.3.1 Governors

Bei der Validierung agieren unterschiedliche Governor auf verschiedenen Ebenen. Die Überprüfung der strategischen Aspekte des Prozesses setzt Kenntnisse der Unternehmensstrategie, der kritischen Erfolgsfaktoren für das Unternehmen und der Kernprozesse voraus. Als Governors beurteilen deshalb Mitglieder des Topmanagements (Geschäftsführung) die Prozessdokumentation beispielsweise anhand folgender Fragen:

▪ Unterstützt der Prozess die Politik und Strategie des Unternehmens?

▪ Ist das Vorgehen im Prozess auf die Interessengruppen (z. B. Kunden) ausgerichtet?

▪ Sind die Prozessziele klar definiert?

▪ Welche Risiken birgt der Prozess?

▪ Wurde ein Prozessverantwortlicher (Process Owner) benannt?

Auch der Process Owner ist üblicherweise als Governor in die Validierung des Prozesses und des Prozessmodells involviert. Aufgrund seiner Verantwortung für die Performance des Prozesses achtet er vor allem auf die Stimmigkeit der dafür vorgesehenen Messsystematik. Ausgewählte Fragestellungen, welche er, gegebenenfalls unter Konsultation von Kennzahlenexperten aus dem Controlling, dazu nutzt, lauten:

▪ Sind aussagekräftige Kennzahlen zur Bewertung des Zielerreichungsgrades definiert?

▪ Sind die Messverfahren für die Kennzahlen eindeutig festgelegt?

▪ Wurden die Zielwerte für die Kennzahlen systematisch festgelegt?

▪ Sind die Kennzahlen mit ihren Attributen in Kennzahlensteckbriefen dokumentiert?

▪ Sind Mengengerüste definiert (z. B. Auftretenshäufigkeit des Prozesses pro Zeiteinheit, Aufteilung der Zahl auf eventuell vorhandene Prozessvarianten)?

Bei der Überprüfung des Prozessmodells geht der Process Owner aus seiner übergeordneten Perspektive, jedoch in Abstimmung mit den im Prozess bzw. in dessen Teilschritten Handelnden (Actors), im Wesentlichen folgenden Fragen nach:

▪ Ist der Prozessablauf im Modell klar definiert (Reihenfolge von Teilschritten und Aktivitäten innerhalb der Teilschritte)?

▪ Sind die Zuständigkeiten (Organisationseinheiten, Rollen, Personen) für die Teilschritte eindeutig definiert?

▪ Sind die Beziehungen des Prozesses zu anderen Prozessen und die dabei nötigen Schnittstellen ausreichend beschrieben?

Eine spezielle Governor-Aufgabe bei der Validierung der Prozessmodelle stellt die Überprüfung dar, ob die vorgegebenen Modellierungs-/Beschreibungskonventionen eingehalten wurden. Diese wird in der Regel von der Instanz wahrgenommen, welche die
Konventionen verabschiedet hat, etwa der Organisationsabteilung (vgl. Abschnitt
3.6.3.4).

7.3.2 Actors

Actors (Arbeitshandelnde) sind bei S-BPM die zentrale Instanz bei der Validierung der
Prozessmodelle. Sie achten vorwiegend auf die inhaltliche Richtigkeit, und damit auf die
kohärente Abbildung der in der Analyse erhobenen Prozessinformation im Modell. Die
Actors, beispielsweise Sachbearbeiter im jeweiligen Prozess, besitzen im Regelfall fundierte Kenntnisse und Erfahrung bezüglich der Erledigung ihrer Aufgaben bei der Abwicklung des Prozesses. Sie spielen diesen bei der subjektorientierten Validierung in
der Rolle der darin Handelnden (Subjekte) am Modell durch und identifizieren dabei
etwaige Fehler, Unstimmigkeiten und Unzulänglichkeiten. Die dabei gewonnenen Erkenntnisse dienen der Beantwortung folgender ausgewählter Fragestellungen, welche
nach den wesentlichen Aspekten der subjektorientierten Modellierung gegliedert sind:

Fragen zu den Subjekten

▪ Sind die Subjekte hinreichend genau beschrieben und entsprechen sie den gewünschten Rollen?

**Fragen zur Interaktion der Subjekte und zu den ausgetauschten Nachrichten bzw.
Geschäftsobjekten**

▪ Sind die benötigten Eingaben (Inputs), vor allem Information, und deren Lieferanten
(Organisationseinheiten, Rollen, Personen) ausreichend genau und richtig, d. h. der
Realität entsprechend, beschrieben (vgl. hierzu auch den Grundsatz der Richtigkeit
der Modellierung in Abschnitt 3.6.3.4)?

▪ Sind die erzeugten Ergebnisse (Outputs) und deren Empfänger (Organisationseinheiten, Rollen, Personen) ausreichend genau und richtig, d. h. der Realität entsprechend,
beschrieben (vgl. hierzu auch den Grundsatz der Richtigkeit der Modellierung in Abschnitt 3.6.3.4)?

Fragen zum Verhalten der Subjekte

▪ Sind die Reihenfolgen der in einem Subjekt auszuführenden Aktionen klar definiert?

▪ Sind für die Ausführung von Aktivitäten in den Teilschritten Arbeitsanweisungen
(z. B. Checklisten, Richtlinien) vorhanden und gegebenenfalls im Modell hinterlegt?

▪ Sind diese ausführlich genug, klar und verständlich formuliert, sodass die Betroffenen
danach arbeiten können?

Fragen zu den Geschäftsobjekten

- Sind die Geschäftsobjekte und deren Strukturen klar definiert?
- Wurde für die Geschäftsobjekte exakt beschrieben, in welchen Prozessschritten welche Sichten erforderlich sind?
- Sind die Operationen auf den Geschäftsobjekten definiert?

Mit den Antworten auf solche Fragen können die Actors beurteilen, ob sie nach der Modellbeschreibung wirklich zufriedenstellend arbeiten können, oder ob es bei der Modellierung zu Vereinfachungen oder zum Verlust von Zusammenhängen gekommen ist.

7.3.3 Experts

Experts in der Ausprägung als interne oder externe Strategieberater können das Management bei Bedarf bei der Validierung der Strategiekonformität des Prozesses unterstützen. Fachleute aus dem Controlling helfen bei der Beurteilung der kennzahlenbezogenen Aspekte der Prozessdokumentation. Zur Überprüfung der Modelle können die Actors bzw. der Facilitator Methoden- und Tool-Spezialisten heranziehen. In gewisser Weise sind bei der Validierung insbesondere die Actors auch Experten. Sie kennen den Prozess am besten und können seine Tauglichkeit deshalb sehr gut einschätzen.

7.3.4 Facilitators

Eine Facilitator-Rolle im Aktivitätsbündel der Validierung übernehmen meist Vertreter des mittleren Managements, welche mit der Leitung eines S-BPM-Projektes betraut sind. Sie koordinieren die Erledigung der bei der Validierung anfallenden Aufgaben. Konkret sorgen sie beispielsweise dafür, dass die aus der Analyse hervorgehende Prozessdokumentation und die Modellierungsergebnisse von den anderen Akteuren (Governors, Experts, Actors) überprüft werden. Abhängig von den Ergebnissen der Validierung initiiert der Facilitator den Übergang zu anderen Aktivitätsbündeln. Dies kann z. B. die Analyse sein, wenn etwa Nachbesserungsbedarf bei der Festlegung von Prozesskennzahlen und Zielwerten für diese erkannt wurde.

Hat die Validierung dagegen die Effektivität des Prozesses bestätigt, leitet der Facilitator gegebenenfalls in die Optimierung über, indem er einen Simulationsexperten hinzunimmt, welcher am Modell verschiedene Ressourcenzuteilungen testet, um Bedarfe für die organisationsspezifische Implementierung (vgl. Kapitel 9) zu ermitteln. Der Facilitator kann auch entscheiden, dass keine Optimierung durchgeführt wird, weil nicht genügend Daten für eine Simulation zur Verfügung stehen. Dann kann sofort in das Aktivitätenbündel der organisatorischen Implementierung übergegangen werden.

7.4 Validierung von Prozessen

Basis der Prozessvalidierung ist die im Regelfall informell in Textform dokumentierte Beschreibung eines Prozesses aus strategischer Sicht. Diese ist ein Ergebnis der Analyse und enthält Aussagen zu Zielen, Strategiebeitrag, Kundenorientierung, Risiken etc. des Prozesses.

Ein möglicher Pfad, der zur Überprüfung dieser Art der Prozessbeschreibung führt, ist die weitgehend lineare Abfolge der Aktivitätenbündel Analyse und Modellierung, etwa im Fall des Designs eines neuen, noch nicht vorhandenen Prozesses. In diesem Fall kann die für das Organisationsentwicklungsprojekt verantwortliche Person als Facilitator die Fragen zur Beurteilung des Prozesses den zuständigen Governors als Adressaten (Geschäftsführung, Process Owner) strukturiert in Form von Checklisten zusammen mit den Analyseergebnissen und dem Prozessmodell vorlegen. Die ausgewählten Personen führen jeweils einzeln und unabhängig voneinander einen Review durch und bewerten, gegebenenfalls unter Einbeziehung von Beratern (Experts), die in der Checkliste aufgeführten Aspekte.

Im nächsten Schritt konsolidiert der Facilitator die Ergebnisse und versucht, dabei Widersprüche aufzulösen. Gravierende Abweichungen der Einschätzungen diskutiert und klärt er in einem Workshop oder in bilateralen Gesprächen mit den Beteiligten. Besteht schließlich Konsens über die Handlungsbedarf beheben die Akteure im Aktivitätsbündel Analyse und Modellbildung in einer Iterationsschleife die erkannten Mängel. Anschließend verteilt der Facilititator die gegebenenfalls überarbeitete Dokumentation zur erneuten Prüfung der ursprünglich monierten Stellen an die Governors.

Sind danach keine Beanstandungen mehr vorhanden, gilt die Validierung des Prozesses als erfolgreich abgeschlossen, und der Facilitator kann als nächste Aktivität die inhaltliche Validierung des Prozessmodells einleiten. Abbildung 7.1 fasst den geschilderten mehrstufigen Ablauf zusammen.

Voraussetzung für ein valides Modell ist, dass es den zu repräsentierenden Sachverhalt korrekt wiedergibt. Diesen Aspekt kennzeichnet die semantische Richtigkeit. Diese ergibt sich aus dem Konsens der Fach- und Methodenexperten, die ein Modell als zutreffend erachten. Von der semantischen Richtigkeit ist die syntaktische Gültigkeit abzugrenzen, welche die Einhaltung der festgelegten Beschreibungsregeln betrifft.

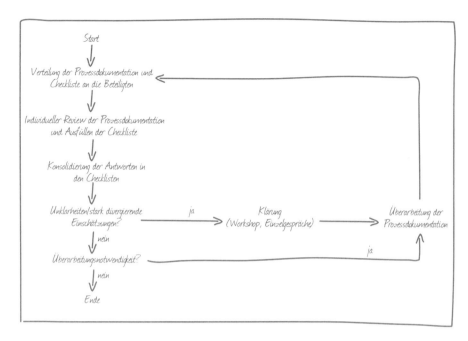

Abbildung 7.1: Ablauf der Prozessvalidierung

Bei der Subjektorientierung können jedoch auch andere, weniger lineare Pfade in die Prozessvalidierung führen. Insbesondere bei bereits existierenden und im Tagesgeschäft ausgeführten Prozessen kann der Impuls zur Validierung, zumindest von Teilaspekten, auch von einem Actor kommen. Stellt etwa ein Vertriebsmitarbeiter im Verkaufsprozess fest, dass Kunden zunehmend nicht mehr wie bisher Verkaufsdokumente in Papierform, sondern digital erhalten möchten, kann er sich an den Process Owner als Governor wenden. Je nach Kompetenzverteilung prüft dieser selbst, ob die Prozessgestaltung an der betroffenen Stelle an die veränderten Kundenbedürfnisse angepasst werden soll, oder er veranlasst die Validierung durch übergeordnete Governors (z. B. Geschäftsführung). Bei einer positiven Entscheidung kann der Process Owner anschließend durch die Einbeziehung eines Facilitators, der das Vorhaben steuert, Änderungsmöglichkeiten detailliert analysieren und umsetzen lassen.

S-BPM strebt nach langfristiger Unterstützung der Arbeitshandelnden durch eine Verbesserung der individuellen Arbeitssituation. Daher stellen wir das Subjektverhalten in dem Mittelpunkt. Seine Einbindung in das Interaktionsverhalten sowie zielgerichtete Erfüllung von Aufgaben bestimmen die Schlüssigkeit von S-BPM-Modellen.

■ 7.5 Validierung von Prozessmodellen

7.5.1 Formale Validierung

Bei der formalen Validierung wird geprüft, ob die für die Beschreibung eines Prozessmodells eingesetzten Beschreibungsmittel korrekt verwendet werden. Diese Art der Überprüfung setzt voraus, dass für die Beschreibungssprache eine formale Syntax vorliegt, welche die erlaubte Verwendung der Beschreibungsmittel festlegt. Diese Voraussetzung ist bei der Subjektorientierung erfüllt, sodass hier die formale Validierung von Prozessmodellen kein separater Schritt, sondern impliziter Bestandteil des Aktivitätenbündels der Modellierung ist.

Im Vergleich mit anderen Modellierungssprachen folgt die subjektorientierte Modellierung nämlich einer formal klaren Syntax und Semantik mit Subjekt, Prädikat und Objekt (vgl. Kapitel 12) und kommt mit sehr wenigen Symbolen aus (vgl. Kapitel 5). Positive Konsequenz ist zunächst, dass der Modellierer prinzipiell weniger Möglichkeiten besitzt, formal fehlerhaft zu modellieren. Der entscheidende Vorteil liegt jedoch in der Tatsache, dass ein entsprechend ausgestaltetes subjektorientiertes Modellierungswerkzeug auf Basis der eindeutigen Notation helfen kann, formale Modellierungsfehler gänzlich zu vermeiden.

Sowohl andere Notationen wie beispielsweise EPKs oder BPMN als auch die auf ihnen basierenden Software-Tools lassen dem Anwender beim Modellieren meist große Freiheitsgrade und damit Fehlermöglichkeiten. Dies gilt sowohl für die Verwendung von Sprachelementen für Sachverhalte (z. B. welches Symbol stellt eine per E-Mail ausgetauschte Information dar?) als auch für die Anordnung der Sprachelemente zur Darstellung von Ablauflogik, Inputs, Outputs etc. Mögliche Konsequenzen sind Unklarheiten und Inkonsistenzen bei der Darstellung und die Verletzung von Notationsregeln (Syntaxfehler). Den erstgenannten Mängeln lässt sich letztlich nur durch die Definition von meist umfangreichen Konventionen und die manuelle bzw. visuelle Überprüfung ihrer Einhaltung begegnen.

Einige Notationsfehler können automatisch erkannt werden, wenn ein Tool die entsprechende Funktionalität aufweist. Die bei den Modellierungswerkzeugen bekannten Funktionen reichen von der Verhinderung der Falscheingabe über die Kennzeichnung von fehlerhaften Stellen im Modell bis hin zur automatischen Verbesserung. So gibt beispielsweise ein Tool eine Fehlermeldung aus, wenn eine Ereignisgesteuerte Prozesskette (EPK) nicht, wie es deren Syntax vorsieht, mit einem Ereignis oder einer Prozessschnittstelle beginnt bzw. endet. Ein anderes Werkzeug wird bei der Modellierung mit der Business Process ModelingNotation (BPMN) aktiv, wenn es einen Verstoß gegen bestimmte BPMN-Notationsregeln erkennt. Verbindet etwa der Modellierer unzulässigerweise Aktivitäten in unterschiedlichen Pools mit einem Sequenzfluss, ersetzt das Tool diesen selbsttätig durch einen Nachrichtenfluss.

Trotz der angedeuteten Funktionalitäten der Werkzeuge zur Unterstützung etablierter Modellierungssprachen bleiben bei diesen Methoden formale Modellunzulänglichkeiten unerkannt (z. B. unzulässige logische Verknüpfungen in ARIS und BPMN). Dies führt beispielsweise spätestens bei der IT-Implementierung zu Problemen. Dort nötige Maßnahmen zur Beseitigung der Unzulänglichkeiten fließen oft nicht ins Modell zurück, sodass IT-Implementierung und fachliches Modell nicht konsistent im Sinne des Round-Trip Engineering sind (vgl. Abschnitt 15.1).

Mit den passenden Werkzeugen erstellte S-BPM-Modelle dagegen sind formal einwandfrei und können nach der erfolgreichen inhaltlichen Validierung (vgl. Abschnitt 7.5.2) problemlos implementiert bzw. vollautomatisch in Code überführt werden (vgl. Kapitel 10). Für die subjektorientierte Modellierung sind außerdem keine umfangreichen Konventionenhandbücher nötig (z. B. für ARIS in der Praxis nicht selten mehrere Hundert Seiten stark), um eine klare, konsistente und vergleichbare Modelldarstellung sicherzustellen.

7.5.2 Inhaltliche Validierung

Da sich S-BPM aufgrund seines primären Bezugs zu Subjekten und deren Interaktionsbeziehungen von gängigen BPM-Ansätzen unterscheidet, empfiehlt es sich, auch im Rahmen der Validierung dieses Alleinstellungsmerkmal zugunsten erhöhter Konsistenz und Kohärenz zu nutzen. In diesem Abschnitt stellen wir daher ein diesbezügliches subjektspezifisches Vorgehen vor. Kern dieser innovativen Methode ist das Ausprobieren des Prozessablaufes durch die tatsächlichen Prozessbeteiligten, denen die Subjekte zugeordnet werden. Damit erhalten sie ihr Drehbuch, nach dem sie sich im Prozess verhalten sollen.

Gemäß diesem Drehbuch kann nun der Prozess durchgespielt werden. So erleben die Beteiligten den Prozess aktiv und bekommen dadurch einen Eindruck davon, wie er sich für sie in der täglichen Arbeit darstellt. Aus ihrer jeweils subjektiven Sicht können die Handelnden damit beispielsweise beurteilen, ob die ihrer Rolle in der Modellbeschreibung zugeordneten Teilschritte, deren Reihenfolge, die dafür benötigten Dokumente, IT-Systeme und vor allem auch ihre Interaktionen miteinander den Anforderungen für eine erfolgreiche Abwicklung des Prozesses entsprechen. Der Facilitator organisiert und moderiert den interaktiven Test der Prozessausführung.

Für dieses Durchspielen eines subjektorientiert modellierten Prozesses sind gemäß der im Kapitel zur Modellierung vorgestellten Methodik die Subjekte, deren Verhalten und die Kommunikationsstruktur, d. h. die Interaktionen der Subjekte mit den dabei ausgetauschten Nachrichten sowie die verwendeten Geschäftsobjekte abzubilden. Die beiden folgenden Varianten zeigen, wie dies mit einem konventionell gestalteten und mit einem IT-gestützten Rollenspiel bewerkstelligt werden kann.

Der formale Teil der Validierung deckt den Umgang mit der verwendeten Modellierungssprache ab, während der inhaltliche Teil die aufgabenrelevante Prüfung darstellt. Beide Teile bedingen im S-BPM einander.

7.5.2.1 Inhaltliche Validierung mit konventionellem Rollenspiel

Konventionell kann die nötige Umsetzung des Modells in einer (Rollen-)Spielumgebung wie folgt geschehen:

Abbildung der Subjekte

- Echte Prozessbeteiligte (Subjekte) sitzen an einen großem Tisch im Besprechungszimmer,
- Namensschilder zeigen ihre Rollen.
- Je ein Ablagekasten stellt einen Eingangs- und Ausgangspostkorb dar.

Abbildung des Subjektverhaltens

- DIN-A4-Blätter enthalten die vom jeweiligen Subjekt auszuführenden Schritte (Senden, Empfangen, sonstige Aktivität) gemäß dem Prozessmodell.

Abbildung der Subjektinteraktion mit ausgetauschten Nachrichten und Geschäftsobjekten

- Kärtchen (einfache Nachrichten) zur Beschriftung mit Parametern.
- Formulare gemäß den verwendeten Geschäftsobjekten zum Anhängen an Nachrichten.
- Ein Kopierer, um Geschäftsobjekte kopieren zu können.
- Jedes Subjekt verfügt zu Beginn über genügend Nachrichten und Geschäftsobjekte, um gegebenenfalls mehrere Instanzen durchspielen zu können.

Abbildung 7.2 zeigt ausschnittsweise, wie die Spielumgebung aussehen könnte.

Abbildung 7.2: Konventionelles interaktives Prozessspiel (Foto: Alexandra Gerrard)

Ein „Spielleiter" startet das Spiel, indem er das gemäß Modell erste aktiv werdende Subjekt auffordert, eine Instanz zu erzeugen, also beispielsweise als Mitarbeiter einen Dienstreiseantrag auszufüllen. Den weiteren Ablauf bis zum Ende überwacht der Spielleiter, indem er die von den Subjekten ausgeführten Aktivitäten wie das Senden und Empfangen von Nachrichten oder das Ausfüllen eines Formulars durch Abhaken auf einem Modelldiagramm vermerkt.

Sowohl die Subjekte als auch unbeteiligte Beobachter artikulieren und dokumentieren ihre Wahrnehmungen beispielsweise zu folgenden Themen:

- Wurden Subjekte vergessen? Wenn ja, welche?
- Wurden Nachrichten vergessen? Wenn ja, welche?
- Wurden Geschäftsobjekte vergessen? Wenn ja, welche?
- Sind Geschäftsobjekte richtig strukturiert (fehlen Datenelemente, gibt es überflüssige Datenelemente)?
- Wo gibt es Doppelarbeit?
- Wo gibt es unnötige Kommunikationsschritte?
- Welche Subjekte sind nicht notwendig?
- ...

Die sofortige Diskussion und die Auswertung der Protokolle erlauben das schnelle Identifizieren von Effektivitäts- und Effizienzproblemen und Erarbeiten von Lösungsmöglichkeiten im Subjektverhalten, bei der Subjektinteraktion sowie bei der ausgetauschten Information, welche die Prozesseffektivität beeinträchtigen. Zur Behebung der erkannten Schwächen lässt sich direkt zu den entsprechenden Stellen im Modell zurückkehren. Das verbesserte Modell kann dann sofort erneut durchgespielt werden.

Der entscheidende Vorteil des geschilderten Vorgehens liegt darin, dass die Actors das Modell selbst aus ihrer Perspektive validieren, indem sie es aktiv durchspielen. Bei herkömmlichen Validierungsverfahren wie dem ursprünglich vom Softwaretest her bekannten Walkthrough überprüfen die Validierer das Modell zwar auch Schritt für Schritt, aber lediglich durch „trockenes" Durchgehen quasi am Papier. Hierzu werden meist in einem Workshop großformatig am Plotter ausgegebene grafische Modelle an Moderationswänden befestigt (vgl. Abbildung 7.3). Anstatt der Ausdrucke werden auch großflächige Beamer-Präsentationen eingesetzt, eventuell unterstützt von Animationsfunktionalitäten des verwendeten Modellierungswerkzeugs, welche den Ablauf mit dem Anzeigen und Weiterbewegen einer Marke visualisieren.

Die Workshop-Teilnehmer gehen den Ablauf dann anhand konkreter Beispiele an der Abbildung Schritt für Schritt durch und überprüfen diesen auf seine Effektivität ebenso wie die Modelldarstellung auf formale Unzulänglichkeiten. Die Erkennung von Fehlern im Ablauf oder von unzulänglichen Prozessoutputs fällt bei diesem theoretischen Nachvollziehen in der Regel wesentlich schwerer als beim konkreten Tun. Dieser Nachteil des herkömmlichen Walkthrough wird noch verstärkt durch die Tatsache, dass die Prozesssachbearbeiter als Actors nur selten hinzugezogen werden. Das Walkthrough-Team besteht meist aus Prozessverantwortlichen sowie eventuell Beratern als Inhaltsspezialisten und Methoden- und Tool-Experten als Spezialisten für die formalen Aspekte des

Modells. Die Distanz dieser Personen von den operativen Details des Prozesses ist in der Regel zu groß, als dass sie am Papier nicht offensichtliche Schwächen oder Fehler im Modell erkennen können.

Abbildung 7.3: Typische Walkthrough-Situation (Quelle: binner IMS GmbH)

7.5.2.2 Inhaltliche Validierung mit IT-gestütztem Rollenspiel

Das im vorangegangenen Abschnitt geschilderte konventionelle Rollenspiel ist zwar sehr zweckdienlich, kann allerdings vor allem bei umfangreichen Prozessen sehr aufwendig werden. Die Materialien (z. B. Kärtchen, Blätter) sind vorzubereiten, die Teilnehmer müssen sich zeitgleich an einem geeigneten Ort versammeln, der Ablauf muss manuell protokolliert und ausgewertet werden etc. Deshalb liegt der Gedanke nahe, das geschilderte Vorgehen mit einer IT-Lösung zu unterstützen.

Das Prinzip entspricht dem konventionell gestalteten Spiel. Im Unterschied dazu wird lediglich die Spielumgebung in einer IT-Landschaft abgebildet, sodass eine Art verteiltes Prototyping möglich wird (vgl. [Schmidt et al. 2009, S. 56] und [Fischer et al. 2006, S. 93 ff.]). Dazu wird aus der subjektorientierten Modellbeschreibung eine lauffähige Software mit Benutzermasken für jedes Subjekt generiert. Für subjektorientierte Modelle ist dies relativ leicht möglich, weil der in Kapitel 5 vorgestellten grafischen Notation eine formal klare Semantik und damit maschinell interpretierbare Darstellung mit Subjekt, Prädikat und Objekt zu Grunde liegt (vgl. Kapitel 12).

Das generierte Programm bildet mit den Modellinformationen unter anderem auch die Kommunikationsbeziehungen zwischen den Subjekten und damit die Interaktionen im Prozessablauf ab. Die Handelnden können den Prozess gemeinsam an räumlich verteilten Computersystemen bearbeiten und Nachrichten über einen entsprechenden Server im Internet austauschen (vgl. Abbildung 7.4). Sie können dabei Formulare, Eingabemasken und Dialoge an den entsprechenden Stellen im Prozessablauf sofort überprüfen und bewerten.

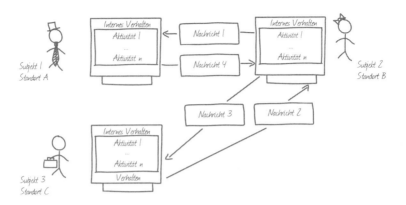

Abbildung 7.4: IT-gestütztes interaktives Prozessspiel

Dies ist zu diesem Zeitpunkt noch unabhängig von der späteren IT-Implementierung möglich. Wird beispielsweise in einem Subjektverhalten eine SAP-Maske benutzt, muss deshalb nicht das SAP-System mit der passenden Transaktion verfügbar sein. Beim Durchspielen genügt es, wenn der Actor an dieser Stelle das Verhalten des SAP-Systems als Schnittstelle überprüfen kann, also z. B. verifizieren kann, ob die vom SAP-System erwarteten Eingabedaten vorliegen.

Beim Durchspielen kann das System alle Aktivitäten der Subjekte und die daraus resultierenden Veränderungen an Objekten (z. B. ausgefülltes Formular) automatisch aufzeichnen. Die Prozessbeteiligten wiederum erfassen ihre Anmerkungen zum Geschehen in dafür vorgesehenen Masken. Die Auswertung der erzeugten Daten kann weitgehend IT-gestützt erfolgen.

Bezogen auf das Beispiel der Dienstreiseabwicklung könnte das Validierungsszenario als Subjekte innerhalb der Organisation (z. B. Unternehmen) den Mitarbeiter, den Vorgesetzten, die Reisestelle und als externes Subjekt (Schnittstellensubjekt) den Reiseagenten umfassen. Der Mitarbeiter startet den Prozess, indem er eine Instanz durch Ausfüllen und Versenden des Antrags an den Vorgesetzten auslöst. Nach den weiteren nötigen Arbeits- und Kommunikationsschritten endet die Prozessinstanz im positiven Fall mit der beim Mitarbeiter als Antragsteller eingehenden Buchungsbestätigung und im negativen Fall mit der Ablehnung durch den Vorgesetzten.

Für den Test kann konkreten Vertretern der Subjekte Zugriff auf die automatisch aus dem Modell erzeugte Anwendung eingerichtet werden. Sie können dann in einem definierten Zeitraum an ihren PC-Arbeitsplätzen die jeweils für sie relevanten Arbeitsschritte und Kommunikationsvorgänge ausführen. Sofern an einem Standort konzentriert, können zumindest die Personen, welche die internen Subjekte repräsentierten, auch in einem Raum zusammenkommen und den Test beispielsweise mit mobilen Rechnern dort durchführen. Dann können sich die Beteiligten über die vom Prozessmodell vorgesehene Kommunikation innerhalb der Anwendung hinaus auch einfach persönlich über den Ablauf austauschen. Dadurch können sie insbesondere ihre Interaktionen, also die Bearbeitungsschnittstellen, prüfen und gegebenenfalls abstimmen.

Im Falle der räumlichen Verteilung der Subjektrepräsentanten, im Beispiel insbesondere des externen Reiseagenten, können dafür auch das Telefon oder Videokonferenzen als zusätzliche Kommunikationskanäle verwendet werden.

Wie so eine IT-gestützte Validierungsumgebung konkret aussehen kann, wird in Abschnitt 13.4 kurz erläutert.

◼ 7.6 Literatur

[Fischer et al. 2006]

Fischer, H.; Fleischmann, A.; Obermeier, S.: Geschäftsprozesse realisieren, Wiesbaden 2006.

[Schmelzer et al. 2010]

Schmelzer, H.; Sesselmann, W.: Geschäftsprozessmanagement in der Praxis, 7. Auflage, München 2010.

[Schmidt et al. 2009]

Schmidt, W.; Fleischmann, A.; Gilbert, O.: Subjektorientiertes Geschäftsprozessmanagement, *HMD – Praxis der Wirtschaftsinformatik*, Heft 266, S. 52–62, 2009.

8

Subjektorientierte Optimierung von Prozessen

■ 8.1 To Go

Mein Prozess ist doch fertig, er ist modelliert und validiert – warum sollte noch etwas optimiert werden?

Mit der Validierung haben wir festgestellt, dass wir das Richtige machen. Wir müssen aber noch prüfen, ob wir es mit dem geringstmöglichen Aufwand machen. Es kann beispielsweise sein, dass unnötige Aktionen oder Kommunikationsschritte ausgeführt werden. Dann sollte der Prozess optimiert werden ...

... wenn die Schwachstellen dazu führen, dass die Prozessziele nicht mehr oder nur teilweise erreicht werden. Wir wollen ja unnötige Arbeit möglichst vermeiden.

Da haben wir doch schon bei der Validierung drauf geachtet! Kein Mensch möchte unnötige Arbeiten tun.

Validierung und Optimierung hängen zwar zusammen, im Rahmen der Optimierung wollen wir allerdings Aufwände reduzieren, ohne bereits erreichte Effektivitätsziele aus den Augen zu verlieren. Prozessmanager drehen in einem Prozess nicht einfach nur an einem kleinen Schräubchen, um das Gesamtverhalten zu verändern. Optimierung ist ein komplexer Vorgang, in dem sämtliche Subjekte und Akteure zusammenarbeiten müssen.

■ 8.2 Wesen der Optimierung

In Kapitel 7 wurde mit der Validierung die Sicherstellung der Effektivität von Geschäftsprozessen beschrieben. Sie hat zum Ziel, dass ein Prozess die in der Analyse beschriebenen Ergebnisse liefert. Im Rahmen der Optimierung steht die Effizienz von Prozessen im Mittelpunkt der Aktivitäten, um die geforderten Ergebnisse mit dem geringstmöglichen Ressourcen- und Zeiteinsatz zu erreichen. Effizienzziele werden in der Analyse in Form von aus der Unternehmensstrategie abgeleiteten, mit Soll-Werten belegten Kennzahlen vorgegeben. Ergibt der Vergleich der beim Monitoring (vgl. Kapitel 11) für die Kennzahlen erfassten Ist-Werte mit den Zielgrößen eine negative Abweichung, müssen Optimierungsmaßnahmen eingeleitet werden. Denn eine solche Konstellation zeigt, dass der Prozess den an ihn gestellten Anforderungen nicht (mehr) genügt und seine Ziele nicht (mehr) erreicht werden.

> Nicht nur die Wahl der richtigen Mittel zur Aufgabenbewältigung (Effektivität), sondern auch ihr wirtschaftlicher Einsatz (Effizienz) bestimmt den Erfolg von S-BPM - Letzteres stellt die Optimierung sicher.

Es kann beispielsweise geschehen, dass ein Prozess über einen längeren Zeitraum zufriedenstellend gelaufen ist, es dann jedoch ohne offensichtliche Gründe zu ungeplanten Abweichungen wie einer Zunahme der Durchlaufzeit kommt. In der Optimierung sind die Ursachen für solche Effekte zu erforschen. Sie liegen häufig an Änderungen im Mengengerüst für einen Prozess, sodass vielleicht mehr Prozessinstanzen ausgeführt werden müssen als ursprünglich geplant. Dies wiederum führt dazu, dass Mitarbeiter überlastet sind oder die verwendeten Werkzeuge nicht mehr den geänderten Anforderungen entsprechen. In einem solchen Fall veranlassen Organisationsverantwortliche (Governors) die Optimierung im Anschluss an eine Analyseaktivität, ohne vorher zu modellieren und zu validieren.

Bei einem Organisationsentwicklungsvorhaben, das dem linearen Vorgehen im S-BPM-Zyklus folgt (z. B. Gestaltung eines neuen Prozesses), kann der Facilitator eine erste Optimierung des Prozesses bereits unmittelbar nach dessen Modellierung und Validierung veranlassen. In diesem Fall wird das validierte Prozessmodell daraufhin überprüft, ob es, auf Basis seiner effektiven Ausgestaltung, im Hinblick auf die Erreichung der für den Prozess definierten Effizienzziele verbessert werden kann. Eine Effizienzsteigerung bereits zu diesem Zeitpunkt eines organisationalen Entwicklungsvorhabens vermindert die Wahrscheinlichkeit von späteren Nachbesserungsbedarfen im laufenden Betrieb des betrachteten Prozesses.

■ 8.3 S-BPM-Akteure bei der Optimierung

8.3.1 Governors

Ein Governor spielt bei der Optimierung eine wichtige Rolle. Auf der Ebene der Geschäftsleitung muss er unter Berücksichtigung der Ziele, Positionierung und Ressourcen der Organisation eine Entscheidung treffen, welche Prozesse einer Optimierung unterzogen und welche Ziele damit verfolgt werden sollen (vgl. Abschnitt 8.4). Festzulegen ist dabei auch der Zeithorizont für die Erreichung der Ziele und der eventuell definierten Zwischenziele. Auch der Process Owner kann im Kontext der Optimierung eine Governor-Rolle ausüben, wenn es um Optimierungsansätze mit überschaubaren organisationalen Veränderungen geht, wie etwa den Einbau zusätzlicher Funktionen in eine den Prozess unterstützende Softwareapplikation.

8.3.2 Facilitators

Ein Facilitator leitet eine Optimierung auf Veranlassung eines Governors ein. Er organisiert, in der Regel als Projektleiter, die einzelnen Aktivitäten innerhalb des Optimierungsvorhabens. Insbesondere bindet er die Actors ein, deren Mitwirkung von entscheidender Bedeutung ist, da sie in der Regel am besten wissen, wie Prozesse in ihrem Arbeitsbereich verbessert werden können.

8.3.3 Actors

Die jeweiligen, an der praktischen Ausführung eines Modells beteiligten Personen, die Actors, kennen die Eigenheiten „ihres" Prozesses aus der praktischen Erfahrung am besten. Sie sind in der Lage, Schwachstellen zu erkennen und hierfür Ursachen zu nennen (vgl. Abschnitt 8.6.2). Problematisch kann dabei sein, dass die einzelnen Actors den Prozess eventuell nur hinsichtlich ihrer subjektiven Sicht optimieren. Dies kann zwar zu signifikanten Zeit- und Ressourceneinsparungen führen. Der Facilitator ist dann jedoch gefordert, gegebenenfalls mithilfe von Experten, eine ausgeglichene Gestaltung des Gesamtprozesses zu erreichen und damit Suboptima zu vermeiden, die aufgrund der subjektiven Sichten der einzelnen Beteiligten auftreten können.

8.3.4 Experts

Experts begleiten einen Optimierungsschritt, indem sie Fachwissen an geeigneter Stelle einbringen. Vor allem unterstützen sie die Actors bei der Diagnose von Schwachstellen und sind Spezialisten für Optimierungsmethoden (vgl. Abschnitt 8.6). Experten können die lokale Sicht der Actors durch eine erweiterte ganzheitliche Sicht ergänzen. Sie sind insbesondere vonnöten, wenn im Rahmen der Optimierung Prozesse simuliert werden, da zur Durchführung von Simulationen und zur Interpretation der Ergebnisse spezielle Fachkenntnisse und viel Erfahrung notwendig sind.

■ 8.4 Bestimmung der Optimierungsziele

Vor der Durchführung einer Optimierung ist festzulegen, welche Eigenschaft eines Prozesses zu verbessern ist, und welche nicht (vgl. [Best et al. 2007, S. 95]). Diese Optimierungsziele sind aus den Organisations- und Prozesszielen abzuleiten. Hier könnte beispielsweise festgelegt worden sein, dass alle Kundenprozesse innerhalb einer bestimmten Zeitspanne zu erledigen sind. Für andere Prozesse hingegen ist eine hohe Geschwindigkeit von sekundärer Bedeutung. So wird sich beispielsweise eine Organisation, die sich mit ihrer Produktqualität im oberen Preissegment positioniert hat, Einsparungspotenzial auf Kosten der Qualität kritisch prüfen.

Nur durch die Schaffung einer transparenten Prozessbetrachtung kann eine ständige Prozessoptimierung erreicht werden.

Generell soll es im Prozess keine Aktivitäten geben, die keinen unmittelbaren Bezug zu seinem Ergebnis haben und nichts zur Wertschöpfung beitragen. Zudem soll der gesamte Ablauf mit möglichst wenig Aufwand betrieben werden (vgl. [Schmelzer et al. 2010, S. 3 f.]). Als klassische Ziele einer Prozessoptimierung werden deshalb meist genannt:

- Optimierung der Prozesskosten,
- Optimierung der Prozesszeiten,
- Optimierung der Prozessqualität.

8.4.1 Prozesskosten

Unter Prozesskosten wird der Aufwand verstanden, der zur Ausführung einer Prozessinstanz erbracht werden muss. Im Rahmen einer Prozesskostenrechnung werden die Kosten für die einzelnen Prozessaktivitäten den ausführenden Einheiten zugeordnet.

Die Prozesskostenrechnung unterscheidet zwischen leistungsmengeninduzierten Kosten und leistungsmengenneutralen Gemeinkosten [Küpper 2011, S. 67]. Leistungsmengenneutrale Gemeinkosten sind Grundkosten, die für den Prozess zu jeder Zeit anfallen. Leistungsmengeninduzierte Kosten sind instanzbezogen und spielen nur dann eine Rolle, wenn der Prozess durchlaufen wird. Hierzu gehören beispielsweise zur Durchführung erforderliche Verbrauchsgüter.

Die Prozesskosten pro Instanz ergeben sich folglich aus der Addition der leistungsmengeninduzierten Kosten für eine Instanz und der über die Instanzanzahl pro Zeiteinheit umgelegten Grundkosten. Eine Optimierung der Prozesskosten kann demnach über eine Reduzierung der leistungsmengeninduzierten und/oder der leistungsmengenneutralen Gemeinkosten erfolgen. Sie ist erforderlich, wenn die tatsächlichen Prozesskosten die Vorgaben überschreiten.

Eine Optimierung kann sowohl auf leistungsmengeninduzierte Kosten als auch auf die Grundkosten abstellen. Dies gilt auch im Fall des Dienstreiseantragsprozesses. Prozesskostenbestandteile können dabei unter anderem die prozessbezogenen Personalkosten, insbesondere der Dienstreisestelle, sowie die Kosten für die zur Vorgangsabwicklung verwendete Software sein. Letztere können aus leistungsmengenabhängigen Anteilen wie benutzeranzahlbezogenen Lizenzkosten und leistungsmengenunabhängigen Anteilen wie einer Wartungspauschale bestehen. Diese Grundkosten lassen sich beispielsweise senken, wenn es gelingt, mit dem Hersteller einen Nachlass auf die jährliche Wartungsgebühr auszuhandeln.

8.4.2 Prozesszeiten

Die Prozesszeit kann als Durchlaufzeit oder Zykluszeit gemessen werden. Die Durchlaufzeit bezeichnet die Dauer vom Prozessbeginn bis zur Fertigstellung des Prozessergebnisses (vgl. [Schmelzer et al. 2010, S. 250 ff.]). In die Zykluszeit gehen die Dauern aller Teilschritte ein, auch derjenigen, welche parallel ablaufen. Während die Zykluszeit eher im Fokus der internen Betrachtung liegt (z. B. Kosten- und Kapazitätsoptimierung), spielt die Durchlaufzeit eine wesentliche Rolle für die Außenwirkung eines Prozesses, also für die Reaktionszeit gegenüber dem Kunden.

Als Beispiel sei ein Online-Dienstleister genannt, der zusichert, jede Bestellung innerhalb von drei Tagen ausgeliefert zu haben. Dies kann ein Alleinstellungsmerkmal auf dem Markt sein und mit Werbemaßnahmen ("Geld-zurück-Garantie") verbunden sein. Wird dieses Ziel bezüglich der Durchlaufzeit dagegen nicht erreicht, hat dies nicht nur negative monetäre Konsequenzen, sondern auch einen Imageverlust zur Folge. Ist der Mitbewerb schneller, kann dies wiederum einen Optimierungsdruck für die eigene Organisation bedeuten.

Beim Dienstreiseantrag kann eine wichtige Kennzahl zur Prozesszeit die Dauer zwischen Antragstellung und Bearbeitung durch die Reisestelle sein, welche zur Buchung von Reisemitteln, Hotels etc. führt. Je kürzer sie ist, desto größer ist die Wahrscheinlichkeit, dass Frühbucherrabatte in Anspruch genommen und damit Kosten gespart werden können. Die Dauer hängt wesentlich von der Reaktionszeit des Vorgesetzten und vom Arbeitsvorrat der Dienstreisestelle ab. Eine Optimierung kann beispielsweise eine Vertretungsregelung vorsehen, wenn ein Vorgesetzter nicht innerhalb einer vorgegebenen Zeitspanne reagiert. Eine zusätzliche Kraft in der Reisestelle könnte die Wartezeit bis zur Bearbeitung verkürzen. Wesentliche Voraussetzung für die Realisierung von Frühbucherrabatten ist natürlich die umgehende Reiseantragstellung, sobald der Reiseanlass vorliegt. Zur Optimierung kann hier die entsprecheden Aufforderung an die Mitarbeiter beitragen.

8.4.3 Prozessqualität

Das dritte Optimierungsziel ist die Prozessqualität. Diese wird an der Qualität des Prozessergebnisses für den internen oder externen Kunden gemessen (vgl. [Tomys 1995, S. 17]). Liefert ein Prozess etwa nicht das erwartete Ergebnis, so ist dies ein Fehlverhalten. Eine Qualitätskennzahl kann deshalb beispielsweise die Fehleranzahl bei der Fertigung von Produkten sein oder die Anzahl von Kundenbeschwerden bei Dienstleistungen. Auch die Termintreue, also die Einhaltung einer zugesagten Durchlaufzeit, ist meist ein wichtiges Qualitätsmerkmal. Solche direkt messbaren Qualitätskriterien beeinflussen auch ein häufig zusätzlich oder alternativ verwendetes Maß für die Prozessqualität, die Kundenzufriedenheit. Diese wird durch regelmäßige Kundenbefragungen ermittelt und reflektiert die Erfüllung der Kundenerwartungen.

Beim Dienstreiseantragsprozess kann die Qualität beispielsweise durch die Anzahl fehlerhafter Reisebuchungen gemessen werden (z. B. falsches Datum, falsche Klasse etc.). Die Zufriedenheit der Mitarbeiter als Kunden könnte sich darüber hinaus auch auf die Erfüllung individueller Wünsche, etwa zur Sitzplatzreservierung am Fenster, erstrecken.

8.4.4 Zieldreieck

Die Ziele Kosten, Zeit und Qualität ergeben ein sogenanntes „magisches" Zieldreieck. Optimierungsziele in diesem Dreieck können in konfliktärer, komplementärer oder neutraler Beziehung zueinander stehen. Es hängt von der Priorisierung der Prozessziele ab, an welchem Optimierungsziel Organisationsverantwortliche mit Verbesserungsmaßnahmen ansetzen.

Die Prozessgrößen Kosten, Zeit und Qualität können Zielkonflikte mit sich bringen. Eine Priorisierung dient der Vermeidung negativer Folgen von Verbesserungsmaßnahmen. Governors sind angehalten, das Beziehungsgefüge der drei Größen zu durchleuchten, wenngleich die Praxis von der Reduktion von Prozesskosten geleitet wird.

Insbesondere im Fall von Zielkonflikten gilt es, die negativen Folgen einer Verbesserungsmaßnahme für die anderen Parameter im Sinne eines Gesamtoptimums zu bewerten. So kann die Verkürzung der Durchlaufzeit durch Parallelbearbeitung von Prozessschritten zur Folge haben, dass sich die Kosten erhöhen, weil dafür mehr Personal eingesetzt werden muss. Hier ist der Governor einzuschalten, der anhand der Priorität der Prozessziele entscheiden kann, ob die Verbesserungsmaßnahme wie geplant durchgeführt werden soll.

Im Idealfall wirkt sich eine Verbesserung in einer Dimension auch positiv auf die anderen aus. Ein Beispiel dafür wäre eine Verkürzung der Durchlaufzeit durch Kompetenzverlagerung. So könnte eine Bank für die Bearbeitung eines Kreditangebots die Freigabekompetenz von der Abteilungsleitung auf die Sachbearbeiterebene verlagern. Durch den Wegfall der Genehmigungsschleife wird nicht nur Zeit eingespart, was dazu führt, dass der Kunde sein Angebot früher bekommt. Es reduzieren sich auch die Vorgangskosten, unter anderem um die ersparten Arbeitskosten für die Prüfung und Unterschrift durch die Abteilungsleitung, welche höher sind als die Kosten, die wegen der organisatorischen Änderung auf der Sachbearbeitungsebene neu entstehen.

In der Praxis wird die Reduktion der Prozesskosten häufig als wichtigstes Optimierungsziel betrachtet, auf das Verantwortliche auch mit Verbesserungen an den anderen Parametern abzielen (vgl. [Rosenkranz 2006, S. 257]).

Optimierungsmöglichkeiten können nicht nur durch negative Auswirkungen auf andere Zielparameter, sondern auch durch gegebene Rahmenbedingungen begrenzt sein. So scheidet beispielsweise eine Verbesserungsoption aus, wenn es nicht gelingt, Defizite hinsichtlich der für diese bessere Prozessalternative nötigen Kenntnisse oder Fertigkeiten beim Personal durch entsprechende Schulungs-, Entwicklungs- und Rekrutierungsmaßnahmen zu beseitigen.

■ 8.5 Basis von Optimierungen

Für die Verfolgung der unter Abschnitt 8.4 angesprochenen Ziele ist es wichtig, sie zu operationalisieren. Dies bedeutet, dass sie durch Kennzahlen ausgedrückt (was?), mit Planwerten (wie viel?) und einem zeitlichen (bis wann?) und organisatorischen (durch wen?) Bezug versehen sein müssen.

Als Ausgangspunkt von Verbesserungsmaßnahmen benötigen wir Ist-Werte für die Kennzahlen, welche ein Ziel detaillieren. Solche Werte können folgendermaßen gewonnen werden:

- Hypothesen über Zeiten und Ressourcenbedarfe bei Prozessausführungen
  In diesem Fall werden Annahmen über die Anzahl der auszuführenden Prozesse je Zeiteinheit und über die dafür voraussichtlich benötigten Zeiten oder Ressourcen getroffen. Diese Annahmen können durch mehr oder weniger fundierte Erfahrungen

gestützt werden. Eine derartige Vorgehensweise ist dann vonnöten, sobald ein Prozess vollständig neu eingeführt oder signifikant überarbeitet wurde und noch keine zuverlässigen Messungen vorliegen.

- Messungen bei den bisherigen Prozessabläufen (vgl. Kapitel 11)
Einfacher ist die Situation, wenn ein Prozess bereits in Produktion ist und Messungen für Instanzen vorliegen, aus denen sich der Ressourcen- und Zeitverbrauch in Prozessen und Prozessteilen ermitteln lässt.

- Benchmarks
Manchmal können Verantwortliche auch auf Werte aus Vergleichen mit Geschäftspartnern (Kunden, Lieferanten) und sogar mit Wettbewerbern zurückgreifen oder Branchendurchschnitte heranziehen. Um im Rahmen der Simulation unter Verwendung solcher Basisdaten aussagekräftige Ergebnisse zu erhalten, ist es allerdings wichtig, die Berechnungslogik der verwendeten Benchmarks zu kennen.

Für die Optimierung muss als minimale Voraussetzung ein Prozessmodell vorliegen, an dem sich die Optimierungsmaßnahmen orientieren können. In das Prozessmodell können die entsprechenden Annahmen über den Ressourcen- und Zeitbedarf beim Prozessablauf bzw. die verfügbaren Messergebnisse eingefügt werden. Daraus lassen sich dann die notwendigen Änderungen im Modell ableiten oder die Vorgaben für die organisatorische und/oder IT-Implementierung des Prozesses ermitteln.

|| Prozessoptimierung kann nur verwirklicht werden, wenn alle Leistungsprozesse der ||
|| Organisation auf das Organisationsgesamtziel ausgerichtet sind.

■ 8.6 Allgemeine Optimierungsmöglichkeiten

Nach der Festlegung der Optimierungsziele gilt es, jene Stellen im Prozess zu identifizieren, an denen Kosten und Zeit reduziert werden können sowie die Qualität erhöht werden kann. Optimierungsmöglichkeiten ergeben sich vorwiegend in folgenden drei Bereichen:

- Prozessmodell,
- organisationsspezifische Implementierung,
- IT-Implementierung.

In der Praxis sind Optimierungsmaßnahmen in diesen Feldern nicht unabhängig voneinander. So kann es sein, dass ein Prozessmodell nur ausgewählte organisatorische oder technische Implementierungsaspekte unterstützt. Umgekehrt lassen vielleicht organisatorische oder technische Vorgaben bestimmte Prozessmodelle nicht zu.

Abbildung 8.1 gibt einen Überblick über grundsätzliche, vorwiegend auf Ressourcen- und Ablaufalternativen bezogene Optimierungsmöglichkeiten (vgl. z. B. [Bleicher 1991

S. 196], [Stöger 2005, S. 109 ff.], [Gadatsch 2010, S. 21]). Diese lassen sich auch auf das Verhalten und die Kommunikationsstrukturen von Subjekten in Prozessen übertragen.

Optimierung	Erläuterung
Weglassen	Nicht benötigte Arbeitsschritte entfernen
Auslagern	Aufgaben an externe Dienstleister vergeben (Outsourcing)
Zusammenfassen	Mehrere Arbeitsschritte zu einem Schritt zusammenfassen
Parallelisieren	Arbeitsschritte auf mehrere Ressourcen verteilen, damit sie gleichzeitig ausgeführt werden können
Verlagern	Bisher nachgelagerte Aktivitäten früher beginnen
Beschleunigen	(Bessere) Arbeitsmittel bereitstellen, die eine schnellere Erledigung von Aufgaben ermöglichen (z. B. IT-Systeme)
Ergänzen	Arbeitsschritte hinzufügen (z. B. zur Qualitäts- und Ergebnissicherung)

Abbildung 8.1: Generelle Möglichkeiten der Prozessoptimierung

In den folgenden Abschnitten werden einzelne methodische Aspekte der Optimierung näher untersucht, ehe wir die subjektorientierte Optimierung konkretisieren.

8.6.1 Simulation des Prozessmodells

Eine Simulation überprüft das Prozessverhalten mit dem Durchspielen von Instanzen, noch bevor der Prozess in der Praxis eingesetzt worden ist (vgl. [Tomys 1995]). Damit kann schon vor dem produktiven Einsatz am Prozessmodell ermittelt werden, welche Durchlaufzeiten bzw. Ressourcenbedarfe für ein gegebenes Mengengerüst, d. h. eine bestimmte Anzahl von Prozessinstanzen je Zeiteinheit, voraussichtlich anfallen.

So kann eine Simulation beispielsweise wertvolle Hinweise auf mögliche Flaschenhälse (bottle necks) liefern, wenn sie zutage fördert, dass es bei einer bestimmten Auftragsmenge zu Überlastungen bei Subjekten kommt und deren Träger das Arbeitspensum an ihren Stellen nicht mehr bewältigen können.

Für die Simulation sind geeignete Parameter zu definieren. [Gadatsch 2010, S. 224] unterscheidet zwischen ablaufbezogenen und ressourcenbezogenen Analysegrößen, welche sich jeweils an Zeiten, Werten und Mengen orientieren (vgl. Abbildung 8.2).

Überprüfen Sie Ihre Messpunkte am Prozess, S-BPM berücksichtigt primär Kommunikationsflüsse neben der funktionalen Aufgabenerfüllung.

Orientierung / Bezug	Ablaufbezogen	Ressourcenbezogen
zeitorientierte Größen	Durchlaufzeiten Ausführungszeiten Wartezeiten	Einsatzzeiten Wartezeiten Ausfallzeiten
wertorientierte Größen	Prozesskosten	Nutzkosten Leerkosten
mengenorientierte Größen	ausgeführte Prozessschritte nicht ausgeführte Prozessschritte	Objektinput Objektbestand Objektoutput

Abbildung 8.2: Analysegrößen für die Simulation von Prozessinstanzen

Zur Simulation werden die hier genannten Analysegrößen mit verschiedenen Wahrscheinlichkeitsverteilungen hinterlegt. Das Prozessmodell wird im Zeitraffer bei gegebenen Parametern mehrfach durchlaufen. Durch Zufallsgeneratoren werden gemäß den Verteilungsfunktionen für jeden Durchlauf die entsprechenden Zeiten bzw. Ressourcenbedarfe ermittelt und für jeden Prozessablauf protokolliert. Diese Daten werden dann nach einer entsprechenden Anzahl von Durchläufen ausgewertet. Auf diese Weise kann erforscht werden, wie sich der Prozess bei Ausführungslast beispielsweise bezüglich Dauer und Kosten verhalten wird.

Die Tatsache, dass bei der Simulation das Prozessmodell im Zeitraffer durchlaufen wird, setzt ein ausführbares Prozessmodell voraus. Simulationen werden häufig auch auf mehrere Prozessvarianten angewandt, um zu bestimmen, welche die effizienteste in Bezug auf Kosten, Zeit etc. ist. Unter Simulation wird daher auch das „systematische Experimentieren" [Gadatsch 2010, S. 216] mit Modellen von realen Problemstellungen verstanden.

Im Beispiel des Dienstreiseantrags soll die Durchlaufzeit simuliert werden, um Anhaltspunkte für die personelle Ausstattung der einzelnen Bearbeitungsstationen zu erhalten. Hierzu werden Bearbeitungszeiten, Wartezeiten und Kommunikationszeiten der Subjekte mit Erfahrungswerten besetzt. Dann wird der Antragsprozess bei gegebenen Ressourcen in den einzelnen Bearbeitungsstellen mit variierenden Anzahlen pro Zeiteinheit (gleichzeitig) gestellter Anträge (Instanzen) simuliert. So lässt sich gegebenenfalls erkennen, ob es zu einer Erhöhung der Durchlaufzeit kommt, weil die Personalressourcen in der Dienstreisestelle nur auf eine bestimmte Fallzahl ausgelegt sind und eine zunehmende Dienstreisetätigkeit dort zu Engpässen führen würde.

Die Schwierigkeit bei der Simulation besteht darin, geeignete Parameterdaten zu finden. Zur Durchführung einer Simulation muss beispielsweise bekannt sein, wie viele Instanzen in einer Zeiteinheit abgearbeitet werden sollen. Dazu ist eine entsprechende Wahrscheinlichkeitsverteilung mit Parametern nötig. Zusätzlich muss für jede Aktion bekannt sein, wie viel Zeit bzw. wieviele Ressourcen dafür benötigt werden. Diese Zeiten und Ressourcenbedarfe sind in der Regel nicht konstant, sondern folgen ebenfalls Wahrscheinlichkeitsverteilungen mit den dazugehörigen Parametern. Im Idealfall liegen für solche Daten Messergebnisse von der Ausführung tatsächlicher Prozessinstanzen vor. Ansonsten müssen sie geschätzt werden.

Achten Sie bei Vergleichen, ob Modelle vergleichbar sind. Auch im S-BPM zählt der semantische Vergleich zweier Modelle, d. h. es sind die mit zwei Modellen beschriebenen Inhalte hinsichtlich ihrer Deckungsgleichheit zu untersuchen.

Die Durchführung einer Simulation erfordert spezielles Expertenwissen, sowohl um die Simulation vorzubereiten, als auch um die erhaltenen Ergebnisse auf Plausibilität zu überprüfen, zu interpretieren und Schlüsse bezüglich der Ressourcen und Zeitbedarfe daraus zu ziehen. Es ist Aufgabe des Facilitators, bei Bedarf Personen zu involvieren, welche über solche Expertise verfügen.

8.6.2 Schwachstellenidentifikation und Ursachenbestimmung

Während im Rahmen einer Simulation die Effizienz eines gegebenen Modells unabhängig von seinem Einsatz in der organisationalen Handlungspraxis untersucht wird, zielt eine Schwachstellenanalyse darauf ab, das Verhalten eines Prozesses im Einsatz einer kritischen Untersuchung zu unterziehen. Es wird also betrachtet, wie effizient ein Prozess bei gegebenem Modell in seiner organisatorischen und technischen Umgebung abläuft. Die Schwachstellenanalyse besteht aus den Schritten der Schwachstellenidentifikation und der Ermittlung der Ursachen.

Eine Identifikation erfolgt häufig über Beobachtungen. Es ist beispielsweise bekannt, dass die Bearbeitung des Dienstreiseantrags seit ungefähr einem Jahr deutlich länger dauert als zuvor. Dies kann ein Ergebnis aus dem Monitoring sein, wenn geeignete Maßzahlen vorliegen. Nicht alle Schwachstellen lassen sich jedoch mit Kennzahlen diagnostizieren, vor allem dann nicht, wenn der Reifegrad gering ist und demgemäß noch gar keine Maßzahlen definiert sind. Eine solche Situation finden wir häufig bei Vorgängen, die „irgendwie laufen", ohne den Grund dafür zu kennen und ohne dass eine Dokumentation existiert. [Fischer et al. 2006, S. 39] bezeichnen solche Abläufe als „Zombie-Prozesse".

Abbildung 8.3 gibt Beispiele für Schwachstellen wieder. Sie ist in den Spalten gegliedert nach den wesentlichen Kennzeichen subjektorientiert beschriebener Prozesse, und in den Zeilen nach wichtigen Aspekten der Organisationsgestaltung. Die aufgeführten Schwachstellen wirken in unterschiedlicher Intensität auf Kosten, Zeit und Qualität.

Schwachstellen bei ... mit Bezug zur	Subjektverhalten	Subjektintegration	Geschäftsobjekt
Aufbauorganisation (organisatorische Implementierung von Prozessen; vgl. Kapitel 9)	• Inadäquate Qualifikation • mangelhafte Anreizsysteme • Unklare Zuständigkeiten, mangelhafte Entscheidungs- und Bearbeitungsverantwortung	• Ausgeprägte Hierarchie mit langen Dienstwegen	
Ablauforganisation	• Suboptimale Folge von Teilschritten • Lange Bearbeitungszeiten • Doppelarbeit	• Unklare Dienstwege • Lange Wartezeiten	
Ablauforganisation	• Fehlende Funktionalität • Mangelhafte Bedienbarkeit • Mangelnde Integration auf Anwendungsebene (z. B. durch Portal)	• Mangelnde technische Integration von Kommunikationsmitteln	• Medienbrüche • Viele papiergebundene Dokumente

Abbildung 8.3: Ausgewählte Schwachstellen in Prozessen

Die Identifikation von Schwachstellen bedeutet allerdings nicht, dass damit bereits die Ursache aufgedeckt worden ist. Schwachstellen weisen vielmehr auf „Phänomene" hin, deren Gründe möglicherweise woanders als im betrachteten Organisationsausschnitt bzw. in einer bestimmten Betrachtungsperspektive liegen. Insbesondere bei IT-gestützten und vernetzten Prozessen sind die eigentlichen Hintergründe oft schwer zu ermitteln.

Deswegen ist eine gründliche Ursachenermittlung der wichtigste Baustein der Schwachstellenanalyse, in die von den Sachbearbeitern (Actors) bis zu den Prozessverantwortlichen (Governors) alle Beteiligten einbezogen werden sollten. Eine gängige Methode ist die sogenannte Ishikawa-Analyse (vgl. [Schulte-Zurhausen 2002, S. 513]). Dabei werden zu einem Problem über die Kriterien „Mensch", „Maschine", „Mitwelt", „Material", „Methode" und „Messung" Hauptursachen und Nebenursachen identifiziert, die zum Problem beitragen. Dies geschieht in Gruppenarbeit. Durch Zusammenarbeit der Wissensträger kann so das Hauptproblem identifiziert werden. Die Ursachenforschung im S-BPM erfolgt daher subjektorientiert. Das bedeutet nicht, dass die Subjekte die Ursachen von Problemen sind, es wird vielmehr angenommen, dass die Subjektträger am besten spezifizieren können, warum Arbeitsabläufe schlecht laufen.

Beim Dienstreiseantrag wird beispielsweise festgestellt, dass es immer wieder Fehlbuchungen gibt und die Qualität der Dienstreisestelle den Anforderungen nicht genügt. In einem gemeinsamen Workshop erkennen die Beteiligten, dass die Ursache nicht der Mensch ist. Es werden hier als Material Formulare verwendet, die teilweise mit Textverarbeitung, teilweise mit der Hand auszufüllen sind. Dieser Vorgang birgt die eigentliche Ursache: Formulare werden unterschiedlich interpretiert und ausgefüllt. Die Dienstreisestelle muss deshalb häufig rückfragen oder interpretiert Angaben falsch. Als Lösung schlägt die Gruppe eine maschinelle Unterstützung vor, in die Anfragen als Geschäftsobjekte in normierter Form eingehen.

■ 8.7 Optimierungsaspekte

Betrachten wir die Optimierung aus subjektorientierter Sicht, ergeben sich folgende Ansatzpunkte:

- Verbesserung des Subjektverhaltens,
- Kommunikation zwischen den Subjekten,
- Neustrukturierung von Subjektverhalten,
- Verbesserung der Geschäftsobjekte.

Die Orientierung an Subjekten lässt eine unmittelbare Beteiligung der Betroffenen zu und erlaubt den Einsatz von Maßnahmen zur Organisationsentwicklung.

8.7.1 Verbesserung des Subjektverhaltens

Ein erster Ansatzpunkt zur Optimierung ist die Untersuchung des Subjektverhaltens. Häufig sind Arbeitsschritte starr im Verhaltensrepertoire der Actors in einem Prozess verankert. Ein Anstoß zur Veränderung des eigenen Verhaltens wird möglicherweise als Angriff auf die eigene Person gewertet, wenn sich Subjektträger zu sehr mit dem Subjekt identifizieren. Oder es entsteht ein „Tunnelblick", der Verbesserungen am Verhalten nicht zulässt.

Die japanische Methode Kaizen ist ein Beispiel für eine Methode zur Optimierung des Subjektverhaltens. Philosophie von Kaizen ist, dass jeder Mitarbeiter in der Lage ist, das eigene Verhalten zu überprüfen und einem kontinuierlichen Verbesserungsprozess zu unterwerfen. Jeder Mitarbeiter muss sich seiner Verantwortung für die Optimierung der Prozesse, an denen er beteiligt ist, bewusst sein. Der Mitarbeiter nimmt damit eine zweite Rolle ein: Er ist nicht nur Ausführender, sondern auch aktiver Gestalter. „Die Beteiligung jedes Einzelnen ist willkommen" (vgl. [Steinbeck 1995, S. 38]). Es geht hierbei nicht darum, die Verhaltensweisen einzelner Personen zu überprüfen und zu verbessern. Vielmehr wird von den Subjektträgern das Subjekt als Objekt überprüft und gemeinsames Verbesserungspotenzial gesucht.

Dieser Vorgang wird nicht von außen gesteuert. Die Subjektträger selbst übernehmen die Rolle des Optimierers. Die Subjektträger als Wissensträger tauschen sich über eine mögliche „Best Practice" ihres Tuns aus. Diese Arbeitsweise ist nicht unbedingt selbstverständlich und muss expliziter Bestandteil der Unternehmenskultur sein bzw. werden. Den Mitarbeitern ist insbesondere zu verdeutlichen, dass Kaizen nicht bedeutet, dass jeder das macht, was er für richtig hält. Einer Veränderung des Prozesses muss beispielsweise der Governor zustimmen.

Kaizen wurde nicht speziell für das Geschäftsprozessmanagement entwickelt, kann aber auch für den Optimierungsprozess bei S-BPM genutzt werden. Einzubeziehen sind die beteiligten Akteure und der messbare Bezug zu Prozesszielen. Da durch die Subjektorientierung jeder Mitarbeiter transparent vermittelt bekommt, was von ihm in welchem Prozess erwartet wird (siehe Abschnitt 9.4.1), ist auch deutlich, dass sich die Optimierung auf den jeweiligen Aufgabenträger bezieht. Diese kann das Verhalten des Prozessmodells oder die organisatorische oder technische Implementierung betreffen.

Im Kontext des Dienstreisantragsprozesses könnten sich die Mitarbeiter der Dienstreisestelle in einem gemeinsamen Kaizen-Workshop austauschen. Dabei stellen sie fest, dass ein Internetportal existiert, das bei Angabe von Reisezeit und -ziel selbständig das schnellste Verkehrsmittel und die günstigste Übernachtung anbietet und hierfür alle Buchungen vornimmt. Die Gruppe berechnet das reale Optimierungspotenzial und schlägt der Geschäftsleitung vor, das Portal in den eigenen Prozess zu integrieren.

8.7.2 Kommunikation zwischen den Subjekten

Hohes Optimierungspotenzial steckt in der Kommunikation zwischen den Subjekten. Häufig werden zu viel unbedeutende Information und zu wenig wichtige Information weitergegeben. Die Folge ist, dass die Subjekte ihre Aufgaben weder ausreichend rasch noch mit der notwendigen Qualität verrichten können. Das hat direkte Auswirkungen auf die Zeit und die Qualität. Zudem ist Kommunikation immer mit Kosten verbunden. So ergeben sich viele Optimierungspotenziale.

Durch Änderungen der Kommunikationsbeziehungen zwischen Subjekten kann eine Verbesserung hinsichtlich der angestrebten Ziele erreicht werden. So kann in unserem Beispiel der genehmigte Geschäftsreiseantrag nicht durch den Vorgesetzten, sondern durch den Mitarbeiter selbst an die Reisestelle gesendet werden. Eine derartige Veränderung optimiert die Organisation in Richtung eigenverantwortlicher Zeitbudgetierung. Sie geht mit Job Enrichment im Sinne einer vertikalen Reintegration von Aufgaben einher. Änderungen in der Kommunikationsstruktur ziehen entsprechende Anpassungen in dem jeweiligen Subjektverhalten nach sich – der Antragsteller muss in dem angesprochenen Job Enrichment keine Genehmigung mehr vom Dienstvorgesetzten einholen.

Die Modifikation der Kommunikation zwischen den Subjekten kann es auch erfordern, die Strukturen und Inhalte von Geschäftsobjekten anzupassen. Bestimmte Informationen müssen auf andere Geschäftsobjekte verteilt werden bzw. können zusammengefasst werden, abhängig davon, welche Informationen nach der Änderung an welches Subjekt gesendet werden müssen.

Neben den genannten Anpassungen im Prozessmodell kann es auch notwendig sein, die Realisierung der Kommunikation insbesondere durch Einsatz geeigneter Kommunikationsmittel zu verbessern. Dies kann im organisatorischen Umfeld bedeuten, dass persönliche oder kulturelle Barrieren beseitigt werden müssen. Kulturelle Barrieren können insbesondere bei unternehmensübergreifenden Prozessen ein wesentliches Optimierungsproblem sein. Technische Hilfsmittel wie E-Mail oder Workflow-Systeme helfen, die Kommunikation technisch zu vereinfachen. Das Versenden eines Geschäftsobjekts durch E-Mail ist weniger aufwendig als das Versenden eines Papierformulars. So werden Geschäftsprozesse und die damit verbundene Kommunikation vermehrt über entsprechende IT-Infrastrukturen realisiert (vgl. Kapitel 10).

Beim Dienstreiseprozess werden die Reiseunterlagen (Tickets, Hotel-Vouchers etc.) dem Mitarbeiter per Post zugestellt. Pro Dienstreiseantrag fallen dafür nicht unerhebliche Kosten an. Der Prozess wird derart umgestellt, dass nur noch Online-Tickets geordert werden, die den Mitarbeitern viel schneller und nahezu ohne Kosten per E-Mail zugesendet werden können.

8.7.3 Neustrukturierung von Subjektverhalten

Ein weitreichender Optimierungsansatz ist die komplette Neugestaltung der Subjektstruktur. Die bestehenden Kommunikations- und Aktivitätsstrukturen werden dabei vollkommen aufgelöst und neu definiert. Dies entspricht einer radikalen, weitgehenden Umgestaltung des Unternehmens, welche Hammer und Champy als Business Process Reengineering (BPR) vorgestellt haben (vgl. [Hammer et al. 1993]). Dieses soll in Situationen angewandt werden, in denen kurzfristige Änderungen nicht mehr zielführend erscheinen. Eine vollständige Umordnung der Unternehmensprozesse soll Kosten- und Qualitätsverbesserungen ermöglichen, da einzelne oder mehrere Prozesse von Grund auf neu aufgebaut werden.

Sie ist jedoch in der Regel ein sehr radikaler Einschnitt in ein Unternehmen. Die Mitarbeiter verlieren teilweise ihre „Identität", weil Versetzungen stattfinden, Kompetenzen verlagert und Aufgaben an externe Dienstleister vergeben werden etc. Dadurch kann viel Erfahrung verloren gehen und im Unternehmen eine große Unsicherheit entstehen. Außerdem kann in einer Organisation oft nicht von einer grünen Wiese ausgegangen werden. Prozesse müssen einigermassen zur vorhandenen Aufbauorganisation, Personalausstattung und Infrastruktur passen. All dies vollständig „neu" aufzubauen wäre sehr teuer, würde viel Zeit erfordern und ist oft unrealistisch. Business Process Reengineering wird aus den genannten Vor- und Nachteilen kontrovers diskutiert (vgl. z. B. [Fischer et al. 2006, S.22]).

Re-Engineering, das ist die rigorose Neugestaltung von Subjektverhalten, kann zu Unverträglichkeiten mit der Denk- und Arbeitsweise der Betroffenen führen, wenn sie nicht beteiligt sind.

Mögliche Gründe für ein rigoroses Vorgehen sind:

- Durch Veränderung in der Personalstruktur können bestimmte Subjekte nicht mehr besetzt werden. Eine Weiterarbeit, wie bisher, ist nicht möglich, die Subjekte müssen völlig neu besetzt werden.

- Die Qualifikationen der Subjektträger reichen nicht aus, um die erforderlichen Aufgaben zu erfüllen. Durch eine Umorganisation werden die Aufgaben weitreichend umverteilt.

- Es werden aus Prozessstandards Anforderungen an bestimmte Rollen gestellt. Diese Rollen sind im Unternehmen in dieser Form noch nicht vorhanden. Eine Abbildung der bisherigen Funktionen auf die neuen Rollen erscheint zu schwierig.

- Der Reifegrad des Prozesses ist gering geworden, und einfache Verbesserungsmaßnahmen reichen nicht mehr aus, sodass sich die Geschäftsleitung dazu entschlossen hat, den Prozess völlig neu zu definieren.

Im Beispiel der Dienstreiseabwicklung könnte die Geschäftsleitung entscheiden, für den Geschäftserfolg unkritische Unterstützungsprozesse, darunter den Dienstreiseantragsprozess, künftig über einen Service Desk bei einem Outsourcing-Dienstleister abwickeln zu lassen. Konsequenz wären die Auflösung der Dienstreisestelle und die Buchung durch von dem Dienstleister beauftragte, dem Unternehmen unbekannte Reisebüros. Dies würde eine weitreichende Umgestaltung des Dienstreiseprozesses mit Freisetzung bzw. Umsetzung von Personal mindestens in der Reisestelle bedeuten.

Eine mildere Form der Neustrukturierung der Aktivitäts- und Kommunikationsstrukturen von Subjekten ist die horizontale Reintegration von Teilaufgaben (Job Enlargement). Diese führt zu einem veränderten Zuschnitt des Verhaltens der Subjekte. Manche Subjekte führen dann zusätzliche Arbeitsschritte aus, andere weniger. Dies kann bis hin zur Auflösung eines Subjekts im betrachteten Prozess führen, wenn dessen sämtliche Aktivitäten auf andere Prozessbeteiligte verlagert werden können. Voraussetzung dafür ist, dass die anderen Subjekte durch Empowerment in die Lage versetzt werden, diese für sie neuen Aufgaben zu erledigen (z. B. durch Schulung und adäquate IT-Unterstützung). Als Folge einer derartigen Reintegration können Kommunikationsschritte, Schnittstellen, Wartezeiten etc. entfallen.

8.7.4 Verbesserung der Geschäftsobjekte

Bei den Geschäftsobjekten ist bereits im Prozessmodell darauf zu achten, dass nur tatsächlich benötigte Daten enthalten sind, und dementsprechend nur solche Daten an andere Subjekte gesendet werden, welche diese für ihre Arbeit auch benötigen. Die betreffenden Daten müssen auch korrekt und ausreichend genau sein. Mit der Erfüllung dieser Anforderungen kann erheblicher Aufwand vermieden werden.

Dies gilt auch für das Layout der Benutzungsschnittstellen von Geschäftsobjekten, unabhängig davon, ob es sich um Papierformulare oder elektronische Formulare (Bildschirmmasken) handelt. Eine ergonomische Gestaltung erleichtert dem Bearbeiter (Actor) die manuelle Erfassung von Information und beschleunigt so die Aufgabenerledigung. Die

Bearbeiter (Actors) wissen in der Regel genau, wie Formulare und Eingabedialoge verbessert werden können, sodass ihre Sicht auf jeden Fall berücksichtigt werden sollte.

Die Art der Implementierung von Geschäftsobjekten liefert einen weiteren Ansatz für die Optimierung. So kann die Ablösung eines Papierformulars durch ein elektronisches Pendant erhebliches Verbesserungspotenzial bergen. Dies beginnt bei der einfacheren Ablage, Vervielfältigung, Weitergabe, Wiedervorlage etc. und endet bei der Möglichkeit, Felder automatisch ausfüllen zu lassen und Eingaben auf Plausibilität zu prüfen.

Beim Dienstreiseantrag können etwa Name, Vorname, Organisationseinheit und Erreichbarkeitsdaten des Antragstellers automatisch in ein elektronisches Formular übernommen werden. Derartige Informationen können mithilfe der Log-in-Daten aus den Einträgen in Benutzerverzeichnissen gewonnen werden. Eine Plausibilitätsprüfung kann verhindern, dass der Bearbeiter ein Endedatum für die Reise eingibt, welches vor dem Beginndatum liegt.

■ 8.8 Literatur

[Best et al. 2007]

  Best, E.; Weth, M.: Geschäftsprozesse optimieren, Wiesbaden 2007.

[Bleicher 1991]

  Bleicher, K.: Organisation: Strategien – Strukturen – Kulturen, Wiesbaden 1991.

[Bösing 2006]

  Bösing K. D.: Ausgewählte Methoden der Prozessverbesserung, TFH Wildau, Wiss. Beiträge, Wildau 2006.

[Fischer et al. 2006]

  Fischer, H.; Fleischmann, A.; Obermeier, S.: Geschäftsprozesse realisieren, Wiesbaden 2006.

[Gadatsch 2010]

  Gadatsch, A.: Grundkurs Geschäftsprozessmanagement, 6. Auflage, Wiesbaden 2010.

[Hammer et al. 1993]

  Champy, M.; Hammer, J.: Business Reengineering: Die Radikalkur für das Unternehmen, 5. Auflage, Frankfurt am Main/New York 1993.

[Harrington 1998]

  Harrington J.: Simulation modelling methods – An interactive guide to result-based decision, New York 1998.

[Küpper 2011]

Küpper, H.J.: Übungsbuch zur Kosten- und Erlösrechnung, 6. Auflage, München 2011.

[Rosenkranz 2006]

Rosenkranz, F.: Geschäftsprozesse, Wiesbaden 2006.

[Schmelzer et al. 2010]

Schmelzer, H.; Sesselmann, W.: Geschäftsprozessmanagement in der Praxis, 7. Auflage, München 2010.

[Schulte-Zurhausen 2002]

Schulte-Zurhausen, M.: Organisation, München 2002.

[Steinbeck 1995]

Steinbeck, H.-H. (Hrsg.): CIP-KAIZEN-KVP – die kontinuierliche Verbesserung von Produkt und Prozess, Landsberg 1995.

[Stöger 2005]

Stöger, R.: Geschäftsprozesse, Stuttgart 2005.

[Tomys 1995]

Tomys, A.-K.: Kostenorientiertes Qualitätsmanagement, München/Wien 1995.

9

Organisationsspezifische Implementierung subjektorientierter Prozesse

■ 9.1 To Go

Nun sind wir aber fast fertig. Wir haben ein validiertes Modell und haben uns über optimale Ablaufstrukturen und Ressourceneinsätze Gedanken gemacht. Jetzt heißt es doch konkret: Wer tut was?

Ja richtig. Jetzt geht es um Namen. Werden die Aktivitäten, wie sie in einem Subjekt festgelegt wurden, von einem Menschen ausgeführt, müssen die Beteiligten oder Verantwortlichen auch sagen, wie dieser Mensch heißt. Statt einer Einzelperson kann aber auch eine ganze Organisationseinheit für ein Subjekt zuständig sein.

Wir haben dabei auch noch die Herausforderung, dass Prozessmodelle an mehreren Stellen im Unternehmen unabhängig voneinander verwendet werden. Die Geschäftsreise muss ja vom jeweils zuständigen Vorgesetzten genehmigt werden und nicht von einer beliebigen Führungskraft.

Klar. Dazu gibt es die Möglichkeit, den Subjekten eines Prozessmodells entsprechende Mitarbeiter in Abhängigkeit von dem jeweiligen Umfeld zuzuordnen.

Ich muss also wissen, in welchem organisationsspezifischen Kontext mein Prozess steht.

Richtig. Jedes Prozessmodell kann in zahlreichen Kontexten im Unternehmen vorkommen. In verschiedenen Kontexten kann ein und demselben Subjekt jeweils ein anderer Kollege zur Bearbeitung zugeordnet sein.

Wie ist es denn mit Vertreterregelungen? Da haben wir immer wieder Probleme.

Die sind im Rahmen der Einbettungen eines Subjekts in die Organisation mit vorgesehen. Aber lies selbst!

In den vorangegangenen Kapiteln haben wir beschrieben, wie Geschäftsvorgänge einer Organisation durch die subjektorientierte Methode auf ein Prozessmodell abgebildet werden. Das Ergebnis wird gegebenenfalls noch validiert und optimiert. Nun ist der Prozess so weit festgelegt, dass er in der Organisation eingesetzt werden kann. Dieser Schritt wird im Sinne des S-BPM-Vorgehensmodells als organisationsspezifische Implementierung bezeichnet. Aus den abstrakten Subjekten werden nun konkrete Mitarbeiter, die Subjekte werden in die Organisation eingebettet.

Im Rahmen dieses Vorgangs treffen allerdings zwei Welten aufeinander: Ein abstraktes Modell, und damit ein Artefakt, wird auf ein soziales System übertragen. Es wird eine Übertragung von modellierten Strukturen auf eine lebende Organisation vollzogen. Dieser Übergang bedarf der Führung und Begleitung. Hier können Organisationsentwickler unterstützend eingebunden werden. Der subjektorientierte Ansatz hilft auch hier, da der unmittelbare Bezug von Subjektspezifikationen zu Menschen als Handelnden genutzt werden kann. Darüber hinaus können kontextsensitive Geschäftsregeln festgelegt werden.

■ 9.2 S-BPM-Akteure bei der organisationsspezifischen Implementierung

9.2.1 Actors

An der Entwicklung des Prozessmodells einschließlich der Validierung und der Optimierung waren bereits Mitarbeiter beteiligt, die in den betrachteten Prozessen tätig sind. Sie können eine wesentliche Hilfe bei der Einführung eines neuen oder angepassten Prozesses sein. Durch ihre Beteiligung an der Modellentwicklung sind sie in der Lage, sich mit dem Prozess zu identifizieren. Dies hilft in den meisten Fällen, Akzeptanz des Prozesses bei anderen betroffenen Mitarbeitern zu fördern. Somit sind die an der Modellbildung beteiligten Actors ein wesentlicher Startpunkt für die organisatorische Implementierung von Geschäftsprozessen. Durch diese Actors lernen andere den Prozess kennen und ihn anzuwenden.

Die von Veränderungen betroffenen Arbeitshandelnden müssen aktiv in den Veränderungsprozess mit einbezogen werden, um deren Bereitschaft sicherzustellen. Ihnen kommt die Schlüsselrolle zu, da sie Prozessmodelle verinnerlichen müssen, um sie leben zu können.

9.2.2 Governors

Im Vordergrund steht bei der organisationsspezifischen Implementierung der Governor, der hier personelle Entscheidungen zu treffen hat. Auch sind die betroffenen Führungskräfte gefragt. Sie müssen sicherstellen, dass das bestehende Personal zielgerichtet am Prozess mitarbeiten kann, und die Subjekte den geeigneten Personen zuordnen.Die Rolle des Governors steht für die Führungsebene, die Interesse daran hat, dass neue Prozesse in der Organisation auch gelebt werden können und die Mitarbeiter motiviert sind bzw. werden, damit zu arbeiten. Ein Governor will gewährleisten, dass die Prozesse im Unternehmen bekannt sind und ihr Nutzen für die gesamte Organisation transparent wird.

Der Governor muss die notwendigen Mittel bereitstellen, um bei Bedarf die Personen, die neue Aufgaben in Prozessen übernehmen, auf diese Aufgaben vorzubereiten.

9.2.3 Facilitators

Ein Facilitator begleitet den gesamten Prozess der organisationsspezifischen Einbettung. Er sorgt gegebenenfalls gemeinsam mit dem Governor dafür, dass die entsprechenden Führungskräfte die geeigneten Personen für ein Subjekt identifizieren und die jeweiligen Personen über ihre Aufgaben im Prozess informiert werden. Die betroffenen Mitarbeiter müssen bei Bedarf auch entsprechend geschult werden. Die notwendigen Schulungsmaßnahmen werden vom Facilitator zusammen mit den bereits involvierten Actors konzipiert und vorbereitet. Für diese Arbeiten kann es auch notwendig werden, Experten einzubinden.

9.2.4 Experts

Ein wichtiger Experte bei der Implementierung in der Organisation ist der Berater zur Organisations- oder Personalentwicklung. Bei anstehenden Veränderungen sollten Spezialisten herangezogen werden, welche die Vorgänge der Um- oder Neugestaltung begleiten. Sie konzipieren Maßnahmen, um die Mitarbeiter über die Neuerung oder Veränderung gezielt zu informieren, und versuchen zu motivieren. Verschiedene Medien können diesen Prozess gezielt unterstützen, wie beispielsweise der Einsatz von Wikis, in denen wichtige Prozessinformationen für die Actors abgelegt werden. Weiter können Workshops dazu beitragen, die Mitarbeiter mit den Prozessänderungen vertraut zu machen.

■ 9.3 Einbettung der Subjekte in die Organisation

9.3.1 Abbildung der Subjekte auf Subjektträger

Subjekte sind im Modell der subjektorientierten Geschäftsprozesse abstrakte aktive Ressourcen. Sie repräsentieren Handelnde oder Systeme in einem Prozess, welche mit realen Objekten wie Personen oder IT-Systemen zunächst nichts zu tun haben. Erst bei der Implementierung eines Prozesses werden den abstrakten Subjekten konkrete Personen, Personengruppen oder auch Systeme zugeordnet, die im subjektorientierten Kontext Subjektträger genannt werden. In diesem Kapitel geht es um die Zuordnung zu Personen, während der Einsatz von technischen Systemen Gegenstand von Kapitel 10 ist.

Anhand des Beispiels des Dienstreiseantrags wird für menschliche Handlungsträger erläutert, wie die drei Subjekte ,Mitarbeiter', ,Vorgesetzter' und ,Reisestelle' in die Organisation eingebettet werden. Gegeben ist die in Abbildung 9.1 dargestellte einfache Organisationsstruktur.

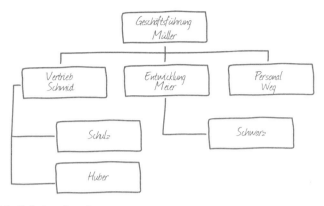

Abbildung 9.1: Einfaches Organigramm

In dieser Struktur stellt beispielsweise Herr Schulz als Vertriebsmitarbeiter einen Dienstreiseantrag. Herr Schmid als sein Vorgesetzter genehmigt ihn und Herr Weg als Vertreter der im Personalbereich angesiedelten Reisestelle ist verantwortlich für die Organisation der Reise. Abbildung 9.2 zeigt, wie die Subjekte den Subjektträgern zugeordnet werden, um diesen Sachverhalt auszudrücken.

Subjekt	Subjektverhalten	Subjektträger	Organisationseinheit
Mitarbeiter	wird übertragen auf	Herr Schulz	Vertrieb
Vorgesetzter	wird übertragen auf	Herr Schmid	Vertrieb
Reisestelle	wird übertragen auf	Herr Weg	Personal

Abbildung 9.2: Subjektabbildungstabelle für die Dienstreiseantragstellung von Herrn Schulz

Abbildung 9.3 zeigt den Ablauf der Prozessinstanz ‚Dienstreiseantrag von Herrn Schulz‘ in der vorgenommenen organisationsspezifischen Einbettung.

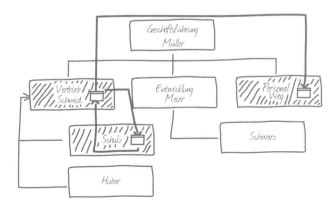

Abbildung 9.3: Einbettung der Subjekte beim Dienstreiseantrag von Herrn Schulz

Damit ist die organisationsspezifische Implementierung für dieses einfache Beispiel zunächst abgeschlossen. Offensichtlich wird jedoch schnell, dass wir in der Praxis noch folgende Aspekte beachten müssen, die wir anschließend genauer ausführen:

- Erstens zeigt die Abbildung, dass nur noch die Dienstreiseantragstellung von Herrn Huber analog der von Herrn Schulz behandelt werden kann. Herr Schwarz dagegen hat Herrn Meier als Vorgesetzten. Er ist folglich in einen anderen organisationsspezifischen Kontext zu setzen (vgl. Abschnitt 9.3.2).

- Zweitens ist eine direkte Zuordnung eines (einzigen) konkreten Subjektträgers zu einem Subjekt meist nicht sinnvoll, weil dessen Überlastung oder Ausfall die Prozessausführung behindert oder gar verhindert. Dies führt zur Einführung von Subjektträgergruppen (vgl. Kapitel 9.3.3) und Vertretungsregelungen (vgl. Kapitel 9.3.4)

Bei der organisationsspezifischen Umsetzung kommt dem Grundsatz der Klarheit von Modellen besondere Bedeutung zu. Ein Modell ist nur von Nutzen, wenn es von den Beteiligten auch verstanden wird.

9.3.2 Berücksichtigung des organisationsspezifischen Kontextes des Subjektträgers

Im Regelfall genügt es nicht, ein Subjekt nur einem Subjektträger zuzuordnen, weil ein Prozess naturgemäß für viele Personen an unterschiedlichen Stellen in der Organisation ausführbar sein soll. Beispielsweise wird Herr Schulz nicht der Einzige sein, der Dienstreisen unternimmt. Es wird also mehrere Antragsteller geben. Sie haben üblicherweise unterschiedliche Vorgesetzte, welche den Antrag genehmigen. Die Ausführung einer Prozessinstanz ist also abhängig vom organisationsspezifischen Kontext des Subjektträgers. Dieser wird vom Auslöser des Vorgangs (Startsubjekt), bei einer Instanziierung des Dienstreiseantrags also vom Mitarbeiter als Antragsteller, bestimmt.

In Abbildung 9.4 ist der organisatorische Kontext des Mitarbeiters Schwarz als Antragsteller zu sehen. Hier ist Herr Meier der Vorgesetzte. Die Reisestelle dagegen wird nach wie vor von Herrn Weg repräsentiert.

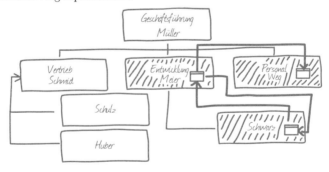

Abbildung 9.4: Einbettung der Subjekte beim Dienstreiseantrag von Herrn Schwarz

Die organisationsspezifischen Kontexte für die im Organigramm auf unterschiedlichen Hierarchieebenen sichtbaren Mitarbeiter von Herrn Müller beim Dienstreiseantragsprozess lassen sich tabellarisch darstellen (vgl. Abbildung 9.5).

Mitarbeiter Startsubjekt	Vorgesetzter im organisatorischen Kontext	Reisestelle im organisatorischen Kontext
Müller	Müller	Weg
Schmid	Müller	Weg
Meier	Müller	Weg
Schulz	Schmid	Weg
Huber	Schmid	Weg
Schwarz	Meier	Weg
Weg	Schmid	Weg

Abbildung 9.5: Kontexttabelle des Prozesses ‚Dienstreiseantrag' für die gezeigte Aufbauorganisation

Kontexttabellen helfen, relevante Regeln bzw. Faktoren für die situationsgerechte Verarbeitung von Geschäftsobjekten umfassend und strukturiert bei der organisationsspezifischen Umsetzung zu berücksichtigen.

Gemäß Tabelle ist Herr Weg sowohl Subjektträger für das Subjekt ‚Mitarbeiter' als auch für das Subjekt ‚Reisestelle'. Er kann also selbst Dienstreiseanträge stellen und bearbeitet nicht nur die genehmigten Anträge der Kollegen, sondern auch seine eigenen. Außerdem ist ersichtlich, dass Herr Müller als Geschäftsführer zumindest in diesem Kontext keinen Vorgesetzten hat und deshalb seine eigenen Dienstreisen selbst genehmigen kann.

Das Beispiel von Herrn Weg zeigt, dass Personen als Subjektträger üblicherweise in mehrere Prozesse involviert sind. Sie können für jeden dieser Prozesse einen eigenen Kontext aufweisen. Auch die Herren Schmid und Meier vertreten im Beispiel zwei Subjekte. Sie sind einerseits Mitarbeiter von Herrn Müller und können in diesem Kontext Reiseanträge an diesen als ihren Vorgesetzten stellen. Andererseits sind sie selbst Vorgesetzte der Herren Schulz und Huber bzw. Schwarz und genehmigen deren Anträge.

9.3.3 Abbildung der Subjekte auf Subjektträgergruppen

Anstatt ein Subjekt konkret einer einzelnen Person als Subjektträger zuzuordnen, kann es auch auf eine Organisationseinheit, eine Rolle, ein Gremium oder Ähnliches abgebildet werden. In diesem Fall sprechen wir von der Zuordnung zu einer Subjektträgergruppe.

Diese Möglichkeit ist für die Praxis wichtig, da in der betrieblichen Realität ein Prozess zu einem Zeitpunkt mehrfach parallel durchlaufen wird, also oft viele Prozessinstanzen pro Zeiteinheit auftreten (z.B. pro Tag). Für deren Abwicklung innerhalb eines geplanten Zeitraums halten Organisationsverantwortliche sinnvollerweise eine Reihe von Personen vor, welche die Instanzen bzw. Teilschritte davon parallel bearbeiten können.

In einem großen Unternehmen mit zahlreichen Dienstreiseanträgen pro Tag würde etwa die Besetzung der Reisestelle mit nur einem Sachbearbeiter lediglich eine sequenzielle Antragsbearbeitung ermöglichen und somit einen Engpass bedeuten. Konsequenz wäre, dass Antragsteller relativ lange auf die Rückmeldung der Reisestelle über die vorgenommenen Buchungen warten müssten. Anstatt also das Subjekt ‚Reisestelle‘ nur dem Subjektträger Herrn Weg zuzuordnen, bildet der Organisationsentwickler es auf eine vorher definierte Subjektträgergruppe ‚Mitarbeiter der Reisestelle‘ ab. Dieser wiederum gehört neben Herrn Weg auch der Subjektträger Herr Weitweg an (vgl. die graue Hinterlegung in Abbildung 9.6). Damit stehen prinzipiell zwei Personen als Bearbeiter von Dienstreiseanträgen zu Verfügung. Dies ermöglicht die parallele Abwicklung der Vorgänge. Die Ausstattung der Subjektträgergruppe mit Mitgliedern bestimmt ihre Kapazität und damit auch diejenige des auf sie abgebildeten Subjekts.

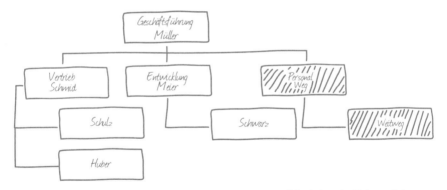

Abbildung 9.6: Organisationsstruktur mit Subjektträgergruppe ‚Mitarbeiter der Reisestelle‘

Um diese Änderung durchzuführen, muss der Organisator lediglich in der Kontexttabelle von Abbildung 9.5 in der Spalte ‚Reisestelle im organisatorischen Kontext‘ den Eintrag für den Subjektträger ‚Weg‘ durch die Subjektträgergruppe ‚Mitarbeiter der Reisestelle‘ ersetzen. Soll die Zuständigkeit in der Reisestelle für die Bearbeitung von Reisen der Geschäftsleitung nach wie vor exklusiv bei Herrn Weg sein, bleibt dieser explizit als Subjektträger in der Zeile von Herrn Müller stehen.

Die skizzierten Kontexttabellen sind für jeden Prozess einer Organisation aufzubauen. Da in der Realität Personen in unterschiedlichen Rollen an vielerlei Prozessen mitwirken, tauchen Subjektträger und -gruppen in vielen dieser Tabellen und jeweils auch in unterschiedlichen Spalten auf. Einzelne Personen sind entsprechend ihren verschiedenen Aufgaben mehreren Subjektträgergruppen zugeordnet.

Diese Art der organisationsspezifischen Implementierung von Prozessen ist flexibel, da sich organisatorische Veränderungen wie Rollenwechsel einer Person einfach und feingranular bewerkstelligen lassen. Für einen Mitarbeiter ist dann beispielsweise lediglich die Zuordnung zu einer der mehreren Subjektträgergruppen, denen er angehört, nötig. Die Kontexttabelle für den betroffenen Prozess kann unverändert bleiben.

Die Summe der Kontexttabellen lässt sich als eine Vielzahl übereinandergelegter Organigramme interpretieren. Damit erlaubt die Methodik eine präzise, aber einfache Abbildung der üblicherweise komplexen aufbauorganisatorischen Realität.

Offen ist noch die Frage, wie bestimmt wird, welcher einzelne, zunächst nicht spezifizierte Subjektträger innerhalb einer Gruppe das Subjektverhalten ausführen soll, wenn zur Laufzeit eine Instanz gebildet wird bzw. ein Instanzschritt ansteht. Hierfür müssen Organisationsentwickler Regeln definieren. Ausgewählte Beispiele dafür sind:

- Wahlfreiheit
  Instanzen werden vor den jeweiligen Bearbeitungsstationen gepoolt. Ein beliebiges Mitglied der Subjektträgergruppe entnimmt eine Instanz, ein anderes Mitglied eine weitere etc. Die Actors stimmen sich situativ untereinander ab und entscheiden gemäß dem Grundgedanken der Subjektorientierung selbst über die Zuweisung der Fälle.

- Bestimmung durch Dispatcher
  Ein Dispatcher als ausgezeichneter Subjektträger (Governor) innerhalb oder außerhalb der Gruppe ordnet die Instanzen den Gruppenmitgliedern zur Bearbeitung zu. Bei der Unterstützung durch eine Workflow-Lösung übernimmt die Process Engine diese Rolle (vgl. Kapitel 10). Kriterien in beiden Fällen können Aspekte sein wie die generelle Verfügbarkeit oder die Auslastung der Actors sowie die Natur der Geschäftsobjekte (vgl. Kapitel 9.3.5).

Jede Organisation kann überlegen, ob es für sie sinnvoll ist, Subjekte ausschließlich Subjektträgergruppen zuzuordnen, denen dann jeweils mindestens ein Subjektträger angehören muss. Damit wäre von Beginn an die einfache Skalierbarkeit der Bearbeitungskapazität gegeben, indem in die Gruppe im Bedarfsfall zusätzliche personelle Ressourcen aufgenommen werden. Eine direkte Subjektzuordnung zu einer Person wäre nach wie vor realisierbar, wenn die Subjektträgergruppe als Sonderfall nur einen Subjektträger enthält. Einziger Nachteil dieser Vorgehensweise wäre in diesem Fall ein zusätzlicher, eigentlich unnötiger Schritt bei der Auflösung des organisatorischen Kontextes zur Laufzeit (Subjekt → Subjektträgergruppe → Subjektträger versus Subjekt → Subjektträger).

‖ Funktionale Rollen und Organisationseinheiten werden in S-BPM mit Subjektträgergruppen realisiert. ‖

9.3.4 Berücksichtigung von Vertretungsregelungen

Eine weitere Anforderung aus der Praxis an die organisatorische Einbettung von Prozessen ist die Regelung von Vertretungen. Dies ist insbesondere dann relevant, wenn einem Subjekt nicht eine Subjektträgergruppe, sondern ein konkreter Subjektträger zugeordnet ist. Durch die Abwesenheit von Personen darf es nicht zu ungeplanten Verzögerungen bei der Abarbeitung von Prozessinstanzen kommen. Bei der organisationsspezifischen Implementierung des Prozessmodells ist deshalb dafür Sorge zu tragen, dass die Ausführung nicht von einzelnen Subjektträgern abhängt, sondern Vertreter die Ausführung bei Ausfall des üblichen Zuständigen sicherstellen. Mit der Definition von Vertretungen können Organisationsverantwortliche oder die Subjektträger selbst vermeiden, dass eine Prozessinstanz nicht begonnen oder nicht weiterbearbeitet werden kann, wenn ein für einen anstehenden Prozessschritt zuständiger Subjektträger beispielsweise wegen Krankheit ausfällt.

Im Beispiel des Dienstreiseantrags muss es beispielsweise u.a. einen Vertreter für Herrn Schmid als Vorgesetzten geben. Andernfalls würden Anträge von Herrn Schulz und Herrn Huber nicht genehmigt werden können, wenn Herr Schmid nicht verfügbar ist. Deshalb soll Herr Meier im Dienstreiseprozess als dessen Vertreter fungieren, was durch die gestrichelten Ergänzungen in Abbildung 9.7 ausgedrückt ist. Alternativ kann Herr Müller als nächsthöhere Führungskraft in der Linienorganisation als Vertreter von Herrn Schmid modelliert werden. Dies könnte allerdings bei Dienstreisen unerwünscht sein, weil die Geschäftsführung sonst unnötig viel Zeit für solche administrativen Aufgaben aufwenden müsste.

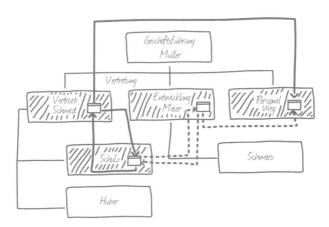

Abbildung 9.7: Vertreterregelung Schmid/Meier beim Dienstreiseantrag von Herrn Schulz

Da Herr Schmid Subjektträger für mehrere verschiedene Subjekte in unterschiedlichen Prozessen ist, müssen ihm auch unterschiedliche Subjektträger oder -gruppen als Vertreter für seine Aufgaben in einzelnen Prozessen zugeordnet sein. Herr Schmid ist ja bereits in den Dienstreiseprozess in Form zweier Subjekte eingebunden (Mitarbeiter, Vorgesetzter). Wegen seiner Verantwortung für den Vertrieb wird er auch Subjekte in

Vertriebsprozessen repräsentieren. Dies muss sich in der Vertretungsdefinition widerspiegeln. Sein disziplinarischer Vertreter als Vorgesetzter beim Dienstreiseantrag könnte, wie gezeigt, Herr Meier sein. Fachlich, also etwa im Vertriebsprozess der Angebotserstellung, könnte ihn stattdessen jemand aus seiner Organisationseinheit vertreten, also beispielsweise Herr Huber.

Durch die Verkettung der Vertretungslogik lassen sich auch Fälle abdecken, in denen nicht nur der etatmäßige Bearbeiter eines Vorgangs, sondern auch dessen (erster) Vertreter nicht zur Verfügung steht. In diesem Fall müsste der Ersatz des Vertreters einspringen.

Für die Realisierung flexibler Vertretungsregelungen können die Organisationsverantwortlichen wieder auf das Instrument der Subjektträgergruppe zurückgreifen. Sinnvoll könnte es beispielsweise sein, eine Gruppe zu definieren, welche alle Führungskräfte einer bestimmten Hierarchieebene (z.B. Bereichsleiter) enthält, im Beispielorganigramm also die Herren Schmid, Meier und Weg. Bei Abwesenheit einer der drei Personen könnten dann jeweils die beiden anderen berechtigt sein, Dienstreiseanträge für deren Mitarbeiter zu unterschreiben, und damit als Vertreter fungieren. Die konkrete Zuordnung zur Laufzeit kann analog zu der in Abschnitt 9.3.3 beschriebenen Vorgehensweise geschehen. Um dies zu realisieren, wird, anstelle Herrn Meier als Ersatz für Herrn Schmid zu definieren, die Subjektträgergruppe ‚Bereichsleiter‘ angegeben.

Die Vertreterregelung stellt einen weiteren Aspekt des organisationsspezifischen Kontextes der Subjekteinbettung in die Aufbauorganisation dar. Für ihre Implementierung ist schließlich noch zu klären, wer unter welchen Bedingungen eine Vertretung aktivieren darf. Für geplante Abwesenheiten wie Urlaub, Dienstreisen oder Fortbildungen kann ein Actor selbst bestimmen, wer währenddessen seine Rolle(n) als Subjektträger übernehmen soll. Bei ungeplantem Fehlen, beispielsweise wegen Krankheit, muss die Administration dynamisch einen Subjektträger oder eine -gruppe als Vertreter bestimmen.

9.3.5 Berücksichtigung des Geschäftsobjektkontextes

Neben den Subjekten kann auch der Inhalt von Geschäftsobjekten bei der organisationsspezifischen Implementierung berücksichtigt werden. Der Subjektträger oder die Subjektträgergruppe wird in diesem Fall über Werte aus einem oder mehreren in der Instanz vorkommenden Geschäftsobjekten bestimmt.

Bei einem Dienstreiseantrag könnte es sein, dass ein Mitarbeiter in der Reisestelle, Herr Weitweg, auf Auslandsreisen spezialisiert ist und sich deshalb gut mit damit verbundenen Fragestellungen (Einreisebestimmungen, Mobilität etc.) auskennt. In diesem Fall wäre es also sinnvoll, Anträge für Auslandsdienstreisen Herrn Weitweg als Subjektträger zuzuordnen. Das Zielland würde dann einen Geschäftsobjektkontext für den Dienstreiseantrag darstellen. Die nötige Information kann dynamisch, also zur Laufzeit einer Instanz, aus dem Objekt abgeleitet werden (z. B. Wert des Datenelements ‚Zielland‘ ungleich Deutschland).

Die Abbildung 9.8 zeigt diese Art der Einbettung. Herr Schulz stellt je einen Antrag für eine Reise innerhalb Deutschlands und für eine Auslandsreise. Beide werden von seinem Vorgesetzten, Herrn Schmid, genehmigt. Anschließend gelangt der Erstgenannte zur weiteren Bearbeitung zu Herrn Weg, während Herr Weitweg die internationale Reise organisiert. Der Weg des Antrags für die Auslandsdienstreise ist durch die gestrichelten Linien gekennzeichnet.

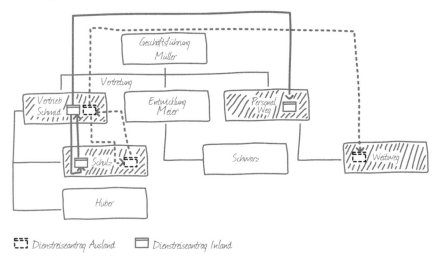

Abbildung 9.8: Subjektträgerbestimmung zur Laufzeit aus dem Geschäftsobjektkontext

Die gezeigte Unterscheidung führt zu einer Änderung in der Kontexttabelle (vgl. Abbildung 9.9). Wenn sie für alle Anträge in unserem Beispiel gelten soll, ist die Wenn-dann-Klausel in alle Tabellenzeilen einzutragen. Dieser Fall zeigt die Umsetzung von Geschäftsregeln (Business Rules), die für eine bestimmte Organisation relevant sind.

Mitarbeiter (Startsubjekt)	Vorgesetzter im organisatorischen Kontext	Reisestelle im organisatorischen Kontext
...	...	...
Schulz	Schmid	Wenn Antrag Zielland = Deutschland, dann Weg, sonst Weitweg
...	...	...
...	...	...

Abbildung 9.9: Ausschnitt aus der Kontexttabelle mit Abhängigkeit vom Geschäftsobjekt

In großen Organisationen ist eventuell eine weitere Differenzierung in Zuständigkeiten für verschiedene Länder sinnvoll. Beispielsweise könnten die Organisationsverantwortlichen für die Reisestelle Subjektträgergruppen für China, USA etc. bilden und ihnen entsprechend spezialisierte Mitarbeiter zuordnen. In den Wenn-dann-Klauseln wären dann wieder die konkreten Namen der Subjektträger durch die passenden Gruppen zu ersetzen.

■ 9.4 Einbettung des Verhaltens

Subjekte sind über ihr Verhalten und ihre Kommunikation zu anderen Subjekten definiert. Dieses abstrakte Verhalten wird auf reale Abläufe übertragen. Subjektträger als Stelleninhaber in der Aufbauorganisation setzen das abstrakte Verhalten mit ihrer Qualifikation (Fähigkeiten und Fertigkeiten) und geeigneten Hilfsmitteln konkret um.

9.4.1 Anpassungen der Aufgaben in Stellenprofilen

Stellenprofile dokumentieren Aufgaben und Verantwortlichkeiten von Mitarbeitern. Im Geschäftsverteilungsplan werden alle Tätigkeiten beschrieben, die eine Organisation erbringt. Nachdem durch die Zuordnung der Subjekte zu Subjektträgern die Personen festgelegt wurden, die an einem Prozess beteiligt sind, muss nun unter Umständen auch das Stellenprofil für die zugeordneten Subjektträger angepasst werden. So können für eine Stelle Aufgaben hinzukommen oder wegfallen, was in der Stellenbeschreibung zu dokumentieren ist.

Ist beim Dienstreiseantrag beispielsweise in den Profilen der Vorgesetzten die Aufgabe zur Genehmigung von Dienstreisen noch gar nicht explizit vorgesehen gewesen, weil sie selbstverständlich erschien, sollte sie nun im Profil vermerkt werden. Wurden bislang Dienstreisen von den Teamassistenzen gebucht, und ist dies durch Einrichtung der Dienstreisestelle nicht mehr erforderlich, ist diese Aufgabe aus dem Profil der Teamassistenz zu entfernen.

Die Anpassungen im Stellenplan sind von besonderer Bedeutung, wenn etwa in Tarifverträgen oder sonstigen Verträgen die Bezahlung von bestimmten Stellenprofilen abhängt. Eine Änderung kann dann nämlich bedeuten, dass ein Subjektträger als Stelleninhaber in eine andere Tarifgruppe fällt. Solche Rahmenbedingungen gilt es, bei bei der Einbettung eines Prozesses zu beachten. Sie können zu einem Neuzuschnitt der Subjekte führen, was wiederum eine weitreichende Modifikation des Prozesses nach sich ziehen kann.

Stellenprofile können mehrere Subjekte betreffen. Bei der Einbettung von Subjekten ist daher neben der Koordination auf die individuellen Möglichkeiten der Stelleninhaber zu achten.

9.4.2 Gestaltung der Arbeitsumgebung

Zur Verrichtung von Aufgaben ist eine adäquate Arbeitsumgebung einzurichten. In allen Prozessen, in denen der Mensch mit seinen Aufgaben und Entscheidungen die Ergebnisse der Prozessdurchführung beeinflusst, kommt der Arbeitsplatzgestaltung eine besondere Rolle zu. Dabei geht es zunächst um räumliche Rahmenbedingungen (Größe, Lage, Helligkeit etc.) und Raumausstattung (Möbel, Bilder, Pflanzen etc.). Ein zweiter Aspekt sind die Arbeitsmittel, in erster Linie die IT-Systeme, die den Menschen zur Erledigung ihrer Aufgaben im Prozess an die Hand gegeben werden (vgl. Kapitel 10). Motivations- und leistungssteigernd sind hier vor allem ergonomisch fortschrittliche Lösungen (z.B. intuitiv bedienbare, barrierefreie Benutzungsoberflächen, personalisierte Portale mit Single Sign-on). Die Einhaltung gesetzlicher Vorschriften (z.B. Grenzwerte bei Strahlung von Bildschirmen) ist obligatorisch.

Bei der Gestaltung der Arbeitsumgebung ist auch auf die zeitliche Dimension zu achten, d. h., derartige Maßnahmen müssen rechtzeitig ergriffen werden, sodass eine reibungslose Prozessimplementierung nicht behindert wird. Es kann beispielsweise sinnvoll sein, Personen, die Träger von Subjekten sind, zwischen denen eine intensive Kommunikation erfolgt, räumlich nahe beieinander zu platzieren. Dies gilt insbesondere, wenn die Kommunikation klassisch über Papier und Hauspost erfolgen soll.

Eine Ausgestaltung der Reisestelle mit Arbeitsmitteln im Hinblick auf den Dienstreiseprozess umfasst beispielsweise Fahrplanbücher, Hotelbücher, Stadtpläne etc. bzw. die Möglichkeit des Zugriffs auf vergleichbare Online-Informationsquellen.

9.4.3 Vermittlung erforderlicher Kompetenzen

Zur Verrichtung ihrer Aufgaben im Rahmen eines definierten Prozesses müssen Subjektträger bestimmte Kompetenzen besitzen. Zu differenzieren sind mehrere Kompetenztypen, die in der Folge erläutert werden.

Fachkompetenz

Ein Charakteristikum von Prozessspezifikationen ist üblicherweise, dass unterschiedliche Kompetenzträger miteinander kooperieren, um ein Ergebnis im Sinne der Wertschöpfung der Organisation zu erzielen. Es ist in der Regel nicht Ziel, dass alle Personen alle Funktionen der Subjekte übernehmen, vielmehr arbeiten Spezialisten zusammen, die koordiniert ihren Beitrag leisten. Jeder Spezialist braucht das für die Verrichtung seiner Aufgaben erforderliche Fachwissen. Auch wenn es sich im Prozess lediglich um eine Genehmigung handelt, bedarf es hierzu umfassender Kenntnisse über den Genehmigungsgegenstand, über eventuell dafür relevante gesetzliche Regelungen und Rechtsprechungen etc.

Manche Ansätze versuchen, im Rahmen eines prozessorientierten Wissensmanagements implizites Fachwissen im Prozesskontext als Information einzubinden (vgl. [Abecker et al. 2002]). Im Modell des S-BPM ist dieses Wissen im Subjekt gekapselt und braucht in der Regel nicht explizit dokumentiert zu werden. Fachkompetenz ist jeden-falls erforderlich, um das erwartete Subjektverhalten verantwortungsvoll durchführen zu können.

Im Beispiel des Dienstreiseantrags wird von den Subjektträgern der Reisestelle erwar-tet, dass sie unter anderem fundiertes Wissen der aktuellen Reisekostengesetzgebung und der dazugehörigen Rechtsprechung mitbringen.

Prozesskompetenz

Jeder Subjektträger muss Grundlagen und Kontext des eigenen Prozesses kennen. Dazu zählen:

- Prozessüberblick: Jeder Subjektträger sollte Ziele und Bedeutung des Prozesses für die Organisation kennen.

- Eigener Anteil im Prozess: Jeder Subjektträger muss seine Aufgaben innerhalb des gegebenen Prozesses kennen sowie seinen Beitrag für die Zielerreichung des Prozes-ses einschätzen können.

- Kommunikationspartner: Jeder Subjektträger muss seine Kommunikationspartner im Rahmen der Prozessabwicklung kennen.

- Geschäftsobjekte: Jeder Subjektträger muss das Angebot an Geschäftsobjekten ken-nen, welches ihm für die Erledigung seiner Aufgaben zur Verfügung steht.

Prozesskompetenz in diesem Sinne bedeutet im Fall des Dienstreiseantrags, dass die Mitarbeiter den Sinn eines Antrags, seinen Ablauf kennen: Was muss ich selbst tun, was machen andere für mich? Wem schicke ich meinen Antrag? Was passiert damit? Wel-ches Formular verwende ich?

In solch einfachen Prozessen reicht es in der Regel aus, wenn die Organisationsabtei-lung eine frei zugängliche Prozessdokumentation vorhält, welche die angesprochene Information enthält und die Abläufe transparent macht. Bei komplexen Vorgängen sind zusätzlich Schulungen und Training on the Job nötig, damit die Beteiligten Prozesskom-petenz erwerben können.

Werkzeugkompetenz

Zur Erledigung ihrer Aufgaben werden den Prozessbeteiligten Werkzeuge der Informa-tions- und Kommunikationstechnik bereitgestellt, beispielsweise damit sie Geschäfts-objekte bearbeiten und austauschen können (vgl. Kapitel 10). Dies können Office-Anwendungen, Fachapplikationen wie ERP-Systeme, E-Mail, Telefon oder Workflow-Management-Systeme sein.

Im Sinne einer effizienten Aufgabenerledigung benötigen die Mitarbeiter Kompetenz zur sachgerechten Nutzung dieser Hilfsmittel. Für den Umgang mit Software und Gerä-ten sind sie deshalb beispielsweise frühzeitig und ausreichend zu schulen. Dabei ist vor allem bei Software darauf zu achten, dass Programmfunktionalität nicht nur isoliert, sondern im Kontext der täglichen Arbeit im Prozess vermittelt wird, sonst besteht Ge-fahr, dass Prozessbeteiligte eigene Teillösungen mit Endanwenderwerkzeugen, wie Microsoft Excel, entwickeln. Diese sind oft fehlerbehaftet und nur schwer in den Gesamt-prozess integrierbar.

Kommunikative Kompetenz

Kennzeichen jedes Prozesses ist die Kommunikation zwischen den einzelnen, den Sub-jekten zugeordneten Subjektträgern. Dies bedeutet, dass die am Prozess beteiligten Per-sonen miteinander Nachrichten austauschen müssen. Bei jedem zwischenmenschlichen Kontakt ist eine dem Anlass, dem Kommunikationskanal und dem Kommunikations-partner angemessene Form zu finden. Die geschäftliche Kommunikation, auch per E-Mail oder elektronischem Formular, muss Mindestanforderungen an Wertschätzung, Klarheit, Stil und kommunikativen Umgangsformen genügen. So würde vermutlich ein Dienstreiseantrag eines Mitarbeiters mit dem Wortlaut „Will nächste Woche nach Lon-don fliegen" vom Vorgesetzten nicht nur wegen gravierender Mängel in der Spezifika-tion, sondern auch wegen seiner Wortwahl kaum genehmigt werden.

Sozialkompetenz

Ein Prozessmodell ist eine gegebene Vorlage für Abläufe, in der Durchführung kann es zu Besonderheiten und Störungen kommen, die zu klären sind. Soziale Kompetenz ist insbesondere dann gefordert, wenn Störungen von außen beseitigt werden müssen. In solchen Fällen müssen sich alle Prozessbeteiligten abstimmen, um Maßnahmen zu er-greifen, die geeignet sind, das gewünschte Prozessergebnis trotzdem zu erreichen. Alle Beteiligten sind gefordert, den dazu nötigen Willen und die erforderliche Sozialkompe-tenz (z.B. Konflikt- und Teamfähigkeit) aufzubringen. Sie sollten bereit sein, Mitverant-wortung zu übernehmen und ganzheitlich im Sinne des Teams zu denken und zu han-deln.

9.4.4 Change Management bei S-BPM

Bei der organisationsspezifischen Implementierung wird ein Modell in die Gegebenhei-ten einer Organisation übertragen. Dabei wird die Organisation geändert, die Mitarbei-ter müssen neue Verhaltensmuster erlernen oder sich von alten verabschieden. Häufig scheitern Projekte an diesem Schritt. Das Beharrungsvermögen der Organisation ist so stark, dass es möglicherweise nicht gelingt, die neuen Prozesse zu implementieren (vgl. [Best et al. 2007, S. 183 ff.]).

Zur Vermeidung oder zumindest Reduzierung von Akzeptanzproblemen bei den Betrof-fenen, welche eine erfolgreiche Implementierung behindern können, ist der Wandel im Sinne eines geeigneten Veränderungsmanagements (Change Management) als Bestand-teil des Prozessmanagements sorgfältig vorzubereiten und zu begleiten. Maßnahmen sind beispielsweise offene Kommunikation, Vorleben von Veränderungen durch die Un-ternehmensleitung und Fördern der Eigeninitiative der Mitarbeiter, also Beiträge zur Herausbildung und Förderung einer S-BPM-Kultur (vgl. Abschnitt 3.6.3.3). Auf Einzelheiten, Vorgehensweisen etc. des Change Management wird in der zahlreich verfügbaren Literatur eingegangen (vgl. z.B. [Doppler 2003] und [Hirzel et al. 2008, S. 247 ff.]).

Für die Akzeptanz spielen die Actors, die an der Neudefinition oder Änderung eines Prozesses beteiligt waren, eine wesentliche Rolle. Sie können am glaubwürdigsten vermitteln, dass der neue Prozess zum Vorteil sein wird, und deshalb wichtige Promotoren des Organisationsentwicklungsvorhabens sein.

Zumeist werden bei Veränderungsprozessen organisationale Entwicklungsfelder eröffnet, die aufgrund von Vermeidungsstrategien besondere Aufmerksamkeit verlangen. Aufgabe des Change Management ist es daher, die Reaktionen der Mitarbeiter auf Veränderungen zu versachlichen. Daher ist es im Veränderungsprozess förderlich, an dem Punkt anzusetzen, der sich für den Mitarbeiter formell ändert, nämlich bei seinen Aufgaben bzw. an seiner Stellenbeschreibung. Dies leistet S-BPM, da es die Aufgabenträger in den Mittelpunkt stellt. Ist der Prozess subjektorientiert beschrieben, ist es deutlich einfacher, den Ansatzpunkt zu finden. Der direkte Bezug zwischen Subjekt und Aufgabenträger lässt ein zielgerichtetes Vorgehen zu.

Ein weiterer Vorteil der subjektorientierten Methode ist, dass die Subjektträger als Actors bereits bei den vorhergehenden Aktivitätsbündeln eingebunden waren. Der Veränderungsprozess wird aus diesem Grund weitgehend sozial verträglich vollzogen werden können. Die Beteiligten sind bereits mit den Zielen und Details des gesamten Organisationsvorhabens vertraut. Dies beeinflusst ihr Akzeptanzverhalten zumeist positiv.

■ 9.5 Literatur

[Abecker et al. 2002]

Abecker, A. et al.: Geschäftsprozessorientiertes Wissensmanagement, Berlin/Heidelberg 2002.

[Best et al. 2007]

Best, E.; Weth, M.: Geschäftsprozesse optimieren, Wiesbaden 2007.

[Doppler 2003]

Doppler, K.: Der Change Manager, Frankfurt/Main 2003.

[Hirzel et al. 2008]

Hirzel, M.; Kühn, F.; Gaida, I.: Prozessmanagement in der Praxis, Wiesbaden 2008.

10

Informationstechnische Implementierung subjektorientierter Prozesse

10.1 To Go

Nun bin ich aber gespannt! Bisher ist alles mehr oder weniger ohne IT gelaufen. Aber ist es nicht notwendig, dass der Prozess auch auf meinen Systemen läuft?

Ich habe größtes Interesse, dass der Prozess mit IT-Systemen abbildbar ist. Da sehe ich hohes Motivations- und Optimierungspotenzial. Außerdem soll die IT unsere Mitarbeiter bei ihrer Arbeit leiten und unterstützen.

Die Standardsatzsemantik mit Subjekt, Prädikat und Objekt lässt sich auf Konzepte der IT übertragen – und das durchaus nahtlos! Die Mitarbeiter brauchen sich nicht auf unbekannte Zusammenhänge einlassen, sondern können gleich „tun".

Mit der Standardsatzsemantik können wir Ansätze wie Service-orientierte Architekturen einfach bedienen. Durch S-BPM erhält SOA sogar eine neue Bedeutung. Services sind schließlich die Prädikate, die ein Subjekt benutzt.

Die IT hat in vielen Organisationen einen hohen Durchdringungsgrad erreicht. Ohne IT-Unterstützung sind viele Geschäftsprozesse nicht wirtschaftlich zu bearbeiten. Aus diesem Grund ist die sorgfältige und bedarfsgerechte Abbildung auf Informations- und Kommunikationstechnologie eine wichtige Aufgabe. Dies gilt sowohl in den Fällen, in denen die Mitarbeiter involviert sind, als auch für Vorgänge, in denen ein hoher Automatisierungsgrad angestrebt wird. Eine geeignete und passende Softwareumgebung spielt hierbei eine wesentliche Rolle. Die besondere Herausforderung ist jedoch, dass häufig eine heterogene Landschaft von Systemen und Diensten vorhanden ist, die jeweils Teilaufgaben erfüllen, und welche für den Prozess in eine Gesamtlösung integriert werden müssen.

In diesem Kapitel beschreiben wir zunächst die Rollen der S-BPM-Akteure bei der IT-Implementierung (Abschnitt 10.2). Dann führen wir ein Framework für die IT-Implementierung von subjektorientierten Prozessmodellen ein (Abschnitt 10.3) und beschreiben die IT-Umsetzung von Subjekten und ihres Verhaltens (Abschnitte 10.4 und 10.5). Schließlich zeigen wir, dass Service-Orchestrierung ein probates Mittel ist, um nicht nur effektiv, sondern auch effizient der Dynamik des S-BPM gerecht zu werden (Abschnitt 10.6).

■ 10.2 S-BPM-Akteure bei der IT-Implementierung

10.2.1 Governors

Eine übergeordnete Governor-Rolle hat bei der IT-Implementierung der IT-Verantwortliche (z. B. CIO). Er fordert für Planung, Entwicklung und Betrieb von IT-Lösungen die Einhaltung der IT-Compliance ein (vgl. Kapitel 3.6.4). Diese reicht von der Erfüllung gesetzlicher Vorgaben (z. B. Datenschutz, Grundsätze zum Datenzugriff und zur Prüfbarkeit digitaler Unterlagen) bis hin zur Einhaltung von Standards und internen Richtlinien, welche die Organisation selbst für sich als verbindlich definiert hat (z. B. IT Infrastructure Library, IT-Architekturprinzipien, IT-Sicherheitsrichtlinien etc.). In großen Organisationen sind hierfür auch Rollen zu installieren wie ein IT-Sicherheits- und Datenschutzbeauftragter, welche dann ebenfalls Governor-Funktionen übernehmen und in die informationstechnische Implementierung von Prozessen einzubeziehen sind. Analog gilt dies für Personalvertretungen wie den Betriebsrat, welche aufgrund von Mitbestimmungsregelungen Governor-Funktionen ausüben können.

Eine wichtige Governor-Aufgabe im Aktivitätenbündel der IT-Implementierung ist auch die prozessbezogene Vergabe von Berechtigungen an Subjekte bzw. Subjektträger für den Zugriff auf Funktionen und Daten in der Lösung. Hierfür kommt der Process Owner als Governor infrage. Die Umsetzung wird ein Systemadministrator in der Rolle eines Actors wahrnehmen.

10.2.2 Actors

Die am Prozess beteiligten Actors sind die Endanwender von Lösungen zur Prozessunterstützung. Als solche spielen sie eine wichtige Rolle bei der IT-Implementierung. Ihr im Modell abgebildetes Verhalten definiert die funktionalen Anforderungen an die zu entwickelnden Systeme. Die Actors können bei der IT-Implementierung frühzeitig eingebunden werden, indem sie an der Gestaltung der Benutzeroberflächen und der Funktionalität mitwirken, sowie erste Prototypen ausprobieren. Lösungen testen sie mit von ihnen selbst, gegebenenfalls unter Hinzuziehung von Experten aufgebauten Testfällen und -datenbeständen.

Mithilfe von Enterprise Mashups können Prozessbeteiligte vermehrt in die Rolle kommen, selbst kleine Anwendungen für die Unterstützung ihrer Aufgaben im Prozess zu erzeugen. Voraussetzungen sind eine Enterprise-Mashup-Plattform, mit der die Nutzer ohne Programmierung Informations- und Anwendungsservices orchestrieren können, sowie Governance-Regeln, welche diese Aktivitäten steuern und kontrollieren [Pahlke et al. 2010, S. 302 und 307]. Diese Art des End User Computing eignet sich vor allem für situationsbezogene Prozesse mit individuellen Bedürfnissen und Arbeitsabläufen und kann als „nächster Schritt in Richtung eines dezentralen Workflow-Managements durch Wissensarbeiter verstanden werden" [Pahlke et al. 2010, S. 307]. Mit diesen Eigenschaften können Enterprise Mashups auf der IT-technischen Seite als Katalysator für die Selbstorganisation im S-BPM dienen.

10.2.3 Experts

Typische Experten in diesem Aktivitätenbündel sind IT-Fachleute wie IT-Architekten, Softwareentwickler, Datenbankspezialisten, Hardwarespezialisten oder Systemadministratoren. Sie unterstützen die Governors, Facilitators und Actors beim Aufbau der IT-Infrastruktur für die Prozessabwicklung.

10.2.4 Facilitators

Ein wesentlicher Facilitator in der IT-Implementierung ist der Leiter eines Entwicklungsprojekts. Er koordiniert die Umsetzung des Fachmodells in einen Workflow und sämtliche damit verbundenen Aufgaben. In den Entwicklungsprozess integriert er die Akteure mit ihren Anforderungen und Anregungen, die Governors mit ihren Rahmenbedingungen, die Experts mit ihrem Know-how und bei Bedarf auch externe Ressourcen mit speziellen Aufgaben (z. B. Schulungsanbieter).

Nach der Produktivsetzung der Lösung geht die Verantwortung für die Wartung und Weiterentwicklung üblicherweise in die Linienorganisation der IT über oder wird an einen externen Dienstleister vergeben. In beiden Fällen werden Fehlerbehebung und Änderungswünsche meist über einen Service Desk abgewickelt. Auf diesen geht dann die Rolle des Facilitators über, an den sich die Akteure mit kleineren Wartungs- oder Änderungsanträgen (Change Requests) im laufenden Betrieb wenden. Größere Modifikationsvorschläge adressieren sie an den Process Owner, welcher hier als Facilitator gegebenenfalls ein Projekt zur Umsetzung initiiert.

■ 10.3 Framework zur Ausführung subjektorientierter Prozesse

Zur Realisierung einer IT-Unterstützung ist ein Geschäftsprozess als Workflow abzubilden, bei dem es sich um die detaillierte Spezifikation des Prozesses aus IT-Sicht handelt (vgl. [Vogler 2006, S. 40]). Aus einer Reihe üblicher Interpretationen des Workflow-Begriffs (vgl. z. B. [Becker et al. 2008, S. 56], [Gadatsch 2010, S. 46 ff.], [Schmelzer et al. 2010, S. 420], [WfMC 1997, S. 244]) lässt sich das folgende Verständnis von Workflow ableiten.

Ein Workflow ist eine

- formale Beschreibung von
- Aktivitäten, welche
- miteinander kommunizierende Handelnde (Rollen/Personen, eingebundene IT-Systeme)
- teilweise oder komplett automatisiert auf
- Objekten (Inputs und Outputs inklusive Datenstrukturen) unter
- Befolgung von Geschäftsregeln (Business Rules) und
- gesteuert durch die Geschäftslogik (Business Logic)
- ausführen.

Ein Workflow ist also eine Verfeinerung des rein fachlichen, der Umsetzung der Strategie dienenden Geschäftsprozesses (was?) im Hinblick auf die IT-Unterstützung (wie?) (vgl. [Gadatsch 2010, S. 53]).

Bezieht man die im Kapitel 5 vorgestellten Konzepte der subjektorientierten Modellierung auf die wesentlichen Workflow-Charakteristika kann man die in Abbildung 10.1 sichtbare Zuordnung vornehmen und in der rechten Spalte den dazugehörigen Aspekt der IT-Implementierung ergänzen.

Workflow-Charakteristikum	Abbildung im subjektorientierten Ansatz durch	Aspekt der IT-Implementierung
Akteure (Rollen/Personen)	* Subjekte/Subjektklasse * Subjektträger (Ergebnis der organisatorischen Implementierung)	Implementierung von Subjekten und Subjektträgern über die Benutzerverwaltung von Systemen (z. B. über LDAP, Rollen- und Rechtekonzepte etc.)
Akteure (IT-System)		Implementierung des Aktionsverhaltens maschineller Subjekte (Integration existierender bzw. neuer Applikationen z. B. als Web Services)
Aktivitäten, gesteuert durch Geschäftslogik und -regeln	* Subjektverhalten (intern streng sequenziell ⇨ Orchestrierung) * Kommunikationsstruktur (Subjektinteraktionen ⇨ Choreografie	Implementierung des Aktions- und Kommunikationsverhaltens von Subjekten als Arbeitsschritte in Workflow Engine/ Business Rule Engine mit Integration existierender bzw. neuer Applikationen [z. B. als Web Services]
Kommunikation der Akteure	Kommunikationsstruktur (Subjektinteraktionen) inklusive Synchronisation des Nachrichtenaustauschs über den Input-Pool	Implementierung des Kommunikationsverhaltens der Subjekte z. B. durch E-Mail etc.
Objekte (Inputs und Outputs inkl. Datenstrukturen)	Geschäftsobjekte	Implementierung der Geschäftsobjekte und ihrer Manipulation im Aktionsverhalten der Subjekte (durch Benutzerinteraktion (Bildschirmformulare) oder automatisierte Applikationsfunktionalitäten (z. B. programmgetriggerte Datenbanktransaktionen)

Abbildung 10.1: Workflow-Charakteristika, Entsprechung im subjektorientierten Ansatz und dazugehöriger Aspekt der IT-Implementierung

Während bei der organissationspezifischen Implementierung der Bezug von Prozessmodellen Organisation mit den dahinter stehenden Human-Akteuren (Subjektträger) behandelt wurde (vgl. Abbildung 10.2, oberer Teil), steht bei der IT-Implementierung der Zusammenhang zwischen Modell und den IT-Systemen im Vordergrund (vgl. Abbildung 10.2, unterer Teil). Dabei ist auch die Zuweisung von Subjektträgern zu Subjekten als Ergebnis der organisationsspezifischen Implementierung mittels IT umzusetzen.

Abbildung 10.2 zeigt den Referenzrahmen (Framework) zur Integration von Menschen und Maschinen in einem sozio-technischen System zur Prozessabwicklung. Die Abbildung zeigt, dass Modelle von Geschäftsprozessen menschliche Bearbeiter und unterstützende IT-Lösungen integrieren und dass von ihnen die Steuerung des Prozesses ausgeht. Wird die formale Modellbeschreibung in eine von einer Workflow Engine interpretierbare Sprache überführt, kann die Engine die Ablaufsteuerung zur Laufzeit übernehmen. Sie stößt die in der Workflow-Spezifikation vorgesehenen Menschen und Anwendungssysteme als Akteure an, unterstützt deren individuellen Aktivitäten und ihre Zusammenarbeit durch Bereitstellung von Anleitungen, Informationen etc. und dokumentiert den Bearbeitungsfortschritt.

Hier zählt der Grundsatz des systematischen Aufbaus von Modellen: Bei der Berücksichtigung von technischen Systemen, wie etwa Informationssystemen, stehen die Da-
ten- und Funktionssicht neben der Stakeholder-Sicht im Vordergrund. Es gilt die organisationsspezifische Einbettung nach diesen Sichten aufzufächern und diesen entsprechend die Datenhaltung, Servicearchitektur und Benutzerberechtigungen festzulegen
und einzuführen.

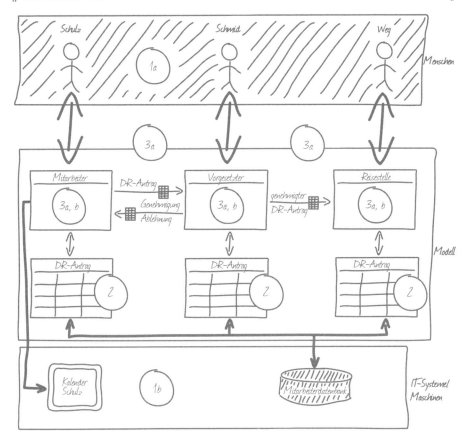

Abbildung 10.2: Framework der IT-Implementierung für ein subjektorientiertes Prozessmodell

Die eingekreisten Nummern in Abbildung 10.2 stehen für die folgenden Aspekte der
IT-Implementierung, welche in den anschließenden Abschnitten genauer ausgeführt
werden:

1. Implementierung von Subjektträgerzugängen für

    a. Menschen (Rollen/Personen),

    b. IT-Systeme/Maschinen.

2. Implementierung von Geschäftsobjekten (siehe 3a).

3. Implementierung des Subjektverhaltens (Business Logic und Business Rules)

a. Aktionsverhalten (Manipulation der Geschäftsobjekte),

b. Kommunikationsverhalten (Senden und Empfangen von Nachrichten).

■ 10.4 IT-Implementierung von Subjektträgerzugängen

Subjekten wurden bei der organisatorischen Implementierung Subjektträger als konkret Handelnde zugeordnet. Im Hinblick auf die IT-Implementierung können dies menschliche Subjektträger (Personen als Benutzer) und maschinelle Subjektträger (IT-Systeme) sein.

Menschliche Subjektträger

Personen, welche als Subjektträger Aktivitäten in einer IT-Umgebung zur Workflow-Unterstützung ausüben sollen, müssen dieser Umgebung als Benutzer bekannt gemacht und mit den benötigten Zugriffsrechten versehen werden.

Diese Rechte können statisch sein, sich jedoch auch dynamisch während der Abarbeitung von Prozessinstanzen abhängig vom Fortschritt und vom organisatorischen Kontext ändern. Beispielsweise sollten die Mitarbeiter der Reisestelle nur so lange Zugriff auf persönliche Daten von Antragstellern haben, solange sie am Vorgang arbeiten. Einem kurzfristig benannten Vertreter müssen die gleichen System- und Datenzugänge zur Verfügung stehen wie dem vertretenen Subjektträger.

Die Implementierer können Benutzer- und Rechteverwaltung singulär in den Anwendungen oder mithilfe übergreifender Zugriffskonzepte, wie dem Lightweight Directory Access Protocol (LDAP), realisieren. Aufgrund oft vieler, unterschiedlicher Applikationen, welche die Actors zur Aufgabenerledigung einsetzen müssen, sollte ein Zugang über Single-Sign-on-Verfahren möglich sein.

Maschinelle Subjektträger

Bei der organisatorischen Implementierung haben wir dargelegt, wie Subjekte auf menschliche Träger abgebildet werden. Bei der IT-Implementierung geht es jetzt um die Zuordnung von Subjekten zu maschinellen Subjektträgern. IT-Systeme, welche als solche in einem Prozess fungieren, müssen in den Workflow eingebunden werden. Hierzu sind Schnittstellen zu schaffen, welche die Kommunikation unter maschinellen Subjektträgern und zwischen maschinellen und menschlichen Subjektträgern ermöglichen. Maschinelle Subjektträger kommen vorwiegend bei zu automatisierenden Teilen von Workflows zum Einsatz.

> Workflow-Management-Systeme helfen, den automatisierbaren Anteil von Subjektverhalten direkt umzusetzen. Bei S-BPM zeigt das Subjektverhalten die erforderlichen Eingriffsmöglichkeiten in den Arbeitsfluss durch Stakeholder.

■ 10.5 IT-Implementierung des Subjektverhaltens

Das modellierte Verhalten beschreibt das Aktionsverhalten (Arbeitsschritte) und das Kommunikationsverhalten (Sende- und Empfangsschritte) der am Prozess beteiligten Subjekte (vgl. Abschnitte 5.5.5 und 5.5.3). Mit der Art und Reihenfolge der Aktivitäten bestimmt das Modell die Geschäftslogik (Business Logic) des Prozesses, welche es zu implementieren gilt.

Die Implementierung muss also eine Ablaufsteuerung erzeugen und Anwendungen bzw. Dienste (Services) einbinden, welche die nötige Funktionalität zur Durchführung der Arbeits- und Interaktionsschritte liefern. Die Steuerung können die Entwickler beispielsweise mit standardisierten Technologien wie Java oder der Business Process Execution Language (BPEL) in Verbindung mit einer Workflow Engine realisieren. Services lassen sich durch Verlinkung, als Portlet, durch Methodenaufruf oder als Web Services integrieren. Bei Bedarf werden auf solchen Wegen auch die menschlichen Benutzer in den Workflow einbezogen, indem beispielsweise ein Service zur Darstellung einer Benutzerschnittstelle angestoßen wird, mit der ein Anwender Daten in ein Geschäftsobjekt eingeben kann.

Die folgenden Abschnitte geben Aufschluss über die mögliche IT-Implementierung des Aktions- und Kommunikationsverhaltens und zeigen dies anhand eines Beispiels.

10.5.1 Aktionsverhalten

Das Aktionsverhalten umfasst interne Funktionen, welche ein Subjekt bzw. sein Träger bei der Abarbeitung einer Prozessinstanz ausführt. Wesentlicher Inhalt der Arbeitsschritte sind Operationen auf Geschäftsobjekten. Geschäftsobjekte und die auf ihnen bzw. ihren Instanzen möglichen Operationen wurden im Rahmen der Modellierung eingeführt (vgl. Abschnitt 5.5.7.6). Die in einem Prozessmodell definierten Geschäftsobjekte werden bei der Implementierung in geeignete Datenstrukturen umgesetzt, die von IT-Systemen verarbeitet werden können (z. B. XML-Schemata).

In einem weiteren Schritt geht es darum, die Operationen auf den Geschäftsobjekten zu implementieren. Dabei lassen sich die in Abbildung 10.3 sichtbaren Möglichkeiten unterscheiden, welche meist in Kombination zur Anwendung kommen.

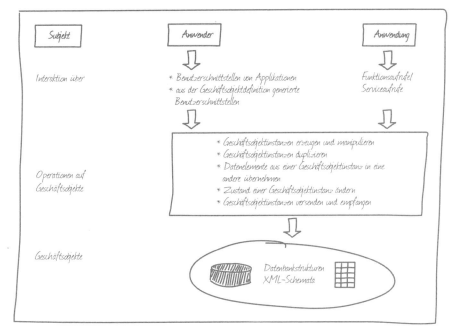

Abbildung 10.3: IT-Implementierung von Operationen auf Geschäftsobjekten und deren Instanzen

Subjekte, welche im Rahmen ihres Verhaltens in der Abbildung aufgeführte Operationen zum Erzeugen und Manipulieren von Geschäftsobjekten und Geschäftsobjektinstanzen ausführen, können Anwender (menschliche Subjektträger) und Anwendungen (maschinelle Subjektträger) sein. Ihnen müssen Funktionen zum Anlegen, Lesen, Ändern oder Speichern etc. von Geschäftsobjektinhalten zur Verfügung gestellt werden.

10.5.1.1 Operationen durch Anwender

Soll der Anwender interaktiv Operationen auf Geschäftsobjekten bzw. deren Instanzen ausführen, benötigt er dazu Benutzungsschnittstellen. Diese können entweder von einer Anwendung, welche das Geschäftsobjekt verwaltet, bereitgestellt oder aus der Datenstrukturbeschreibung des Geschäftsobjektes generiert werden.

- **Nutzung der Benutzungsschnittstelle (Front End) einer Anwendung (IT-System)**
  Die Verhaltensbeschreibung eines Subjekts kann in einem Zustand vorsehen, dass der Subjektträger eine bestimmte Anwendung nutzt, um Geschäftsobjektdaten zu bearbeiten. Dazu werden in dem Zustand direkt die Bildschirmmasken dieser Anwendung aufgerufen und die eingegebenen Daten darüber abgespeichert. Ein Beispiel für diese Art der Integration von Geschäftsobjekten sind Transaktionen einer SAP-Anwendung. Die Verhaltensbeschreibung steuert den Aufruf der Transaktion, welche das im Prozessmodell abstrakt definierte Geschäftsobjekt repräsentiert und implementiert. In diesem Fall kann die Anwendung als ein gekapseltes Geschäftsobjekt betrachtet werden, bei dem die Datenstruktur und die Benutzungsschnittstelle eine Einheit bilden.

Die Integration der Benutzungsoberfläche solcher gekapselter Geschäftsobjekte ist technisch einfach zu realisieren. Die Übernahme von Daten aus ihnen in andere Geschäftsobjekte und umgekehrt ist dagegen in der Regel aufwendiger. Dies liegt daran, dass die komplette Datenstruktur eines gekapselten Geschäftsobjekts oft verborgen bleibt, und nach außen nur die in der dazugehörigen Benutzeroberfläche dargestellten Elemente sichtbar sind. Soll folglich an der Benutzungsschnittstelle „vorbei" auf Elemente des Geschäftsobjekts zugegriffen werden, sind Übertragungsprogramme zu entwickeln, welche die gewünschten Daten aus dem gekapselten Objekt, z. B. aus einer SAP-Datenbank, extrahieren und in das gewünschte Zielgeschäftsobjekt übertragen und umgekehrt.

- **Generierung der Benutzungsschnittstelle aus der Geschäftsobjektdefinition**
  Für die Manipulation von Geschäftsobjekten ohne Rückgriff auf existierende Applikationen kann die Benutzerschnittstelle aus der Datenstrukturbeschreibung des Geschäftsobjekts abgeleitet werden. Die Elemente des Geschäftsobjekts werden dabei auf entsprechende Felder einer Bildschirmmaske abgebildet. Sieht die Verhaltensbeschreibung eine Benutzerinteraktion vor, kann der Subjektträger die Daten über diese Maske pflegen. Die neu eingegebenen oder geänderten Werte werden in den entsprechenden Datenelementen der Geschäftsobjektdefinition abgelegt.

  Beschränkt sich die Implementierung der Oberfläche auf einfache, tabellenartige Benutzerdialoge, so kann der Code dafür bei Nutzung geeigneter Technologie (vgl. z. B. www.ecplise.org) automatisch aus der Geschäftsobjektdefinition generiert werden. Analog gilt dies für statische Plausibilitätsprüfungen zur Vermeidung von Eingabefehlern. So kann in ein Feld, das als Datum definiert ist, nur ein Wert im Datumsformat eingegeben werden und keine beliebige Zeichenkette. Sind für ein Feld nur bestimmte Eingaben erlaubt, kann eine Aufzählungsliste mit den möglichen Werten definiert werden (Wertebereich).

  Höhere Ansprüche an das Design und den Komfort der Benutzungsschnittstelle lassen sich mit dem Einsatz von Werkzeugen für die Gestaltung von Bildschirmmasken und Formularen erfüllen. Hierbei ist jedoch in der Regel eine manuelle Zuordnung der Datenelemente des Geschäftsobjekts zu den Formularfeldern nötig. Auch komplexe, dynamische Plausibilitätsprüfungen erfordern höheren Aufwand z. B. wegen der Programmierung spezieller Prüfungen. Ein Beispiel ist die Abhängigkeit einer Eingabe von vorher getätigten Angaben. So kann etwa ein minderjähriger Auszubildender aufgrund der Eingabe seines Geburtsdatums in das Dienstreiseantragsformular dazu aufgefordert werden, in daraufhin dynamisch angezeigten Feldern die Daten des Erziehungsberechtigten einzutragen.

10.5.1.2 Operationen durch Applikationsfunktionen oder Services

Geschäftsobjekte bzw. deren Instanzen können anstatt durch Benutzerinteraktionen auch automatisch und ohne Benutzereingriff durch Anwendungsprogrammfunktionen oder Services manipuliert werden. Um dies zu realisieren, werden interne Funktionen im Subjektverhalten mit den geeigneten Applikationsfunktionen oder Services verknüpft. Die Ablaufsteuerung der Workflow Engine ruft diese auf, sobald ein Subjektträger den betreffenden internen Funktionszustand erreicht.

Bei den Funktionen oder Services kann es sich beispielsweise um Datenbankabfragen oder Berechnungsalgorithmen handeln. Ihnen werden die zu manipulierenden Geschäftsobjekte oder Teile davon als Parameter übergeben. Sie liefern Abfrage- und Berechnungsergebnisse zurück, welche in die Geschäftsobjektdatenelemente übernommen werden. Auf umgekehrtem Weg kann z. B. auch aus einem Geschäftsobjekt heraus ein Update von Datenbanksätzen erfolgen.

Im Beispiel des Dienstreiseantrags könnte so nach der Eingabe von Reisedaten durch den Benutzer automatisch ein Service zur Ermittlung eines Vorschusses angestoßen werden. Er bekommt einen Ausschnitt des Geschäftsobjekts ‚Dienstreiseantrag‘ mit den für die Vorschussermittlung relevanten Daten der Reise als Parameter übergeben (z. B. Personalnummer, Anfangs- und Endedatum, In-/Ausland, Vergütungsgruppe, Vorschussbetrag [leer] etc.). Damit greift der Dienst zunächst auf eine Datenbank zu, in der Spesensätze nach Zielorten und Vergütungsgruppen hinterlegt sind, und berechnet damit anschließend den auszuzahlenden Vorschuss für die Dauer der Dienstreise. Der ermittelte Wert fließt als Parameter in das entsprechende Feld der konkreten Instanz des Geschäftsobjekts ‚Dienstreiseantrag‘ zurück.

10.5.2 Kommunikationsverhalten

Subjekte interagieren und synchronisieren sich durch den Austausch von Nachrichten, welche oft auch Geschäftsobjekte enthalten. Wie im Kapitel der Modellierung beschrieben wurde, kommt dafür das Konzept des Input Pool zum Einsatz (vgl. Abschnitt 5.5.5.2). Jedes Subjekt muss einen solchen Input Pool besitzen. Diesen können IT-Verantwortliche z. B. als parametrisierbaren Servicebaustein (z. B. Web Service) realisieren. Er bietet Einfüge- und Entnahmeoperationen und dazugehörige Schnittstellen an, mit denen Subjektträger zu versendende Nachrichten ablegen und empfangene Nachrichten entnehmen können.

Die Entnahmeschnittstelle ist eine lokale, interne Angelegenheit des Subjekts und kann mit einer beliebigen Technologie abgebildet werden. Da ein Subjekt in der Regel mit mehreren anderen Subjekten kommuniziert, ist dagegen bei der Realisierung des Nachrichtenausgangs zu berücksichtigen, dass es zum Versenden von Nachrichten an unterschiedliche Empfänger eventuell verschiedene Technologien verwenden muss (z. B. Remote Method Invocation [RMI], Web Services). Sind diese bekannt, ist es möglich, bei der Generierung des Codes für das Subjektverhalten jeweils die geeignete Sendeoperation einzubinden.

Beim Senden einer Nachricht, die ein Geschäftsobjekt enthält, wird lediglich eine Kopie des Geschäftsobjekts erzeugt und verschickt. Beim Empfang einer Nachricht werden die Werte aus einem eingegangenen Geschäftsobjekt in ein gleichartiges Geschäftsobjekt beim Empfänger übernommen. Die Realisierung dieser Aufgaben kann Bestandteil der Codegenerierung für das Subjektverhalten sein.

10.5.3 Beispiel

Das folgende, in Abbildung 10.4 illustrierte Szenario der Erfassung und Genehmigung eines Dienstreiseantrags erläutert die Kombination der vorgestellten Möglichkeiten zur Manipulation von Geschäftsobjekten, wie sie in der Praxis häufig benötigt wird, sowie die Kommunikation der beteiligten Subjekte.

Dem Subjekt ‚Mitarbeiter' ist bei der organisatorischen Implementierung Herr Schulz als Subjektträger zugeordnet worden. Im Zustand ‚DR-Antrag ausfüllen' füllt er eine Instanz des Geschäftsobjekts ‚DR-Antrag' aus. Dazu gibt er in der automatisch aus der Geschäftsobjektdefinition generierten Bildschirmmaske zunächst seine Personalnummer in das dafür vorgesehene Datenelement ein. Im Hintergrund prüft eine Funktion (Datenbankabfrage) automatisch, ob für diese als Parameter übergebene Personalnummer ein Datensatz in der Mitarbeiterdatenbank vorhanden ist. Sie liefert entweder eine Fehlermeldung oder Daten der Person wie Name, Vorname, Vergütungsgruppe etc. zurück, welche in die passenden Felder der Geschäftsobjektinstanz übernommen werden.

Für die Angabe von Reisebeginn und -ende wird der elektronische Kalender von Herrn Schulz mit einer eigenen Benutzeroberfläche als gekapseltes Geschäftsobjekt integriert. Die angeklickten Termine werden über eine passende Routine aus dem Kalender in das Geschäftsobjekt übernommen.

Weitere Angaben von Herrn Schulz zu Reiseziel und -grund komplettieren die Instanz des Dienstreiseantrags, welche anschließend zur Genehmigung an Herrn Schmid, gemäß organisationsspezifischer Umsetzung der Vorgesetzte von Herrn Schulz, geschickt wird.

Herr Schmid sieht den Eingang des Antrags in seinem Prozessportal und öffnet ihn. Die von Herrn Schulz eingegebenen und automatisch ermittelten Daten zum Antrag werden dem Vorgesetzten, erweitert um den Genehmigungsvermerk (z. B. eine Checkbox mit Bemerkungsfeld), am Bildschirm dargestellt. Herr Schmid genehmigt die Reise ohne Änderungen, klickt das entsprechende Kästchen an und führt damit eine Zustandsänderung gemäß dem für ihn modellierten Verhalten vom Funktionszustand ‚DR-Antrag prüfen' in den Sendezustand ‚Genehmigen' aus.

Mit diesem Zustandsübergang ist nicht nur der Versand des genehmigten Antrags an den Antragsteller verbunden. Die Genehmigung ist auch der Auslöser für die automatische Aktualisierung einer Reihe von Datenbeständen. Ein mit dem Zustandsübergang verknüpfter Funktionsaufruf führt zur Übernahme ausgewählter Daten aus dem Dienstreiseantrag (Reisetermin, -ziel, -grund etc.) in die Mitarbeiterdatenbank. Eine weitere Funktion überträgt den genehmigten Vorschuss an das Personalabrechnungssystem zur Veranlassung der Auszahlung. Gleichzeitig wird die Gleitzeitapplikation mit einem entsprechenden Aufruf veranlasst, die als Parameter aus dem Geschäftsobjekt übergebene Reisezeit von Herrn Schulz in ihren eigenen Datenbestand mit den An- und Abwesenheitszeiten, Arbeitszeitsalden etc. zu übernehmen.

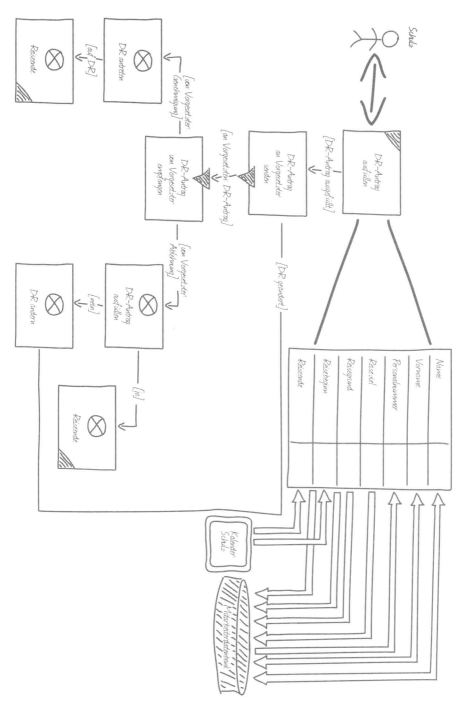

Abbildung 10.4: Einbettung des Subjekts Mitarbeiter in das organisationsspezifische und informationstechnische Umfeld

■ 10.6 Bezug zu Service-orientierten Architekturen (SOA)

Mit der Nutzung von existierenden und neu entwickelten Anwendungen und Services innerhalb von Subjekten bildet der subjektorientierte Ansatz eine solide Basis für den Aufbau Serviceorientierter Architekturen (SOA). Dieses Architekturprinzip für Softwaresysteme sieht für die Abbildung einer Geschäftslogik die lose Kopplung weitgehend voneinander unabhängiger Funktionsbausteine mit eindeutig definierten fachlichen Aufgaben (Services) vor (vgl. z. B. [Krcmar 2010, S. 345 und 494] und [Reinheimer et al. 2007, S. 7]).

> Service-orientierte Architekturen erlauben, den funktionalen Anteil von Subjekt-Modellen direkt umzusetzen. Bei S-BPM sind alle Funktionen von Subjekten betroffen, welche mit dem Aufruf von Anwendungssystemen verbunden sind.

Die Subjektorientierung verbindet bedarfsgerecht die beiden SOA-Steuerungskonzepte der Orchestrierung und Choreografie (vgl. [Decker et al. 2007, S. 296]). Die streng sequenziellen Dienste zur Realisierung des Subjektverhaltens werden orchestriert. Die Synchronisation der parallelen Aktivitäten mehrerer Subjekte mit Nachrichten, gegebenenfalls auch über Organisationsgrenzen hinweg, entspricht dem Prinzip der Choreografie. Konsequenz ist, dass Subjekte eines Prozesses auf unterschiedlichen IT-Plattformen bzw. Workflow Engines implementiert werden und ablaufen können. Lediglich die Kommunikation zwischen ihnen muss standardisiert, beispielsweise über einen entsprechenden zwischen allen betroffenen Parteien vereinbarten Web Service, stattfinden.

> Das Koordinationsprinzip der Subjektorientierung entspricht jenem der Choreographie. Im Gegensatz zur Orchestrierung erfolgt die Koordinierung von Subjektverhalten über deren direkten Nachrichtenaustausch, der gleichzeitig die Steuerung des Gesamtsystems und damit der Organisation repräsentiert.

Insbesondere in historisch gewachsenen, heterogenen und komplexen IT-Landschaften, wie sie für viele Organisationen typisch sind, trägt der Ansatz damit dazu bei, die Ziele der SOA zu erreichen. Diese liegen darin, Softwaresysteme flexibler zu gestalten und einfacher und schneller an sich ändernde betriebliche Erfordernisse, insbesondere auf der Ebene der Geschäftsprozesse anzupassen [Reinheimer et al. 2007, S. 7 ff.].

10.6.1 Services in der Subjektorientierung

In den vorangegangenen Abschnitten wurde gezeigt, dass Subjekte in ihrem Verhalten Services nutzen, um Operationen auf Geschäftsobjekten auszuführen und Nachrichten auszutauschen. Diese Services können unterschiedlicher Natur sein:

- Zum einen kann es sich um bereits nach den Prinzipien der Serviceorientierung entwickelte Funktionsbausteine handeln, welche dafür typische Merkmale aufweisen wie Abstraktion (Verbergen von Funktionsdetails), Wiederverwendbarkeit (Nutzung durch unterschiedliche Konsumenten) und weitgehende Autonomie (Kontrolle über eigene Umgebung und Ressourcen) (vgl. z. B. [Erl 2008, S. 86 ff.]).

- Zum anderen sind in den Organisationen in der Regel Altsysteme (Legacy-Anwendungen) im Einsatz, welche oft insbesondere aus wirtschaftlichen Gründen (Investitionsschutz, Investitionsstau) nicht ohne Weiteres kurzfristig in eine moderne, von Beginn an serviceorientierte Landschaft überführt werden können (vgl. z. B. [Freund et al. 2008]). Auf dem Weg dorthin ist es deshalb Ziel, die meist bewährten Funktionalitäten von bestehenden Systemen zu nutzen, indem IT-Entwickler sie beispielsweise mit sogenannten Wrapper-Programmen (Legacy Wrapper) umhüllen. Diese lösen Funktionen aus der monolithischen Struktur als Web Services heraus und machen sie so als Service im oben angesprochenen Sinn verfügbar (vgl. z. B. [Mathas 2008, S. 111 ff.], [Erl 2008, S. 311] und [SOA Glossary 2011]).

Wird einer Legacy-Anwendung ein Subjekt mit Wrapper-Eigenschaften vorgeschaltet, wickelt dieses den synchronen Zugriff auf die Funktionen der Applikation ab und bietet dem Nachfrager nach außen einen asynchron nutzbaren Dienst an. Der konsumierende Service ist damit weniger eng an den Anbieter gekoppelt als im Fall der selbsttätigen synchronen Nutzung der Funktion des Altsystems. Dieses Vorgehen unterstützt damit insbesondere die Forderung nach loser Kopplung von Services.

In der Praxis müssen häufig auch Verarbeitungsergebnisse von Legacy-Applikationen in andere Altanwendungen übernommen werden. Dies wird bei der Subjektorientierung dadurch erreicht, dass die benötigten Daten vom Wrapper-Subjekt des Erzeugers in Form eines Geschäftsobjekts zum Wrapper-Subjekt des Empfängers gesendet werden. In diesem Fall werden die Subjekte der Altanwendungen zu Serviceanbietern bzw. Servicenutzern.

- Schließlich können wir auch die Benutzerinteraktionen als Services für Subjekte betrachten. Subjekte benutzen die Fähigkeiten ihrer Subjektträger, beispielsweise um Daten einzugeben (z. B. Dienstreisedaten) und Entscheidungen für den weiteren Ablauf des jeweiligen Subjekts und den des gesamten Prozesses zu treffen (z. B. Genehmigung oder Ablehnung des Antrags).

In einem Subjekt werden also menschliche und informationstechnische Services gebündelt und als Einheit in einen Geschäftsprozess integriert (vgl. Abb. 10.5).

Die Implementierung einer Service-orientierten Architektur zur Realisierung von S-BPM stellt konsequenterweise ein verteiltes, choreographiertes System dar. Damit wird eine IT-Ressourcenoptimierung durch flexible Lastverteilung möglich.

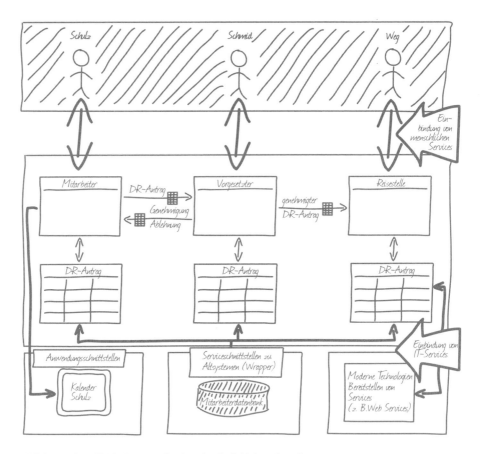

Abbildung 10.5: Einbindung von Services in die Subjekte eines Prozesses

10.6.2 Service-orientierte S-BPM-Architektur

SOA definiert die logische Architektur der für die Geschäftsprozessabwicklung benötigten Services und Servicebündel. Diese geschäftsorientierte Struktur muss auf eine entsprechende physische Infrastruktur abgebildet werden. Die Abbildung 10.6 zeigt exemplarisch, wie dies geschehen kann. Die gestrichelten Rechtecke bedeuten jeweils unterschiedliche technische Plattformen.

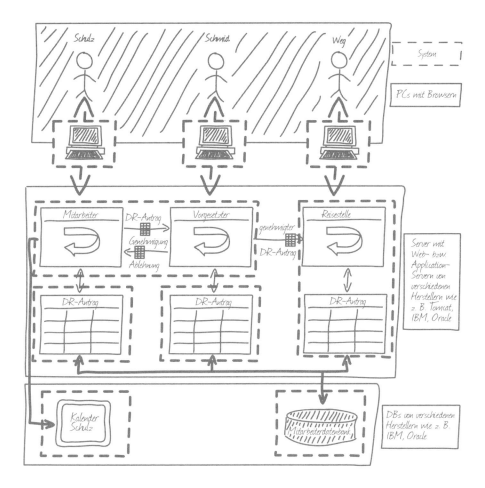

Abbildung 10.6: Verteilung einer S-BPM-Lösung auf beliebige physische Systeme

Die Subjektträger benutzen für ihre Interaktionen im Rahmen des Prozesses Arbeitsplatzcomputer, welche über geeignete Netzwerke mit den Servern verbunden sind, auf denen einzelne oder auch mehrere Subjekte des betreffenden Geschäftsprozesses, aber gegebenenfalls auch Subjekte anderer Vorgänge ausgeführt werden. Im Beispiel laufen die Subjekte ‚Mitarbeiter' und ‚Vorgesetzter' auf demselben physischen System, während ihre Geschäftsobjekte z. B. aus Sicherheitsgründen jeweils in einer eigenen Umgebung angesiedelt sind. Das Subjekt ‚Reisestelle' ist gemeinsam mit seinen Geschäftsobjekten auf einem eigenen System platziert. Dies könnte etwa daran liegen, dass die Reisestelle historisch bedingt eine eigene, von einem externen Partner betreute IT-Infrastruktur besitzt. Auch Services, die zur Kommunikation der Anwender untereinander oder zum Manipulieren von Geschäftsobjekten benötigt werden, wurden beispielsweise aus Gründen der Lastbalancierung jeweils auf separate Systeme verteilt.

Für das Zusammenwirken der auf eine derart heterogene physische Landschaft abgebildeten Lösungsbestandteile müssen Integrationstechnologien eingesetzt werden. Die Abbildung 10.7 zeigt beispielhaft einen Querschnitt solcher Technologien und die Stellen in der S-BPM-Architektur, an denen sie zum Einsatz kommen können. Die Nummern in der Darstellung korrespondieren mit denen in der anschließenden Erläuterung.

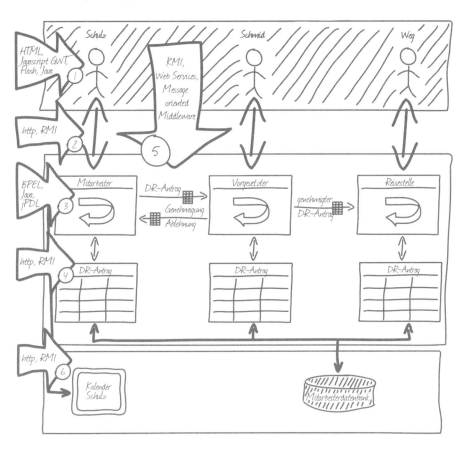

Abbildung 10.7: Beispiele für Integrationstechnologien bei der Implementierung einer S-BPM-Lösung

1. Die Bedienoberflächen für Benutzerinteraktionen sind in der Regel webbasiert implementiert. Dabei können unterschiedliche Technologien wie HTML, Javascript etc. zum Einsatz kommen. Zur Realisierung stehen Werkzeuge wie Google Web Tool (GWT) oder Flex (Adobe) zur Verfügung. Sie bieten vorgefertigte Bedienelemente wie z. B. Auswahlboxen, Auswahllisten, Tabellenanzeigen an, die von einem Entwickler nur an geeigneter Stelle in der Oberfläche platziert werden müssen. Zur Strukturierung einer Webseite werden Frames oder andere Technologien wie Masterpages bei ASP.NET verwendet. Für eine Strukturierung von Weboberflächen eignen sich Portaltechnologien wie Portlets. Damit lassen sich Inhalte aus unterschiedlichen Quellen leicht benutzer- und anwendungsgerecht darstellen. So können Eingaben zur Ablaufkontrolle

in einem Portlet, Echtdaten zum Befüllen eines Geschäftsobjekts in einem zweiten, separaten Portlet abgefragt werden. Dies ist insbesondere dann von Vorteil, wenn zum Manipulieren der Geschäftsobjekte verschiedene Formularsysteme wie z. B. Adobe Forms, eForms von IBM oder xForms eingesetzt werden. Durch die Portlets kann eine große Flexibilität hinsichtlich der Gestaltung der Benutzungsoberfläche erreicht werden. Den Rahmen für das Zusammensetzen der Portlets zu vollständigen Webseiten bietet die Portalsoftware, wie sie von verschiedenen Herstellern wie IBM, Oracle, SAP oder, im Open-Source-Bereich, mit LifeRay angeboten wird.

2. Die Kommunikation der Benutzer-PCs mit den jeweiligen Servern kann, abhängig von der Realisierung der Benutzungsoberfläche, über http oder RMI erfolgen. Die Interaktion der Benutzer wird von der Ablaufsteuerung des jeweiligen Subjekts kontrolliert.

3. Die Ablaufsteuerungen der einzelnen Subjekte und Subjektträger, also deren Verhalten, können jeweils mit verschiedenen Technologien wie Java, BPEL, XPDL usw. realisiert werden. Davon wiederum hängt ab, welche unterschiedlichen Ablaufsysteme für die einzelnen Server zum Einsatz kommen. Die Web Application Server bieten bereits Unterstützung beim Speichern von Zustandsinformation, bei der Behandlung von Ausnahmen oder beim Wiederanlauf nach einem Systemzusammenbruch.

4. Für den Zugriff der Subjekte auf die Geschäftsobjekte können Technologien wie Java, RMI und Web Services zum Einsatz kommen.

5. Zur Implementierung der Kommunikation der Subjekte untereinander, unter Umstände auch über physische Systemgrenzen hinweg, kommen Technologien wie RMI oder Webservices zur Anwendung. Der Nachrichtenaustausch von Subjekten einschließlich der Input-Pool-Funktionalität lässt sich beispielsweise als Web Service realisieren. Im Vergleich zu einer Lösung über RMI treten dabei weniger Probleme mit Firewalls auf.

6. Datenbanken können direkt über SQL-Befehle oder, bei der Verwendung von Java, durch jDBC-Funktionen an Geschäftsobjekte angebunden werden. Eine diesbezüglich flexible Lösung ist das auf der Basis von Hibernate mögliche Verbergen herstellerspezifischer Besonderheiten bei SQL.

Die Art der verwendeten Technologie zum Anbinden existierender Anwendungen (Altsysteme) hängt stark von der Architektur ab, in der diese entwickelt wurden. Neue Applikationen bieten in der Regel bereits die Möglichkeit, Funktionen über Web Service-Aufrufe anzustoßen. Bei älteren Systemen, die z. B. mit Cobol entwickelt wurden, muss unter Umstände ein Wrapper als Adaptersoftware zum Einsatz kommen, welche es beispielsweise erlaubt, Cobol-Programme aus Java-Programmen heraus aufzurufen (vgl. z. B. [Herrmann 2009]).

Der vorgestellte Querschnitt an Technologien soll die Flexibilität bei der Realisierung von S-BPM-Lösungen ebenso belegen wie die Technologieneutralität des Ansatzes. Anstatt der hier an Java orientierten Elemente ist beispielsweise auch eine Microsoft-.NET-Umgebung einsetzbar. Die konkrete Ausgestaltung kann sich ganz nach den Voraussetzungen und Ansprüchen einer Organisation richten. Die subjektorientierte Architektur hilft dabei, indem sie klar die technologierelevanten Stellen identifiziert und somit Entscheidungen im Hinblick auf die Realisierung von BPM-Lösungen erleichtert.

Die technologische Flexibilität erstreckt sich vor allem auf die Tatsache, dass in einem Prozess für unterschiedliche organisatorische Einbettungen eines Subjekts, also für mehrere Subjektträger, auch verschiedene IT-Implementierungen möglich sind. Dies betrifft alle Aspekte von der Ablaufsteuerung über die Manipulation von Geschäftsobjekten bis hin zum Nachrichtenaustausch. So kann beispielsweise ein Mitarbeiter in der Deutschlandzentrale seinen Dienstreiseantrag in einer SAP-Anwendung stellen, während Mitarbeiter von Auslandsniederlassungen dies über eine Weboberfläche tun. Die flexible Kombination und Integration verschiedenster Technologien entfaltet noch mehr Nutzen bei organisationseinheits- bzw. organisationsübergreifenden Prozessen.

■ 10.7 Literatur

[Becker et al. 2008]

Becker, J.; Kugeler, M.; Rosemann, M. (Hrsg.): Prozessmanagement, 6. Auflage, Berlin 2008.

[Decker et al. 2007]

Decker, G. et al.: BPEL4Chor: Extending BPEL for Modeling Choreographies, IEEE International Conference on Web Services, Salt Lake City, 2007, S. 296–303.

[Erl 2008]

Erl, T.: SOA – Entwurfsprinzipien für Serviceorientierte Architektur, München 2008.

[Freund et al. 2008]

Freund, J.; Götzer, K.: Vom Geschäftsprozess zum Workflow, München 2008.

[Gadatsch 2010]

Gadatsch, A.: Grundkurs Geschäftsprozess-Management, Wiesbaden 2010.

[Herrmann 2009]

Herrmann, W.: „Java-Wrapper für COBOL-Funktionen", http://www.computerwoche. de/software/soa-bpm/1884724/index3.html, Download am 11.03.2011.

[Krcmar 2010]

Krcmar, H.: Informationsmanagement, 5. Auflage, Heidelberg 2010.

[Mathas 2008]

Mathas, C.: SOA intern: Praxiswissen zu serviceorientierten IT-Systemen, München 2008.

[Pahlke et al. 2010]

Pahlke, I.; Beck, R.; Wolf, M.: Enterprise-Mashup-Systeme als Plattform für situative Anwendungen, *Wirtschaftsinformatik* 52. Jg. (2010) 5, S. 299-310.

[Reinheimer et al. 2007]

Reinheimer, S. et al.: „10 Antworten zu SOA". in: *HMD - Praxis der Wirtschaftsinformatik*, Heft 253, 2007, S. 7-17.

[Schmelzer et al. 2010]

Schmelzer, H.; Sesselmann, W.: Geschäftsprozessmanagement in der Praxis, 7. Auflage, München 2010.

[SOA Glossary 2011]

SOA Glossary – Definitions for Service-Oriented Computing Terms, http://www.soa-glossary.com/legacy_wrapper.php, Download am 11.03.2011

[Vogler 2006]

Vogler, P.: Prozess- und Systemintegration, Wiesbaden 2006.

[WfMC 1997]

WfMC: „The Workflow Reference Model", in: Lawrence, P. (Hrsg.): Workflow Handbook 1997, Chichester 1997.

11

Subjektorientiertes Monitoring von Prozessen

■ 11.1 To Go

So, jetzt kann es losgehen. Jeder der Kollegen weiß Bescheid. Die IT hat richtig reingehauen und hat auch noch zeitgerecht alles umgesetzt und unsere bewährten Systeme eingebunden.

Ja, ich bin jetzt auch froh, dass es losgeht. Jetzt wird sich zeigen, ob all das eintrifft, was wir beabsichtigt haben. Denn all das dient ja dazu, dass wir unsere Ziele erreichen und einen Beitrag zum Geschäftserfolg leisten.

Wir sind natürlich besonders gespannt, ob alles so läuft, wie wir es uns anhand der Modelle und Ausführung erarbeitet haben.

Ja, jetzt wird sich zeigen, ob alles, was wir zusammengetragen haben, das gewünschte Ergebnis liefert. Die Kennzahlen, die wir messen, sind jedenfalls auf die Ziele abgestimmt.

Durch den IT-gestützten Ablauf des Prozesses mit Hilfe unserer Workflow Engine, besser wäre eigentlich Communication Engine, können wir jeden Prozessschritt automatisch mitdokumentieren. Daraus lassen sich dann die von uns gewünschten Informationen extrahieren.

Sind wir dann total transparent? Was ist denn mit dem Datenschutz?

Kein Problem. Ich als Datenschutzbeauftragter habe verbindliche Vereinbarungen erwirkt, dass Auswertungen nicht personenspezifisch erfolgen.

Uns interessiert die Gesamtsicht und keine Sicht auf Personen. Festgehalten ist dies in einer eigenen Vereinbarung mit dem Betriebsrat, neben technischen Hindernissen, die wir veranlasst haben, damit eine personenbezogene Auswertung selbst für Führungskräfte nicht möglich ist. Die erhobenen Kennzahlen dienen ausschließlich der systematischen Verbesserung unserer Prozesse.

◼ 11.2 Wesen des Monitorings

Optimierte und implementierte Prozesse gehen nach der Abnahme in den Echtbetrieb (Produktivsetzung). Dies bedeutet, dass sie in der in den vorangegangenen Kapiteln beschriebenen Organisations- und IT-Umgebung im Rahmen laufender Geschäftsvorgänge ausgeführt werden. Die Erfahrung zeigt, dass die Vorgangsabwicklung dabei im Zeitablauf der Veränderung von Einflussfaktoren ausgesetzt ist. Diese können die Prozessperformance und damit die Wertschöpfung zunehmend beeinträchtigen, wenn nicht darauf reagiert wird. Ein Beispiel für solche Einflussfaktoren ist die rasche, nicht prognostizierte Zunahme parallel auftretender Instanzen von Kundenanfragen im Angebotsprozess. Sie kann zu einer Steigerung der Durchlaufzeit für Angebote führen, mit dem Risiko, dass potenzielle Kunden zu Wettbewerbern abwandern.

Ein permanentes, zeitnahes Monitoring der Prozesseffizienz in den wesentlichen Dimensionen Qualität, Zeit und Kosten kann solchen Entwicklungen entgegenwirken und zudem oft Verbesserungsmöglichkeiten erkennen lassen [Heß 2005, S. 10]. Dazu nehmen meist IT-Systeme mit entsprechender Funktionalität Ist-Werte für geeignete Kennzahlen auf, vergleichen sie mit vorgegebenen Soll-Werten, melden Abweichungen außerhalb der Toleranzgrenzen und liefern so die Basis für eine Analyse der Ursachen und anschließende Maßnahmen. Adressaten der aufgezeichneten Daten und Ausnahmemeldungen sind zunächst die Sachbearbeiter als Actors und der Process Owner als Governor, welche die Ergebnisse interpretieren und angemessen reagieren.

Erkenne die Anfänge der Abweichung vom Soll-Verhalten! – Monitoring hat zeitnah und ursachenspezifisch Prozessverhalten zu beobachten, um etwaige Abweichungen auf Ressourcen bezogen und unmittelbar an Verantwortliche und Ausführende aufzeigen zu können.

Das auch als Process Performance Measurement oder operative Prozesskontrolle bezeichnete Prozessmonitoring bildet das sachlogisch letzte Aktivitätenbündel des offenen S-BPM-Regelkreises. Da ein im laufenden Betrieb aufgenommener Kennzahlenwert vom Adressaten meist unwillkürlich interpretiert wird, ist das Monitoring ganz eng mit dem Aktivitätenbündel der Analyse verknüpft. Es ist ein wesentlicher Bestandteil des Process Performance Management (PPM), bei dem es um die Planung, Messung, Bewertung und Steuerung der Geschäftsprozesse geht [Schmelzer et al. 2010, S. 230]. Das PPM wiederum ist Teil eines unternehmensweiten Corporate Performance Management (CPM), das sich auf die gesamte Unternehmensleistung bezieht [Heß 2005, S. 11].

Schmelzer und Sesselmann unterscheiden zwischen laufendem und periodischem Monitoring, welche sich üblicherweise ergänzen [Schmelzer et al. 2010, S. 281 f.]. Abbildung 11.1 zeigt im Überblick die wesentlichen Charakteristika der beiden Varianten.

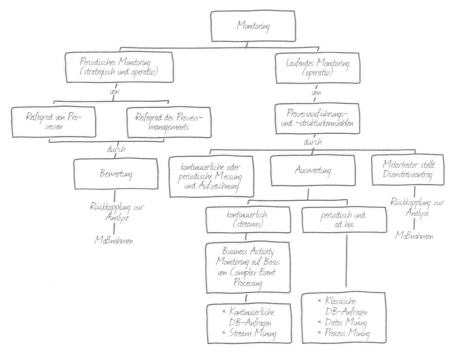

Abbildung 11.1: Arten von Monitoring im Business Process Management

Beim periodischen Monitoring geht es darum, die Reife sowohl von Geschäftsprozessen als auch des gesamten Business-Process-Management-Konzepts im Unternehmen in größeren Zeitabständen, z. B. quartalsweise oder halbjährlich, zu erfassen. Als Hilfsmittel können Reifegradmodelle dienen. Bekannte Beispiele sind das von der Object Management Group entwickelte Business Process Maturity Model (BPMM) und die an das Modell der European Foundation for Quality Management (EFQM) angelehnten Prozessassessment-Modelle für Geschäftsprozesse (PAG) und für Unternehmen (PAU) (vgl. [Hogrebe et al. 2009], [OMG 2008] und [Schmelzer et al. 2010, S. 288 ff.]).

Die genannten Modelle umfassen jeweils fünf Reifegradstufen zur Bewertung der Prozesse bzw. des BPM-Konzepts. Sie unterstützen eine Organisation bei der evolutionären Steigerung der Prozessreife, indem sie Anhaltspunkte für die Priorisierung von Optimierungsmöglichkeiten liefern (vgl. [OMG 2008, S. 11]). Damit betrachten wir die Reifegradmodelle nicht wie Schmelzer und Sesselmann nur als Mittel der operativen Prozesskontrolle, sondern auch als Instrumente des strategischen Prozesscontrollings, welche Steuerungsinformation für die Revision der S-BPM-Strategie zurückkoppeln (vgl. Kapitel 3.6.3.2) und eine Art Bindeglied zwischen operativem und strategischem Prozesscontrolling darstellen.

Durch die Nähe zur Ausführbarkeit unterstützt S-BPM alle Varianten von Monitoring gleichermaßen. Laufend und periodisch können Verhaltensdaten aus dem Nachrichtenfluss und den Funktionsausführungen aufgezeigt werden.

Das laufende Monitoring nimmt während der Prozessausführung Messdaten für jede Instanz auf, berechnet daraus Ist-Werte für die definierten Kennzahlen (vgl. Abschnitt 11.4) und bereitet diese für das Reporting an die relevanten Interessengruppen auf. Auch Prozessstrukturparameter wie die zu einer bestimmten Zeit tatsächlich verfügbare Sachbearbeitungskapazität können Gegenstand des laufenden Monitorings sein. Wird dabei beispielsweise erkannt, dass die Zahl der Subjektträger, etwa wegen Krankheit, unter die vorgesehene Marke fällt, können Verantwortliche schnell reagieren, um kritische Faktoren wie die Durchlaufzeit stabil zu halten. Die Auswertung der gemessenen Daten kann je nach Ziel und Erkenntnisinteresse kontinuierlich und periodisch in kurzen Zeitabständen (Tag, Woche) bzw. ad hoc erfolgen.

Die folgenden Ausführungen konzentrieren sich auf das laufende Monitoring mit seinen wesentlichen Teilaufgaben der Messung und Auswertung von Daten in Form von Kennzahlen zur Prozessausführung und -struktur sowie des Reporting mit der Aufbereitung, Bereitstellung und Verteilung der gewonnenen Erkenntnisse an die relevanten Interessengruppen (vgl. [Wagner et al. 2007, S. 186]). Abbildung 11.2 zeigt diesen Ablauf des Monitorings zusammen mit den wesentlichen dafür benötigten Angaben, die sorgfältig und systematisch in Kennzahlensteckbriefen definiert werden sollten (vgl. [Kütz 2009, S. 47 ff.] und [Marx Goméz et al. 2009, S. 131]).

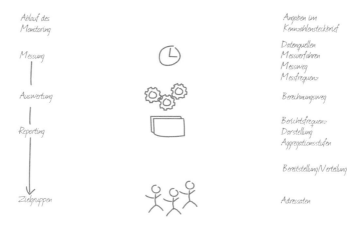

Abbildung 11.2: Ablauf des Prozessmonitorings und zugehörige Angaben aus dem Kennzahlensteck-brief

Die folgenden Abschnitte befassen sich zunächst mit den S-BPM-Akteuren beim Monitoring und dann, der Struktur der Abbildung folgend, mit der Messung von Kennzahlen und anschließend mit der Auswertung und dem Reporting.

11.3 S-BPM-Akteure beim Monitoring

11.3.1 Governors

Governor beim Monitoring ist häufig der Process Owner. Seine Rolle besteht im Wesentlichen aus der Bewertung und Analyse der meist unter seiner Mitwirkung in anderen Aktivitätenbündeln (z. B. Analyse) definierten und mit Zielwerten versehenen Kennzahlen für den Gesamtprozess. Beispiele für solche Kennzahlen sind die Auslastung der Subjektträger, die Zyklus- und Durchlaufzeiten von Instanzen, die Anzahl von Instanzen pro Zeiteinheit und deren zeitliche Verteilung (z. B. auf Wochentage) sowie die durchschnittlichen Kosten je Instanz. Der Process Owner ist Adressat der meist automatisch gemessenen und in Form von Berichten aufbereiteten Ist-Werte für die Kennzahlen. Er analysiert und interpretiert sie und initiiert gegebenenfalls notwendige Schritte zur Beseitigung von Problemen.

11.3.2 Actors

Die Actors als Subjektträger im Prozess beobachten bzw. verspüren im laufenden Betrieb sowohl quantitative als auch qualitative Aspekte der Vorgangsabwicklung. Z. B. merkt jeder einzelne Subjektträger, wenn zur Bearbeitung durch ihn dauerhaft zu viele oder zu wenige Instanzen pro Zeiteinheit anstehen oder die Antwortzeiten eines genutzten IT-Systems nicht zufriedenstellend sind. Der erste Fall könnte ein Indiz für die Schwächen in der organisationsspezifischen Implementierung sein (zu geringe Sachbearbeitungskapazität), sodass der Actor den Facilitator informiert, welcher dies überprüft. Actors können sich an den Facilitator bzw. über diesen an Experten wenden, wenn sie Werte für Kennzahlen nicht selbst bewerten oder Ursachen nicht erforschen können.

Analog gilt dies, wenn sie Defizite bei sich selbst erkennen z. B. beim erforderlichen Know-how oder im Umgang mit IT-Systemen. In diesem Fall kann der Facilitator beispielsweise passende Schulungsmaßnahmen durch Experts organisieren. Stellen Actors Mängel im Ablauf oder in der Kommunikation mit anderen Prozessbeteiligten fest, können sie zusammen mit diesen Ursachen ermitteln und in Abstimmung mit dem zuständigen Governor selbst abstellen oder deren Beseitigung über den Facilitator veranlassen. Der Actor ist in erster Linie Adressat für das Reporting von Kennzahlenwerten, welche seinen Ausschnitt im Prozess betreffen, also sein Verhalten und seine Interaktionen. Beispiele dafür sind die Bearbeitungszeiten seiner Schritte und die Liegezeit in seinem Eingangspostfach.

11.3.3 Experts

Eine Expertenrolle beim Monitoring können beispielsweise Prozesscontroller und externe Berater wahrnehmen, welche gemessene Kennzahlen bewerten, mit Benchmarks vergleichen und Erklärungs- und Verbesserungsansätze bei vergleichsweise schlechten Ergebnissen liefern. Auch solche Tätigkeiten reichen bereits wieder in das Aktivitätenbündel der Analyse hinein.

11.3.4 Facilitators

Ein Facilitator hilft den Actors wie gezeigt bei der Bewertung von wahrgenommenen Problemen und bei der Suche nach Lösungswegen. Diese Rolle kann beispielsweise der Process Owner, der Service Desk (auch als externer Dienstleister) oder auch ein Qualitätsmanagementbeauftragter (QMB) ausfüllen.

■ 11.4 Messung von Prozesskennzahlen

11.4.1 Überblick

Prozesskennzahlen als Messobjekte sind wie alle betriebswirtschaftlichen Kennzahlen Maßstabswerte, welche quantifizierbare Sachverhalte in Zahlen ausdrücken und damit vergleichbar machen. Sie müssen relevant für die Erreichung der Prozessziele (Strategiebezug), wirtschaftlich ermittelbar, für alle Beteiligten nachvollziehbar und beeinflussbar im Sinne einer Steuerung sein. Für die Anwendung von Kennzahlen werden oft deren Operationalisierungsfunktion (Handhabbarmachung von Zielen), Vorgabefunktion (Festlegung von Zielwerten), Kontrollfunktion (Soll-Ist-Vergleich mit Abweichungsanalyse), Anregungsfunktion (Erkennen von Auffälligkeiten) und Steuerungsfunktion (Vereinfachung komplexer Steuerungsprozesse) hervorgehoben. Kennzahlen können ihre Vorgabefunktion nur erfüllen, wenn für sie sinnvolle Soll-Werte als Ziele festgelegt werden. Insbesondere bei neuen Prozessen oder solchen mit niedrigem Reifegrad ist es oft schwierig, realistische Soll-Werte für Prozesskennzahlen als Ziele a priori festzulegen. Hilfreich dabei sind eigene Erfahrungswerte aus anderen, möglicherweise vergleichbaren Vorgängen, Schätzungen und Benchmarks anderer Organisationen.

Abbildung 11.3 zeigt eine Differenzierung von Kennzahlen in Ausführungs- und Strukturparameter sowie eine weitere Unterscheidung in betriebswirtschaftliche und, in Bezug auf die IT-Unterstützung von Geschäftsprozessen, technische Kennzahlen.

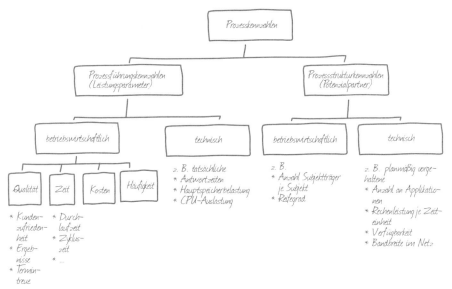

Abbildung 11.3: Arten von Prozesskennzahlen

11.4.2 Prozessausführungskennzahlen

Prozessausführungskennzahlen stellen als Leistungsparameter (Performance Indicators) auf Instanzen von Prozessen ab. Werte für sie werden dynamisch erfasst, etwa wenn in der Validierung einige wenige oder bei der Simulation im Rahmen der Optimierung eine Vielzahl von Testinstanzen abgearbeitet werden (vgl. Kapitel 7 und 8). Wichtigstes Einsatzgebiet ist jedoch das Monitoring, bei dem Ist-Werte aufgezeichnet werden, welche bei der Abwicklung echter Instanzen, also konkreter Geschäftsvorfälle, anfallen. Mit der Bezeichnung Key Performance Indicator (KPI) wird einer Kennzahl eine besondere Bedeutung für die Organisation im Sinne eines kritischen Erfolgsfaktors zugemessen. Oft kombiniert man mehrere Leistungsparameter zu einem KPI wie etwa bei der Summierung von Liege-, Transport- und Bearbeitungszeit zur Durchlaufzeit. Übliche Key Performance Indicators sind die Zufriedenheit der externen oder internen Kunden, die Qualität der Prozessergebnisse, die Termintreue bei der Lieferung der Ergebnisse, die Prozesszeit (Durchlaufzeit, Zykluszeit) und die Prozesskosten (vgl. [Schmelzer et al. 2010, S. 239 ff.]). Die teilweise wechselseitige Abhängigkeit der Kennzahlen erfordert ihre gemeinschaftliche Betrachtung. Neben absoluten Kennzahlen wie Summen (z. B. Gesamtkosten eines Prozesses), Lagemaßen (z. B. durchschnittliche Bearbeitungsdauer) oder Streuungsmaßen (z. B. Standardabweichung bei Bearbeitungsdauer) kommen oft relative, auch als Verhältniszahlen bezeichnete Kennzahlen zum Einsatz (z. B. Anzahl fehlerhafter Kreditangebote pro 100 Angebote).

> Eine unternehmensgerechte Implementierung von S-BPM-Monitoring erfordert die Abstimmung der Prozesskennzahlen mit den Subjektverhaltenskenngrößen. Darauf basiert die Entwicklung von Key Performance Indicators.

Als im Rahmen der Analyse und Modellierung definierte Planungs- oder Soll-Größen können Kennzahlen feste Werte oder Wahrscheinlichkeiten aufnehmen. So können beispielsweise Mitarbeiter als Actors durch eigene Tests einen realistischen Wert für das Ausfüllen des Dienstreiseantrags ermitteln und in Abstimmung mit dem Process Owner als Governor fünf Minuten als Maximalwert festlegen (vgl. Abbildung 11.4). Analog lässt sich etwa eine Obergrenze definieren für die Vorbereitung des Sendens einer Nachricht, im Beispiel bei konventionellem Vorgehen das Einstecken des Reiseantrags in ein Hauspostkuvert und dessen Ablage im Ausgangspostfach im Sekretariat. Ein Beispiel für die Beschriftung eines vollständigen Teilpfads der Verhaltensbeschreibung eines Subjekts mit Zeiten ist ebenfalls in der Abbildung zu sehen. Demnach dauert der Weg von der Antragstellung bis zu dem Zustand, an dem die Reise angetreten werden kann, zwei Tage. Im vorliegenden Beispiel wäre es eventuell auch sinnvoll, im Echtbetrieb zu messen, wie oft der Zweig der Dienstreiseantragsablehnung generell und je Subjektträger durchlaufen wird. Ein hoher bzw. im Zeitverlauf steigender Anteil an der Gesamtzahl könnte beispielsweise auf eine mangelnde Abstimmung zwischen Mitarbeitern und Vorgesetzten im Vorfeld oder auf Konfliktpotenzial in einzelnen Organisationseinheiten schließen lassen.

Ein Beispiel für die Angabe von Soll-Werten in Form einer Wahrscheinlichkeitsverteilung wäre die Anforderung, die Ausfüllzeit in 80 % aller Fälle kürzer als fünf Minuten zu gestalten oder die mittlere Bearbeitungsdauer des gesamten Pfades auf 1,5 Tage zu begrenzen.

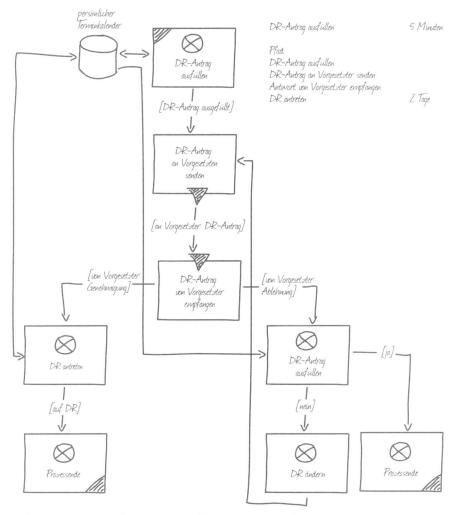

Abbildung 11.4: Ausgewählte Kennzahlen für das Verhalten des Subjekts ‚Mitarbeiter‘ im Dienstreiseantragsprozess

Prozessausführungskennzahlen werden kontinuierlich gemessen. Dies bedeutet, die Werte an den Messpunkten werden bei jedem Durchlauf einer Instanz an definierten Stellen, den sogenannten Messpunkten, erfasst (vgl. [Kronz 2005, S. 35]). Dies kann manuell oder automatisiert über Sensoren, Zähl- und Zeitnahmefunktionalitäten etc. in Workflow Engines, Anwendungssystemen und der Systemsoftware erfolgen. Die anfallenden Prozessausführungsdaten werden kontinuierlich protokolliert (Logging).

Typische Beispiele für Einträge in Log-Dateien sind Vorgangsnummern, Aktivitäten-schlüssel, Zeitstempel für Beginn und Ende von Aktivitäten etc. Die Summe der Log-Sätze wird auch als Audit Trail bezeichnet, aus dem sich unter anderem rekonstruieren lässt, wer wann welche Schritte bei der Abarbeitung einer Geschäftsprozessinstanz aus-geführt hat. Mit entsprechenden Berechnungen können auch Werte ermittelt werden wie etwa die Dauer und Kosten für einzelne Aktivitäten in Prozessschritten, für Prozess-zweige oder gesamte Prozesse.

Bei der subjektorientierten Methodik können die wesentlichen Prozessausführungs-kennzahlen beim Subjektverhalten, also in Funktions-, Sende- und Empfangszuständen sowie an Übergängen zwischen ihnen, erfasst werden. Dies ermöglicht sowohl die Be-wertung des Subjektverhaltens als auch der Subjektinteraktionen und liefert Ansatz-punkte für deren Optimierung. Die Abbildung 11.5 enthält ein Beispiel, wie verschiede-ne Zeiten durch die Aufzeichnung von Zustandsübergängen gemessen werden können. Dabei werden als Zeitelemente die Bearbeitungs-, die Warte- und die Liegezeit unter-schieden. Die Einzelelemente lassen sich zu Zyklus- und Durchlaufzeiten aggregieren.

S-BPM erlaubt dank seiner Stakeholder-Orientierung die Lokalisierung von Arbeits-handlungen und Verantwortlichkeiten aufgrund der Subjektverhaltensmodelle. Ge-meinsam mit der organisationsspezifischen Implementierung sind sämtliche Daten zur Bewertung einer bestimmten Situation abrufbar.

Die Bearbeitungszeit ist die Zeitspanne in der sich ein Subjekt in einem Funktionszu-stand befindet, also der Bearbeitung einer Aufgabe nachgeht. Die Gesamtbearbeitungs-zeit in einem Prozess lässt sich somit als Summe der von allen beteiligten Subjekten in Funktionszuständen zugebrachten Zeiten darstellen. In der Abbildung ist ersichtlich, dass die Bearbeitungszeit des Subjekts ‚Vorgesetzter‘ mit dem Übergang vom Empfangs-zustand ‚DR-Antrag‘ in den Zustand ‚DR-Antrag prüfen‘ beginnt. Sie endet, sobald einer der Zustände ‚Genehmigen‘ oder ‚Ablehnen‘ erreicht ist.

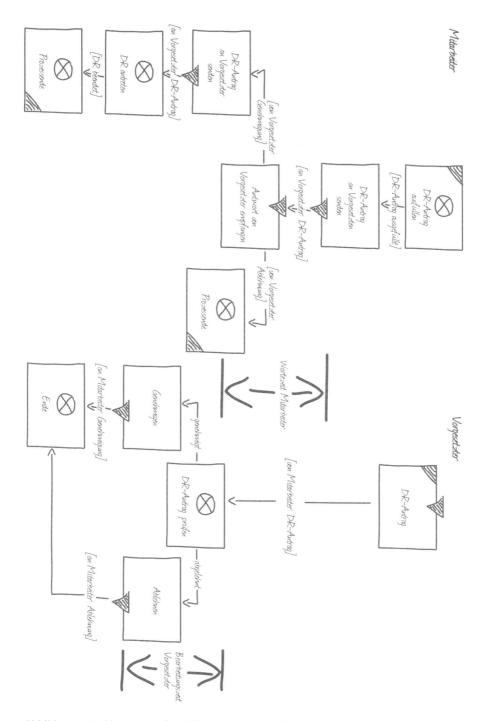

Abbildung 11.5: Messung von Bearbeitungs- und Wartezeit beim subjektorientierten Ansatz

Als Wartezeit gilt die Zeit, die zwischen dem Zeitpunkt verstreicht, in dem ein Subjekt in einen Empfangszustand geht, und dem Zeitpunkt, zu dem die daraufhin erwartete Nachricht vom Sender eintrifft. Die Gesamtwartezeit des Prozesses ergibt sich folglich durch Aufsummieren der Wartezeiten aller Subjekte. Im Beispiel beginnt die Wartezeit des Subjekts ‚Mitarbeiter‘, sobald es in den Empfangszustand ‚Antwort von Vorgesetzter empfangen‘ geht. Sie endet, sobald die Antwort vom Vorgesetzten eintrifft (von Vorges.: Genehmigung oder von Vorgesestzter: Ablehnung).

In der Realität können Vorgänge in einer Bearbeitungsstation oft nicht sofort bearbeitet werden. So entsteht Liegezeit, welche bei der Subjektorientierung die Zeitdauer bezeichnet, die nach dem Eingang einer Nachricht im Input Pool des empfangenden Subjektes bis zu ihrer Bearbeitung durch das Subjekt vergeht.

Eine Auswahl betriebswirtschaftlicher Prozessausführungskennzahlen mit Relevanz für S-BPM ist in Abbildung 11.6 zusammengestellt. Sie weisen üblicherweise Zeit-, Häufigkeits-, Kosten- und Qualitätsbezug auf und werden in der Regel bei der Analyse oder Modellierung von den Sachbearbeitern (Actors) zusammen mit dem Process Owner (Governor) und Prozesscontrollern (Experten) definiert. Beim Monitoring messen die Bearbeiter die festgelegten Parameter manuell oder mithilfe geeigneter Softwarefunktionen im laufenden Betrieb an echten Instanzen. Prozessbeteiligte und -controller können zeit- und kostenbezogene Parameter zusätzlich bei der Optimierung Mithilfe von Simulationen an Testinstanzen messen. Im Zuge der Simulation durchgeführte Sensitivitätsanalysen erfordern viel Prozess- bzw. Methodenerfahrung, um durch Parameterveränderungen Verbesserungen erzielen zu können, ohne lokale Suboptima zu erzeugen (z. B. Senkung der Zykluszeit durch zusätzliches Personal, aber ohne überkompensierende Kostensteigerung). Hier können die Actors interne oder externe Experten einbeziehen, welche die nötige Erfahrung und Qualifikation besitzen.

Da Arbeitshandelnde ihr Verhalten im Prozess manchmal sich ändernden Anforderungen anpassen müssen, dieses Wissen zumeist aber verloren geht, können sie bei S-BPM ihr modifiziertes Subjektverhalten selbst unter Einhaltung vereinbarter Governance-Regeln in Modellen aktualisieren und somit die Konsistenz zwischen Prozessdokumentation und -ausführung gewährleisten.

Kennzahl	Motiv (Erkenntnisinteresse)
Zeitbezug (für laufende und abgeschlossene Instanzen)	
Durchlaufzeit (Min., Max., Mittel)	Schwankungen feststellen und Ursachen erforschen
Zykluszeit (Min., Max.., Mittel)	Schwankungen feststellen und Ursachen erforschen
Bearbeitungszeit (Dauer eines Prozessschritts) über alle Subjektträger (Min., Max., Mittel)	Schwankungen feststellen und Ursachen erforschen
Häufigkeiten (für laufende Instanzen)	
Anzahl offener Prozessinstanzen je Prozesstyp	Engpässe insgesamt erkennen und Ursachen erforschen
Anzahl offener Prozessinstanzen je Prozesstyp, in die ein Subjektträger involviert ist	Engpässe bei Subjektträgern erkennen und Ursachen erforschen
Startzeitpunkte von Instanzen je Prozesstyp (Verteilung)	Zeitliche Verteilung der Instanzbildung und der Verteilung von Instanzen auf die einzelnen Prozessschritte ermitteln, davon
Anzahl von Instanzen, welche sich in einem bestimmten Prozessschritt befinden	ausgehend die zeitliche Verteilung der Belastung in den weiteren Bearbeitungsstationen und faktische Zeitüberschreitungen ermitteln sowie Restlaufzeiten, drohende Zeitüberschreitungen und Endzeitpunkte prognostizieren
Anzahl von Instanzen, welche eine bestimmte Zeitdauer bei einem bestimmten Zustandsübergang überschritten haben	Engpässe beim Nachrichtenaustausch erkennen und Ursachen erforschen
Häufigkeiten (für abgeschlossene Instanzen)	
Anzahl Prozessinstanzen je Prozesstyp und Zeiteinheit	Mengengerüst ermitteln
Anzahl Prozessinstanzen, deren Durchlaufzeit über dem Durchschnitt liegt	Engpässe insgesamt erkennen und Ursachen erforschen
Anzahl Subjektwechsel eines Subjektträgers pro Zeiteinheit	Geistige und organisatorische Rüstzeiten ermitteln
Kosten	
Gesamtkosten des Prozesses	Prozesskosten ermitteln
Kosten eines Subjekts/Subjektträgers im Prozess	Kosten eines Subjekts/Subjektträgers im Prozess ermitteln
Anteile der Subjekte/Subjektträger an den Gesamtkosten des Prozesses	Kostenverteilung auf Subjekt/Subjektträgers ermitteln
Qualität	
Anzahl Fehler im Ergebnis	Fehlerhafte Prozessergebnisse ermitteln
Anteil durch Nacharbeit behebbarer Fehler	Fehler klassifizieren

Abbildung 11.6: Ausgewählte betriebswirtschaftliche Prozessausführungskennzahlen mit S-BPM-Bezug

Technische Prozessausführungskennzahlen beziehen sich auf die IT-Infrastruktur, innerhalb der die IT-Unterstützung von Prozessen realisiert wird. Beispiele sind die CPU-Auslastung (je Server), die Anzahl Concurrent User, die Hauptspeicherbelastung und Datenbankantwortzeiten. Mit ihrer Erfassung können IT-Architekten und Systemspezialisten beispielsweise die Systembelastung ermitteln und Virtualisierungsmöglichkeiten erkennen. Sie definieren solche Ausführungskennzahlen im Rahmen der IT-Implementierung und legen dafür in Abstimmung mit den fachlichen Prozessverantwortlichen (in der Regel Process Owner) anhand der zu erwartenden Mengengerüste (z. B. Anzahl paralleler Instanzen und Systemanwender) Soll-Werte beispielsweise in Service Level Agreements fest.

System- und Dienstprogramme messen im laufenden Betrieb Ist-Werte für die tatsächliche Leistung und Nutzung der IT-Anlagen mit echten Instanzen und machen sie einer Auswertung durch IT- und Prozessverantwortliche zugänglich. Unabhängig davon erkennen die Anwender selbst Mängel in der Systemperformance und artikulieren diese z. B. gegenüber einem Service Desk als Facilitator.

11.4.3 Prozessstrukturkennzahlen

Für das Prozessmanagement sind neben den Leistungsparametern auch Prozessstrukturkennzahlen als Potenzialparameter relevant, welche vor allem die personelle und technische Infrastruktur für die Ausführung von Prozessinstanzen beschreiben und die Leistungsparameter beeinflussen. Sie sind statisch und beziehen sich auf den Prozess oder sein Modell. Beispiele sind die Anzahl gleichzeitig verfügbarer Subjektträger für ein Subjekt, die Anzahl von Prozessen, in welchen eine Person Subjektträger ist, oder die Rechenleistung eines unterstützenden IT-Systems gemäß Service Level Agreement. Prozess- und IT-Verantwortliche definieren solche Kennzahlen meist bei der organisatorischen und IT-bezogenen Implementierung und versehen sie mit Planwerten. Beim Monitoring vergleichen sie diese mit den tatsächlich im Echtbetrieb erreichten Werten. So kann die tatsächlich verfügbare Zahl von Sachbearbeitern im laufenden Betrieb beispielsweise wegen Krankheit und Fluktuation von der bei der organisationsspezifischen Implementierung angesetzten Zahl negativ abweichen. Auch der Reifegrad eines Prozesses kann als Strukturkennzahl aufgefasst werden, welche als Zielwert den anzustrebenden und als Ist-Wert den gegenwärtigen Zustand eines Prozesses als Ganzes beschreibt.

Die Werte für Prozessstrukturkennzahlen werden in festen Zeitabständen (z. B. tägliche Ermittlung der tatsächlich verfügbaren Sachbearbeitungskapazität in der Reisestelle) oder ad hoc aufgrund bestimmter Wertkonstellationen von Prozessausführungskennzahlen gemessen (z. B. Ermittlung der tatsächlichen Sachbearbeitungskapazität, wenn Instanzen an einer Bearbeitungsstelle länger warten müssen, als vorher vorgesehen). Die Messung erfolgt bei der Optimierung am Modell oder an Testinstanzen und beim Monitoring zur Laufzeit unabhängig von konkreten Instanzen, also auf Prozessebene. Abbildung 11.7 zeigt exemplarisch eine Auswahl von betriebswirtschaftlichen Prozessstrukturkennzahlen.

Kennzahl	Motiv (Erkenntnisinteresse)
Häufigkeiten	
Geplante Anzahl der einem Subjekt zugeordneten Subjektträger	Bearbeitungskapazität (Plan) ermitteln
Tatsächliche Anzahl der einem Subjekt zugeordneten Subjektträger	Bearbeitungskapazität (Ist, d. h. zur Laufzeit) ermitteln
Anzahl und Bezeichnung der an einem Prozess beteiligten Subjekte	horizontales und vertikales Reintegrationspotenzial ermitteln (zu starke Arbeitsteiligkeit?)
Anzahl der gesendeten und empfangenen Nachrichtentypen in einem Prozess	horizontales und vertikales Reintegrationspotenzial ermitteln
Anzahl und Bezeichnung der in einem Prozess genutzten IT-Systeme	Integrationspotenzial ermitteln (zu viele Schnittstellen?)
Anzahl und Bezeichnung von Prozessen/Subjekten, welche ein bestimmtes IT-System nutzen	Gestaltung der IT-Architektur unterstützen

Abbildung 11.7: Ausgewählte betriebswirtschaftliche Prozessstrukturkennzahlen

Technische Prozessstrukturkennzahlen werden von den IT-Spezialisten bei der IT-Implementierung definiert. Für die bestehende bzw. aufzubauende IT-Infrastruktur determinieren sie das Leistungspotenzial als Bruttowerte. Beispiele sind die Anzahl verfügbarer Applikationsserver, deren Hauptspeicherkapazität und ihre Rechenleistung je Zeiteinheit, welche Aufschluss über das Verarbeitungspotenzial geben. Dessen Ausschöpfung wird durch die aufgeführten technischen Ausführungskennzahlen gemessen.

■ 11.5 Auswertung

Wir unterscheiden unterschiedliche Arten von Auswertungen, die in der Folge im Kontext von S-BPM detailliert werden.

11.5.1 Periodische und Ad-hoc-Auswertung

Auf Basis der permanent mitprotokollierten und gespeicherten Ausführungsdaten sind nachträgliche, periodische Logfile-Auswertungen über abgeschlossene Prozessinstanzen (store and analyse) z. B. jede Woche, jeden Monat oder jedes Quartal üblich. Dabei führen Actors und/oder Prozessverantwortliche mithilfe von vordefinierten konventionellen Datenbankabfragen in der Regel unter Nutzung von statistischen Funktionen Berechnungen durch. Je nach den in den Kennzahlensteckbriefen angegebenen Berechnungsvorschriften werden dabei gegebenenfalls vorher aus den Rohdaten zusammengesetzte Kennzahlen ermittelt (z. B. Summierung von Zeiten für Prozessschritte zur Gesamtdurchlaufzeit des Prozesses).

Damit lassen sich neben üblichen qualitäts-, zeit- und kostenbezogenen Kennzahlen auch Informationen gewinnen wie etwa die Anzahl der pro Zeiteinheit gebildeten Instanzen sowie deren zeitliche Verteilung, die durchschnittliche Verweildauer einer Instanz in einer Bearbeitungsstation oder der durchschnittliche Datendurchsatz pro Instanz. Die ermittelten Ergebnisse dienen als Basis für regelmäßige Berichte. Aus ihnen können Rückschlüsse für die Modellierung, die organisatorische und die IT-bezogene Implementierung gezogen werden (z. B. bezüglich der Notwendigkeit zusätzlicher gleichartiger Sachbearbeitungsplätze oder höherer Bandbreite für die Datenübertragung).

Neben den periodischen, in der Regel automatisch vorgenommenen und vorprogrammierten Auswertungen werden in der Praxis oft auch individuelle Auswertungen mit interaktiven Ad-hoc-Abfragen zur Befriedigung eines bestimmten, singulären Erkenntnisinteresses vorgenommen. Dies versetzt die Subjektträger als Actors in die Lage, selbst nach Ursachen für wahrgenommene Ereignisse (z.B zunehmende Wartezeit) zu suchen.

Eine spezielle Form der Auswertung stellt das Process Mining dar. Dabei werden die in den Protokolldateien der Workflow Engine gesammelten Daten zusammen mit vergleichbarer Information beispielsweise aus ERP-Systemen analysiert. Ziel ist es zunächst, aus diesen bei der Prozessausführung für jede Instanz angefallenen Informationen Prozessmodelle zu generieren und so Prozessstrukturtransparenz zu schaffen. Dies ist für eine erstmalige Erstellung von Ist-Modellen zur Dokumentation und Überprüfung von gelebten Prozessen ebenso hilfreich wie für die Analyse von Abweichungen zwischen gelebten Prozessen und bereits vorhandenen, früher dokumentierten Ablaufschemata (Soll-Modelle), welche Anhaltspunkte für Verbesserungen liefern kann.

Solche Abweichungen kommen oft vor, weil die Bearbeiter (Actors) ihr Verhalten im Prozess kurzfristig selbständig den sich ändernden Anforderungen des Prozesses anpassen müssen. S-BPM versetzt sie in die Lage, ihr modifiziertes Subjektverhalten, unter Einhaltung der vereinbarten Governance-Regeln (z. B. Abstimmung mit und Freigabe durch Process Owner als Governor), selbst im Modell zu aktualisieren und damit die Konsistenz zwischen Prozessdokumentation und -ausführung zu gewährleisten.

Neben den aus objektiven Fakten abgeleiteten Modellen liefert das Process Mining auch Aussagen über tatsächliche Verteilungen von Ablaufvarianten (z. B. wie viel Prozent aller Instanzen die Pfade A, B und C durchlaufen haben). Ein weiteres Ziel ist es, unter Einbeziehung von zusätzlichen Informationen wie dem Geschäftsobjekt (z. B. Kundenauftrag), dem Prozessergebnis (z. B. Kundenauftrag zum Wunschliefertermin abgeschlossen), den Subjektträgern (z. B. handelnde Personen und Systeme) usw. auch Aussagen über Prozessleistung und -erfolg abzuleiten (vgl. [Grob et al. 2008, S. 269 ff.]).

Process Mining lässt sich als Diagnoseinstrument in Monitoring und Analyse verwenden. Eingesetzt werden dafür Methoden des Data Mining wie sequenzanalytische und grafenorientierte Verfahren, Markov-Ketten und genetische Algorithmen [Grob et al. 2008, S. 270].

> Process Mining liefert wertvolle Aussagen über tatsächliche Verteilungen von Ablaufvarianten und legt eine wesentliche Grundlage der organisationalen Agilität.

11.5.2 Kontinuierliches Business Activity Monitoring (BAM)

Der Begriff des Business Activity Monitoring (BAM) bezeichnet die kontinuierliche, betriebswirtschaftlich orientierte Überwachung und Auswertung von Geschäftsprozessinstanzen in Echtzeit (vgl. z. B. [Heinz et al. 2009], [Hauser 2007] und [Reibnegger 2008]). Die hier vertretene Sicht von BAM bezieht aber nicht nur betriebswirtschaftliche Kennzahlen, sondern auch technische Parameter wie Datenbankantwortzeiten in die permanente Überwachung ein. Das Business Activity Monitoring nutzt wie die periodisch und ad hoc vorgenommenen Auswertungen die permanent erfassten Messdaten. Es unterzieht diese jedoch in der Regel sofort einer datenstrombezogenen Analyse (stream and analyse) mit Verfahren des Complex Event Processing (CEP) (vgl. [Heinz et al. 2009, S. 84]). Complex Event Processing bezeichnet Methoden, Techniken und Werkzeuge, mit denen sich Ereignisse zum Zeitpunkt ihres Auftretens, also kontinuierlich und zeitnah, verarbeiten lassen [Eckert et al. 2009, S. 163 ff.]. Dabei geht es vor allem um die Erkennung und Verarbeitung von Ereignismustern (Sachverhalten), welche nur durch die Kombination mehrerer einzelner Ereignisse (simple events) zu sogenannten komplexen Ereignissen (complex events) zutage treten. [Luckham et al. 2008, S. 5 ff.] definiert ein simples Ereignis in diesem Kontext als „anything that happens, or is contemplated as happening" und ein komplexes Ereignis als „an event that is an abstraction of other events called its members". Wichtig ist, dass möglichst zeitnah aus dem Auftreten der simplen Ereignisse das wahrscheinliche Eintreten des komplexen Ereignisses geschlossen wird, damit daraufhin noch proaktiv Maßnahmen zur Verhinderung bzw. Folgenbegrenzung ergriffen werden können. Ausführliche Informationen zum Complex Event Processing finden sich beispielsweise bei [Levitt 2009], [Chandy et al. 2010] und [Etzion et al. 2010].

Ein anschauliches Beispiel für den begrifflichen Zusammenhang und die Wirkung des CEP lässt sich im Rahmen des Dienstreiseantragsprozesses beschreiben. Die Reisestelle versucht bei Bahn- und Flugtickets immer möglichst günstige Tarife zu nutzen. Diese sind als Frühbuchertarife meist nur bis zu einem bestimmten Termin, beispielsweise sieben Tage vor Reiseantritt, verfügbar. Ein drohender Verlust des Frühbucherrabatts kann als komplexes Ereignis auffgefasst werden. Es wird durch die simplen Ereignisse „Bearbeitungsstatus: offen", „aktuelle Liegezeit des Antrags in einer Bearbeitungsstation" und „voraussichtliche Restbearbeitungszeit" definiert. Eine CEP-Anwendung kann auf Basis dieser Daten durch permanente Auswertung, Zusammenführung und Korrelation der von den simplen Ereignissen generierten Werte für jede einzelne Instanz das komplexe Ereignis bzw. dessen Eintrittswahrscheinlichkeit berechnen.

Darüber hinaus kann das System beispielsweise erkennen, dass bei einem konkreten Dienstreiseantrag Verzögerungen (z. B. wegen der Genehmigung) aufgetreten sind und die Bearbeitung in der Reisestelle zu spät erfolgen wird, um den Frühbucherrabatt in Anspruch nehmen zu können. Eine Folge könnte dann sein, dass das IT-System den Antrag mit höchster Priorität versieht und ihn damit im Arbeitsvorrat der Sachbearbeiter (Subjektträger) in der Reisestelle ganz nach oben sortiert, oder dies zumindest vorschlägt, und diesen selbst die Entscheidung überlässt. CEP unterstützt S-BPM, indem es den Subjektträgern ermöglicht, auch komplexe Zusammenhänge zu erkennen, selbstständig zu beurteilen und aktiv zu werden, um negative Konsequenzen für das Prozessergebnis zu vermeiden.

Zur Erkennung von, wie im Dienstreiseantragsbeispiel, vorher bekannten Ereignismustern eignen sich Ereignisanfragesprachen (z. B. Kompositionsoperatoren, Datenstrom-Anfragesprachen oder Produktionsregeln), während bislang unbekannte Muster in den Datenströmen mit Verfahren des maschinellen Lernens und des Data Mining versucht werden zu identifizieren [Eckert et al. 2009, S. 163 f.].

Ziel des Business Activity Monitoring ist es, kurzfristig im laufenden Betrieb auftretende Probleme und Zielabweichungen bei der Abarbeitung von Prozessinstanzen automatisch zu identifizieren und gemäß vorgegebener Eskalationsstufen zu reagieren. Solche Probleme können sowohl auf der technischen Ebene der Prozessunterstützung durch IT auftreten, als auch die betriebswirtschaftlichen Kennzahlen betreffen, und einander bedingen.

Für den ersten Fall wird eine BAM-Lösung im Rahmen der operativen Systemkontrolle vorwiegend simple Ereignisse überwachen und analysieren, welche sich auf die Funktionsfähigkeit und Auslastung der informations- und kommunikationstechnischen Ressourcen beziehen (vgl. [Becker et al. 2009, S. 174 ff.]). Beispiele für Reaktionen auf dabei erkannte Probleme können die automatische Lastbalancierung über mehrere Applikationsserver oder Ausnahmemeldungen an Systemadministratoren sein, etwa wenn die maximal vorgegebene Antwortzeit bei Datenbankabfragen überschritten wird.

Ereignisse in Form von Abweichungen bei betriebswirtschaftlichen Kennzahlen können als Reaktionen Alarmmeldungen an Prozessverantwortliche auslösen. So könnte das BAM etwa bei einer Instanz eines Kundenauftrags nach der Hälfte der Bearbeitungsschritte prognostizieren, dass die gesamte Durchlaufzeit wegen bereits aufgelaufener Verzögerungen über dem geplanten Wert liegen wird (komplexes Ereignis). Es informiert die verantwortliche Person, damit diese gegebenenfalls Beschleunigungsmaßnahmen einleiten oder den Kunden über die Verspätung informieren kann.

Systeme für das Business Activity Monitoring, insbesondere mit CEP-Funktionalitäten, können als Enabler von S-BPM verstanden werden. Sie entlasten Sachbearbeiter (Actors) und Process Owner (Governors) von regelmäßigen und permanenten Überwachungsaufgaben und schaffen so Freiräume, in denen beispielsweise Subjektträger über die Optimierung ihres Verhaltens und ihrer Interaktionen mit den Abwicklungspartnern im Prozess reflektieren können.

> Business Activity Monitoring bezieht neben betriebswirtschaftlichen Kennzahlen auch technische Parameter in die durchgängige Überwachung ein.

■ 11.6 Reporting

Das Reporting erstreckt sich auf die Aufbereitung und Bereitstellung bzw. Verteilung der Auswertungsergebnisse in Form von Berichten. Es folgt deshalb zeitlich dem gleichen Muster wie die Auswertung. Abbildung 11.8 gibt einen Überblick über mögliche Berichtstypen und ihre Charakteristika.

Berichtstyp	Berichtsfrequenz	Auslöser (Trigger)	Präsentation	Rolle des Adressaten
Laufende und Ausnahmeberichte	Kontinuierlich	Zeit oder Ereignis	Cockpits/Dashboards mit Tachometeranzeigen, Warn- und Kontrollleuchten, Ampeln etc.	Passiv (Push)
Vordefinierte Standardberichte	Periodisch	Zeit	Eher druckoptimierte Darstellung mit Tabellen, Geschäftsgrafik und Textbausteinen	Passiv (Push)
individuelle Bedarfsberichte	Ad hoc	Akutes Erkenntnisinteresse	Situativ	Aktiv (Pull)

Abbildung 11.8: Berichtstypen

Laufende und Ausnahmeberichte

Auf Basis der kontinuierlichen Auswertung des Business Activity Monitoring werden ebenso kontinuierlich die Ergebnisse aufbereitet und dargestellt. Im Vordergrund steht die Überwachung des operativen Geschehens, also die permanente Berichterstattung über laufende Instanzen in kurzen Zeitintervallen (Minuten, Sekunden etc.).

Für die Präsentation kommen hier sogenannte Dashboards (Armaturenbretter) bzw. Cockpits (Pilotenkanzeln) zum Einsatz. Die Metaphern für entsprechende IT-Lösungen machen deutlich, dass es um die übersichtliche, schnell erfassbare Anzeige von wenigen, aber für die Steuerung wichtigen Informationen (Key Performance Indicators) geht. Instrumente wie Tachometer visualisieren dauerhaft Werte wie die Anzahl von sich aktuell in Bearbeitung befindlichen Instanzen, wobei jeweils der Ablauf des mehr oder weniger sehr kurzen Zeitintervalls den Auslöser für das Auffrischen der quasi analogen Anzeige darstellt. Digitale Armaturen wie Warn- und Kontrollleuchten oder Ampeln können das Auftreten von besonderen Situationen wie das Überschreiten der maximal definierten Bearbeitungszeit einer Instanz bei einem Subjektträger signalisieren. Auslöser ist hier also der Ausnahmefall (Exception).

In jedem Fall informiert das Cockpit-/Dashboard-System den Benutzer selbständig mit einem Informations-Push, ohne dass dieser aktiv werden muss. Die Instrumente sind oft in Prozessportale integriert. Process Owner und Führungskräfte in ihrer Governor-Rolle können dort wie in einem Leitstand schnell das aktuelle Prozessgeschehen und prognostizierte Entwicklungen überblicken und bei Bedarf auch mit Vergangenheitsdaten vergleichen. Den Actors als Prozessbeteiligten bieten solche Portale eine personalisierte Arbeitsumgebung für die Erledigung ihrer prozessbezogenen Aktivitäten. In einem Portalbereich findet jeder Mitarbeiter den Vorrat offener, für ihn zur Bearbeitung anstehender Instanzen jener Prozesse, in die er involviert ist („my work"). Eine andere Liste zeigt ihm die Palette von Vorgängen, bei denen er berechtigt ist, den Prozess durch Bildung einer Instanz selbst auszulösen („my processes"). Beispiele hierfür sind der Dienstreiseantrag, Urlaubsantrag etc.

Vordefinierte Standardberichte

Die periodisch vorgenommenen Auswertungen bilden die Grundlage für die Ausgabe von vordefinierten Standardberichten beispielsweise in Wochen-, Monats- oder Quartalsfrequenz. Gemäß den vorher ermittelten Informationsbedarfen der Adressaten werden im Regelfall druckoptimierte Darstellungen mit Geschäftsgrafiken (Balken-, Tortendiagrammen etc.), Tabellen und Textbausteinen erzeugt und in Papierform oder als elektronische Dokumente per E-Mail verteilt bzw. im Intranet veröffentlicht. Neben diesen klassischen Präsentationsmethoden finden beim periodischen Reporting zunehmend auch Dashboard-/Cockpit-Systeme Anwendung. Die Informationsempfänger bekommen die Berichte zum definierten Berichtszeitpunkt automatisch zugestellt bzw. erhalten die Information, dass sie im Prozessportal oder an anderer Stelle verfügbar sind, sodass wir auch hier vom Informations-Push sprechen können.

Individuelle Bedarfsberichte

Die Auswertung mit individuellen Ad-hoc-Abfragen soll ein ganz spezifisches Erkenntnisinteresse befriedigen. Sie mündet meist in einem ebenso individuellen Bericht. Dabei kann es genügen, Abfrageergebnisse am Bildschirm anzuzeigen oder formlos in Papierform auszugeben. Auswertung und Bericht gehen auf die Anforderung und Aktivität eines Anwenders zurück, sodass hier ein Informations-Pull vorliegt.

Das Reporting insgesamt, vor allem aber die individuellen Bedarfsberichte stellen einen Enabler von S-BPM dar. Nur wenn auch die Subjektträger über entsprechende Funktionalitäten und Berechtigungen verfügen, können sie prozess- und instanzrelevante Informationen erhalten und für ihre Selbstorganisation im Sinne der optimalen Prozessgestaltung und bearbeitung einsetzen. Weiterführende Informationen zum Reporting (Berichtswesen) finden sich etwa bei [Mertens et al. 2002, S. 69 ff.] und [Gluchowski et al. 2008, S. 205 ff.]

> Reporting braucht eine klare Zielgruppe und erfordert gegebenenfalls eine Komprimierung von Messdaten, wie beispielsweise im Dashboard, um unterschiedliche Subjektträgergruppen aufgabengerecht zu unterstützen.

■ 11.7 Prozesskennzahlen in Aktivitätsbündeln

Die Erhebung und Aufbereitung von Daten laufender Prozesse zur Unterstützung der Entscheidungsfindung bei Abweichungen von einem vordefinierten Soll-Verhalten ist Gegenstand des Monitorings. In diesem Abschnitt haben wir neben den möglichen Erhebungsvarianten auch unterschiedliche Formen der Entscheidungsunterstützung aufgezeigt und ihre Relevanz für das S-BPM begründet bzw. an Beispielen gezeigt.

Abbildung 11.9 gibt einen zusammenfassenden Überblick über die Anwendung der besprochenen Arten von Prozesskennzahlen in den S-BPM-Aktivitätenbündeln. Sie zeigt, wo diese üblicherweise definiert, mit Soll-Werten versehen und für Simulationen und Auswertungen auf der Ebene von Prozess, Modell und Instanzen genutzt werden.

Rückkopplungen führen immer zum Aktivitätenbündel der Analyse, unabhängig davon, wer analysiert (Actor, Process Owner als Governor etc.). Das Analyseergebnis bestimmt die nächste Aktivität. So wird sich ein Actor bei mangelhafter Performance des seine Prozessschritte unterstützenden IT-Systems an den IT-Service-Desk als Facilitator wenden, welcher selbst eine Ursachenanalyse durchführt oder diese veranlasst. Deren Ergebnis wiederum führt zum Aktivitätenbündel der IT-Implementierung, falls als Lösungsweg ein Load Balancing zwischen Servern nötig ist.

Bekommt der Process Owner eine Ad-hoc-Meldung aus dem Monitoring, dass die Liegezeiten bei einem Subjekt stark ansteigen, kann er in Abstimmung mit Linienführungskräften kurzfristig die Zahl der eingesetzten Subjektträger erhöhen. Diese Maßnahme ist dem Aktivitätenbündel der organisationsspezifischen Implementierung zuzurechnen.

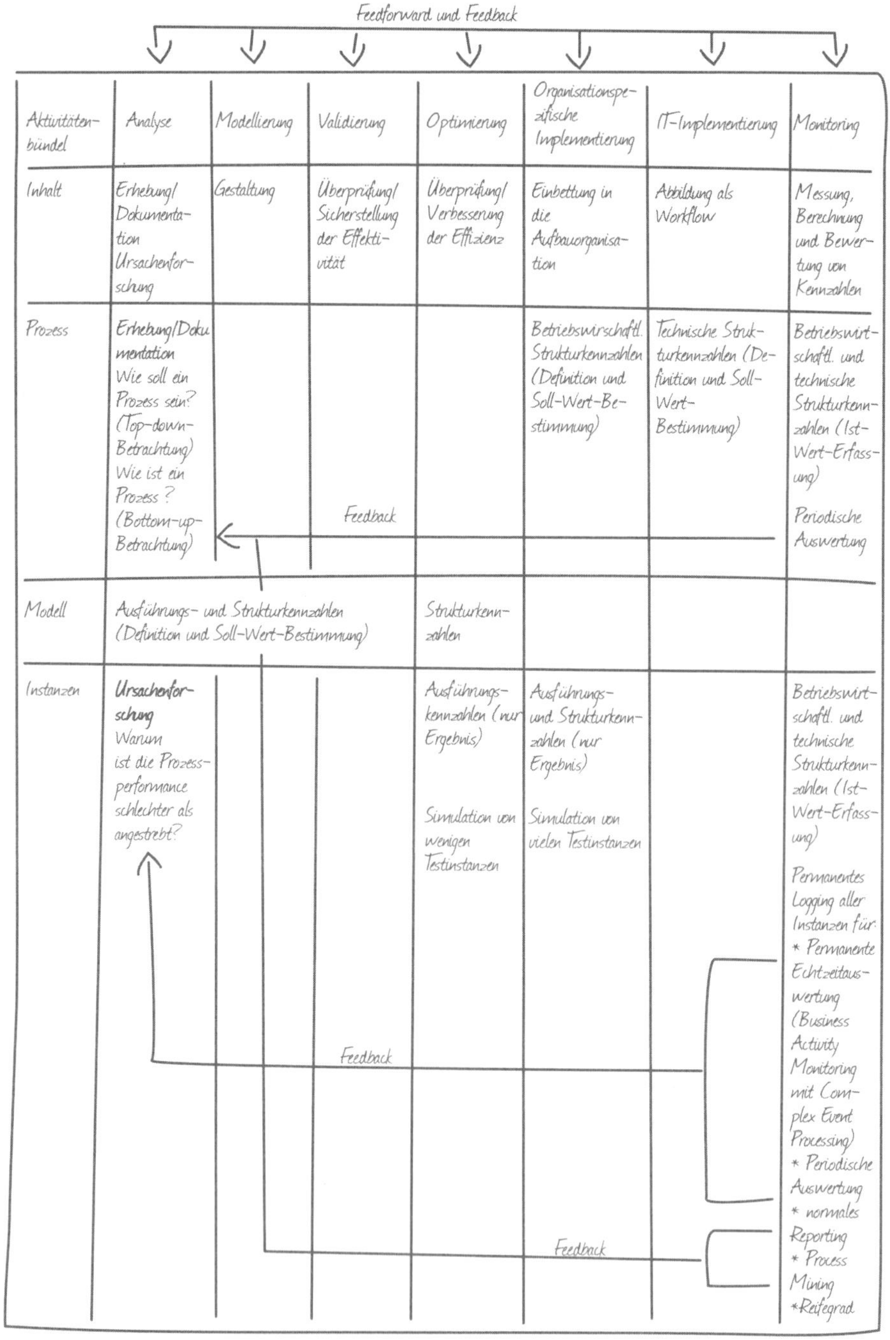

Feedforward und Feedback

Aktivitäten-bündel	Analyse	Modellierung	Validierung	Optimierung	Organisationsspe-zifische Implementierung	IT-Implementierung	Monitoring
Inhalt	Erhebung/ Dokumenta-tion Ursachenfor-schung	Gestaltung	Überprüfung/ Sicherstellung der Effekti-vität	Überprüfung/ Verbesserung der Effizienz	Einbettung in die Aufbauorganisa-tion	Abbildung als Workflow	Messung, Berechnung und Bewer-tung von Kennzahlen
Prozess	Erhebung/Doku-mentation Wie soll ein Prozess sein? (Top-down-Betrachtung) Wie ist ein Prozess? (Bottom-up-Betrachtung)				Betriebswirtschaftl. Strukturkennzahlen (Definition und Soll-Wert-Be-stimmung)	Technische Struk-turkennzahlen (De-finition und Soll-Wert-Bestimmung)	Betriebswirt-schaftl. und technische Strukturkenn-zahlen (Ist-Wert-Erfass-ung) Periodische Auswertung
Modell	Ausführungs- und Strukturkennzahlen (Definition und Soll-Wert-Bestimmung)			Strukturkenn-zahlen			
Instanzen	Ursachenfor-schung Warum ist die Prozess-performance schlechter als angestrebt?			Ausführungs-kennzahlen (nur Ergebnis) Simulation von wenigen Testinstanzen	Ausführungs-und Strukturkenn-zahlen (nur Ergebnis) Simulation von vielen Testinstanzen		Betriebswirt-schaftl. und technische Strukturkenn-zahlen (Ist-Wert-Erfass-ung) Permanentes Logging aller Instanzen für: * Permanente Echtzeitaus-wertung (Business Activity Monitoring mit Com-plex Event Processing) * Periodische Auswertung * normales Reporting * Process Mining *Reifegrad

Feedback

Abbildung 11.9: Prozesskennzahlen in den S-BPM-Aktivitätenbündeln

■ 11.8 Literatur

[Becker et al. 2009]

Becker, J.; Mathas, C.; Winkelmann, A.: Geschäftsprozessmanagement, Berlin 2009.

[Chandy et al. 2010]

Chandy, K.; Schulte, W.: Event Processing: Designing IT Systems for Agile Companies, New York 2010.

[Eckert et al. 2009]

Eckert, M.; Bry, F.: „Complex Event Processing (CEP)", *Informatik Spektrum*, Band 32, Heft 2, 2009, S. 163-167.

[Etzion et al. 2010]

Etzion, O.; Niblett, P.: Event Processing in Action, Greenwich (Connecticut, USA) 2010.

[Gluchowski et al. 2008]

Gluchowski, P.; Dittmar, C.; Gabriel, R.: Management Support Systeme und Business Intelligence: Computergestützte Informationssysteme für Fach- und Führungskräfte 2. Aufl., Berlin 2008.

[Grob et al. 2008]

Grob, H.; Coners, A.: „Regelbasierte Steuerung von Geschäftsprozessen – Konzeption eines Ansatzes auf Basis von Process Mining", *Wirtschaftsinformatik* 50. Jg. (2008) 4, S. 268–281.

[Hauser 2007]

Hauser, J.: Business Activity Monitoring, Saarbrücken, 2007.

[Heinz et al. 2009]

Heinz, C.; Greiner, T.: „Business Activity Monitoring mit Stream Mining am Fallbeispiel der TeamBank AG", *HMD – Praxis der Wirtschaftsinformatik*, Heft 268, 2009, S. 82-89.

[Heß 2005]

Heß, H.: „Von der Unternehmensstrategie zur Prozess-Performance – Was kommt nach Business Intelligence?" in: Scheer, A.-W. et al.: Corporate Performance Management, Berlin 2005, S. 7-29.

[Hogrebe et al. 2009]

Hogrebe, F.; Nüttgens, M.: „Business Process Maturity Model (BPMM): Konzeption, Anwendung und Nutzenpotenziale", *HMD – Praxis der Wirtschaftsinformatik*, Heft 266, 2009, S. 17-25

[Kronz 2005]

Kronz, A.: „Management von Prozesskennzahlen im Rahmen der ARIS-Methodik", in: Scheer, A.-W. et al.: Corporate Performance Management, Berlin 2005, S. 31-44.

[Kütz 2009]

Kütz, M.: Kennzahlen in der IT, 3. Auflage, Heidelberg 2009.

[Levitt 2009]

Levitt, N.: „Complex Event Processing Poised for Growth", *Computer*, 42 (2009) 4, S. 17–20.

[Luckham 2002]

Luckham, D.: The Power of Events: An Introduction to Complex Event Processing in Distributed Enterprise Systems, Amsterdam 2002.

[Luckham et al. 2008]

Luckham, D.; Schulte, R. (Hrsg.): Event Processing Glossary Version 1.1/2008, Event Processing Technical Society, http://www.complexevents.com/2008/07/15/complex-event-processing-glossary-2008, Download am 21.07.2010

[Marx Goméz et al. 2009]

Marx Goméz, J.; Junker, H.; Odebrecht, S.: IT-Controlling, Berlin 2009.

[Mertens et al. 2002]

Mertens, P.; Griese, J.: Integrierte Informationsverarbeitung 2, 9. Auflage, Wiesbaden 2002.

[OMG 2008]

Object Management Group, Business Process Maturity Model (BPMM), Version 1.0, http://www.omg.org/spec/BPMM/1.0, Download am 13.07.2010.

[Reibnegger 2008]

Reibnegger, C.: Business Activity Monitoring als Enabler von Real-Time Enterprises: Vorgehensmodell zur Einführung von Business Activity Monitoring, Saarbrücken, 2008.

[Schmelzer et al. 2010]

Schmelzer, H.; Sesselmann, W.: Geschäftsprozessmanagement in der Praxis, 7. Auflage, München 2010.

[Wagner et al. 2007]

Wagner, K.; Patzak, G.: Performance Excellence – der Praxisleitfaden zum effektiven Prozessmanagement, München 2007.

12

Präzise Beschreibung der S-BPM-Modellierungsmethode

▇ 12.1 To Go

Nun verstehe ich den Mehrwert der durchgängigen Modellierung und Ausführung. Er ermöglicht ja erst meine durchgehende Beteiligung an der Prozessentwicklung und -verbesserung. Aber ganz klar ist mir bei der Ausführung der Kommunikationsfluss noch nicht. Was passiert beispielsweise, wenn mehrere Nachrichten gleichzeitig bei mir eingehen? Wo und wie ist denn dies geregelt?

Für diese Klärung haben wir eine besondere Beschreibung vorbereitet. Sie ist auch in einer Symbolsprache verfasst, die den Umgang mit den Symbolen der S-BPM-Modelle oder -Diagramme detailliert.

Die angewandte Theorie der Abstract State Machine erlaubt uns, sämtliche Unklarheiten bei der Ausführung von Modellen zu beseitigen und präzise das Verhalten einer Umsetzung der Modelle anzugeben. Die entwickelte formale Sprache orientiert sich auch an der natürlichen Sprache und ist nach kurzem Einlesen für alle gut lesbar.

Also, bei Unklarheit einfach nachsehen und die Antwort finden. Die Ausgangsfrage hängt damit zusammen, wie Input Pools von Subjekten mit eingehenden Nachrichten umgehen. Mit dem formalen S-BPM können wir überprüfen und festlegen, unter welchen Bedingungen Kommunikation erfolgreich ist, indem etwa nichts, was kommuniziert wird, verloren geht.

In diesem Kapitel wird gezeigt, dass die subjektorientierte Methodik nicht nur eine Vielzahl von Möglichkeiten für eine Stakeholder-orientierte Implementierung von Geschäftsprozessen in der Organisation und in der IT bietet. Die in den vorhergehenden Kapiteln vorgestellten S-BPM-Modellierungskonstrukte lassen sich auch exakt definieren. Wir verwenden hierzu einen abstrakten Interpreter, welcher dem Leser außer einer präzisen, nachprüfbaren Definition der Semantik des Subjektverhaltens auch die Gewissheit vermittelt, dass die S-BPM-Methodik eine solide wissenschaftliche Grundlage hat. Wird dies vollständig auf konkrete S-BPM-Werkzeuge, wie das von Metasonic übertragen, wird dadurch auch die Korrektheit der Implementierung eines Interpreters garantiert. Eine derartige Garantie muss in Form einer - auf Grund des präzisen Charakters des Interpreters möglichen - mathematischen Verifikation relevanter Eigenschaften des Interpreters wie seiner Programmierung kommen, worauf wir allerdings in diesem Buch nicht eingehen. Die zweischichtige Korrektheit des eine Art Blaupause des Systems darstellenden Interpreter-Modells in Bezug auf die intendierte Bedeutung der Modellierungskonstrukte *(Grundmodellkorrektheit)*, andererseits in Bezug auf ihre Implementierung im Tool *(Verfeinerungskorrektheit)* - leistet die für zuverlässige computergestützte Modellierungssysteme unverzichtbare Übereinstimmung des Benutzer verständnisses von Prozessen mit dem Ergebnis ihrer Maschinenausführung. Über diese Darstellung erlangt die Methodik von S-BPM ein Alleinstellungsmerkmal: es gelingt eine doppelte vollständige Darstellung einerseits im Hinblick auf die beteiligten Akteure und Handelnden durch die Verwendung der Standardsatzsemantik Subjekt, Prädikat, Objekt und andererseits zur maschinellen Abbildung durch eine exakte Beschreibung.

Wir beschränken uns in diesem Kapitel wegen seiner synoptischen Rolle auf die Zusammenfassung der wichtigsten S-BPM-Modellierungskonstrukte und verweisen den Leser auf eine vollständige Version des Interpreter-Modells im Anhang.

Diese Kapitel richtet sich an die theoretisch interessierten Leser, denen die praktische Relevanz von S-BPM nicht genügt, sondern vielmehr bewiesen haben wollen, dass die Methodik auch auf abstrakter Ebene vollständig ist.

■ 12.2 Abstract State Machine (ASM)

Für eine exakte Definition der Bedeutung von Modellierungskonstrukten für Geschäftsprozesse, die eine zuverlässige Grundlage bereitstellt für erfolgreiche Kommunikation zwischen den verschiedenen Stakeholdern, benötigt man eine Sprache, die allen Beteiligten gemeinsam ist und die bekannten Mehrdeutigkeitsprobleme der Umgangssprachen zu umgehen vermag. Ganz besonders gilt dies für den S-BPM-Ansatz, dessen Grundkonzepte – *Handelnde*, die innerhalb eines Prozesses beliebige *Aktionen* auf beliebigen *Objekten* ausführen und mit anderen Handelnden kommunizieren – nach einer Präzisierung allgemeinster heterogener Datenstrukturen verlangen: Mengen verschiedenartigster Elemente mit verschiedenartigsten darauf definierten Operationen und

Prädikaten (Eigenschaften und Relationen) sowie Agenten, die diese Operationen ausführen.

Die formale Sprache der sogenannten *Abstract State Machines* (ASMs) stellt eine derartige Sprache dar: Sie benutzt nur elementare Wenn-dann-Regeln, wie sie für formelle Beschreibungen typisch sind auch für natürlichsprachlich formulierte Regelsysteme, d. h. Regeln der (symbolischen) Form

if *Condition* **then** ACTION

wobei *Condition* eine (beliebige) Bedingung und ACTION eine (beliebige) Handlung – (normalerweise Wertzuweisungen der Form $f(t_1, ..., t_n) := t$) – darstellt und die Bedeutung der Regel darin besteht, im gegenwärtigen Zustand die angegebene Handlung auszuführen, wenn die angegebene Bedingung in diesem Zustand erfüllt ist. Wir notieren zur Verdeutlichung die Regeln einer ASM normalerweise in Grossbuchstaben, wie in ACTION, Prädikate (wie Condition) als mit Grossbuchstaben beginnend und Funktionen und Terme (wie f, t_i, t) in Kleinbuchstaben.

Die größtmögliche Allgemeinheit der benutzten Begriffe von *Condition* und ACTION wird garantiert durch die Verwendung der sogenannten *Tarski-Strukturen* als den ASM-*Zuständen*, die von derartigen Regeln verändert werden können, nämlich beliebigen Mengen beliebiger Elemente mit beliebigen darauf definierten Funktionen (Operationen) und Prädikaten. Im Fall von Geschäftsprozessobjekten sind die Elemente Platzhalter für Werte beliebigen Typs und die Operationen typischerweise Kreieren, Duplizieren, Löschen oder Manipulieren (Wertveränderung) von Objekten. Die sogenannten Sichten sind begrifflich gesprochen nichts anderes als Projektionen (lies Unterstrukturen) solcher Tarski-Strukturen.

Eine (asynchrone, auch verteilt genannte) ASM besteht aus einer Menge von Agenten, die jeweils mit einer Menge solcher Regeln (seinem sogenannten Programm) ausgestattet sind. Jeder Agent kann in einem beliebigen Zustand in einem Schritt alle seine Regeln ausführen, die auch ausführbar sind (d. h. deren Bedingung im gegebenen Zustand erfüllt ist), weshalb eine solche ASM mit nur einem Agenten auch sequenzielle ASM genannt wird. Im Allgemeinen hat jeder Agent seine eigene „Zeit", in welcher er einen Schritt ausführt, insbesondere wenn sein Schritt von Schritten anderer Agenten unabhängig ist. Das heißt, technisch gesprochen ist ein Lauf einer asynchronen ASM keine Folge von Schritten eines Agenten, sondern eine Menge solcher durch die beteiligten Agenten definierten Folgen, wobei Schritte m eines Agenten, die abhängig sind von Schritten m' eines anderen Agenten, in einer bestimmten Ordnungsbeziehung m vor m' oder m nach m' stehen. Im Spezialfall können mehrere Agenten einen Schritt auch gleichzeitig (synchron) ausführen.

Dieses einfache Grundverständnis von ASMs reicht bereits aus, um die in diesem Kapitel als ASM formulierte Definition eines Interpreters von SVDs (Subjektverhaltensdiagramme, vgl. Abschnitt 5.5.5) zu verstehen. In einem SVD agierende Subjekte werden interpretiert als Agenten, die in jedem Knoten des Diagramms die ihnen als Programm mitgegebenen ASM-Regeln ausführen.

Wir benutzen ohne weitere Erklärungen übliche Schreibweisen, Abkürzungen usw., z. B.:

if *Cond* **then** M_1 **else** M_2

statt der äquivalenten ASM mit zwei Regeln:

  if *Cond* **then** M_1

  if not *Cond* **then** M_2

Eine andere im Folgenden benutzte Notation ist

  let $x = t$ **in** M

für $M(x/a)$, wo a den Wert von t im jeweiligen Zustand bezeichnet und $M(x/a)$ aus M durch Ersetzen jedes (freien) Vorkommens von x in M durch a entsteht.

Den Leser, der an Details einer mathematischen Definition der Semantik von ASMs interessiert ist, die deren intuitives regelbasiertes oder Pseudo-Code-Verständnis rechtfertigt, verweisen wir auf das ASM-Buch [Börger et al. 2003]. Dort ist auch die sogenannten ASM-Verfeinerungsmethode erklärt, die wir hier benutzen, um die Komponenten des SVD-Interpreters – in didaktischer Absicht, wie in den vorhergehenden Kapiteln dieses Buches für die S-BPM-Modellierungskonstrukte gehandhabt – schrittweise einzuführen.

■ 12.3 Interaktionssicht von SVD-Verhalten

Ein S-BPM-*Prozess* (kurz Prozess) ist definiert als Menge von miteinander kommunizierenden und mit SVDs ausgestatteten Subjekten, sodass man das Prozessverhalten durch das SVD-Verhalten seiner Subjekte definieren kann (vgl. Abschnitt 5.5.5). Damit reduziert sich die Aufgabe, einen S-BPM-Prozessinterpreter als asynchrone ASM zu definieren auf die Definition einer sequentiellen ASM, die einen Interpreter BEHAVIOR$_{subj}(D)$ des Verhaltens eines beliebigen Subjekts *subj* in einem beliebigen SVD D darstellt. Dieser Interpreter kann dann zur Interpretation eines Prozesses für jedes seiner Subjekte mit zugehörigem SVD repliziert (sprich: instantiiert) werden.

Ein Subjekt läuft vom Startknoten ausgehend entlang der Kanten von D so lange von Knoten zu Knoten und führt dort den zugeordneten service aus, bis es einen Endzustand erreicht. Daher kann man das Gesamtverhalten von subj in D als Summe des lokalen Verhaltens BEHAVIOR*(subject, node)* von *subj* an Knoten node von D definieren:

  BEHAVIOR$_{subj}$ (D) = { BEHAVIOR*(subj, node)* | node G Node (D) }

Damit kann man SVD-Berechnungen von *subj* in der üblichen Weise definieren als Folgen $S_0,..., S_n$ von (Daten-)Zuständen von subj im Diagramm, die mit einem Anfangszustand S_0 mit SID-Anfangszustand beginnen, zu einem Zustand S_n mit einem SID-Endzustand führen und wo jeder Zustand S_{i+1} aus Si mit SID-Zustand *state$_i$* durch einen Schritt von BEHAVIOR*(subj, state$_i$)* entsteht.

Somit ist die Interpreter-Konstruktion zerlegt in die Einzelaufgaben, für jeden Typus von (im Diagramm durch einen Knoten repräsentierten) Zustand das Verhalten von Subjekten in diesem Zustand zu definieren, was das operationale Verständnis der einzelnen S-BPM-Konstrukte direkt unterstützt und die Interpreter-Definition einfach macht. Bevor wir diese Aufgabe in Abschnitt 12.3.2 erfüllen, fassen wir in Abschnitt 12.3.1 die nötigen, Diagramme betreffenden Voraussetzungen zusammen.

12.3.1 Diagramme

Ein SVD ist ein gerichteter Graph. Jeder Knoten *node* stellt einen Zustand dar, in welchem ein Subjekt *subj* sich befindet, wenn es die zugehörige Aktion service(node) ausführt. Wir bezeichnen solch einen Zustand als SID-Zustand und notieren ihn als *SID_state(subj)* (Subject Interaction Diagram state), weil die abstrakte Interpretation von *service(node)* nur auf die Rolle Bezug nimmt, die der Zustand in Bezug auf andere Subjekte spielt, mit denen *subj* aus *D* heraus kommuniziert. Wir identifizieren in der Sprechweise Zustände und Knoten.

Jeder SID-Zustand hat einen von drei Typen, entsprechend dem Typ des zugeordneten service: *Funktionszustand* (auch interner Funktions- oder Aktionszustand genannt), *Sendezustand* oder *Empfangszustand*. Jeder SID-Zustand ist implizit parametrisiert mit dem SVD, in dem er auftritt, den wir manchmal als Index notieren wie in *SID_stateD (subject)* und *SID_state(subject, D)*. Jeder SID-Zustand ist Teil des umfassenden sogenannten *Datenzustands* oder einfach *Zustands* (lies der unterliegenden Tarski-Struktur des SVD).

Die in einen Knoten *node* einlaufenden bzw. aus ihm herausgehenden Kanten *edge* stellen die SID-Zustandsübergänge vom Ausgangsknoten *source(edge)* zu *node* bzw. von node zum Zielknoten *target(edge)* dar. Daher nennen wir *target(outEdge)* einer *outEdge* $\in$ *OutEdge(node)* auch einen Folgezustand von node – im Diagramm ein Element der Menge *Successor(node)* – und *source(inEdge)* einer *inEdge* $\in$ *InEdge(node)* einen Vorgängerzustand – ein Element der Menge *Predecessor(node)*. Eine Transition von einem Ausgangs- zu einem Zielknoten ist nur dann erlaubt, wenn die Ausführung des dem Ausgangsknoten zugeordneten service vollständig beendet *(Completed)* ist, sodass jede ausgehende Kante einer Terminierungsbedingung des service entspricht, die als *Exit-Cond* typischerweise an der Kante angezeigt ist. Wir schreiben *ExitCond_i* für die *Exit-Cond* der *i*-ten ausgehenden Kante, wenn es mehrere solcher gibt.

Jedes SVD ist endlich und hat genau einen Anfangs- und mindestens einen Endzustand. Jeder Pfad muss auf mindestens einen Endzustand führen; es ist erlaubt, dass Endzustände herausgehende Kanten haben, doch gilt ein Prozess nur dann als terminiert, wenn jedes seiner Subjekte in einem Endzustand ist.

12.3.2 Zustandsverhalten aus SID-Sicht

Zur Definition von BEHAVIOR*(subject, state)* aus SID-Sicht betrachte man Abbildung 12.1. Sie beschreibt den von *subj* zu vollziehenden Übergang von einem *SID_state* mit zugeordnetem *service A* zu einem nächsten *SID_state* mit zugeordnetem *service B_i*, nachdem die Ausführung von *A* (durch eine abstrakte Maschine PERFORM) abgeschlossen (wir schreiben Completed) ist, wobei subj zum Zeitpunkt seines Eintritts in einen Zustand den dortigen service zu STARTen hat. Der Nachfolgerzustand *target(outEdge(state, i))* mit dem ihm zugeordneten service B_i wird bestimmt mittels einer Funktion *select*$_{Edge}$, die durch den Designer oder zur Laufzeit durch das ausführende Subjekt definiert sein kann.

Man kann diese Beschreibung kompakt zusammenfassen durch die folgende ASM-Regel, wobei der else-Fall ausdrückt, dass es beliebig viele Schritte dauern mag, bis die Ausführung von PERFORM auf *A* durch das Subjekt beendet ist.

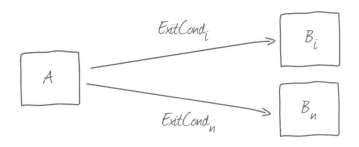

Abbildung 12.1: SID-transition graph structure

BEHAVIOR*(subj, state)* =

    if *SID_state(subj)* = *state* **then**

        if *Completed(subj, service(state), state)* **then**

        let *edge* =

            select$_{Edge}$*({e* ∈ *OutEdge(state)* | *ExitCond (e) (subj, state)})*

        PROCEED*(subj, service(target(edge)), target(edge))*

        else PERFORM*(subj, service(state), state)*

    where

    PROCEED*(subj, X, node)* =

        SID_state(subj):= node

        START*(subj, X, node)*

Bemerkung: BEHAVIOR*(subj, state)* ist ein Schema mit abstrakten Maschinen PERFORM, START und einer abstrakten Terminierungsbedingung *Completed* als Konstituenten. Es beschreibt die Interaktionssicht eines SVDs – nämlich, dass ein Subjekt bei Eintritt in einen Knoten die zugehörige Aktion STARTet und dann durch Schritte von PERFORM ausführt, bis *Completed* wahr wird –, ohne Details darüber preiszugeben, wie die Komponentenmaschinen arbeiten und wie sie die Terminierungsbedingung erfüllen. Diese drei Konstituenten können und müssen weitergehend spezifiziert werden, um die Bedeutung der ausgeführten Aktion zu konkretisieren. Wir tun dies in den nächsten beiden Abschnitten für die S-BPM-Kommunikationsaktionen. Die Erweiterung auf die zusätzlichen S-BPM-Verhaltenskonstrukte findet sich im Anhang.

■ 12.4 Wahlfreiheit alternativer Kommunikationsschritte

In diesem Abschnitt definieren wir, was es in S-BPM bedeutet, einen Schritt aus einer Menge möglicher (der sogenannten alternativen) Kommunikationsschritte zur Ausführung bringen zu können, und verfeinern die dabei noch abstrakt bleibende Bedeutung einzelner solcher Schritte in Abschnitt 12.5 durch Detaillierung ihrer Fähigkeit zur Multiprozess-Kommunikation. In Abschnitt 12.4.1 präzisieren wir die Elemente des für Kommunikation in S-BPM charakteristischen Begriffs von Input Pool und formulieren auf dieser Grundlage in Abschnitt 12.4.2 die erste Verfeinerung von START, PERFORM und *Completed* für Senden und Empfangen, in welcher die Fähigkeit zur Multiprozessor-Kommunikation noch abstrakt bleibt. Da viele der auftretenden Definitionen symmetrisch in Senden und Empfangen sind, formulieren wir diese unter Benutzung eines Parameters *ComAct* für die jeweilige Communication ACTION.

12.4.1 Grundlegendes zum Input-Pool-Konzept

Jedes Subjekt verfügt zur Unterstützung asynchroner Kommunikation, die für verteilte Systeme typisch ist, über einen *inputPool(subj)*, wo andere Subjekte in der Senderrolle Nachrichten an subj ablegen können und wo *subj* in der Empfängerrolle Nachrichten ‚erwartet‘ (d. h. nach Nachrichten sucht, wenn es bereit ist, solche in Empfang zu nehmen). Jeder *inputPool* kann mittels Kapazitätsschranken für die maximale Anzahl von in ihm ablegbaren Nachrichten von bestimmtem oder beliebigem Typ und/oder Sender konfiguriert werden. Alle vier möglichen Bestimmungen einer Nachrichtenart (lies Parameterpaar aus beliebigem oder bestimmtem Typ und Sender) sind vorgesehen (vgl. Abschnitt 5.5.5.2).

Für eine einheitliche Beschreibung auch von synchroner Kommunikation ist null als Wert für Kapazitätsparameter eines Input Pool zugelassen und wird interpretiert als Forderung, dass der Empfänger Nachrichten des angegebenen Typs und/oder vom angegebenen Sender nur über ein Rendezvous mit dem Sender zu empfangen erwartet.

Asynchrone Kommunikation ist hingegen durch positive natürliche Zahlen für die Input-Pool-Kapazitätsparameter bestimmt. Zwei Strategien sind vorgesehen für den Fall, dass ein Sender eine Nachricht in einem Input Pool abzulegen versucht, dieser aber seine entsprechende Kapazität schon erreicht hat:

- *löschendes Senden*, wo entweder a) zum Einfügen der eintreffenden Nachricht eine Nachricht aus dem Input-Pool entfernt wird oder b) die eintreffende Nachricht weggeworfen (also nicht in den Input-Pool eingefügt) wird,

- *blockierendes Senden*, wo das Senden der Nachricht blockiert wird und der Sender den Versuch, diese Nachricht zu platzieren, so lange wiederholen muss, bis entweder a) im Input Pool ein Platz frei geworden ist oder b) ein Timeout den Sendeversuch unterbricht oder c) der Sender beschließt, den Sendeversuch abzubrechen.

Für den ersten Fall sind zwei Löschversionen vorgesehen, nämlich aus dem Input Pool die Nachricht zu entfernen, die dort am längsten bzw. am kürzesten Present ist, was wir durch zwei im Anhang definierte Funktionen *oldestMsg, youngestMsg* beschreiben.

Ob ein Sendeversuch vom Input Pool P des Empfängers als löschend oder blockierend behandelt wird hängt davon ab, ob im gegebenen Zustand Kapazitätsbedingungen von P durch Einfügen der eintreffenden Nachricht verletzt würden oder nicht. Diese Bedingungen sind in einer Tabelle *constraintTable(P)* festgehalten, in der die i-te Zeile für eine Kombination von senderi und msgTypei die erlaubte maximale Anzahl sizei von Nachrichten dieser Art zusammen mit der im Fall der Kapazitätsverletzung auszuführenden Aktion *action$_i$* angibt:

constraintTable(inputPool) =

...

sender$_i$ msgType$_i$ size$_i$ action$_i$ (1 < i < n)

...

where

action$_i$ ∈ *{Blocking, DropYoungest, DropOldest, DropIncoming}*

size$_i$ ∈ *{0,1, 2, ..., ∞}*

sender$_i$ ∈ *Subject*

msgType$_i$ ∈ *MsgType*

Wenn ein Sender eine Nachricht msg in P abzulegen versucht, wird die erste Zeile *row* = *s t n a* in *constraintTable(P)* identifiziert (wenn es sie gibt), deren Anzahlbeschränkung *msg* betrifft und durch Einfügen der *msg* verletzt würde. (iff steht für: if and only if, d. h. genau dann wenn):

ConstraintViolation(msg, row) iff

Match (msg, row) ∧ *size({m ∈ P | Match(m, row)})* + 1 ≮ *n*

where

Match(m, row) iff

(sender(m) = s or s = any) and (type(m) = t or t = any)

Wenn es keine solche Zeile gibt, kann die Nachricht in *P* abgelegt werden. Andernfalls wird die in der identifizierten Zeile angegebene Aktion ausgeführt, sodass entweder dieser Sendeversuch blockiert, oder aber mittels einer Löschaktion die Nachricht akzeptiert (unter Umständen gleich weggeworfen) wird.

Es wird verlangt, dass $action_i$ = Blocking für jede Zeile mit $size^i$ = 0 gilt und dass im Fall $maxSize(P) < \infty$ constraintTable die folgende Default-Zeile hat:

any any maxSize Blocking

Analog versucht ein Empfänger eine ‚erwartete' Nachricht (d. h. Nachricht einer angegebenen Art *(msgType, sender)*), aus seinem Input Pool in seinen lokalen Datenraum zu übernehmen, wie wir bei der Interpretation der Empfangsschritte sehen werden.

In einem verteilten Prozess können zu gegebenem Zeitpunkt mehrere Subjekte versuchen, eine Nachricht im Input Pool P eines gleichen Empfängers abzulegen, doch kann nur einem Subjekt der Zugang zur Ressource *P* gegeben werden. Daher ist ein Selektionsmechanismus nötig, um dieses Subjekt zu bestimmen. Wir verwenden eine Funktion $select_P$, womit das Zugangsprädikat wie folgt definiert werden kann:

CanAccess(sender, P) iff

$sender = select_P(\{subject \mid TryingToAccess(subject, P)\})$

12.4.2 Iterationsstruktur alternativer Kommunikationsschritte

In einem *alternativen Kommunikationszustand* führt ein Subjekt die jeweilige Kommunikation ComAct aus, indem es die folgenden drei Schritte für Elemente der Menge *Alternative(subj, node)* aller *ComAct*-Alternativen, die *subject* im gegebenen Zustand node vorfindet, solange ausführt, bis die Kommunikation gelungen ist (vgl. Abschnitte 5.5.4.3 und 5.5.4.4):

- Auswahl: Aus *Alternative(subj, node)* eine Nachrichtenart alt auswählen,
- Vorbereitung: Eine alt entsprechende *msgToBeHandled* vorbereiten, d. h. im Fall von *ComAct = Send* eine konkrete Nachricht *msgToBeSent* und andernfalls eine konkrete Nachrichtenart *expectedMsg* präparieren,
- *ComAct*-Versuch: TRYALTERNATIVE$_{ComAct}$, d. h. versuchen, die vorbereitete *msgToBeSent* zu senden bzw. eine zur *expectedMsg* Art passende Nachricht (passend im Sinne von *Match*) aus dem Input Pool zu übernehmen oder synchron zu empfangen.

Die ersten beiden Schritte (Auswahl und Vorbereitung der Alternative) werden präzisiert durch eine Komponente CHOOSEANDPREPAREALTERNATIVE$_{ComAct}$, die den ersten Schritt von TRYALTERNATIVE$_{ComAct}$ darstellt und in Abschnitt 12.5.1 definiert wird.

Wenn der dritte Schritt für *alt* fehlschlägt (d. h. *msgToBeHandled* weder asynchron noch synchron gesendet bzw. empfangen werden kann), wiederholt das Subjekt die drei Schritte für die nächste Alternative *alt* so lange, bis

- entweder *ComAct* für eine Alternative erfolgreich ist und *Completed* vom Subjekt für *ComAct* (den service) im gegebenen Zustand *node* auf wahr gesetzt werden kann,
- oder *TryRoundFinished* gilt, d. h. alle *alt*ernativen erfolglos versucht worden sind.

Im zweiten Fall wird nach dieser ersten sogenannten Nonblocking-Versuchsrunde eine Reihe weiterer *ComAct*-Versuchsrunden gestartet, die *blocking* sind im Sinne, dass sie außer durch normales *Completed* durch *Timeout* oder *UserAbruption* beendet werden können. *Timeout* hat höhere Priorität als *UserAbruption*.

Die Menge *RoundAlternative* von noch zu versuchenden Alternativen muss pro Versuchsrunde initialisiert werden zu *Alternative (subj, node)*. Dies geschieht

- für die *nonblocking*-Runde in START, für die erste Blocking-Runde in INITIALIZEBLOCKINGTRYROUNDS, wo auch die *Timeout*-Uhr *gesetzt* wird,
- für jede weitere Runde in *InitializeRoundAlternatives*.

Die Unterbrechbarkeit der blockierenden Versuchsrunden bedingt im SVD mindestens drei aus node herausgehende Kanten, die nach normaler oder erzwungener *ComActTerminierung* für den Fortgang der Berechnung mittels Proceed genommen werden können. Drei Prädikate *NormalExitCond*, *TimeoutExitCond*, *AbruptionExitCond* bestimmen die ausgehende Kante, die zum nächsten SID-Zustand genommen werden muss, wenn *ComACT* normal *Completed* bzw. beendet wurde durch *Timeout* oder *UserAbruption*. Diese drei Prädikate werden ebenfalls in START initialisiert (nämlich zu *false*).

Die folgende Definition von PERFORM*(subj, ComAct, state)* fasst die vorstehenden Erklärungen in symbolischer Form knapp zusammen. Wir geben sie in Form eines traditionellen Flowchart in Abbildung 12.2 wieder. Solche Diagramme repräsentieren ASMs und haben somit eine präzise Semantik (vgl. [Börger et al. 2003, S. 44]) und die äquivalente textuelle Definition im Anhang, wo auch die hier nicht aufgeführten, weil mehr oder weniger offensichtlich erscheinenden Komponentenmaschinen definiert sind.

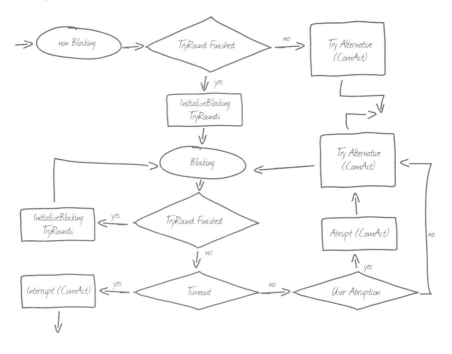

Abbildung 12.2: PERFORM(subj, COMACT, state)

Macros und Komponenten von PERFORM*(subj,* COMACT, *state).* Wir definieren hier START*(subj,* COMACT, *state),* INTERRUPT und ABRUPT und verweisen für die anderen Komponenten auf den Anhang.

START*(subj,* COMACT, *state)* =

    INITIALIZEROUNDALETERNATIVES*(subj, state)*

    INITIALIZEEXIT&COMPLETIONPREDICATES$_{\text{ComAct}}$*(subj, state)*

    ENTERNONBLOCKINGTRYROUND*(subj, state)*

where

    INITIALIZEROUNDALETERNATIVES*(subj, state)* =

    RoundAlternative(subj, state) := Alternative(subj, state)

  INITIALIZEEXIT&COMPLETIONPREDICATES$_{\text{ComAct}}$*(subj, state)*=

    INITIALIZEEXITPREDICATES$_{\text{COMACT}}$(subj, state)

    INITIALIZEEXIT&COMPLETIONPREDICATES$_{\text{ComAct}}$(subj, state)

  INITIALIZEEXITPREDICATES$_{\text{COMACT}}$ *(subj, state)* =

    NormalExitCond(subj, COMACT, *state) := false*

    TimeoutExitCond(subj, COMACT, *state) := false*

    AbruptionExitCond(subj, COMACT *state) := false*

  INITIALIZEEXIT&COMPLETIONPREDICATES$_{\text{ComAct}}$(subj, state) =

    Completed(subj, COMACT, *state) := false*

  ENTER[NON]BLOCKINGTRYROUND*(subj, state)* =

    tryMode(subj, state) := [non]blocking

INTERRUPT $_{\text{COMACT}}$ *(subj, state)* =

    SETCOMPLETEPREDICATE$_{ComAct}$*(subj, state)*

    SETTIMEOUTEXIT $_{\text{COMACT}}$ *(subj, state)*

SETCOMOLETIONPREDICATE$_{ComAct}$*(subj, state)* =

    Completed(subj, COMACT, *state) := true*

SETTIMEOUTEXIT$_{ComAct}$ (subj, state) =

    TimeoutExitCond(subj, COMACT, state) := true

ABRUPT$_{\text{COMACT}}$ *(subj, state)* =

    SETCOMPLETPREDICATE$_{\text{COMACT}}$*(subj, state)*

    SETABRUPTIONEXIT$_{\text{COMACT}}$*(subj, state)*

■ 12.5 Multiprozess-Kommunikation

In diesem Abschnitt verfeinern wir TRYALTERNATIVE$_{ComAct}$, und damit um einen weiteren Detaillierungsgrad auch PERFORM*(subj,* COMACT, *state)*, durch Definition der Elemente, die diese Komponente in S-BPM zu Multiprozess-Kommunikation befähigen (vgl. Kapitel 5.6.4).

Wie in Abschnitt 12.4.2 gesagt ist der erste TryAlternativeComAct-Schritt ein Aufruf der CHOOSE& PREPAREALTERNATIVE$_{ComAct}$-Komponente, dem ein Aufruf der Komponente TRY$_{ComAct}$ folgt zur Durchführung des *ComAct* für die ausgewählte Alternative und die zugehörige(n) vorbereitete(n) Nachricht(en) – soweit dieser ComAct für diese Nachricht(en) möglich ist. Dieser Sachverhalt wird in symbolischer Form knapp zusammengefasst durch die folgende Definition. Wir benutzen zur Beschreibung sequenzieller Abfolge den ASM seq Operator (vgl. [Börger et al. 2003]):

TRYALTERNATIVE $_{ComAct}$ *(subj, state)* =

    CHOOSE& PREPAREALTERNATIVE$_{ComAct}$ *(subj, state)*

    seq TRY$_{ComAct}$*(subj, state)*

Die beiden Komponenten definieren den Multiprozesscharakter von S-BPM-Kommunikation. Multikommunikation bedeutet das gebündelte Kommunizieren einer Anzahl *mult(alt)* > 1 von zur gewählten Multialternative gehörenden Nachrichten. Gebündelt heißt hier, dass ein Subjekt zur erfolgreichen Ausführung eines Multi-*ComAct* den *ComAct* für alle und nur die einschlägigen Nachrichten – das sind mult(alt) viele – erfolgreich ausführen muss, ohne zwischendurch andere Kommunikationen durchzuführen. Damit wird die Ausführung eines Multi-*ComAct* zu einer Multi-Runde einzelner ComActe, die als Detaillierung jeweils eines Iterationsschritts TRYALTERNATIVE$_{ComAct}$ der in Abbildung 12.2 beschriebenen TryRound erscheint.

Eine weiteres Charakteristikum eines Multi-*ComAct* in S-BPM besteht darin, dass a) alle für ihn einschlägigen Nachrichten gemeinsam vorbereitet werden müssen (siehe in CHOOSE& PREPAREALTERNATIVE die Menge *MsgToBeHandled*), bevor für jede von ihnen in der Multirunde die schrittweise Ausführung des *ComAct*-Schritts versucht wird, und dass b) bei Fehlschlag des Multi-*ComAct* – nämlich wenn für mindestens eine der einschlägigen Nachrichten der *ComAct* fehlschlägt – die Information über die erfolgreichen und die fehlgeschlagenen *ComAct*-Ausführungen vorhanden ist, um im Fehlerfall eine Fehlerbehandlung und eventuelle Kompensation mit HANDLEMULTIROUND$_{Fail}$ComAct ansteuern zu können.

Wir definieren CHOOSE& PREPAREALTERNATIVE$_{ComAct}$ in Abschnitt 12.5.1 und TRY$_{Send}$ und TRY$_{Receive}$ in Abschnitt 12.5.2.

12.5.1 Auswahl und Vorbereitung von Nachrichten

Die Auswahl einer der Kommunikationsalternativen, die in einem Zustand state möglich sind, kann von subj nicht deterministisch oder einem Prioritätsschema folgend vorgenommen werden, was wir mittels abstrakter Funktionen *selectAlt* und priority ausdrücken, die verfeinert werden können, sobald ein konkreter Zustand und das dort intendierte Auswahlschema bekannt sind.

Für jede ausgewählte Kommunikationsalternative muss die zugehörige zu sendende bzw. zu empfangende Nachricht bzw. Nachrichtenart (im Fall einer Multikommunikation die Menge *MsgToBeHandled* solcher) vorbereitet werden, was die unten beschriebene Komponente PREPAREMSG$_{ComAct}$ leistet.

Zusätzlich muss eine MANAGEALTERNATIVEROUND-Komponente dafür sorgen, dass jede mögliche Kommunikationsalternative in Alternative (subj, state) pro TRYROUND genau einmal ausgewählt wird, wozu für jede Runde die statische Menge Alternative (subj, state) in einer dynamischen Menge *RoundAlternative* kopiert wird, und dass im Falle einer Multikommunikationsalternative die Multirunde initialisiert wird.

Diese Beschreibung wird in symbolischer Form zusammengefasst durch die folgende Definition, deren Komponente PREPAREMSG unten präzisiert ist:

> CHOOSE&PREPAREALTERNATIVE$_{ComAct}$ *(subj, state)* =
>> **let** *alt* = *select*$_{Alt}$ *(RoundAlternative (subj, state), priority(state))*
>> PREPAREMSG$_{ComAct}$ *(subj, state, alt)*
>> MANAGEALTERNATIVEROUND *(alt, subj, state)*
> **where**
>> MANAGEALTERNATIVEROUND *(alt, subj, state)* =
>> MARKSELECTION*(subj, state, alt)*
>> INITIALIZEMULTIROUND$_{ComAct}$ *(subj, state)*
>> MARKSELECTION*(subj, state, alt)* =
>> DELETE*(alt, RoundAlternative(subj, state))*

Im Sendefall setzt ein Subjekt mittels einer abstrakten Funktion *composeMsg* die zu verschickende(n) Nachricht(en) zusammen aus den einschlägigen Daten, d. h. den Werten der unterliegenden Datenstrukturen, auf die es mittels einer abstrakten Funktion *msgData* zugreift. Analog wählt ein Empfänger aus den im gegebenen Zustand möglicherweise zu erwartenden Nachrichtenarten die zu erwartende(n) mittels eines gegebenen Auswahlkriteriums *select*$_{MsgKind}$ aus. Die hier benutzten abstrakten Funktionen stellen Schnittstellen zu den unterliegenden Datenzuständen dar, die verfeinert werden können, sobald diese Strukturen bekannt sind. Wir setzen lediglich voraus, dass es Funktionen *sender(msg)*, *type(msg)* und *receiver(msg)* gibt, um die bezeichnete Information aus einer Nachricht extrahieren zu können, sodass *composeMsg* diese Information einfügen muss. Entsprechendes gilt für *expectedMsgKind* und *select*$_{MsgKind}$.

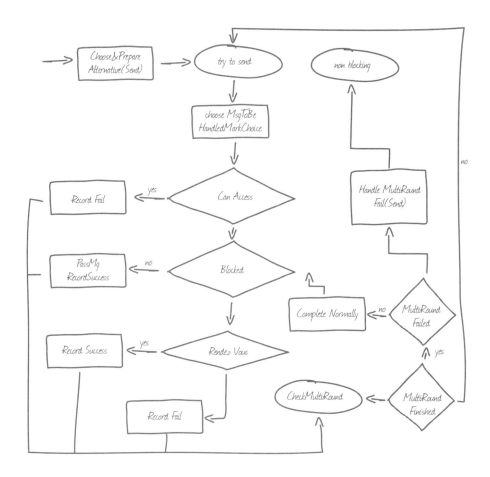

Abbildung 12.3: TRYALTERNATIVE$_{Send}$

Diese Beschreibung definiert die Komponente PREPAREMSGSend und wird symbolisch knapp zusammengefasst wie folgt:

PREPAREMSG$_{ComAct}$(subj, state, alt) =
    forall $1 \leq i \leq mult$ (alt)
    if ComAct = Send **then**
        let m_i = composeMsg(subj, msgData(subj, state, alt), i)
        MsgToBeHandled(subj, state) := {m_1, ..., $m_{mult(alt)}$}
        if ComAct = Receive **then**
        let m_i = select$_{MsgKind(subj,state,alt,i)}$(ExpectedMsgKind(subj, state, alt))
          MsgToBeHandled(subj, state) := {m_1, ..., $m_{mult(alt)}$}

12.5.2 Senden und Empfangen von Nachrichten

TRY$_{Send}$ ist definiert durch das Flowchart in Abbildung 12.3, TRY$_{Receive}$ durch das analoge, aber geringfügig verschiedene Flowchart in Abbildung 12.4.

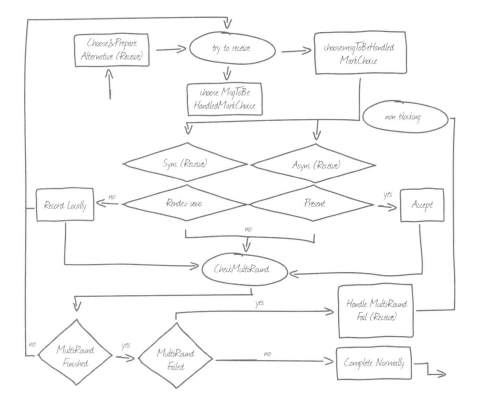

Abbildung 12.4: TRYALTERNATIVE$_{RECEIVE}$

Beide Diagramme beschreiben für Multi-Kommunikationsknoten die Multirunde eines TryRound-*ComAct*-Schritts: Ist eine Kommunikationsalternative ausgesucht und die zugehörige Menge *MsgToBeHandled* vorbereitet, wird in der Multirunde sukzessive für jedes *m* ∈ *MsgToBeHandled* das Senden bzw. Empfangen durch die nachfolgend beschriebenen Schritte versucht. Nach Abschluss des *ComAct* für ein m (mit Erfolg oder Fehlschlag) führt das Subjekt die Multirunde für das nächste eventuelle noch vorhandene m ∈ *MsgToBeHandled* weiter und geht am Ende der Multirunde bei Misserfolg des *ComAct* zur nächsten Alternative *alt* über bzw. setzt bei Erfolg *Completed* für den *ComAct* in diesem Zustand auf wahr. Hier sind die Schritte in der Reihenfolge ihrer Ausführung:

1. Ein Sender prüft, ob er für *m* Zugriff auf den Input Pool des Empfängers hat. Ist das Prüfergebnis negativ, schlägt der Sendeversuch für m fehl. Andernfalls geht der Sender zum nächsten Schritt.

2. Sender und Empfänger versuchen, *m* asynchron zu kommunizieren. Wird das Senden von *m* nicht ge*Blocked* bzw. ist eine zu *m* passende Nachricht *Present* im Input Pool des Empfängers, so ist *ComAct* für dieses m erfolgreich. Sonst geht der Sender zum nächsten Schritt bzw. schlägt der Empfangsversuch für m fehl.

3. Sender und Empfänger versuchen, *m* synchron zu kommunizieren. Gelingt dies, so ist *ComAct* für dieses m erfolgreich, andernfalls fehlgeschlagen.

Die Bedeutung der hier nicht weiter spezifizierten Prädikate und Komponentenmaschinen (z. Bsp. für die konkrete Übergabe einer Nachricht an den Input Pool bzw. den lokalen Datenraum oder die Übernahme einer Nachricht aus dem Input Pool in den lokalen Datenraum eines Empfängers) dürfte intuitiv klar sein, sodass wir wegen des synoptischen Charakters dieses Kapitels für ihre detaillierte Definition auf den Anhang verweisen.

◼ 12.6 Verfeinerung für interne Funktionen

Führt man bei allen Kommunikationszuständen systematisch *Timeout* ein, so hat dies zur Folge, dass durch Kommunikation selbst bei Vorhandensein von Kommunikationsalternativen (TryRound) und/oder Multikommunikation (Multi-Round) keine Deadlocks entstehen können. Man kann dies auch für interne Funktionen erreichen, wenn man dort ebenfalls *Timeout* und/oder *UserAbruption* einführt (vgl. Abschnitt 5.7.6). Dies bedeutet, die else-Klausel im SID-Transitionsschema wie folgt zu verfeinern:

> **if** *Timeout(subj, state, timeout(state))* **then**
>
>   INTERRUPT$_{SERVICE(STATE)}$ *(subj, state)*
>
> **elseif** *UserAbruption(subj, state)*
>
>   **then** ABRUPT$_{SERVICE(STATE)}$ *(subj, state)*
>
>   **else** PERFORM*(subj, state)*

◼ 12.7 Literatur

[Börger et al. 2003]

Börger, E.; Stärk, R: Abstract State Machine – A Method for High-Level System Design and Analysis, Heidelberg 2003.

Werkzeuge für S-BPM

■ 13.1 To Go

Mit der ganzen Methode kamen wir gut voran. Ich denke, dass uns hier die Werkzeug-suite gut geholfen hat, die Modelle zu beschreiben, auszuprobieren und zu implementieren.

Sehr viel einfacher war insbesondere die Validierung. Die einzelnen Modelle konnten wir ausprobieren, ohne Grüner-Tisch-Diskussionen und ohne rumzureisen.

Mit Werkzeugen ist es viel einfacher, hinzuschreiben, was man meint. Mit allgemeinen Schreib- und Zeichenprogrammen ist es einfach mühselig. Gut gefallen hat mir auch, dass ich gleich testen konnte, was ich hingeschrieben habe.

Ja das macht alles schon einfacher und schneller. Ich denke, dass die direkte Implementierung uns viel Zeit gespart hat. Mithilfe der Simulation konnten wir auch besser einschätzen, wie viel Ressourcen wir für die Prozessabwicklungen benötigen.

Ich denke, dass es für uns wichtig ist, auf Änderungen in unserem Geschäftsumfeld schnell zu reagieren, und das erlauben die Werkzeuge.

Für uns in der Führungsmannschaft ist es natürlich beruhigend, dass jeder weiß, wie er zu arbeiten hat. Compliance ist nahezu kein Problem mehr, da die Prozessausführungen nahtlos dokumentiert werden, und die daraus abgeleiteten Kennzahlen uns einen Überblick über die Firmensituation guten.

Aber erst, wenn wir neben dem Ziel das weitere Vorgehen abgeklärt haben. Für Actors bedeutet dies, dass ihr Eingreifen in das Prozessgeschehen abgeklärt ist.

In den folgenden Abschnitten stellen wir mit jBOOK, jSIM und der Metasonic Suite beispielhaft einen Satz von Werkzeugen für die einzelnen Aktivitätsbündel im Entstehungsprozess für Geschäftsprozessanwendungen vor. jBOOK ist ein Dokumentationswerkzeug zur Unterstützung der subjektorientierten Analyse. jSIM können Akteure nutzen, um Prozessabläufe anhand subjektorientierter Modelle am Rechner zu simulieren. Die Metasonic Suite besteht aus einer Reihe von Elementen: Das Modul „Build" unterstützt die Modellierung der Subjekte, ihres Verhaltens, ihrer Interaktionen sowie der dabei ausgetauschten Nachrichten und Geschäftsobjekte. „Proof" ermöglicht die verteilte, rechnergestützte Validierung, und „Flow" steuert als Process Engine die Ausführung von Instanzen mit allen am Prozess Beteiligten. Zum Basismodul zählt unter anderem der „User Manager", mit dem die Verantwortlichen bei der organisationsspezifischen Implementierung die Zuordnung von Benutzern zu Rollen und Subjekten vornehmen können.

Die vorwiegend mit Bildschirmschnappschüssen illustrierte Darstellung soll keine Schritt-für-Schritt-Anleitung zur Werkzeugverwendung sein. Sie soll vielmehr einen Eindruck von der praktischen Arbeit mit den Werkzeugen in den einzelnen Aktivitätsbündeln des S-BPM-Vorgehensmodells vermitteln, also von der Analyse eines Prozesses über seine Modellierung, Validierung, Optimierung und Implementierung als ausführbaren Workflow bis hin zum Monitoring im laufenden Betrieb.

■ 13.2 Prozessanalyse

jBOOK stellt für die Analyseaktivitäten geeignete Checklisten und Formularvorlagen zur Dokumentation der Ergebnisse bereit. Die Abbildung 13.1 listet als Anleitung zum Vorgehen die Aktivitäten innerhalb des Aktivitätsbündels der Analyse auf, welche wir anschließend näher erläutern.

Je nach Intensität und Ausführlichkeit, mit der die Analyseschritte durchgeführt werden, können deren Ergebnisse bereits viele Elemente der Modellierung einschließen. Das Team, das an einem Prozess arbeitet, entscheidet selbst und situativ, wie weit es bereits bei der Analyse in die Einzelheiten gehen will, oder ob es die Detaillierung später vornimmt.

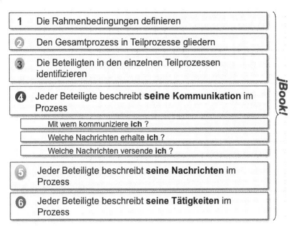

Abbildung 13.1: Tätigkeiten in der Analyse

Im ersten Schritt geht es um die Definition der Rahmenbedingungen im dafür vorgesehenen Formular (vgl. Abbildung 13.2). Dazu zählen Angaben wie Bezeichnung, Ziele, Aufgaben, Erfolgskriterien, Beitrag zum Organisationserfolg und Beteiligte des Prozesses. Außerdem werden etwaige Risiken identifiziert, beschrieben und bewertet. Diese Rahmenbedingungen sollen einen kurzen Überblick über die Einordnung eines betrachteten Prozesses in das Organisationsumfeld geben.

Abbildung 13.2: Formular für die Rahmenbedingungen eines Prozesses

Die Prozessziele können ausgehend vom Überblick verfeinert werden. Hierzu sieht jBook eine eigene Vorlage vor, in der insbesondere die Kriterien festgelegt werden sollen, mit denen die Zielerreichung gemessen und beurteilt werden kann (vgl. Abbildung 13.3).

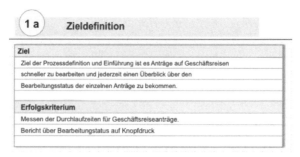

Abbildung 13.3: Formular für die Detaillierung der Zielbeschreibung

In der Prozessübersicht wurde bereits festgestellt, dass der Prozess zur Beantragung von Dienstreisen keine Risiken für die Organisation birgt. Das in der Abbildung 13.4

dargestellte Formular zeigt, wie eventuell vorhandene Risiken im Detail beschrieben werden können.

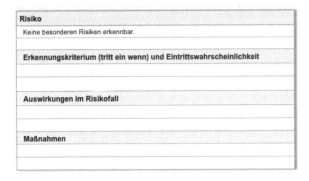

Abbildung 13.4: Formular für die Detaillierung der Risikobeschreibung

Nachdem die Rahmenbedingungen des gewählten Prozesses definiert sind, kann der Analytiker im zweiten Vorgehensschritt dessen Struktur betrachten.

Er gliedert die Dienstreiseabwicklung in zwei Teilprozesse, den Beantragungsprozess und den Buchungsprozess, welcher beim Reiseagenten (Reisebüro) abläuft.

Abbildung 13.5 zeigt die sich daraus ergebende Struktur und die Nachrichten, die zwischen den Subjekten in den Teilprozessen ausgetauscht werden, als Prozessnetzwerkdiagramm (vgl. Kapitel 5.5.2).

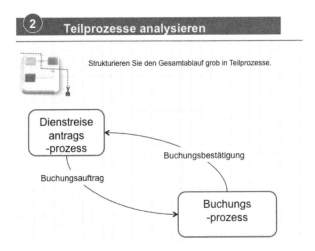

Abbildung 13.5: Teilprozesse des Prozesses ‚Dienstreiseantrag'

Ausgehend von der Prozessstruktur sind jetzt in einem dritten Analyseschritt die Subjekte der Teilprozesse zu identifizieren und deren wesentliche Aktivitäten zu spezifizieren (vgl. Abbildung 13.6).

Beteiligte definieren

Teilprozess	Teilprozess
Dienstreiseantrags prozess	**Buchungsprozess**
Subjekt **Mitarbeiter**	Subjekt **Reiseagent**
Rolle	Rolle
Füllt Reiseantrag aus	Nimmt Buchungsauftrag entgegen und bestätigt Buchung.
Subjekt **Vorgesetzter**	Subjekt
Rolle	Rolle
Überprüft Antrag Begründet Ablehnung	
Subjekt **Reisestelle**	Subjekt
Rolle	Rolle
Veranlasst Reise-buchung beim Reise-agenten.	

Abbildung 13.6: Formular zur Benennung der Subjekte in den Teilprozessen und ihrer wesentlichen Aktivitäten

Im nächsten Schritt skizziert der Analytiker die Kommunikation zwischen den Subjekten. Dazu erhebt und dokumentiert er, welche Nachrichten ein Subjekt jeweils von anderen erhält bzw. an diese sendet (vgl. Abbildung 13.7).

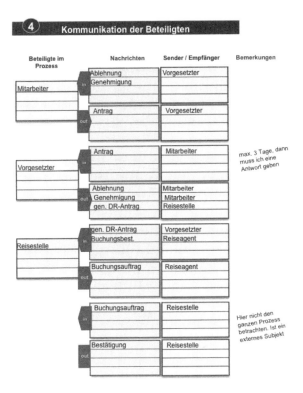

Abbildung 13.7: Formular zur Dokumentation der Kommunikation zwischen den Subjekten

Für die genauere Spezifikation der Nachrichten lassen sich mithilfe der in Abbildung 13.8 gezeigten jBOOK-Vorlage Parameter definieren.

Name	Dienstreiseantrag		
Parameter	**Typ**	**Pflicht**	**Medium/Bemerkungen**
Vorname		☐	
Familienname		☐	
Personalnummer		☐	
Reisebeginn		☐	
Reiseende		☐	
Reisegrund		☐	
		☐	

Abbildung 13.8: Formular für die Definition von Nachrichten und Nachrichtenparametern

Die Beschreibung der Kommunikation zwischen den Beteiligten kann, muss aber nicht zwingend Bestandteil der Analyse sein. Sie bietet sich an, wenn zum Zeitpunkt der Analyse bereits Information dazu vorliegt und einfach aufgenommen werden kann. Die darauf basierende Dokumentation wird jedoch nur in Ausnahmefällen vollständig sein. Deshalb ist es meist nötig, die Information über den Nachrichtenaustausch und die Parameter für die Nachrichten im Rahmen der Modellierungsaktivitäten zu komplettieren oder von Beginn an erst dort detailliert zu erheben und zu beschreiben.

Analog gilt dies für den sechsten Schritt der Analyse, die Beschreibung der Subjektaktivitäten. Die Analyse liefert hierzu in der Regel nur einen groben Überblick, den es in der Modellierung durch die Ausformulierung des Subjektverhaltens zu verfeinern gilt. Eine solche grobe Verhaltensbeschreibung für das Subjekt ‚Mitarbeiter' ist in Abbildung 13.9 zu sehen.

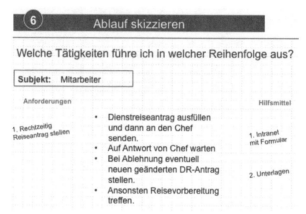

Abbildung 13.9: Formular für die Verhaltensbeschreibung eines Subjekts

■ 13.3 Prozessmodellierung

Die Ergebnisse der subjektorientierten Analyse sind im Rahmen der Modellierung zu ergänzen und zu präzisieren. In den folgenden Abschnitten zeigen wir, wie sie mithilfe des Moduls „Build" der Metasonic Suite mit weiteren Details angereichert werden.

13.3.1 Prozessübersicht

Am Beginn der Modellierung steht die Prozessübersicht, welche auf Analyseschritt 2 basiert. Das Werkzeug erlaubt dem Modellierer die Strukturierung in Teilprozesse in Form von Prozessnetzwerkdiagrammen (PND) (vgl. Abschnitt 5.6.2). Sie zeigen, wie die Teilprozesse ‚Dienstreiseantrag' und ‚Buchung' zusammenhängen und welche Interaktionen zwischen darin enthaltenen Subjekten stattfinden können (vgl. Abbildung 13.10).

Die Interaktionen müssen in der Übersicht noch nicht einzelnen Nachrichten entsprechen. So kann eine Interaktion bei Bedarf in der Kommunikationssicht (vgl. Abschnitt 13.3.2) in mehrere Nachrichten verfeinert werden. In unserem Beispiel ist dies nicht der

Fall, die Interaktionen zwischen den Prozessen bestehen jeweils aus einer einzelnen Nachricht, dem Buchungsauftrag und der Buchungsbestätigung.

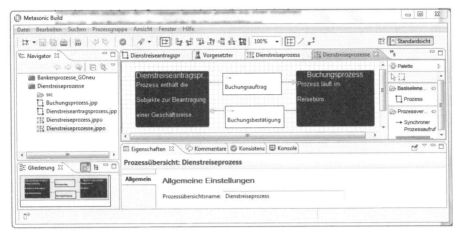

Abbildung 13.10: Prozessnetzwerzkdiagramm ‚Dienstreiseprozess‘

13.3.2 Kommunikationssicht

Die Verfeinerung der Prozessübersicht führt zur Kommunikationssicht, welche in der Modellierung durch Subjektinteraktions- bzw. Kommunikationsstrukturdiagramme (SID, KSD) repräsentiert wird (vgl. Abschnitt 5.5.3). Als Input dafür kann der Modellierer die Information aus den ausgefüllten jBOOK-Vorlagen zu den Analyseschritten zwei, drei und vier verwenden (vgl. Abschnitt 13.2).

Aus Abbildung 13.11 geht hervor, wie das „Build"-Tool ein Interaktionsdiagramm mit den Subjekten des Prozesses ‚Dienstreiseantrag‘ darstellt. Beim Subjekt ‚Reiseagent‘ handelt es sich um ein externes Subjekt, welches als Teil des Prozesses ‚Buchung‘ die Schnittstelle nach außen bildet (vgl. Abschnitt 5.6.2).

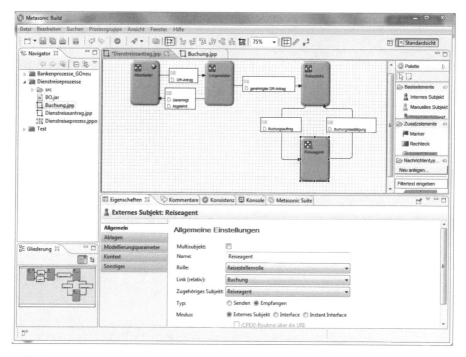

Abbildung 13.11: Subjektinteraktionsdiagramm des Teilprozesses ‚Dienstreiseantrag'

Die Abbildung 13.12 zeigt den Prozess ‚Buchung'. Von hier aus referenziert das externe Subjekt ‚Reisestelle' als Schnittstellensubjekt auf den Prozess ‚Dienstreiseantrag', in dem es beheimatet ist. Kommunikationspartner der Reisestelle im Prozess ‚Buchung' ist das interne Subjekt ‚Reiseagent'.

Blicken wir nochmal zurück auf den unteren Bereich von Abbildung 13.11, so fällt auf, dass das Schnittstellensubjekt ‚Reiseagent' im Prozess ‚Buchung' (Reiter Eigenschaften Feld Link relativ) ‚Reiseagent' (Feld zugehöriges Subjekt) heißt und nicht ‚Reiseagent'. Dies bedeutet, dass das Schnittstellensubjekt und das zugehörige interne Subjekt nicht gleich benannt sein müssen.

Aus Gründen der Übersichtlichkeit sind zwar gleichlautende Bezeichner empfehlenswert, wie es bei der Reisestelle der Fall ist (vgl. unterer Bereich von Abbildung 13.12). In der Praxis lässt sich dies aber oft nicht verwirklichen, insbesondere, wenn die über Schnittstellensubjekte zu verbindenden Teilprozesse in verschiedenen Organisationen angesiedelt sind und historisch bedingt bereits Bezeichnungen für Organisationseinheiten bzw. Rollen existieren.

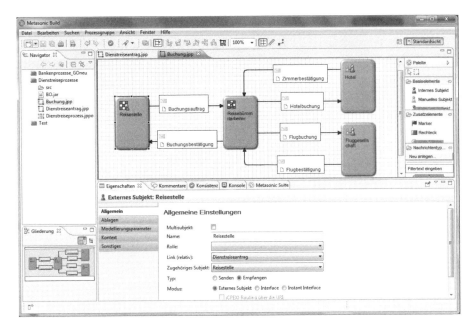

Abbildung 13.12: Subjektinteraktionsdiagramm des Teilprozesses ‚Reisebüro'

13.3.3 Subjektverhalten

Der nächste Schritt bei der Modellierung ist die Definition des Subjektverhaltens. Die Methodik stellt dafür das Subjektverhaltensdiagramm (SVD) zur Verfügung (vgl. Kapitel 5.5.5), Ausgangspunkt bilden die in Analyseschritt sechs erhobenen Daten (vgl. Kapitel 13.2). Die Abbildung 13.13 zeigt als mit dem Modellierungswerkzeug erstelltes Beispiel das SVD für das Subjekt ‚Mitarbeiter' beim Dienstreiseantragsprozess. Funktionszustände sind als abgerundete Rechtecke mit einem kleinen Uhrensymbol, Sende- und Empfangszustände mit einem kleinen Briefumschlagsymbol mit eingehendem bzw. ausgehendem Dreieck gekennzeichnet. In herkömmlichen Rechtecken mit einem horizontalen Pfeil und einer normierten verbalen Beschreibung sind die Zustandsübergänge (Transitionen) angegeben.

Das Verhalten zeigt, dass der Mitarbeiter zunächst den Antrag ausfüllt und dann mit ‚Antrag stellen' an den Vorgesetzten sendet. Danach wartet er auf die Antwort seines Vorgesetzten. Diese kann ‚genehmigt' oder ‚abgelehnt' lauten. Im ersten Fall verreist der Mitarbeiter und erreicht dann den Endezustand. Bei einer Ablehnung geht das Subjekt sofort in den Endezustand.

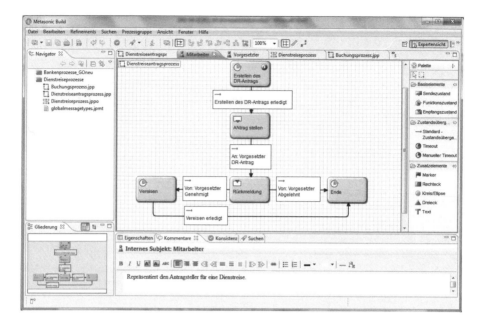

Abbildung 13.13: Verhaltensbeschreibung des Subjekts ‚Mitarbeiter'

Bis jetzt haben wir zwar lediglich die Ablauflogik des Prozesses betrachtet. Dennoch kann die Modellbeschreibung in diesem Stadium bereits ausgeführt werden. Dies bedeutet, die Beteiligten können die Geschäftslogik in einem verteilten Rollenspiel testen. Bevor wir dies bei der Prozessvalidierung in Abschnitt 13.4 näher erläutern, setzen wir uns noch mit der Modellierung der Daten auseinander. Der Modellierer muss angeben, welche Daten in den Subjektzuständen vorhanden sind und mit welchen Nachrichten sie zwischen den Subjekten übermittelt werden.

Die Methode sieht hierzu die Definition von Geschäftsobjekten vor, welche komplex strukturiert sein können, für die es unterschiedliche Status, Sichten und Zugriffsrechte gibt (vgl. Abschnitt 5.5.7) und für deren Manipulation ansprechende Benutzungsschnittstellen existieren sollten (vgl. Abschnitt 10.5.1.1). Die Funktionen, die das Modellierungswerkzeug für diese ausführliche Definition der Geschäftsobjekte bereitstellen muss, behandeln wir in Kapitel 13.6.

An dieser Stelle zeigen wir stattdessen eine Möglichkeit, mit der man schnell und einfach Daten definieren kann, um in der anschließenden Validierung zu testen, ob es sich dabei überhaupt um die richtigen Daten handelt, ehe ihre Definition verfeinert wird. Bei dieser einfachen Variante werden noch keine komplexen Geschäftsobjektstrukturen mit Datentypen, Plausibiltätsregeln für die Befüllung etc. angelegt, sondern einfache Datenelemente, welche zunächst als Parameter mit Nachrichten verschickt werden. Die Definition solcher primitiver Geschäftsobjekte geschieht auf Prozessebene, die nötige Information dazu kann aus dem in Analyseschritt vier ausgefüllten jBOOK-Formular für die Nachrichtenbeschreibung stammen (vgl. Kapitel 13.2).

Die Abbildung 13.14 zeigt, welche Daten (Parameter) für den Prozess ‚Dienstreiseantrag' notwendig sind. Nicht alle davon werden in allen Subjekten verwendet. Jedoch
verfügt jedes Subjekt über einen eigenen Satz von Variablen für diese Parameter. Dies
bedeutet, dass eine Änderung des Namens im Subjekt ‚Mitarbeiter' von den anderen
Subjekten nicht gesehen werden kann. Vielmehr muss der Wert dieser Variablen ‚Name'
durch eine Nachricht mit dem Parameter ‚Name' an ein anderes Subjekt, das den Wert
kennen soll, übermittelt werden. Bei Annahme der Nachricht wird der Wert dieses
Nachrichtenparameters in die Variable ‚Name' des empfangenden Subjekts ‚Vorgesetzter' übertragen. Damit haben die Variablen ‚Name' im Subjekt ‚Mitarbeiter' und ‚Vorgesetzter' den gleichen Inhalt.

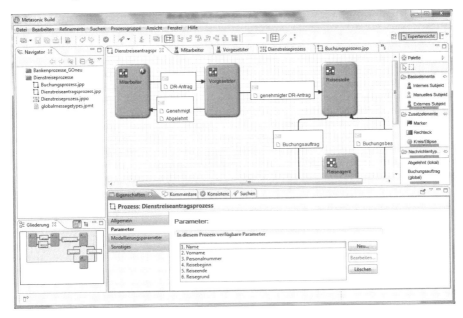

Abbildung 13.14: Modellierung der Daten im Prozess Dienstreiseantragsprozess

Jedes Subjekt hat potenziell alle Prozessparameter zur Verfügung, welche durch interne
Funktionen im Subjektverhalten mit Werten belegt werden können. In Abbildung 13.15
ist dies für die Zuordnung von Werten zu den Variablen ‚Name', ‚Vorname', ‚Personalnummer', ‚Reisebeginn', ‚Reiseende' und ‚Reisegrund' im Funktionszustand ‚Erstellen
des DR-Antrags' sichtbar.

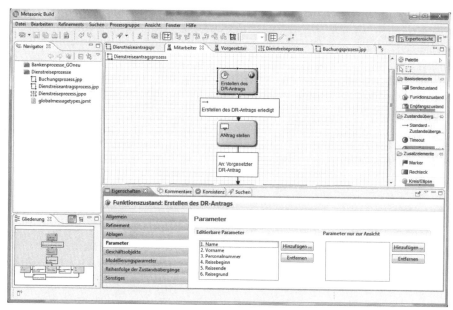

Abbildung 13.15: Parameterbelegung in der internen Funktion ‚Erstellen des DR-Antrags'

Zur Übertragung von Parameterwerten zwischen Subjekten sind diese geeigneten Nachrichten zuzuweisen. Abbildung 13.16 zeigt, wie dies für den Nachrichtentyp ‚DR-Antrag' geschieht, den der Mitarbeiter an seinen Vorgesetzten schickt.

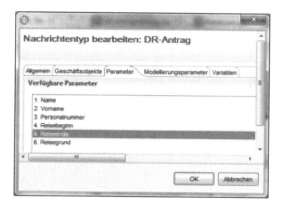

Abbildung 13.16: Modellierung der Parameter der Nachricht ‚DR-Antrag'

Beim Empfang einer Nachricht werden die Werte aus den Nachrichtenparametern in die subjektlokalen Variablen gleichen Namens übertragen. So stehen die Reiseantragsdaten nach dem Empfang der Nachricht ‚DR-Antrag' durch das Subjekt ‚Vorgesetzter' zur Nutzung durch dessen interne Funktion ‚Prüfen' zur Verfügung. Damit sind dies jene Werte, auf deren Basis der Vorgesetzte in der „Prüfen"-Funktion entscheidet, ob der Übergang ‚ablehnen' oder ‚zustimmen' ausgeführt wird (vgl. Abbildung 13.17).

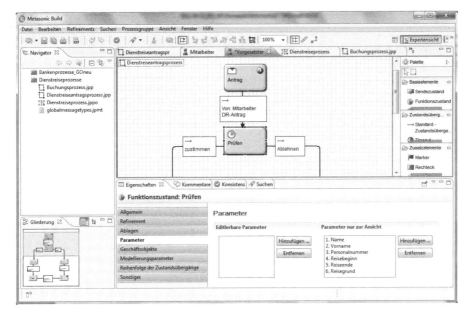

Abbildung 13.17: Modellierung des Empfangs und der Verwendung von Parameterwerten

13.4 Prozessvalidierung

Das Prozessmodell enthält im jetzigen Status alle Angaben hinsichtlich der Ablauflogik des Prozesses, der im Prozess benötigten Daten sowie der von den Subjekten verwendeten und durch Senden und Empfangen von Nachrichten zwischen ihnen ausgetauschten Datenvariablen. Obwohl die Geschäftsobjekte bisher nur in der vorgestellten primitiven Form, also ohne Datentypen, erlaubte Wertebelegungen, Herkunft der Werte etc. definiert sind, kann das bestehende Modell bereits im Rahmen eines Rollenspiels getestet werden. Dabei geht es um die Überprüfung der beiden folgenden Fragen:

- Entspricht die beschriebene Prozesslogik der gewünschten Arbeitsweise?
- Entsprechen die Datenvariablen den Prozessnotwendigkeiten?

Zur Durchführung des IT-gestützten Rollenspiels (vgl. Kapitel 7.5.2.2) wird das Prozessmodell auf Knopfdruck in eine entsprechende Ausführungsumgebung im Modul „Proof" der Metasonic Suite gebracht. Diese Umgebung befindet sich im Inter- oder Intranet und kann Mithilfe eines Browsers über ihre Adresse (URL) erreicht werden. Mitarbeiter, die in einen Prozess involviert sind, können nun das Subjekt bedienen, das ihren Anteil im Prozess repräsentiert: Ein Mitarbeiter, der Dienstreiseanträge stellt, bedient das Subjekt

‚Mitarbeiter', eine Führungskraft das Subjekt' ‚Vorgesetzter' und ein Angestellter der Reisestelle das Subjekt ‚Reisestelle'.

Diese Personen können den Prozess von ihrem jeweiligen Arbeitsplatz aus validieren. Dabei sieht jeder das Verhalten des Subjekts, das er vertritt und für das er später bei der Prozessausführung zuständig sein wird. Jeder gibt die in seinen Verhaltenzuständen nötigen Variablenwerte ein, bearbeitet also die primitive Form der vorkommenden Geschäftsobjekte. Durch Weitergabe dieser Informationen gemäß Prozessablauf fällt schnell auf, ob Parameter an Bearbeitungsstellen fehlen oder überflüssig sind etc. Solche Unzulänglichkeiten können die Beteiligten sofort im „Build"-Modul verbessern, die Testumgebung „Proof" erneut mit dem geänderten Modell starten und die Modifikation überprüfen.

Abbildung 13.18 gibt einen Überblick über die Fenster zur Bedienung der Validierungsumgebung für das Subjekt ‚Mitarbeiter'. Das linke Fenster zeigt, in welchem Zustand sich das Subjekt befindet (Funktionszustand ‚Erstellen des DR-Antrags'). Das Klicken des Parameterknopfes führt zur Anzeige des oberen rechten Fensters, in dem die Werte eingegeben werden können. Im Beispiel ist dies bereits geschehen. Der Abschluss der Eingabe führt zum Versand der Nachricht ‚DR-Antrag' an den Vorgesetzten in dem unten links dargestellten Bildschirmausschnitt.

Abbildung 13.18: Validierungsoberfläche für das Subjekt ‚Mitarbeiter'

Abbildung 13.19 zeigt das Bedienungsfenster für das Subjekt ‚Vorgesetzter', in dem sichtbar ist, dass ein Dienstreiseantrag eingegangen ist. Der Vorgesetzte nimmt durch Klicken auf den Schalter mit Rechtspfeil an und wechselt damit vom Empfangszustand in den Zustand ‚Prüfung' seines Verhaltens, wo er zwischen den Optionen ‚ablehnen' und ‚zustimmen' wählen kann (rechts oben). Für die Entscheidung kann er sich die Reisedaten durch Betätigung des Parameterschalters anzeigen lassen (links unten).

Abbildung 13.19: Validierungsoberfläche für das Subjekt ‚Vorgesetzter'

Ein Durchlauf in einer solchen Validierungssitzung entspricht der Ausführung einer Prozessinstanz. Ein Rekorder zeichnet die einzelnen Schritte einer Validierungssitzung auf. Sie können in einer Swim-Lane-Darstellung angezeigt werden (vgl. Abbildung 13.20).

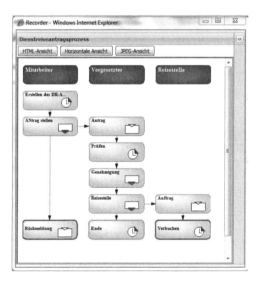

Abbildung 13.20: Swim-Lane-Protokoll einer Validierungssitzung

Auf die vorgestellte Art können für ein Prozessmodell beliebig viele Validierungssitzungen für verschiedene Varianten von Prozessdurchläufen ausgeführt werden, unter Umständen auch mit wechselnden Teilnehmern. Damit können die Betroffenen prüfen, ob der Prozess der gewünschten Arbeitsweise entspricht. Durch die Aufzeichnung der Validierungsdurchläufe kann auch die Testabdeckung abgeschätzt werden.

■ 13.5 Prozessoptimierung

Die Validierung überprüft, ob der beschriebene Prozess der beabsichtigten Arbeitsweise entspricht, also ob das richtige getan wird. Bei der Prozessoptimierung wird der Frage nachgegangen, ob der validierte Prozess mit möglichst wenig Aufwand ausgeführt werden kann (vgl. Kapitel 8.2). Für eine hierzu eingesetzte Simulation ist es notwendig, den Zeitaufwand für jede Aktion innerhalb eines Subjekts zu ermitteln bzw. abzuschätzen. Außerdem muss in etwa bekannt sein, wie oft pro Zeiteinheit eine entsprechende Prozessinstanz kreiert und zur Ausführung gebracht wird. Da solche Angaben meist mit Wahrscheinlichkeiten belegt werden, müssen die Parameter für Wahrscheinlichkeitsdichten bekannt sein. Den Subjekten sind schließlich noch Ressourcen zuzuordnen, ehe ein Simulationslauf beginnen kann. Die Abbildung 13.21 zeigt die Hauptmaske des JSIM-Werkzeugs für eine subjektorientierte Simulation zur Ermittlung des Ressourcenbedarfs bzw. der Kosten, die bei der Prozessausführung entstehen.

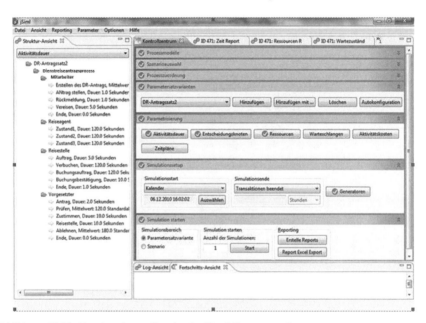

Abbildung 13.21: Hauptmaske zur Eingabe der Simulationsparameter

In Abbildung 13.22 sind die benötigten Zeiten für die Durchführung der einzelnen Aktionen in den jeweiligen Subjekten zu sehen. So ist die Dauer für das Erstellen des Dienstreiseantrags normalverteilt mit einem Erwartungswert von 180 Sekunden und einer Standardabweichung von 40 Sekunden. Der Einfachheit wegen werden in diesem Beispiel die anderen Zeiten als konstant angenommen.

Dienstreiseantragsprozess						
Subjekt/Aktivität	Verteilung	Wert1	Wert2	Einheit	Aktivitätskosten	Kostenart
Mitarbeiter.						
Erstellen des DR-Antrags	Normalverteilung	180	40	Sekunden		
ANtrag stellen	konstant	1		Sekunden		
Rückmeldung	konstant	1		Sekunden		
Vereisen	konstant	5		Sekunden		
Ende	konstant	0		Sekunden		
Reiseagent						
Zustand1	konstant	120		Sekunden		
Zustand2	konstant	120		Sekunden		
Zustand3	konstant	120		Sekunden		
Reisestelle						
Autrag	konstant	5		Sekunden		
Verbuchen	konstant	120		Sekunden		
Buchungsauftrag	konstant	120		Sekunden		
Buchungsbestätigung	konstant	10		Sekunden		
Ende	konstant	1		Sekunden		
Vorgesetzter						
Antrag	konstant	2		Sekunden		
Prüfen	Normalverteilung	120	60	Sekunden		
Zustimmen	konstant	10		Sekunden		
Reisestelle	konstant	10		Sekunden		
Ablehnen	Normalverteilung	180	60	Sekunden		
Ende	konstant	0		Sekunden		

Abbildung 13.22: Auszug der Simulationsparameter

Es zeigt sich, dass die Ermittlung der einzelnen Parameter für die Simulation nicht trivial ist und Erfahrung erfordert. Auch wenn diese Hürde genommen ist, bedarf die Interpretation der Simulationsergebnisse Übung. In Abbildung 13.23 ist ein Auszug der Simulationsergebnisse dargestellt. Die Grafik zeigt die minimale und maximale Aktivitäts- und Wartezeit sowie den minimalen und maximalen Ressourcenbedarf bei einer gegebenen Instanziierung von Prozessen.

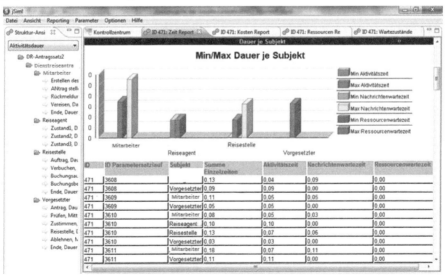

Abbildung 13.23: Auszug der Simulationsergebnisse

■ 13.6 Modellierung der Geschäftsobjekte und Einbindung in die Verhaltensbeschreibung

Bisher wurden in den Prozessmodellen als Geschäftsobjekte nur einfache Parameter verwendet. Sie dienten lediglich dazu, in der Validierung zu überprüfen, ob alle benötigten Daten im Modell berücksichtigt wurden.

Wir haben in Kapitel 13.3.3 darauf verwiesen, dass die im Prozess vorkommenden Geschäftsobjekte später ausführlicher und präziser modelliert werden müssen, damit sie den Anforderungen eines in der Praxis eingesetzten Workflow-Systems genügen. Diese umfassende Beschreibung enthält Aspekte, welche in Kapitel 5.5.7 vorgestellt wurden. Beispiele sind die hierarchische Strukturierung, die Definition von Zuständen, von Sichten inklusive Zugriffsrechten, des Erscheinungsbildes und der Wertebereiche für Benutzereingaben sowie die Ankopplung von Programmen zur Manipulation von Datenelementen.

Im Folgenden zeigen wir ausschnittsweise, wie die Werkzeugunterstützung für diese ausführliche Modellierung der Geschäftsobjekte im Hinblick auf deren spätere Nutzung bei der Prozessabwicklung durch eine Workflow Engine aussehen kann. Das Ergebnis dieser Detailmodellierung der Geschäftsobjekte kann ebenfalls in der Validierungsumgebung getestet werden, ehe die Umsetzung in einen Workflow erfolgt.

Abildung 13.24 zeigt die Struktur des Geschäftsobjekts ,DR-Antrag' und die darauf definierten Sichten (Views). Der Antrag besteht aus den drei Teilen ,Angaben zur Person', ,Angaben zur Dienstreise' und zum ,Bearbeitungsstatus'. Jeder dieser drei Teile enthält entsprechende Elemente. Der Modellierer kann ein Geschäftsobjekt mit dem Tool also über beliebige Hierarchieebenen gliedern, auf denen jeweils Datenstrukturen und/oder einzelne Datenelemente auftreten können. Für jedes Element können verschiedene Attribute angegeben werden, die beispielsweise aussagen, ob ein Element mehrfach vorkommen kann wie die Position einer Bestellung, ob es sich um ein Pflichtfeld handelt, das der Benutzer ausfüllen muss, von welchem Datentyp es ist usw.

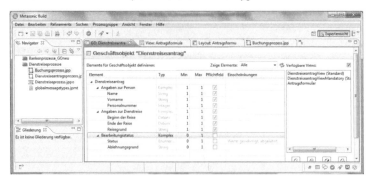

Abbildung 13.24: Geschäftsobjektdefinition im Geschäftsobjekt-Editor

Auf jedes Geschäftsobjekt können beliebig viele Sichten definiert werden, die jeweils Untermengen der Elemente des Objekts enthalten. Damit steuert der Modellierer, dass bei der Ausführung in bestimmten Zuständen nur ein Ausschnitt des Geschäftsobjekts angezeigt, bearbeitet oder auch versendet werden kann. Die Abbildung 13.25 zeigt die Sicht ‚keine_Entscheidung' auf das Geschäftsobjekt ‚DR-Antrag', welche nur die Angaben zu Person und Dienstreise enthält. Der Bearbeitungsstatus mit dem Genehmigungsvermerk wird in dieser Sicht nicht angezeigt.

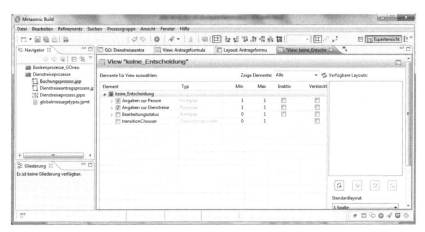

Abbildung 13.25: Sichtendefinition im Geschäftsobjekt-Editor

Nach der Definition von Struktur, Sichten und Regeln (nicht illustriert) muss noch festgelegt werden, wie das Geschäftsobjekt am Bildschirm angezeigt werden soll. Abbildung 13.26 zeigt den Editor zum Definieren des Layouts.

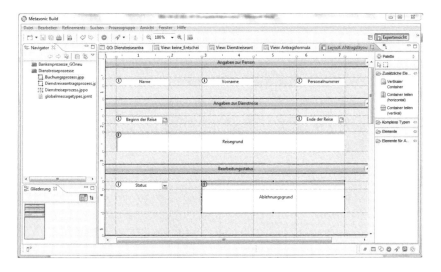

Abbildung 13.26: Formulardefinition im Geschäftsobjekt-Editor

Nach ihrer Definition müssen Geschäftsobjekte noch an den passenden Stellen in die Verhaltensbeschreibung des Prozesses eingefügt werden. Dazu ist im Modellierungswerkzeug der Zustand auszuwählen, in dem das Geschäftsobjekt verwendet, also z. B. angezeigt und/oder befüllt werden soll. Dazu gibt es sogenannte Ablagen. In jedem Zustand wird definiert, welche Geschäftsobjekttypen in einer Ablage erlaubt sind und welche Arten von Operationen in diesem Zustand ausgeführt werden dürfen.

Abbildung 13.27 zeigt, dass im Zustand ‚Erstellen des DR-Antrags' das Geschäftsobjekt ‚DR_Antrag' angelegt, angezeigt und bearbeitet werden kann.

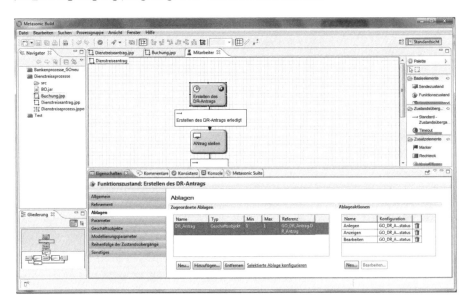

Abbildung 13.27: Einbindung des Geschäftsobjekts ‚DR-Antrag' im Zustand ‚Erstellen des DR-Antrags' im Verhalten des Mitarbeiters

■ 13.7 Organisationsspezifische Implementierung

Nach der Beschreibung des Prozessverhaltens und der Geschäftsobjekte muss den einzelnen Subjekten jeweils ein Handelnder (Subjektträger) zugewiesen werden. Dieser führt die Aktionen des Subjekts gemäß dem dafür modellierten Verhalten aus (vgl. Kapitel 9).

Die Zuordnung eines Handelnden zu einem Subjekt erfolgt im Werkzeug „Usermanager" über mehrere Stufen. Eine Person (Subjektträger) gehört einer oder mehreren

Gruppen (Subjektträgergruppen) an. Eine oder mehrere dieser Gruppen werden einer Rolle und eine Rolle einem oder mehreren Subjekten zugewiesen.

Die Abbildung 13.28 zeigt, wie mit dem Usermanager der Gruppe Mitarbeitergruppe zugeordnet wird.

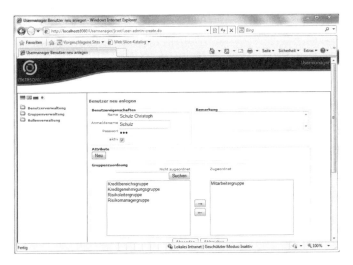

Abbildung 13.28: Ansicht des Werkzeugs zur Verwaltung von Benutzern, Gruppen und Rollen

Analog, wie die Zuordnung von Schulz zu einer Gruppe erfolgt, wird einer Gruppe eine Rolle zugeordnet. Die Zuweisung von Rollen zu Subjekten erfolgt im Modellierungswerkzeug. In Abbildung 13.29 ist zu sehen, wie die Rolle ‚Mitarbeiter‘ mit dem Subjekt ‚Mitarbeiter‘ verknüpft wird.

Am Ende der skizzierten mehrstufigen Kette kann Herr Schulz einen Dienstreiseantrag stellen, da er dem Subjekt ‚Mitarbeiter‘ als Subjektträger zugeordnet ist.

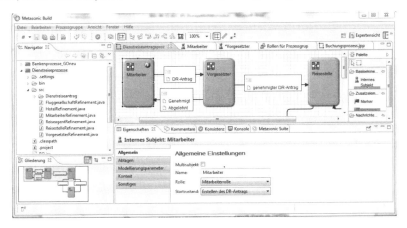

Abbildung 13.29: Zuordnung einer Rolle zu einem Subjekt im Modellierungswerkzeug

■ 13.8 Informationstechnische Implementierung

Nach der Einbettung in die Organisation bedarf es der Integration von Anwendungen. Diese dienen dazu, Geschäftsobjektinhalte auszulesen, zu manipulieren, abzuspeichern usw. (vgl. Kapitel 10.5.1).

Die Integration wird durch sogenannte Refinements realisiert. Darunter verstehen wir Softwares, welche in Funktionszuständen innerhalb des Subjektverhaltens aufgerufen werden. Immer wenn ein Prozess in einen Zustand mit Refinement übergeht, wird das dort hinterlegte Programm ausgeführt. Ein solches Programm kann zunächst nur dazu dienen, eine existierende Applikation mit eigener Benutzungsoberfläche für die Bearbeitung eines Geschäftsobjektes aufzurufen (z. B. eine SAP-Transaktion). Bei einem Refinement kann es sich aber auch um Code handeln, welcher selbst auf Geschäftsobjektinhalte zugreift und diese, im Dialog mit dem Benutzer, manipuliert.

Die Abbildung 13.30 zeigt die Hinterlegung eines Refinement im Zustand ,Prüfen'. Mit der Option ,Eigenes Refinement ausführen' legt es der Implementierer in diesem Zustand an.

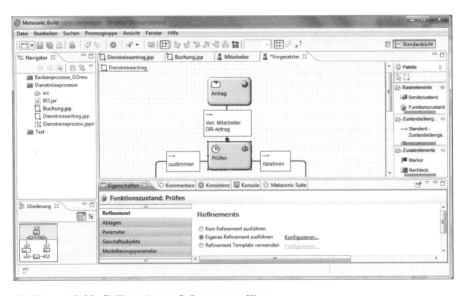

Abbildung 13.30: Einfügen eigenes Refinement ausführen

Die Abbildung 13.31 zeigt den dazugehörigen möglichen Code-Rumpf.

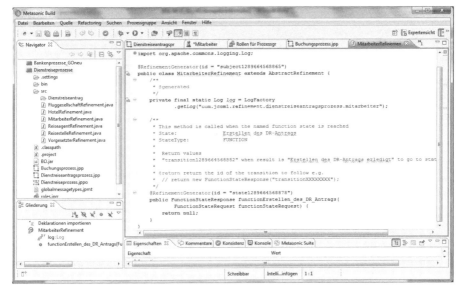

Abbildung 13.31: Code-Rumpf für eine Refinement-Methode

■ 13.9 Prozessausführung

Nach der Integration der in einem Prozess verwendeten Anwendungen kann der Prozess nach ausgiebigen Tests produktiv eingesetzt werden.

Eine geeignete Workflow Engine, in unserem Fall das Modul „Flow" aus der Metasonic Suite, interpretiert hierzu das aufgebaute Prozessmodell zur Laufzeit und steuert die Vorgänge von ihrer Instanziierung bis zur Terminierung. Sie sorgt dafür, dass die Subjektträger in den Bearbeitungsstationen die Aktionen ausführen, die von ihnen gemäß der Verhaltensbeschreibung für die ihnen zugewiesenen Subjekte erwartet werden (interne Funktion, Senden, Empfangen). An den vom Modell vorgesehenen Stellen stellt die Engine die zu bearbeitenden Geschäftsobjekte bereit und ruft die benötigten Applikationen auf.

So kann sich Herr Schulz beim Workflow-System anmelden und eine Prozessinstanz für das Beantragen einer Dienstreise anlegen. Die Abbildung 13.32 zeigt das Workflow-System im Startzustand, in dem der Mitarbeiter den Antrag stellt. Im oberen Teil sieht der Benutzer, in welchem Zustand des Prozesses er sich befindet, und im unteren Teil wird das auszufüllende Geschäftsobjekt angezeigt.

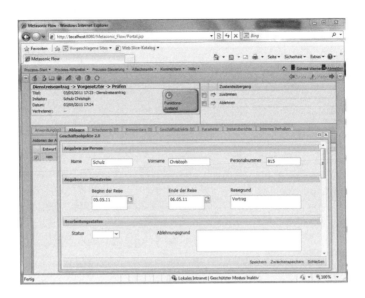

Abbildung 13.32: Workflow-System im Zustand ‚Stellen des DR-Antrags' im Subjekt ‚Mitarbeiter'

Nach dem Ausfüllen des Geschäftsobjekts löst der Anwender den Übergang in den nächsten Zustand aus (rechts oben). Danach wird durch eine entsprechende Interaktion von Herrn Schulz der Dienstreiseantrag an seinen Vorgesetzten Schmid übertragen. Herr Schmid nimmt die Nachricht mit dem Dienstreiseantrag entgegen und prüft diesen. Abbildung 13.33 zeigt die entsprechende Benutzerinteraktion.

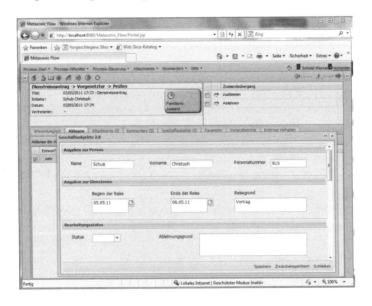

Abbildung 13.33: Worklflow-System im Zustand ‚Prüfen' im Subjekt ‚Vorgesetzter'

13.10 Prozessmonitoring

Bei der Ausführung der einzelnen Prozessinstanzen speichert die Workflow Engine zahlreiche Daten. Beispiele sind der Zustand für jede Prozessinstanz, der Zeitpunkt, zu dem dieser Zustand erreicht wurde, und vieles mehr. Solche Daten zu den Instanzen können verwendet werden, um das Prozessgeschehen in einer Organisation zu beobachten (vgl. Kapitel 11). So können Führungskräfte beispielsweise Information darüber bekommen, wie viele der für sie wichtigen Prozessinstanzen gerade in Abarbeitung sind oder wie der Bearbeitungsfortschritt bei jeder Prozessinstanz ist.

Die Abbildung 13.34 zeigt, wie eine einfache Liste mit Angaben zu laufenden Prozessinstanzen aussehen kann. Sie enthält den Namen des Prozesses, die Priorität, den Namen desjenigen, der die Instanz kreiert hat, den Zeitpunkt, zu dem sie erzeugt wurde, usw. In der Tabelle ist nur ein kleiner Ausschnitt der aufgezeichneten und damit verfügbaren Daten enthalten.

Eine solche Listendarstellung für das Prozessgeschehen in einer Organisation kann bei Einbeziehung weiterer Parameter schnell unübersichtlich werden. Dann kann es notwendig sein, ein Prozesscockpit mit leicht erfassbaren Zeiger- und Ampeldarstellungen zu realisieren (vgl. Kapitel 11.6).

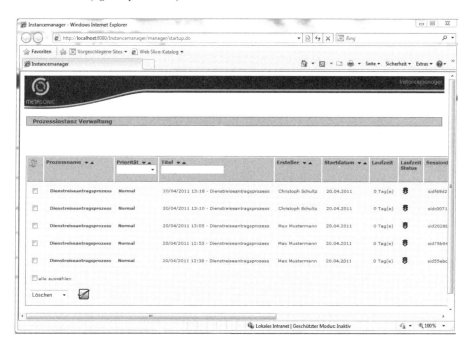

Abbildung 13.34: Liste von Prozessinstanzen im Monitoring-Werkzeug

14

S-BPM im Methodenvergleich

■ 14.1 To Go

Ich stelle mit Bestürzung fest, dass wir ja (noch) unsere bestehenden Daten- und funktionalen Ablaufmodelle der Arbeitsorganisation haben. Was sollen wir denn jetzt mit diesen machen?

Ein Abgleich sollte leichtfallen, da S-BPM sowohl strukturelle als auch funktionale Merkmale abdeckt und um die Actor-Perspektive anreichert. Dies erleichtert schließlich eine Einbettung bestehender Spezifikationen, wie etwa von Datenmodellen in Geschäftsobjekte, sodass sich sämtliche Strukturen in S-BPM-Modellen wiederfinden.

Ich schlage vor, wir sehen uns jedes Modell bzw. bestehende Spezifikationen an und gleichen sie zuerst mit den jeweiligen S-BPM-Dimensionen ab. Neben bestehenden Strukturbeschreibungen, etwa Datenmodellen, die der Objektperspektive zuzurechnen sind, werden wir uns den funktionalen Abläufen inklusive Informations- und Kommunikationsfluss widmen, um Subjekte und Prädikate zu identifizieren. Und damit haben wir für eine Integration alle Zutaten beisammen.

Als Grundlage dient dazu mein im Subjektdiagramm beschriebenes Verhalten.

Das vorliegende Buch gibt einen umfassenden Einblick in die subjektorientierte Methodik. Neben Herleitung und Begründung des Konzepts wurde ein subjektorientiertes Vorgehensmodell beschrieben. Zur Abrundung untersuchen wir in diesem Kapitel, inwieweit andere Methoden ebenfalls subjektorientierte Elemente aufweisen. Die Fokusierung auf Subjekte unter Berücksichtigung von Standardsatzsemantik der natürlichen Sprache lässt sich im Kanon existierender Ansätze zur Modellierung von Geschäftsprozessen mehrfach verorten. Der folgende Überblick zu wesentlichen diagrammatischen bzw. formalen Modellierungsmethoden für Geschäftsprozesse zeigt die unterschiedlichen Bezüge bestehender Ansätze zu den Modellierungskategorien Subjekt, Prädikat und Objekt. Die jeweiligen Ansätze werden vergleichend beschrieben.

Nach einem Überblick über die Konzepte zur Modellbildung folgen wir der geschichtlichen Entwicklung der Modellierung von Geschäftsprozessen und beginnen mit aktivitäts- bzw. funktionsorientierten Ansätzen – sie beziehen sich auf das Prädikat. Die objektorientierten Ansätze stammen aus dem Software-Engineering und beziehen sich auf das Objekt. Der Subjektbezug lässt sich auf die Theorie der prozessgeleiteten Datenverarbeitung zurückführen. Schließlich gibt es integrierte Ansätze, welche zumindest zwei der drei konstituierenden Merkmale subjektorientierter Geschäftsprozessmodellierung umfassen.

■ 14.2 Subjekt, Prädikat, Objekt in der Modellbildung

Geschäftsprozesse sind eine Abfolge von Aktionen in einem Unternehmen, die durch ein Modell beschrieben werden. Werden Geschäftsprozessen entwickelt, bedeutet dies, dass ein Modell der vorhandenen oder eine Vorgabe für eine neue angestrebte Geschäftsprozesswirklichkeit erstellt wird.

Geschäftsprozesse können auch als Beschreibung soziotechnischer Systeme interpretiert werden [Sinz 2010]. Modelle von Geschäftsprozessen beschreiben Eigenschaften und Verhalten der am Prozess Beteiligten und ihre Wechselwirkung mit der technischen und organisatorischen Umgebung. Diese Modelle können aus unterschiedlichen Blickwinkeln betrachtet werden. Dem Vorgang der Modellbildung geht eine Analyse voraus, welche Fakten als wesentlich herausgestellt und betont und welche lediglich als ergänzend (vgl. [Scholz et al. 1999], [Denert 1991]) betrachtet werden. In [Scholz et al. 1999] werden die wesentlichen Modellelemente als essenziell und die ergänzenden als akzidentell (Akzidenzien) bezeichnet.

Je nachdem, welche Modellelemente essenziell sind, werden bei der Geschäftsprozessdefinition verschiedene Ansätze zur Modellbildung verwendet. Um diese essenziellen Elemente werden die Akzidenzien gruppiert. Folgende Aspekte der Modellbildung werden derzeit verwendet (siehe z. B. [Scholz et al. 1999], [Denert 1991]):

- Beim funktionalen Ansatz stehen im Mittelpunkt Funktionen. Beispiele für funktions-orientierte Modelle sind Kontrollflussdiagramme und Datenflussdiagramme nach [DeMarco 1979] oder Ereignisgesteuerte Prozessketten (EPK).

- Beim datenorientierten Ansatz werden Akzidenzien um Daten gruppiert. Ein allge-mein bekanntes Beispiel für datenorientierte Modellierungsansätze sind Entity-Rela-tionship-Diagramme.

- Beim objektorientierten Ansatz werden Akzidenzien um Objekte gruppiert. Objekte in der Informatik sind Datenstrukturen und die Operationen auf diesen Datenstruktu-ren. Der objektorientierte Modellierungsansatz gilt als der zurzeit am meisten akzep-tierte. Eine bekannte Beschreibungsmethode ist die Unified Modeling Language (UML).

Voraussetzung zur Modellbildung ist, dass die Modelle hinreichend beschrieben und dokumentiert werden, damit sie von allen verstanden werden und Modellinhalte kom-muniziert bzw. diskutiert werden können. Modelle dienen insbesondere im BPM der Auseinandersetzung mit Geschäftsvorgängen unter Einbeziehung unterschiedlicher Handlungsträger.

In der Auflistung wurden einige bekannte Sprachen zum Dokumentieren von Erhe-bungsergebnissen der Prozessanalyse angegeben. Modellbildung heißt also letztlich, einen Ausschnitt der Wirklichkeit mit einer „künstlichen" Sprache zu beschreiben. Ein Modell bildet somit ein Artefakt, ein künstlich geschaffenes Gebilde, das einen Aus-schnitt der menschlich wahrnehmbaren Realität enthält. Der Formalismus von Model-len für Geschäftsprozesse ist derart gestaltet, dass sie durch IT abgebildet werden kön-nen. In den letzten Jahrzehnten war in der Informatik ein Paradigmenwechsel von der Ablauforientierung zur Objektorientierung zu beobachten. Übertragen auf die Modell-bildung haben sich die essenziellen Aspekte vom Prädikat (Batch-Verarbeitung, while … do …) zum Objekt verschoben, während Subjekte bislang nur rudimentär behandelt wurden. Die subjektorientierte Geschäftsprozessmodellierung stellt das Subjekt in den Mittelpunkt. Beim Kongress S-BPM ONE 2010 in Karlsruhe wurde die Hypothese aufge-stellt, dass nach 1970 und 1990 das Jahr 2010 einen neuen Paradigmenwechsel zur Subjektorientierung markieren könnte (vgl. Abbildung 14.1).

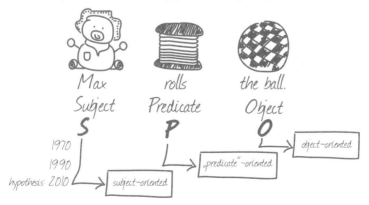

Abbildung 14.1: Zeitliche Entwicklung von Ablauforientierung, Objektorientierung und Subjektorientierung

▓ 14.3 Vergleichende Analyse

In den folgenden Ausführungen werden die bekanntesten Modellierungsansätze vorgestellt und hinsichtlich ihrer Abdeckung der Standardsatzsemantik sowie der daraus resultierenden Bedeutung untersucht. Abschließend wird ihnen der subjektorientierte Modellierungsansatz gegenübergestellt.

Exemplifiziert werden die jeweiligen Ansätze an einem Prozess zur Beantragung einer Dienstreise. Es wird gezeigt, in welchen in der Informatik üblichen Modellen zur praktischen Beschreibung bzw. Definition von Anwendungsprogrammen welche Teile der Standardsemantik Subjekt, Prädikat, Objekt essentiell und welche akzidentell sind und wie der Beispielprozess in der jeweiligen Modellierungsart beschrieben wird.

Wir beginnen mit der natürlichsprachlichen Beschreibung des Dienstreiseantragsprozesses (vgl. Abbildung 14.2). Diese Beschreibung fokussiert auf die als wesentlich erachteten Aspekte des Prozesses zur Beantragung von Dienstreisen und wird nun in verschiedenen formalen bzw. semiformalen Modellierungsmethoden beschrieben. Die Abschnitte geben einen kurzen Überblick über die Entstehungsgeschichte der jeweiligen Kategorie von Ansätzen, ehe exemplarisch deren Vertreter erläutert werden.

> *Der Mitarbeiter Schulz beantragt eine Dienstreise. Der Antrag wird vom Vorgesetzten geprüft, dieser informiert den Mitarbeiter über Annahme oder Ablehnung. Der genehmigte Antrag geht an die Dienstreisestelle, die Ticket- und Hotelbuchung vornimmt.*

Abbildung 14.2: Natürlichsprachliche Beschreibung des Dienstreiseantragsprozesses

14.3.1 Modellierung mit Fokus auf Prädikat

14.3.1.1 Entstehung

Zu Beginn der Datenverarbeitung in den 70er Jahren hat die maschinelle und automatisierte Verarbeitung im Vordergrund gestanden. Bei der Großrechnerdatenverarbeitung lag der Blick auf den Aktionen, aus dieser Zeit stammen Begriffe wie „Operator" oder „Daten- oder Informationsverarbeitung". Auch in den ersten Programmiersprachen stehen operative Konstrukte im Vordergrund, ihren Kern bilden Befehle, wie „while ... do ...". Die ersten Computersysteme wurden zunächst gebaut, um für damalige Verhältnisse komplexe Rechenprobleme aus der Mathematik oder Physik zu lösen. So wollte Konrad Zuse als gelernter Bauingenieur seine Statikberechnungen automatisieren und baute die erste Rechenmaschine. Bei diesen Aufgaben standen Rechenoperationen im Mittelpunkt der Betrachtung. Die Daten beschränkten sich auf Parameter von mathematischen oder physikalischen Formeln und spielten eine sekundäre Rolle. Ebenso war der Handelnde, das Subjekt, von untergeordneter Bedeutung. Das Subjekt war die Person, die an den Ergebnissen der Berechnung interessiert war. Im Mittelpunkt stand die auszuführende

Aktion, das Prädikat. Programmieren bedeutete, komplexe Folgen von Aktionen zu definieren.

14.3.1.2 Flussdiagramme

Eines der ersten Modelle für algorithmische Aufgaben waren Flussdiagramme oder Programmablaufpläne. Flussdiagramme beschreiben eine Folge von Operationen zur Lösung einer Aufgabe. Ein Dienstreiseantrag ist durch ein Flussdiagramm abbildbar (vgl. Abbildung 14.3).

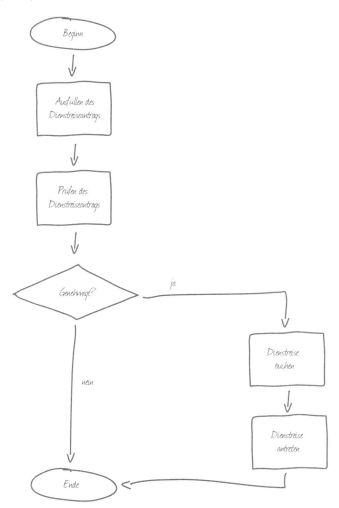

Abbildung 14.3: Dienstreiseantragsprozess als Flussdiagramm

Bei Flussdiagrammen zur Beschreibung eines Rechenalgorithmus ist klar, wer die einzelnen Aktionen in dem Flussdiagramm anstößt: Es ist die ausführende Person bzw. das ausführende Computersystem. Diese Standardsubjekte werden nicht explizit erwähnt. Auch die Daten, die bei der Ausführung eines Flussdiagramms benötigt werden, werden nur rudimentär angegeben.

Mittels Flussdiagrammen können natürlichsprachliche Ergänzungen wie Subjekte und Objekte zwar hinzugeschrieben werden, in die Logik des Modells sind sie jedoch nicht integriert. Die Abbildung 14.4 zeigt das Beispiel um Subjekte erweitert. Diese wurden in natürlichsprachlicher Form hinzugefügt.

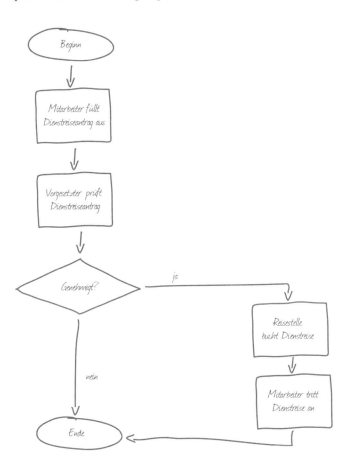

Abbildung 14.4: Dienstreiseantragsprozess als Flussdiagramm mit Subjekten

In erweiterten Formen von Flussdiagrammen werden neben den Verben auch die Subjekte und Objekte als Symbole direkt oder indirekt mit angegeben. Die Abbildung 14.5 zeigt das bisherige Flussdiagramm, in dem zusätzlich die Subjekte ‚Mitarbeiter‘ und ‚Vorgesetzter‘ indirekt durch die Symbole für die manuelle Eingabe des Antrags und der Prüfergebnisse dargestellt sind. Die geänderte Grafik enthält mit dem Symbol für einen Datenbestand (Reisedaten) auch ein Objekt.

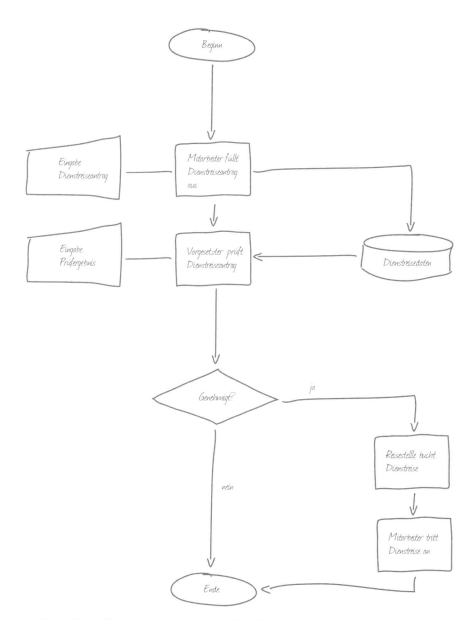

Abbildung 14.5: Dienstreiseantragsprozess als Flussdiagramm mit Subjekten und Objekt

14.3.1.3 Ereignisgesteuerte Prozessketten

Eine kontrollflussbasierte Methode zur Darstellung von Geschäftsprozessen sind Ereignisgesteuerte Prozessketten (EPK). Die Abbildung 14.6 zeigt den Prozess des Dienstreiseantrags als EPK.

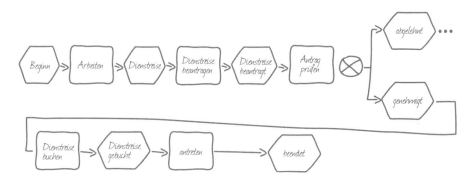

Abbildung 14.6: Dienstreiseantragsprozess als EPK

Die Vierecke repräsentieren Aktionen eines Prozesses, die zur Verdeutlichung natürlichsprachliche Objekte enthalten können. Den einzelnen Aktionen geht ein Ereignis
voraus (Sechsecke), das den Anstoß zur Ausführung einer Aktion repräsentiert bzw. das
Ergebnis der vorausgehenden Aktion. Mithilfe von Konnektoren können die Ergebnisse
einer Funktion zu unterschiedlichen Ereignissen führen. Die Aktion ‚Antrag prüfen'
kann entweder zum Ereignis ‚abgelehnt' oder ‚genehmigt' führen (XOR). Neben dem
XOR gibt es noch weitere Konnektoren. Einzelheiten zu EPKs und ihrem Einsatz werden
in [Scheer 1998] beschrieben.

In der Praxis werden heute verbreitet erweiterte EPKs (eEPKs) verwendet. Diese ergänzen die ursprünglichen EPKs um Elemente der Organisations-, Daten- und Leistungsmo-
dellierung. Diese Ergänzungen entsprechen im Wesentlichen den Subjekten und Objekten. Die Abbildung 14.7 zeigt eine erweiterte EPK des Dienstreiseantragprozesses.

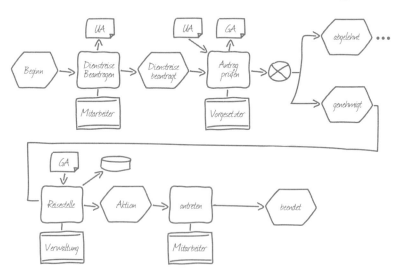

Abbildung 14.7: Dienstreiseantragsprozess als eEPK mit Subjekt, Prädikat und Objekt

Damit können in eEPKs grundsätzlich alle Sprachkonstrukte abgebildet werden. In einer solchen Darstellung stehen jedoch nach wie vor die Aktionen im Mittelpunkt, eine Identifikation des Subjekts mit seinem Gesamtverhalten ist nicht möglich, da der Subjektbezug in der gesamten Grafik verteilt ist.

14.3.1.4 Petri-Netze

Ein in der theoretischen Informatik wichtiges Modell sind Petri-Netze (vgl. [Stucky et al. 1997]). Sie sind eine aktionsorientierte Modellbildungsmethode, d. h., Petri-Netze sind prädikatsorientiert. Im Gegensatz zu Kontrollflussdiagrammen erlauben sie, mehrere Aktionen parallel auszuführen.

Um auch Datenaspekte zu unterstützen, wurden attribuierte Petri-Netze entwickelt. Allerdings fehlen Ansätze zur Repräsentation von Subjekten.

Abbildung 14.8 zeigt ein Petri-Netz für den Dienstreisesprozess. Ein Petri-Netz besteht aus einer Anfangsmarkierung, aus Stellen und Transitionen sowie Übergängen zwischen Transition und Stellen, wobei sich Stellen und Transitionen abwechseln. Im Allgemeinen werden Transitionen als Aktionen interpretiert und Stellen als die Bedingungen für eine Transition. Eine Transition kann schalten, wenn sich in ihren Eingangsstellen mindestens ein sogenanntes Token befindet. Nach dem Schalten erhält jede Ausgangsstelle einen Token. Die Anfangsmarkierung legt fest, welche Stellen beim Start mit Token belegt sind. In der Abbildung enthält als Anfangsmarkierung die Stelle ‚Mitarbeiter will Dienstreise antreten' ein Token.

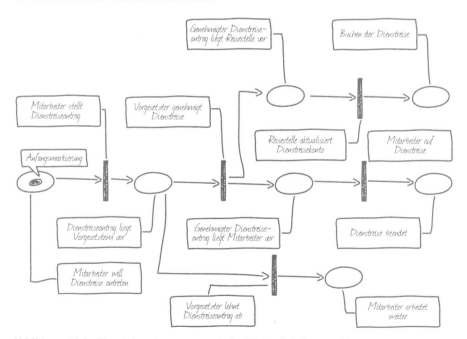

Abbildung 14.8: Dienstreiseantragsprozess als Petri-Netz mit Anfangsmarkierung

Nach dem Schalten der Transition ‚Mitarbeiter stellt Dienstreiseantrag' ergibt sich eine Token-Belegung, wie sie in Abbildung 14.9 dargestellt ist. Das Token wird von der Stelle ‚Mitarbeiter will Dienstreise antreten' abgezogen und ein Token erscheint in der Stelle ‚Dienstreiseantrag liegt Vorgesetztem vor'.

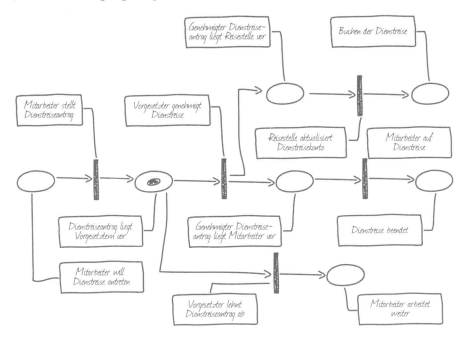

Abbildung 14.9: Dienstreiseantragsprozess als Petri-Netz mit Token-Belegung nach dem Schalten von ‚Mitarbeiter stellt Dienstreiseantrag'

Danach kann entweder die Transition ‚Vorgesetzter lehnt Dienstreiseantrag ab' oder die Transition ‚Vorgesetzter genehmigt Dienstreiseantrag' schalten. Das Petri-Netz wird deshalb als nicht deterministisch bezeichnet. Schaltet die Transition ‚Vorgesetzter genehmigt Dienstreise', so werden die Stellen ‚Genehmigter Dienstreiseantrag liegt Reisestelle vor' und ‚Genehmigter Dienstreiseantrag liegt Mitarbeiter vor' jeweils mit einem Token belegt (siehe Abbildung 14.10).

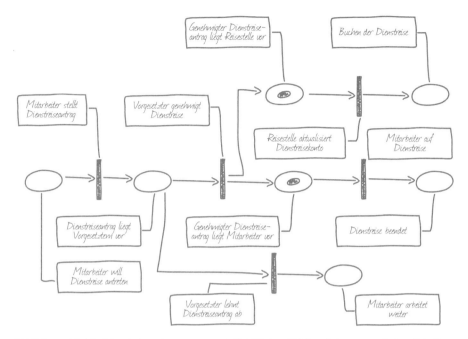

Abbildung 14.10: Dienstreiseantragsprozess als Petri-Netz mit Token-Belegung nach dem Schalten von ‚Vorgesetzter genehmigt Dienstreise'

Das Beispiel zeigt, dass bei Petri-Netzen die Reihenfolge der Aktionen im Mittelpunkt steht. Subjekte und Objekte werden durch natürlichsprachliche Bemerkungen ergänzt. In diesem Fall geschieht dies durch die Wahl von entsprechenden Bezeichnungen für die Stellen und Transitionen. Der Vorteil von Petri-Netzen gegenüber Flussdiagrammen ist, dass sie theoretisch fundiert sind und Nebenläufigkeit dargestellt werden kann.

14.3.2 Modellierung mit Fokus auf Objekt

14.3.2.1 Entstehung

Mit dem zunehmenden Einsatz von Computersystemen in der Industrie hat der Aspekt der Datenhaltung und Datenverarbeitung immer mehr an Bedeutung gewonnen. In Unternehmen sind umfangreiche Datenbestände wie beispielsweise Bestell- oder Rechnungsdaten zu speichern und zu bearbeiten. Um diesen Anforderungen gerecht zu werden, wurden Modellierungssprachen entwickelt, die das Ziel der Handlung, die Objekte bzw. Daten, in den Mittelpunkt der Betrachtung rückten.

14.3.2.2 Entity-Relationship-Modell

Das Entity-Relationship-Modell (ER-Modell oder ERM) beschreibt Dateneinheiten (entities) und ihre Beziehungen miteinander (relationship). ER-Modelle werden meistens grafisch dargestellt. Ihr Vorteil besteht darin, komplexe Welten mit einfachen Hilfsmitteln abzubilden:

- Entität: Objekt der Wirklichkeit, materiell oder abstrakt (z. B. Mitarbeiter „Schulz", Vorgesetzter „Schmid").

- Beziehung (Relationship): semantische Beziehung zwischen zwei oder mehreren Objekten (z. B. Mitarbeiter Schulz „ist Mitarbeiter" von Vorgesetztem „Schmid").

Das Modell selbst besteht immer ausschließlich aus Entitätstypen und Beziehungstypen:

- Entitätstyp: Typisierung gleichartiger Entitäten (z. B. Mitarbeiter, Vorgesetzter), dargestellt als Rechteck

- Beziehungstyp: Typisierung gleichartiger Beziehungen (z. B. „ist Mitarbeiter von"). Die inhaltliche Bedeutung der Beziehungstypen zwischen Entitätstypen kommt im ER-Diagramm durch einen kurzen Text als Beschriftung der Kante zum Ausdruck, wobei es dem Ersteller freigestellt ist, welche Bezeichnung er verwendet.

Abbildung 14.11 zeigt das ERM des Dienstreiseantragsprozesses. Jeder Mitarbeiter hat nur genau einen Vorgesetzten und jeder Vorgesetzter ist Chef von 1 bis n Mitarbeitern. Jeder Mitarbeiter hat keinen oder n Dienstreiseanträge gestellt. Jeder Dienstreiseantrag enthält jeweils genau ein Datum für den Dienstreisesbeginn und das Dienstreiseende. Ein Vorgesetzter hat 0 bis m Dienstreiseanträge zu prüfen.

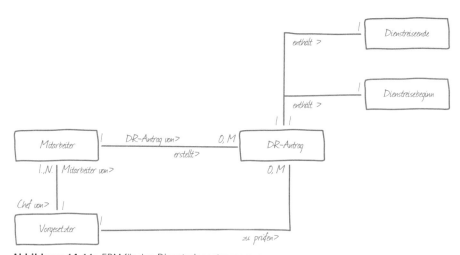

Abbildung 14.11: ERM für den Dienstreiseantragsprozess

Ein ERM ist fokussiert auf Objekte. Prädikate und Subjekte kommen nur indirekt durch die Bezeichnung der Beziehungen ins Spiel. Wird für die Beschreibung einer Beziehung ein Prädikat verwendet, kann ein vollständiger Satz entstehen. Wie das vorgestellte Beispiel zeigt, ist dies jedoch nicht vorgeschrieben. Die Einführung von Subjekt und Prädikat hängt deshalb von der Disziplin des Modellierers ab. Ein ERM enthält keinerlei Kontrollfluss, sodass aus ihm nicht ersichtlich ist, wann welche Aktionen ausgeführt werden (Prädikat). Wer der Ausgangspunkt einer Aktion, also das Subjekt ist, lässt sich aus dem ER-Diagramm nur erschließen, wenn für die Beschriftung der Beziehungen diszipliniert entsprechende Bezeichnungen verwendet werden.

14.3.2.3 Relationales Datenmodell

Bei relationalen Datenmodellen werden wie beim ERM nur die Datenobjekte betrachtet, hier jedoch in Form von Tabellen. Subjekt und Prädikat sind Akzidenzien.

Als Strukturelemente stehen bei relationalen Datenmodellen ausschließlich Relationen zur Verfügung, die durch Tabellen dargestellt werden. Die Zeilen der Tabellen bilden die Datensätze, und die Spalten entsprechen den Datenfeldern der Sätze. Ein Datenmodell besteht in der Regel aus mehreren Tabellen, wobei Beziehungen zwischen beliebigen Datensätzen auch in verschiedenen Tabellen eines Modells über gleiche Feldinhalte hergestellt werden (Primär- und Fremdschlüssel).

Der Zugriff auf bestimmte Datensätze erfolgt über die Feldinhalte. Die Abbildung 14.12 zeigt ein Datenmodell für den Dienstreiseantrag. Das Datenmodell besteht aus den drei Tabellen Mitarbeiter, Vorgesetzter und Dienstreiseanträge. Die Tabelle ‚Vorgesetzter‘ enthält alle Vorgesetzten, die Tabelle ‚Mitarbeiter‘ enthält alle Mitarbeiter mit einem Verweis auf ihren Vorgesetzten in der Spalte ‚V-Nr.‘ Die Tabelle ‚Dienstreiseanträge‘ enthält alle gestellten Dienstreiseanträge. Die Spalte ‚MA-Nr.‘ in der Tabelle ‚Dienstreiseanträge‘ enthält einen Verweis auf den Mitarbeiter, der diesen Dienstreiseantrag gestellt hat.

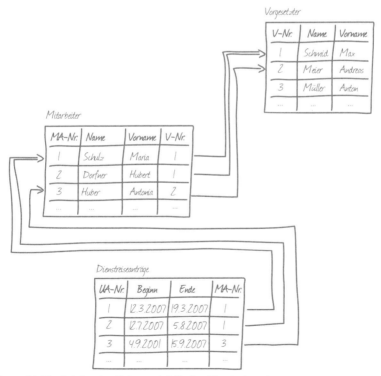

Abbildung 14.12: Relationales Datenmodell für den Dienstreiseantragsprozess

Auf relationalen Datenmodellen sind logische, mengentheoretische Abfragen definiert (Prädikate), die von den Benutzern (Subjekte) verwendet werden. Ein relationales Datenmodell enthält nicht, welche Benutzer (Subjekte) es in dem betrachteten Ausschnitt der Wirklichkeit gibt. Die möglichen Prädikate, die von den Benutzern angestoßen werden, sind durch die sogenannte Abfragesprache, im Allgemeinen die Structured Query Language (SQL), festgelegt.

Im Beispiel ermittelt der Vorgesetzte Schmid Max (ein Benutzer, Subjekt) durch eine entsprechende Abfrage (Prädikat) seine Mitarbeiter aus der Tabelle ‚Mitarbeiter' (Objekte). Dies sind alle diejenigen in der Tabelle ‚Mitarbeiter', die in der Spalte ‚V-Nr.' eine 1 enthalten. Danach werden in der Tabelle ‚Dienstreiseanträge' alle Dienstreiseanträge identifiziert, die in der Spalte ‚MA-Nr.' eine Nummer eines Mitarbeiters von Schmid, Max enthalten. Die Ergebnismenge der Abfrage enthält also alle Dienstreiseanträge der Mitarbeiter von Herrn Schmid, welche dann bearbeitet werden können. Durch die Abfragesprache für relationale Datenbanken ist das Prädikat vorhanden, während es bei ERM vollständig fehlt.

Relationale Datenmodelle sind sehr nahe an der Implementierung. Sie können mehr oder weniger direkt durch eine relationale Datenbank realisiert werden, sodass als Modellierungssprache ERM verwendet wird und das relationale Modell bereits als Programmierung definiert werden kann. In beiden Modellsprachen gilt aber, dass Subjekte nur am Rande betrachtet werden. Für eine Datenbankapplikation gibt es immer nur den Anwender, wer immer das ist. Der Subjektgedanke kommt erst durch Berechtigungskonzepte ins Spiel: Welcher Benutzer darf auf welche Daten wie zugreifen?

14.3.3 Modellierung mit Fokus auf Prädikat und Objekt

14.3.3.1 Entstehung

Bei den bisher beschriebenen Modellierungsmethoden wurde entweder das Objekt oder das Prädikat vernachlässigt. Bei den prädikatszentrierten Methoden wurde der Objektaspekt unzureichend beschrieben, bei objektunterstützenden Methoden hingegen der Aspekt des Prädikats. Bei Datenbanken gibt es zwar eine Abfragesprache, mit der Prädikate gebildet werden können, aber keine Möglichkeiten, Kontrollflüsse (d. h. Sequenzen von Prädikaten) zu definieren. Bei der technischen Umsetzung solcher unvollständiger Modelle müssen die fehlenden Bestandteile interpretiert werden, was zu fehlerhaften Implementierungen führen kann.

Es lag deshalb nahe, Modellierungskonzepte zu entwickeln, die Aktions- und Datenaspekte gleichwertig betrachten, d. h. Modellierungssprachen, wie beispielsweise das Datenflussdiagramm, die Prädikate und Objekte enthalten. Damit können vollständige Sätze im Sinne der Standardsatzsemantik gebildet werden, nämlich Passivsätze. Passivsätze werden in natürlichen Sprachen benutzt, wenn das Subjekt eine untergeordnete Rolle spielt. Eine Passivbeschreibung des Dienstreiseantragsprozesses kann wie folgt aussehen: „Der Dienstreiseantrag wird ausgefüllt, der Dienstreiseantrag wird geprüft, das Prüfergebnis wird dokumentiert, die Dienstreisekonten der Mitarbeiter (Dienstreiseverzeichnis) werden aktualisiert."

14.3.3.2 Datenflussdiagramm

Mit Datenflussdiagrammen (DFD) wird der Fluss von Daten zwischen Funktionen, Datenspeichern und externen Beteiligten, die nicht Teil des Betriebs des Systems sind, dargestellt. Die strukturierte Analyse nach Tom DeMarco [DeMarco 1979] ist eine Anwendung der Datenflussdiagramme zur Modellbildung.

In Datenflussdiagrammen werden die folgenden grafischen Elemente verwendet:

- Externe Schnittstelle (externer Partner, Beteiligter, Terminator)
  Externe Schnittstellen werden als Rechtecke dargestellt. Sie stehen für die Beziehungen des betrachteten Systems zu dessen Außenwelt. Sie senden oder empfangen Daten, verarbeiten diese jedoch nicht. Externe Schnittstellen stoßen durch das Bereitstellen von Daten das System an und können somit unter gewissen Einschränkungen als Subjekte betrachtet werden.

- Funktion (Prozess, Aufgabe, Function, Process)
  Funktionen werden als Kreise oder Ovale dargestellt. Sie haben die Aufgabe, Eingabedaten in Ausgabedaten zu verarbeiten und enthalten die dazu notwendigen Algorithmen. Die Funktionen entsprechen in unserer Satzsemantik der natürlichen Sprache den Prädikaten. Die höheren komplexen Prädikate werden durch die Prädikate eines Kontrollflussdiagramms verfeinert.

- Datenspeicher (Speicher, Store)
  Datenspeicher werden als zwei Parallelen dargestellt. Sie bilden eine Ablagemöglichkeit für Daten, bei denen sich der Erstellungszeitpunkt vom Gebrauchszeitpunkt unterscheidet. Sie können als spezielle Funktionen zum Speichern von Daten betrachtet werden.

- Datenfluss (Informationsfluss, Dataflow)
  Der Datenfluss wird durch Pfeile zwischen Funktionen bzw. Datenspeichern dargestellt. Die Pfeile werden mit den Namen der fließenden Daten beschriftet. In einem Datenlexikon werden die Strukturen aller verwendeten Informationen definiert. Die Definition der Datenstrukturen erfolgt in Backus-Naur-Form. Hier könnte natürlich auch ein ERM verwendet werden. Die Daten entsprechen den Objekten der Standardsatzsemantik.

- Kontextdiagramm
  Abbildung 14.13 beschreibt das Kontextdiagramm der Dienstreiseantragsbearbeitung. Im Kontextdiagramm werden die externen Schnittstellen identifiziert und wird das zu erstellende System als eine Funktion dargestellt. Das Kontextdiagramm beschreibt, wie die Anwendung Daten von einer externen Schnittstelle erhält und das Ergebnis an diese externe Schnittstelle zurückgibt. In diesem Beispiel kann die externe Schnittstelle als Subjekt (Mitarbeiter) interpretiert werden. Allerdings fehlt hier der Vorgesetzte, da dieser ja Teil des Systems ist. Werden dieser und die Aktualisierung der Dienstreisedaten auch nach außen verlagert, bleibt von der Anwendung praktisch nichts mehr übrig.

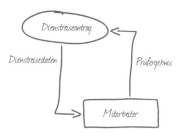

Abbildung 14.13: Kontextdiagramm für den Dienstreiseantragsprozess

Abbildung 14.14 zeigt die Verfeinerung der Dienstreisebearbeitung mit dem Datenfluss zwischen den einzelnen Funktionen und Datenspeichern. Wichtig ist, dass mit dem Datenfluss kein Kontrollfluss verbunden ist, auch wenn die Darstellung dies suggeriert.

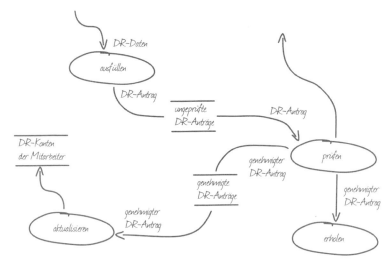

Abbildung 14.14: Dienstreiseantragsprozess als Datenflussdiagramm

Obwohl Datenflussdiagramme bereits in den 70er-Jahren entwickelt wurden, decken sie Prädikat und Objekt der Standardsatzsemantik ab. Subjekte können jedoch nur über Hilfskonstruktionen, die zu Verfälschungen führen, eingeführt werden. Datenflussdiagramme werden heute in der Praxis nicht mehr eingesetzt. Die Kombination von Prädikat und Objekt hat sich weiterentwickelt und führte zu den objektorientierten Modellierungs- und Implementierungsmethoden.

14.3.3.3 Objektorientierung

Die Grundidee der objektorientierten Programmierung ist, Funktionen (Methoden), die auf diese Daten angewendet werden können, möglichst eng mit den zu verarbeitenden Daten und ihren Eigenschaften zu verknüpfen und nach außen hin zu kapseln. Die Funktionen bilden zusammen mit den Daten ein Objekt im Sinne der objektorientierten

Modellierung. Auf die Daten eines Objekts kann nur mit dessen eigenen Methoden zugegriffen werden. Objekte mit ähnlichen Eigenschaften lassen sich zu Klassen zusammenfassen. Aus einfachen Objekten (bzw. Klassen) können durch Operationen wie Vererbung, Polymorphie, Aggregation, Assoziationen usw. komplexe Objekte und Klassen aufgebaut werden. Für weitere Einzelheiten zur objektorientierten Methodik sei auf die umfangreich vorhandene Literatur hierzu verwiesen (www.uml.org).

Objektorientierung ist heute gängiger Standard bei Modellbildung und Programmierung. Im Vergleich zu Ansätzen, bei denen Eigenschaften und Funktionen nicht gemeinsam betrachtet werden, erhebt dieses Modellierungsparadigma den Anspruch, die beobachtbare Welt besser als andere Ansätze nachzubilden.

Der objektorientierte Modellierungsansatz mit den aus Daten und Funktionen bestehenden Objekten deckt die Konzepte Prädikat und Objekt der Standardsatzsemantik ab. Dabei entsprechen die Funktionen den Prädikaten und die Daten dem Objekt der Standardsatzsemantik.

Abbildung 14.15 zeigt das Objekt ‚Dienstreiseantrag‘ mit den Daten ‚Reisebeginn‘, ‚Reiseende‘ und ‚Prüfergebnis‘ sowie den Funktionen ‚Ausfüllen‘, ‚Prüfen‘ und ‚Prüfergebnis eintragen‘. Lautet das Prüfergebnis ‚Dienstreise wird genehmigt‘, wird das durch das Objekt , ‚Reisekonto‘ repräsentierte Dienstreiseverzeichnis aktualisiert.

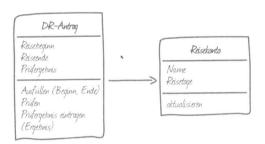

Abbildung 14.15: Objekt bzw. Objektklasse Dienstreiseantrag

Das Objekt ‚Dienstreiseantrag‘ erlaubt es nun, unvollständige Sätze der Form ‚Dienstreiseantrag ausfüllen‘ oder ‚Dienstreiseantrag prüfen‘ zu formulieren. Für die Bildung vollständiger Sätze gab es jedoch in den ursprünglichen objektorientierten Ansätzen nur die Möglichkeit, Subjekte durch natürlichsprachliche Ergänzungen in das Modell einzufügen.

Durch die Einführung von Use-Case-Diagrammen (Anwendungsfalldiagrammen), wie sie in UML enthalten sind, sollte dieser Nachteil überwunden werden. UML ist eine von der Object Management Group (OMG) entwickelte und standardisierte Sprache für die Modellierung von Software und anderen Systemen und enthält 13 verschiedene Diagrammtypen (http://www.omg.org/spec/UML/2.2/). Einer dieser Diagrammtypen ist das Use-Case-Diagramm. Die Einführung der Subjekte in die Grammatik der Modellbildung durch Anwendungsfall- und Aktivitätsdiagramme betrachten wir in Abschnitt 14.3.5.2.

14.3.4 Modellierung mit Fokus auf Subjekt

14.3.4.1 Entstehung

In der Informatik gibt es seit Langem das Konzept paralleler Prozesse. Ein Prozess führt in einem bestimmten Zeitintervall Aktionen aus, um ein bestimmtes Ziel zu erreichen [Havey 2005]. Eine Prozessbeschreibung definiert das Verhalten eines Prozesses.

In der Standardsatzsemantik ist das Subjekt Ausgangspunkt der durch das Prädikat definierten Handlung. Somit repräsentieren Subjekte die aktiven Elemente der Wirklichkeit. Subjekte können definierte Reihenfolgen von Aktionen (Prädikate) ausführen. Subjekte sind unabhängig voneinander und kommunizieren bei Bedarf miteinander, d. h., sie tauschen Information aus. Subjekte entsprechen daher in weiten Teilen den Prozessen der Informatik. Mit dem Prozesskonzept besteht die Möglichkeit, die Subjekte aus der Wirklichkeit auf ein entsprechendes Konstrukt im Modell abzubilden.

In den folgenden Abschnitten werden zwei Konzepte vorgestellt, die Prozesse in das Zentrum der Betrachtung stellen. Hierzu werden parallele Prozesse definiert, die sich über den Austausch von Nachrichten synchronisieren, d. h., ein Prozess kann Nachrichten über sogenannte Ports senden oder empfangen. Senden und Empfangen sind somit die einzig möglichen Prädikate. Zum Nachrichtenaustausch verwendete Ports können als Objekte der Standardsatzsemantik interpretiert werden.

14.3.4.2 Calculus of Communicating Systems

Calculus of Communicating Systems (CCS) ist eine Prozessalgebra [Milner 1980]. Eine Prozessalgebra dient zur algebraischen Modellierung von parallelen Prozessen und besteht aus elementaren Aktionen und Verknüpfungsoperatoren für Aktionen. Elementare Aktionen können nicht weiter detailliert werden.

Prozesse können mit dem Nachbarn interagieren oder unabhängig parallel Aktionen ausführen. Ziel von CCS ist die Modellierung der Kommunikation zwischen Prozessen beispielsweise zur Untersuchung ihrer Äquivalenz.

Ein Prozess benutzt Ports, über die er mit anderen Prozessen kommuniziert, wobei jeder Port einen Namen hat. Es wird zwischen Sende- und Empfangsports unterschieden. Die Abbildung 14.16 zeigt die einzelnen Prozesse bzw. Subjekte aus dem Dienstreiseantragsprozess. Der Mitarbeiter sendet den Dienstreiseantrag an den Vorgesetzten. Bei Sendeports wird der Portname mit einem Querstrich versehen. Der Vorgesetzte sendet das Prüfergebnis an den Mitarbeiter und gegebenenfalls den genehmigten Dienstreiseantrag an die Verwaltung.

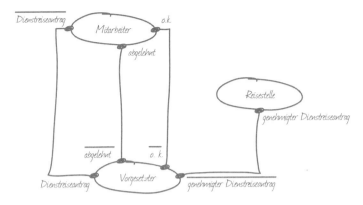

Abbildung 14.16: CCS-Prozesse für Dienstreiseantrag

In Abbildung 14.16 sind nur die beteiligten Prozesse und deren Beziehungen zu sehen. Das interne Verhalten ist noch nicht sichtbar. Dieses wird mithilfe von Operatoren beschrieben. In unserem Beispiel werden nur wenige solcher Operatoren benutzt, für eine vollständige Liste sei auf die Literatur verwiesen ([Milner 1992] [Milner et al. 1992a, b] [Brinksma et al. 2003]). Abbildung 14.17 zeigt die Verhaltensbeschreibung der einzelnen Prozesse und deren Verknüpfung zum Dienstreiseantragsprozess.

$$
\begin{aligned}
\text{Mitarbeiter} &= \overline{Dienstreiseantrag} \cdot (\underline{abgelehnt} + \overline{ok}) \cdot NIL \\
\text{Vorgesetzter} &= Dienstreiseantrag \cdot (\overline{abgelehnt} + \overline{ok} \cdot \overline{Genehmigter\ Dienstreiseantrag}) \cdot NIL \\
\text{Reisestelle} &= Genehmigter\ Dienstreiseantrag \cdot NIL
\end{aligned}
$$

$$
Dienstreiseantragsprozess = Mitarbeiter\ |\ Vorgesetzter\ |\ Reisestelle
$$

Abbildung 14.17: Beschreibung des Dienstreiseantragsprozesses in CCS

Im Beispiel sendet der Prozess ‚Mitarbeiter' zunächst den Dienstreiseantrag und wartet danach entweder auf die Nachricht ‚abgelehnt' oder ‚ok'. Erhält der Mitarbeiter eine dieser Nachrichten, kann der Prozess fortgesetzt werden. Führt er die Operation NIL aus, bedeutet dies, dass der Prozess stoppt. Die Beschreibung der Prozesse ‚Vorgesetzter' und ‚Reisestelle' kann ähnlich interpretiert werden. Die letzte Zeile in der Abbildung enthält die Komposition des Gesamtprozesses mit dem entsprechenden Operator.

Das Dienstreisesbeispiel zeigt, dass in CCS das aktive Element, der Handelnde, als essenziell gesehen wird, während Prädikat und Objekt eine untergeordnete Rolle spielen. Damit kann CCS als eine subjektorientierte Methode betrachtet werden.

14.3.4.3 Communicating Sequential Processes

Communicating Sequential Processes (CSP) ist ebenfalls eine Prozessalgebra. Sie wurde von Tony Hoare entwickelt [Hoare 1985]. CSP wurde zunächst als programmiersprachliches Konstrukt veröffentlicht und dann in den folgenden Jahren auch durch den Einfluss von Robin Milner formalisiert [Milner 1980]. Zunächst wird bei CSP, im Gegensatz zu CCS, nicht zwischen Senden und Empfangen unterschieden. Werden Prozesse durch Operatoren verknüpft, werden auch Ereignisse gleichen Namens aus den verbundenen Prozessen verknüpft.

In Abbildung 14.18 ist der Dienstreiseantragsprozess in CSP beschrieben. Beim Mitarbeiter ist das Ereignis ‚Dienstreiseantrag' möglich und danach entweder das Ereignis ‚abgelehnt' oder ‚akzeptiert'. Das Ereignis ‚SKIP' beschreibt, dass der Prozess beendet ist. Im Prozess ‚Vorgesetzter' ist ebenfalls das Ereignis ‚Dienstreiseantrag' möglich und danach entsprechende Folgeereignisse. Wird nun der Prozess ‚Mitarbeiter' mit dem Prozess ‚Vorgesetzter' durch den Operator || verknüpft (siehe letzte Zeile), so haben beide dasselbe Anfangsereignis, und in beiden Prozessen wird der entsprechende Übergang (Pfeilsymbol in Zeile 1 und 2) ausgeführt.

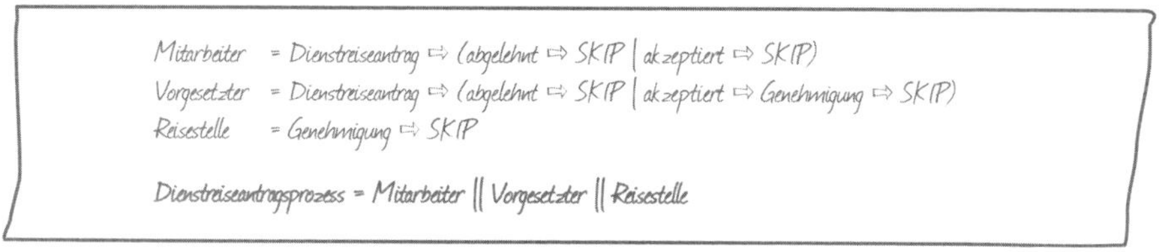

Abbildung 14.18: Beschreibung des Dienstreiseantragsprozesses in CSP

In einer Detaillierungsstufe von CSP ist es möglich, Ereignisse in Sende- und Empfangsoperationen, die über Ports laufen und Daten übertragen können, aufzulösen. Damit gibt es in CSP die Prädikate ‚Senden' und ‚Empfangen' sowie Objekte (Nachrichten), auf denen diese einfachen Prädikate ausgeführt werden können.

In CSP ist analog zu CCS das Subjekt der essenzielle Teil. Prädikat und Objekt spielen eine sehr untergeordnete Rolle. Ohne natürlichsprachliche Ergänzungen im Bereich Prädikat und Objekte kann mit CSP kein vollständiges Modell des Dienstreiseantragsprozesses erstellt werden. Sinnvolle Namen sind auch bei den Prozessen für das Verstehen essenziell, sie stellen aber keinen Beitrag zur Semantik dar.

14.3.5 Methoden mit Berücksichtigung von Subjekt, Prädikat und Objekt

14.3.5.1 Entstehung

In allen wesentlichen formalen Methoden der Informatik zur Modellbildung lassen sich keine natürlichen Sätze im Sinne der natürlichen Sprachen bilden. Da dies aber für ein vollständiges Verständnis immer benötigt wird, wurden die fehlenden Aspekte informell hinzugefügt. So wurden die Rechtecke für die Aktionen in Flussdiagrammen entsprechend beschriftet. Statt ‚Ausfüllen' wurde die Phrase ‚Dienstreiseantrag ausfüllen' für die Beschriftung des Aktionssymbols verwendet. In der englischen Literatur wird dies als „verb-noun phrase" bezeichnet [Sharp et al. 2009, S. 45].

14.3.5.2 Anwendungsfall- und Aktivitätsdiagramme in UML

UML umfasst 13 Diagrammtypen. Diese unterteilen sich in sechs Strukturdiagrammtypen und sieben Verhaltensdiagrammtypen. Mit den Verhaltensdiagrammen werden dynamische Aspekte eines Programms beschrieben. Die Strukturdiagrammtypen überlappen sich in ihren Darstellungsaspekten, wobei eine systematische Überführung ineinander nicht möglich ist. Alle sieben Diagrammtypen beinhalten Subjektaspekte, allerdings in unklarer Form. In UML sind alle Betrachtungsgegenstände Objekte. Im Folgenden werden jene zwei Diagrammtypen genauer erläutert, in denen der Subjektaspekt am klarsten zutage tritt. Dies sind das Anwendungsfalldiagramm (Use Case Diagram) und das Aktivitätsdiagramm (Activity Diagram).

Anwendungsfalldiagramme erlauben es, die Benutzung eines Systems aus der Sicht der Nutzer zu beschreiben. Ein Use Case zeigt auf, welcher Anwender (Akteur = Subjekt) welche Handlungen (Prädikat) auf dem System ausführt. Ein Anwendungsfall beschreibt das nach außen sichtbare Verhalten des betrachteten Elements (System, Klasse etc.) und kapselt eine in sich geschlossene Sammlung von Aktionen, die in einer festgelegten Reihenfolge ablaufen. Ein Anwendungsfall zeigt nicht, welche Klassen und welche einzelnen Operationen an den Aktionen beteiligt sind. Eine Anwendungsfallbeschreibung ist dann vollständig, wenn die dahinterliegenden Abläufe definiert sind. Dafür kann eine entsprechende Methode der Verhaltensmodellierung aus UML oder eine natürlichsprachliche Beschreibung verwendet werden.

Akteure werden in UML als spezielle Klassen mit bestimmten Eigenschaften betrachtet und gelten deshalb nicht definitiv als aktiv. Es ist also nur festgelegt, welche Aktionen zwischen dem Akteur und dem System ablaufen, aber nicht, wer der Ausgangspunkt der Aktionen ist. Allerdings bietet es sich an, die Akteure als diesen Ausgangspunkt von Aktionen zu betrachten.

Die Abbildung 14.19 zeigt das Anwendungsfalldiagramm für den Dienstreiseantragsprozess. Die Aktionsfolge für ‚Antrag ausfüllen‘ kann heißen: ‚Dienstreisebeginn eintragen‘, ‚Dienstreiseende eintragen‘, ‚Vorgesetzten zur Prüfung auffordern‘. Analog können die anderen Anwendungsfälle beschrieben werden.

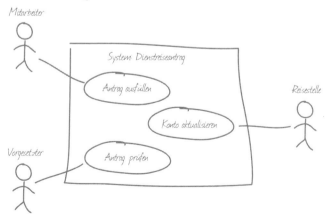

Abbildung 14.19: Anwendungsfalldiagramm für den Dienstreiseantragsprozess

Use Case Diagrams werden häufig Mithilfe von Aktivitätsdiagrammen weiter verfeinert, in denen Elemente der Datenflussdiagramme, Petri-Netze, Flussdiagramme etc. kombiniert werden. Allerdings ist das Zusammenspiel von mehreren Aktivitätsdiagrammen durch die Modellierung von Signalen und Ereignissen zum Austausch nur rudimentär möglich. Dies bedeutet, dass der Zusammenhang der einzelnen Anwendungsfälle in unserem Beispiel auf Use-Case-Diagrammebene gar nicht und in den Aktivitätsdiagrammen nur eingeschränkt möglich ist. Ein Beispiel ist das alternative Warten auf die Genehmigung oder Ablehnung.

Das folgende Beispiel zeigt ein Aktivitätsdiagramm für den Dienstreiseantrag (vgl. Abbildung 14.20). Die einzelnen Aktivitäten werden dabei Mithilfe von sogenannten Schwimmbahnen (Swim Lanes) gruppiert, abhängig davon, wer die Tätigkeit ausführt. In unserem Beispiel gibt es jeweils eine Schwimmbahn für den Mitarbeiter, den Vorgesetzten und die Reisestelle. Diese Schwimmbahnen können als Subjekte betrachtet werden, die die zugeordneten Aktivitäten ausführen. Die Reihenfolge der Aktivitäten wird durch den Kontrollfluss analog den Flussdiagrammen definiert.

Es besteht die Möglichkeit, durch Fork- und Join-Operationen einen einzelnen Kontrollfluss in mehrere parallele Kontrollflüsse aufzuspalten (Fork) bzw. wieder zusammenzuführen (Join). Im Dienstreisesbeispiel spaltet sich nach der Genehmigung des Antrags durch den Vorgesetzten der Kontrollfluss auf (im Bild durch einen schwarzen Balken in der Swim Lane des Vorgesetzten dargestellt). Dies bedeutet, dass der Mitarbeiter und die Reisestelle die Dienstreisegenehmigung parallel erhalten. Die parallelen Kontrollflüsse werden danach wieder zusammengeführt, bevor der Endeknoten erreicht wird.

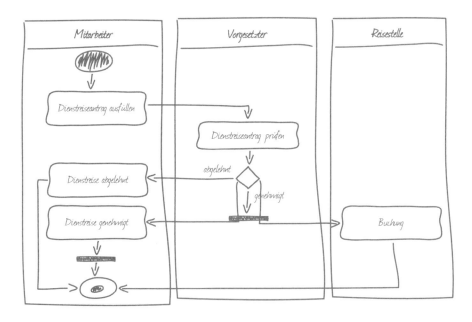

Abbildung 14.20: Aktivitätsdiagramm des Dienstreiseantragsprozesses

Die Koordinierung der einzelnen Aktivitäten soll durch den Wechsel des Kontrollflusses zwischen den einzelnen Schwimmbahnen erfolgen. Es erscheint jedoch wirklichkeitsfremd, dass der Kontrollfluss nach dem Ausfüllen des Dienstreiseantrags durch den Mitarbeiter ohne Weiteres ‚zum Vorgesetzten wechselt.' Üblicherweise tauschen Prozessteilnehmer nämlich zur Übergabe des Kontrollflusses Nachrichten aus. Ein solcher Übergang des Kontrollflusses von einem Prozessteilnehmer zu einem anderen ist im Aktivitätsdiagramm nicht offensichtlich und nur mit kognitivem Aufwand erkennbar.

Zudem sind Fork- und Join-Operationen in einer benachbarten Schwimmbahn schwer erfassbar und künstlich. In der Tat werden sie oft weggelassen, was in BPMN (www.omg.org/spec/BPMN/2.0) sogar offiziell erlaubt ist und damit sofort zu semantischen Schwierigkeiten bei Fork und vor allem bei Join führt.

Trotz der aufgezeigten Unzulänglichkeiten bietet UML mit Anwendungsfall- und Aktivitätsdiagrammen sowie den anderen Diagrammtypen zumindest die eingeschränkte Möglichkeit, vollständige Sätze im Sinne der Standardsatzgrammatik zu bilden. In UML gelten Akteure nicht als Bestandteil des Modells, sodass deren Verhalten im Detail und insbesondere eine mögliche Kommunikation von Akteuren untereinander nicht weiter betrachtet werden. Dies ist auch daran zu erkennen, dass die Akteure in den übrigen Diagrammtypen von UML, mit Ausnahme beim Time-Sequence-Diagramm, nicht mehr auftauchen.

Da die Handelnden in einem Geschäftsprozess von Bedeutung sind, wird also auch in UML ein wesentlicher Teil der Wirklichkeit im Modell nur unzureichend berücksichtigt.

14.3.5.3 Subjektorientierter Ansatz mit PASS

Die schwerpunktmäßig in Kapitel 5 dieses Buches vorgestellte subjektorientierte Methodik basiert auf der Parallel Activities Specification Scheme (PASS) von [Fleischmann 1994]. PASS greift Elemente der Calculus of Communicating Systems von Milner und der Communicating Sequential Processes von Hoare auf (vgl. Abschnitt 14.3.4.2 und 14.3.4.3), integriert Aspekte der Objektorientierung und ergänzt sie um eine grafische Notation (vgl. [Schmidt et al. 2009, S. 54]). Damit berücksichtigt S-BPM mit Subjekten, Prädikaten und Objekten alle Teile der Standardsatzsemantik, wobei dem Subjekt die Rolle des „Primus inter Pares" zukommt.

14.3.6 Synopse

Abbildung 14.21 fasst die in den vorangegangenen Abschnitten getroffenen verbalen Aussagen zusammen. Die mehr oder weniger ausgefüllten Kreissymbole drücken die Bewertung der verschiedenen Methoden hinsichtlich ihrer Abdeckung der Standardsatzsemantik natürlicher Sprachen aus. Aus der Darstellung geht hervor, dass bei vielen Methoden Semantikteile fehlen. Wir haben gezeigt, dass diese, um ganze Sätze bilden zu können, pragmatisch durch natürlichsprachliche Kommentare oder durch Erweiterungen des Basissymbolvorrats ergänzt werden.

Modellierungssprache	Betrachtung von			Erläuterung
	Subjekt	Prädikat	Objekt	
Natürliche Sprache	●	●	●	Beschreibung des Sachverhalts durch ganze Sätze (wer tut was woran?), Ausnahme Passiv.
Kontrollflussdiagramm	○	●	○	Schwerpunkt auf Algorithmik; in der Regel natürlich-sprachliche Ergänzungen für Objekte und Subjekte.
(erweiterte) Ereignisgesteuerte Prozesskette	½	●	½	Für EPKs nur Prädikate; erweiterte EPKs erlauben das Hinzufügen von Subjekten und Objekte.
Petri-Netze	○	●	○	Ausschließlich Prädikate; Subjekte und Objekte durch natürlichsprachliche Ergänzungen.
Entity Relationship Diagram	○	○	●	Es wird nur die Struktur des Objekts beschrieben. Keine Operationen möglich.
Relationale Datenbanken	○	½	●	Tabellen als Objekte und SQL als Sprache für Prädikate.
Datenflussdiagramm	○	●	●	Daten und Flüsse von Daten zwischen verschiedenen Aktionsstellen.
Objektorientierte Methoden	○	●	●	Prädikate entsprechen den Methoden, die auf den jeweiligen Daten definiert sind.
Calculus of Communicating Systems (CCS)	●	◑	○	Prozessalgebra zur Modellierung paralleler Systeme. Als einzige Operation gibt es „senden" und „empfangen".
Communicating Sequential Processes (CSP)	●	◑	○	Formale Methode zur Beschreibung von parallelen Systemen, die sich über den Austausch von Nachrichten synchronisieren.
Unified Modeling Language	½	●	●	Ursprünglich nur gedacht zur Beschreibung objektorientierter Systeme (Prädikate und Objekte). In den Anwendungs-falldiagrammen gibt es Akteure als Handelnde/Subjekte und in den Aktivitätsdiagrammen können durch Swim Lanes Subjekte definiert werden.
S-BPM auf Basis von PASS	●	●	●	Subjekte interagieren miteinander. Sie tauschen Nachrichten aus und übermitteln damit Geschäftsobjekte, die sie intern bearbeiten.

Abbildung 14.21: Modellbeschreibungssprachen im strukturierten Vergleich bezüglich der Standardsemantikstruktur von Sätzen (angelehnt an [Schmidt et al. 2009, S. 55])

Die subjektorientierte Modellierung richtet sich an handelnden Subjekten (Handlungsträger) aus und ordnet diesen bzw. ihren Kommunikationsbeziehungen Aktivitäten und Geschäftsobjekte zu. Sie erfüllt damit die Standardsatzsemantik der natürlichen Sprachen in ihrer ursprünglich konzipierten Abfolge. Daher kann sie als einziger Ansatz als vollständig bezeichnet werden. Zudem ist sie intuitiv: Sie reduziert den Lernaufwand zur Modellierung auf jene Anstrengungen, die mit dem Erwerb der Fähigkeit verbunden sind, Sätze in natürlicher Sprache ausdrücken zu können.

■ 14.4 Literatur

[Brinksma et al. 2003]

Brinksma, E.; Mader, A.: „Prozessalgebra, Teil 1", in: at - Automatisierungstechnik, Vol. 51, Issue 8, S. A13–A16, 2003.

[DeMarco 1979]

DeMarco, T., Structured Analysis and System Specification, Upper Saddle River 1979.

[Denert 1991 ((ff.))]

Denert, E.: Software-Engineering - Methodische Projektabwicklung, Berlin 1991.

[Fleischmann 1994]

Fleischmann, A.: Distributed Systems – Software Design and Implementation, Berlin 1994.

[Havey 2005]

Havey, M.: Essential Business Process Modeling, Sebastopol 2005.

[Hoare 1985]

Hoare, C.: Communicating Sequential Processes, New Jersey 1985.

[Milner 1980]

Milner, R.: Calculus of Communicating Systems, Berlin unter anderem 1980.

[Milner et al. 1992a]

Milner, R;, Parrow, J.; Walker, D.: A Calculus for Mobile Processes, Part I. Information and Computation 100, pp. 1-40, 1992.

[Milner et al. 1992b]

Milner, R.; Parrow, J.; Walker, D.: A Calculus for Mobile Processes, Part II. Information and Computation 100, pp. 41-77, 1992.

[Milner 1992]

Milner, R.: „Functions as processes", in: *Math. Struct. in Comp. Science*, vol. 2, pp. 119–141, 1992.

[Sharp et al. 2009]

Sharp, A.; McDermott, P.: Workflow Modeling, Norwood 2009.

[Scholz et al. 1999]

Scholz, M.; Holl, A.: „Objektorientierung und Poppers Drei-Welten-Modell als Theoriekerne", in: Schütte, R. et al., Wirtschaftsinformatik und Wissenschaftstheorie. Grundpositionen und Theoriekerne, Arbeitsbericht 4 des Instituts für Produktion und indurstrielles Informationsmanagement an der Universität Essen, Essen 1999.

[Scheer 1998]

Scheer A.-W.: ARIS - Modellierungsmethoden, Metamodelle, Anwendungen, Berlin 1998.

[Schmidt et al. 2009]

Schmidt, W.; Fleischmann, A.; Gilbert, O.: „Subjektorientiertes Geschäftsprozessmanagement", *HMD – Praxis der Wirtschaftsinformatik*, Heft 266, S. 52–62, 2009.

[Sinz 2010]

Sinz, E. J.: „Konstruktionsforschung in der Wirtschaftsinformatik: Was sind die Er-
kenntnisziele gestaltungsorientierter Wirtschaftsinformatik-Forschung?", in: Österle,
H.; Winter. R.; Brenner, W. (Hrsg.): Gestaltungsorientierte Wirtschaftsinformatik: Ein
Plädoyer für Rigor und Relevanz, Nürnberg 2010 S. 29–34.

[Stucky et al. 1997]

Stucky, W.; Winand, U. (Hrsg.): Petri-Netze zur Modellierung verteilter DV-Systeme –
Erfahrungen im Rahmen des DFG-Schwerpunktprogramms „Verteilte DV-Systeme in
der Betriebswirtschaft", Bericht 350, Karlsruhe 1997.

15

Fazit

■ 15.1 Durchgängiges Round-Trip Engineering in Echtzeit

Wie in den vorangegangenen Kapiteln gezeigt, baut kontinuierliche soziotechnische Systementwicklung auf Modellen auf. Falls die Modellierungs- und Implementierungstechnologie es zulässt, kann seitens der Stakeholder (das sind alle Beteiligten an Geschäftsvorgängen) die Umsetzung von Geschäftsprozessmodellen ohne zusätzlichen Entwicklungsaufwand an die individuellen Bedürfnisse angepasst werden. Dies kann geschehen, wenn Prozessbeschreibungen unmittelbar ausführbar sind und somit die Durchgängigkeit der Modellierung und Ausführung gegeben ist.

Auf Basis der unmittelbaren Durchführung können nicht nur die Güte von Abläufen, sondern auch die damit verbundenen Informationssysteme in Bezug auf organisatorische „Passung" bewertet werden. Gegebenenfalls werden ein weiterer Modellierungsschritt und danach ein zusätzlicher Umsetzungsschritt erforderlich. So kann eine Organisation von einem wahrgenommenen Ist- in einen antizipierten Soll-Zustand überführt werden. Workflow-Management-Systeme stellen dabei informationstechnische Hilfsmittel zur automatisierten Durchführung von Prozessen dar.

Geschäftsvorgänge und damit die umfassende Modellierung von Prozessen dienen somit nicht nur der Reflexion und Explizierung von Wissen über Organisationen und menschlicher Arbeit, sondern vielmehr auch der Kommunikation von Information. Fach- bzw. organisationsgerechte Prozessmodelle erleichtern den sachgerechten Umgang mit ökonomischen und ökologischen Qualitätsansprüchen. Vorhaben sollten nicht daran scheitern, dass Beteiligte von unrealistischen Annahmen ausgehen oder/und unerreichbare Vorgaben entwickeln, die vor allem die Änderungsbereitschaft einer Organisation oder die Lernfähigkeit von Beschäftigten betreffen. Unrealistische Annahmen bzw. Vorgaben ergeben sich zumeist aus nicht erfolgter Reflexion bzw. verspäteter Erhebung von Sachverhalten und deren Kontext.

Um Techniken zur Vorgangsmodellierung zu erlernen und prozessorientiert zu denken, ist daher das Verständnis der beteiligten Stakeholder, Verantwortliche wie Ausführende, für die Modellierung von Geschäftsvorgängen mittels Strukturen wie Prozesse,

Kommunikations- und Informationsflüsse erforderlich. Dabei steht die Modellbildung als Vorgang der Abbildung wahrnehmbarer Sachverhalte auf konkrete oder abstrakte Elemente von Unternehmensstrukturen und/oder des Unternehmensgeschehens im Mittelpunkt. Die Prozessorientierung selbst ist nur durch Kenntnis bestehender Strukturen in Organisationen und das Überwinden funktionsspezifischer Strukturen und Abläufe zu erreichen [Lehner et al. 2007, S. 248 ff.].

Prozessinformation wird in Modellen repräsentiert, die die Eingabe für Unterstützungssysteme zur Ausführung, insbesondere Workflow-Management-Systeme, darstellen. Diese können im Idealfall Prozessmodelle ohne weitere Verfeinerung oder Bearbeitung verarbeiten. Prozesse werden so informationstechnisch wirksam und bilden die Grundlage von Veränderungen in einer rückgekoppelten Organisation.

Die Rückkoppelung organisatorischer Entwicklungen im Rahmen kontinuierlicher Gestaltung zeichnet das Round-Trip Engineering im S-BPM aus. Dabei gilt es, Medien- und Interaktionsbrüche mit Werkzeugen oder Akteuren zu vermeiden, wie in www.wikipedia.org unter dem Begriff selbst von einem einschlägigen Praktiker erläutert: „Wurde zudem eine Geschäftsprozessmodellierung durchgeführt, d. h., wurden grafische Aufgabenketten mit einem reinen Modellierungswerkzeug erstellt, so besteht noch immer die Herausforderung, diese Modelle an eine Process bzw. Workflow Engine zu übertragen und von diesen ausführen zu lassen. In der Regel sind nun eine Reihe weiterer technischer Informationen durch IT-Spezialisten anzureichern, wie etwa der technische Aufruf einer Anwendung lautet, welche Parameter übergeben werden sollen, was im Fehlerfall passieren soll. In der Regel besitzen die Engines Restriktionen, sodass das Modell angepasst werden muss. Zudem ist die organisatorische Sicht häufig weniger differenziert oder überdifferenziert. Im letzten Fall wird aus mehreren Aktivitäten nur eine, da der Rest der Aufgaben in der aufgerufenen Anwendung selbst ausgeführt wird.

Ist der initial aus der Sicht der Organisation erstellte Prozess entsprechend technisch angereichert und in der Produktion, werden entsprechende Ablaufdaten protokolliert. Diese werden mithilfe von Werkzeugen aus dem Bereich der Business Intelligence ausgewertet. Nun folgt die Aufgabe der Optimierung, sprich der Anpassung der Prozesse. Und damit die nächste Herausforderung. Wenn die technische Modellierung in dem Werkzeug der Process Engine erfolgte, gibt es nun zwei Modelle und damit die große Herausforderung der doppelten Modellpflege. Wurde das organisatorische Modell gleich mit dem Werkzeug der Process Engine erstellt, wird sich gegebenenfalls nur der Organisator wundern, dass sein Modell jetzt ganz anders aussieht."

Eben da haben wir mit unseren Ausführungen angesetzt: Subjektorientiertes BPM (S-BPM) minimiert die Gefahr der Reduktion bzw. den Modell- und Medienbruch und trägt so zur Konsistenz von Modelldiagrammen und Implementierung bei. Es leitet von Beginn der Modellierung an zu ausführungsgerechtem Beschreiben an und vermeidet hierdurch die Pflege von mehreren, unter Umständen unterschiedlichen Modellen zum gleichen Sachverhalt. Jedes erstellte Modell kann ohne weitere Transformation zur Ausführung gebracht werden [Schatten et al. 2007]. Daher müssen S-BPM-Anwender nicht auf andere Weiterentwicklungen, wie etwa die Version 2.0 der Modellierungssprache Business Process Modeling Notation (BPMN – www.bpmn.org), setzen. Die das Round-Trip Engineering vereinfachen sollen. Vielmehr können alle involvierten Stakeholder unmittelbar in die organisationale Entwicklung im Sinne von durchgängigem Round-Trip Engineering eingebunden werden.

■ 15.2 Stakeholder als Key Enabler

S-BPM stellt eine Weiterentwicklung des klassischen Prozessmanagements in Richtung Stakeholder-Orientierung dar. S-BPM erfordert keine eigene Prozessausführungsspra-che, um die Interoperabilität zwischen den unterschiedlichen Werkzeugen der Modellie-rung, Simulation und Ausführung sicherzustellen [Sinur 2005]. Und es erfordert kein BPDM (Business Process Definition Metamodel) und darauf aufsetzender Workflow En-gines, um Round-Trip Engineering durchgängig zu gestalten. Damit wird auch der viel-fach beklagte dauernde Wechsel zwischen dem Modellieren aus Organisationssicht und dem Anreichern von Systemdaten durch die IT zur Ausführung der Geschäftsprozesse (vgl. www.saperionblog.com aus der Sicht der Praktiker, [Weidlich 2009] aus akademi-scher Sicht) durch die subjektorientierte Gestaltung von Geschäftsvorgängen obsolet. Vielmehr erlaubt S-BPM die selbst gesteuerte Entwicklung von Organisationen, in dem es alle Beteiligten, insbesondere die Stakeholder befähigt, den Entwicklungsprozess ein-zuleiten und aktiv daran zu partizipieren.

Dazu formulieren in ihren „Seven Major Guidelines for a Successful Business Process Management Project" selbst die Berater der Gartner Group (www.gartner.com): „7. Busi-ness user engagement. Wenn man die Leute bekommt, die die eigentliche Arbeit im Prozess machen, kann dies besonders helfen."

Neben den Echtzeitanforderungen an die flexible Gestaltung von Geschäftsprozessen (und damit an das Round-Trip Engineering) stellt die Stakeholder-Orientierung eine der größten Herausforderungen von erfolgreichem BPM dar (vgl. Gartner's Trip Report der BPM 2010 unter www.gartner.com). Erst der mündige Umgang vermeidet die eingangs angesprochene „Trivialisierung des Umgangs mit Prozessen" und legt die Basis für die Akzeptanz für S-BPM (Liappas in [Scheer et al. 2007]), da die befassten Personen an ei-ner effektiven Durchdringung der Abläufe interessiert werden können.

Es mussten folglich eine Sprache und ein Instrument entwickelt werden, die es allen Personen ermöglichen, ohne lange nachzudenken, mit den ihnen zur Verfügung stehen-den Artikulationsmöglichkeiten an der dynamischen Weiterentwicklung von Organisa-tionen gleichberechtigt in Echtzeit zu partizipieren.

Subjektorientiertes BPM zielt darauf ab, Beteiligten wie verantwortlichen Handlungs-trägern ein methodisches Hilfsmittel in die Hand zu geben, das nicht nur die Akzeptanz, sondern auch die Kohärenz und damit Integrität von Abbildern der wahrgenommenen bzw. antizipierten organisationalen Wirklichkeit (Modellen) erhöht. Herkömmliche Er-hebungen von Arbeitsabläufen etwa mittels Interviews und Spezifikationen durch Dritte bergen die Gefahr der Informationsunvollständigkeit in sich, die sich später in der unzureichenden Umsetzung beim Einsatz von IT-gestützter Prozessverarbeitung zeigt [Rosenkranz 2006]. Daher stellt ein Stakeholder-orientierter, durchgängiger Round-Trip, der ohne Zwischenschritt, wie etwa die oben erwähnte Ausführungssprache für Prozessmodelle, auskommt, oberstes Entwicklungsziel dar.

Mithilfe der Durchgängigkeit können Stakeholder vor allem wissensbasierte Prozesse direkter bearbeiten, da der Prozess der Explizierung mit S-BPM aufgrund der intuitiven Gebrauchstauglichkeit der Modellierungssprache unmittelbarer erfolgen kann. Dies ist auch erforderlich, wenn Organisationen Adaptive Case Management umsetzen, da der überwiegende Teil ihrer Geschäftsprozesse unvorhersehbar ist. Somit wird laufend neues Wissen als Lösung zur gerade bearbeiteten Aufgabe generiert. Und auf Basis des gerade neu generierten Wissens wird seitens der Stakeholder der Prozess ohne die sonst oft erforderliche externe Intervention durch sie selbst weitergetrieben, ad hoc und an die Situation angepasst.

■ 15.3 Literatur

[Lehner et al. 2007]

Lehner, F.; Wildner, S.; Scholz M.: Wirtschaftsinformatik - Eine Einführung, München 2007.

[Rosenkranz 2006]

Rosenkranz, F.: Geschäftsprozesse, Berlin 2006.

[Schatten et al. 2007]

Schatten, A.; Schiefer, J.: „Agile Business Process Management with Sense and Respond", in: Proceedings IEEE International Conference on e-Business Engineering (ICE-BE'07), pp. 319–322, 2007.

[Scheer et al. 2007]

Scheer, A.-W. et al. (Hrsg.):, Agilität durch ARIS-Geschäftsprozessmanagement, Jahrbuch Business Process Excellence 2006/2007, Berlin 2007.

[Sinur 2005]

Sinur, J.: Business Process Management Suites Will Be the „Next Big Thing", Gartner Research Note, 8 February 2005.

[Weidlich 2009]

Weidlich, M.; Weske, M.; Mendling. J.: Change Propagation in Process Models using Behavioural Profiles, IEEE International Conference on Services Computing, S. 33–40, 2009.

ANHANG

TEIL I

A Subject-Oriented Interpreter Model for S-BPM

We develop in this appendix a high-level subject-oriented interpreter model for the semantics of the S-BPM constructs presented in this book. To directly and faithfully reflect the basic constituents of S-BPM, namely *communicating agents* which can perform arbitrary *actions* on arbitrary *objects*, Abstract State Machines are used which explicitly contain these three conceptual ingredients.

■ 1 Introduction

Subject-oriented Business Process Modeling (S-BPM) is characterized by the use of three fundamental natural language concepts to describe distributed processes: actors (called *subjects*) which perform arbitrary *actions* on arbitrary *objects* and in particular communicate with other subjects in the process, computationally speaking agents which perform abstract data type operations and send messages to and receive messages from other process agents. We provide here a mathematically precise denition for the semantics of S-BPM processes which directly and faithfully reects these three constituent S-BPM concepts and supports the methodological goal pursued in this book to lead the reader through a precise natural language description to a reliable understanding of S-BPM concepts and techniques.

The challenge consists in building a scientically solid S-BPM model which faithfully captures and links the understanding of S-BPM concepts by the different stakeholders and thus can serve as basis for the communication between them: analysts and operators on the process design and management side, IT technologists and programmers on the implementation side, users (suppliers and customers) on the application side. To make a transparent, suciently precise and easily maintainable documentation of the meaning of S-BPM concepts available which expresses a common understanding of the dierent stakeholders we have to *start from scratch*, explaining the S-BPM constructs as presented in this book without dwelling upon any extraneous (read: not business process specic) technicality of the underlying computational paradigm.

To brake unavoidable business process specic complexity into small units a human mind can grasp reliably we use a *feature-based* approach, where the meaning of the involved concepts is defined itemwise, construct by construct. For each investigated construct we provide a dedicated set of simple IF-THEN- descriptions (so-called behavior rules) which abstractly describe the operational interpretation of the construct.[1] The feature-based approach is enhanced by the systematic use of *stepwise refinement* of abstract operational descriptions. This rigorous operational character of the descriptions oers the possibility to use them as a reference model for both simulation (testing) and verication (logical analysis of properties of interest) of classes of S-BPM processes. Last but not least, to cope with the distributed and heterogeneous character of the large variety of cooperating S-BPM processes, it is crucial that the model of computation which underlies the descriptions supports both *true concurrency* (most general scheduling schemes) and *heterogeneous state* (most general data structures covering the dierent application domain elements).

For these reasons we use the method of Abstract State Machines (ASMs) [2], which supports feature and refinement based descriptions[2] of heterogeneous distributed processes and in particular allows one to view interacting subjects as rule executing communicating agents (in software terms: multiple threads each executing specic actions), thus matching the fundamental view of the S-BPM approach to business processes. Technically speaking the ASM method expects from the reader only some experience in process-oriented thinking which supports an understanding of so- called transition rules (also called ASM rules) of form

if *Condition* **then** ACTION

prescribing an ACTION to be undertaken if some event happens; happening of events is expressed by corresponding *Conditions* (also called rule *guards*) becoming true. Using ASMs guarantees the needed generality of the underlying data structures because the states which are modied by executing ASM rules are so-called *Tarski structures*, i.e. sets of arbitrary elements on which arbitrary updatable functions (operations) and predicates (properties and relations) are defined. In the case of business process objects the elements are placeholders for values of arbitrary types and the operations typically the creation, duplication, deletion, modication of objects. Views are projections (substructures) of Tarski structures.

Using such rules we dene a succinct high-level and easily extendable S-BPM behavior model the business process practitioner can understand directly, without further training, and use a) to reason about the design and b) to hand it over to a software engineer as a binding and clear specication for a reliable and justiably correct implementation.

For the sake of quick understandability and to avoid having to require from the reader some formal method expertise we paraphrase the ASM rules by natural language explanations, adopting Knuth's literate programming [3] idea forthe development of abstract behavior models. The reader who is interested in the details of the simple foundation of the semantics of ASM rule systems, which can also be viewed as a rigorous form of

---

[1] This rigorous operational character of the descriptions oers the possibility to use them as a reference model for both simulation (testing) and verication (logical analysis of properties of interest) of classes of S-BPM processes

[2] Since ASM models support an intuitive operational understanding at both high and lower levels of abstraction, the software developer can use them to introduce in a rigorously documentable and checkable way the crucial design decisions when implementing the abstract ASM models. Technically this can be achieved using the ASM refinement concept see [2, 3.2.1].

pseudo-code, is refered to the Asm-Book [2]. Here it should suce to draw the reader's attention to the fact that for a given ASM with rules R_i $(1 \leq i \leq n)$ in each state all rules R_i whose guard is true in this state are executed simultaneously, in one step. This parallelism allows one to hide semantically irrelevant details of sequential implementations of independent actions. The ASM interpeter model for the semantics of S-BPM we describe in the following sections is developed by stepwise refinement, following the gradually proceeding exposition in this book. Thus we start with an abstract interaction view model of subject behavior diagrams (Sect. 2, based upon Sect.2.2.3 in this book, which (based upon Sect.5.4.3 in this book) is rened in Sect. 3 by detailed descriptions of the communication actions (send, receive) in their various forms (canceling or blocking, synchronous or asynchronous and including their multi-process forms, based upon Sect.5.6.1.3 in this book) and further rened by stepwise introduced structuring concepts: structured actions|alternative actions (Sect. 4, based upon Sect.5.6.2.5 in this book)|and structured processes: macros (Sect. 5.1, based upon Sect.5.6.2.2-4 in this book), interaction view normalization (Sect. 5.2, based upon Sect.5.4.4.2 in this book), process networks and observer view normalization (Sect. 5.3, based upon Sect.5.6.1.1-2 in this book). Two concepts for model extension are defined in Sect. 6. They cover in particular the exception handling model proposed in Sect.5.6.2.6 in this book.

We try to keep this appendix on an S-BPM interpreter technically selfcontained though all relevant denitions are supported by the explanations in the preceding chapters of the book.

▪ 2 Interaction View of Subject Behavior Diagrams

An S-BPM *process* (shortly called process) is defined by a set of subjects each equipped with a diagram, called the *subject behavior diagram* (SBD) and describing the behavior of its subject in the process. Such a process is of distributed nature and describes the overall behavior of its subjects which interact with each other by sending or receiving messages (so-called send/receive actions) and perform certain activities on their own (so-called internal actions or functions).

2.1 Signature of Core Subject Behavior Diagrams

Mathematically speaking a subject behavior diagram is a directed graph. Each node represents a state in which the underlying subject[3] can be in when executing an activity

---

[3] Where needed we call an SBD a *subject*-SBD and write also SBD$_{subject}$ to indicate that it is an SBD with this underlying *subject*.

associated to the node in the diagram. We call these states *SID_states* (Subject Interaction Diagram states) of the subject in the diagram because they represent the state a subject is in from the point of view of the other subjects it is interacting with in the underlying process, where it only matters whether the subject is communicating (sending or receiving a message) or busy with performing an internal function (whose details are usually not interesting for and hidden to the other subjects). The incoming and the outgoing edges represent (and are labeled by names of) the subject's SID-state transitions from *source(edge)* to *target(edge)*. The *target(outEdge)* of an *outEdge ∈ OutEdge(node)* is also called a successor state of *node* (element of the set *Sucessor(node))*, the *source(inEdge)* of an *inEdge ∈ InEdge(node)* a predecessor state (in the diagram an element of the set *Predecessor(node))*.

As distinguished from SID-states (and usually including them) the overall states of a subject are called *data states* or simply *states*. They are constituted by a set of interpreted (possibly abstract) data types, i.e. sets with functions and predicates defined over them, technically speaking Tarski structures, the states of Abstract State Machines. SID-states of a subject are implicitly parameterized by the diagram in which the states occur since a subject may have dierent diagrams belonging to dierent processes; if we want to make the parameter D explicit we write $SID\_state_D(subject)$ or *SID_state(subject, D)*.

The SID-states of a subject in a diagram can be of three types, corresponding to three fundamental types of activity associated to a node to be performed there under the control of the subject: *function states* (also called internal function or action node states), *send states* and *receive states*. The activity (operation or method) associated to and performed under the control of the subject at a *node* (read: when the subject is in the corresponding SID-state) is called *service(node)*. We explain in Sect. 3 the detailed behavioral meaning of these services for sending resp. receiving a message (interaction via communication) and for arbitrary internal activities (e.g. activities of a human or functions in the sense of programming). In a given function state a subject may go through many so-called internal (Finite State Machine like) control states to each of which a complex data structure may be associated, depending on the nature of the performed function. These *internal states* are hidden in the SID-level view of subject behavior in a process, also called *normalized behavior* view and described in Sect. 5.2. The semantics of the interaction view of SBDs is defined in this section by describing the meaning of the transitions between SID-states in terms of communication and abstract internal functions.

A transition from a source to a target SID-state is allowed to be taken by the subject only when the execution of the service associated to the source node has been *Completed* under the control of this subject. This completion requirement is called synchrony condition and reects the sequential nature of the behavior of a single subject, which in the given subject behavior diagram performs a sequence of single steps. Correspondingly each arc exiting a node corresponds to a termination condition of the associated service, also called *ExitCond*ition of the transition represented by the arc and usually labeling the arc; in the wording used for labeling arcs often the *ExitCond*ition refers only to a special data state condition reached upon service completion, but it is assumed to always contain the completion requirement implicitly. In case more than one edge goes out of a node we often write *ExitCond$_i$* for the *ExitCond*ition of the *i*-th outgoing arc.

The nodes (states) are graphically represented by rectangles and by a systematic notational abuse sometimes identied with (uniquely named) occurrences of their associated *service* whose names are written into the rectangle. It is implicit in the graphical representation that given a SID-state (i.e. a node in the graph), associated service and the incoming and outgoing edges are functions of the SID-state.

Each SBD is assumed to be nite and to have exactly one *initial state* and at least one (maybe more than one) *end state*. It is assumed that each path leads to at least one end state. It is permitted that end states have outgoing edges, which the executing subject may use to proceed from this to a successor state, but each such path is assumed to lead back to at least one end state. A *process* is considered to *terminate* if each of its subjects is in one of its end states.

2.2 Semantics of Core Subject Behavior Diagram Transitions

The semantics of subject behavior diagrams *D* can be characterized essentially by a set of instances of a single SID-transition scheme BEHAVIOR(*subj, state*) defined below for the transition depicted in Fig. 1. It expresses that when a *subject* in a given SID-*state* in *D* has *Completed* a given action (function, send or receive operation) – read: PERFORMING the action has been *Completed* while the *subject* was in the given SID-*state*, assuming that the action has been STARTED by the subject upon entering this *state* – then the *subject* PROCEEDS to START its next action in its successor SID-*state*, which is determined by an *ExitCondition* whose value is defined by the just completed action. This simple and natural transition scheme is instantiated for the three kinds of SID-states with their corresponding action types, namely by giving the details of the meaning of STARTing an action and PERFORMING it until it is *Completed* for internal functions and for sending resp. receiving messages (see Sect. 3).

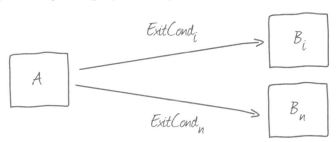

Fig. 1. SID-transition graph structure

Technically speaking the SID-transition scheme is an Abstract State Machine rule BEHAVIOR(*subj, state*) describing the transition of a *subject* from an SID-state with associated service *A* to a next SID-state with its associated service after (and only after) PERFORMING *A* has been *Completed* under the control of the subject. The successor state with its associated service to be STARTED next – in Fig. 1 one among B_i associated to the *target(outEdge(state, i))* of the *i*-th *outEdge(state, i)* outgoing state for $1 \le i \le$ n-is the target of an outgoing edge *outEdge* that satises its associated exit condition *ExitCond(outEdge)* when the *subject* has *Completed* to PERFORM its action A in the given SID_*state*. The outgoing edge to be taken is selected by a function *select*$_{Edge}$ which may be defined by the designer or at runtime by the user. In BEHAVIOR*(subj, state)* the else-branch expresses that it may take an arbitrary a priori unknown number of steps until PERFORMING A is *Completed* by the *subject*.

BEHAVIOR(subj, state) =

  if *SID_state(subj)* = *state* **then**

    if *Completed(subj, service(state), state)* **then**

    let *edge* =

      select$_{Edge}$*({e Ỹ OutEdge(state) | ExitCond(e)(subj; state)})*

        PROCEED*(subj, service(target(edge)), target(edge))*

    else PERFORM*(subj, service(state), state)*

  where

    PROCEED*(subj, X, node)* =

    SID_state(subj) := node

    START*(subj, X, node)*

Remark. Each SID-transition is implicitly parameterized via the SID-states by the diagram to which the transition parameters belong, given that a (concrete) subject may be simultaneously in SID-states of subject behavior diagrams of multiple processes

We define the BEHAVIOR$_{subject}$ *(D)* of a *subject* behavior diagram D as the set of all ASM transition rules BEHAVIOR*(subject, node)* for each *node* ∈ *Node(D)*.

  BEHAVIOR$_{subj}$ *(D)* = {BEHAVIOR*(subj, node)* | *node* ∈ *Node(D)*}

When *subject* is known we write BEHAVIOR*(D)* instead of BEHAVIOR$_{subj}$ *(D)*. BEHAVIOR*(D)* represents an interpreter of *D*.

This denition yields the traditional concept of (terminating) standard computations (also called *standard runs*) of a *subject* behavior diagram (from the point of view of subject interaction), namely sequences S_0, ..., S_n of states of the subject behavior diagram where in the initial resp. nal state S_0, S_n the subject is in the initial resp. a nal SID-state and where for each intermediate S_i (with i < n) with SID-state say *state*$_i$ its successor state S_i+1 is obtained by applying BEHAVIOR*(subject, state*$_i$ *)*. Usually we only say „computation" or „run" omitting the „standard" attribute.

Remark. One can also spell out the SBD-BEHAVIOR rules as a general SBD- interpreter *Interpreter*$_{SBD}$ which given as input any SBD D of any *subject* walks through this diagram from the initial state to an end state, interpreting each diagram *node* as defined by BEHAVIOR*(subject, node)*.

Remark. BEHAVIOR*(subj, state)* is a scheme which uses as basic constituents the abstract submachines PERFORM, START and the abstract completion predicate *Completed* to describe the pure interaction view for the three kinds of action in a subject behavior diagram: that an action is STARTed and PERFORMed by a subject until it is *Completed* hiding the details of how START, PERFORM and Completed are defined. These constituents can be specialized further by dening a more detailed meaning for them to capture the semantics of specic internal functions and of particular send and receive patterns. Technically speaking such specializations represent ASM-refinements (as defined in [1]). We use examples of such ASM-refinements to specify the precise meaning of the basic S-BPM communication constructs (see Sect. 3) and of the additional S-BPM behavior constructs (see Sect. 4). The background concepts for communication actions are described in Sect. 3.1, Sect. 3.3-3.4 present refinements dening the details of send and receive actions.

■ 3 Refinements for the Semantics of Core Actions

Actions in a core subject behavior diagram are either internal functions or communication acts. Internal functions can be arbitrary manual functions performed by a human subject or functions performed by machines (e.g. represented abstractly or by nite state machine diagrams or by executable code written in some programming language) and are discussed in Sect. 3.5.

3.1 How to Perform Alternative Communication Actions

For each communication node we rene in this section and Sect. 3.2-3.4 the abstract machines START, PERFORM and the abstract predicate *Completed* to the corresponding concepts of STARTing and PERFORMing the communication and the meaning of its being *Completed*. Since the alternative communication version naturally subsumes the corresponding 1-message version (i.e. without alternatives where exactly one message is present to be sent or received), we give the denitions for the general case with communication action alternatives and derive from it the special 1-message case as the one where the number of alternatives is 1. The symmetries shared by the two *ComAction* versions *Send* and *Receive* are made explicit by parameterizing machine components of the same structure with an index *ComAct*.

In this section three concepts are described which are common to and support the detailed denition of both communication actions send and receive in Sect. 3.2-3.4: subject interaction diagrams describing the process communication structure, input pool of subjects and the iterative structure of alternative send/receive actions.

Subject Interaction Diagram The communication structure (signature) of a process is defined by a *Subject Interaction Diagram* (SID-diagram). These diagrams are directed graphs consisting of one node for each subject in the process (so that without loss of generality nodes of an SID-diagram can be identied with subjects) and one directed arc from node *subject₁* to node *subject₂* for each type of message which may be sent in the process from *subject₁* to *subject₂* (and thereby received by *subject₂* from *subject₁*). Thus SID-edges dene the communication connections between their source and target subjects and are labeled with the message type they represent. There may be multiple edges from *subject₁* to *subject₂*, one for each type of possibly exchanged message.

Input Pools To support the asynchronous understanding of communication, which is typical for distributed computations, each subject is assumed to be equipped with an inputPool where messages sent to this subject (called *receiver*) are placed by any other subject (called *sender*) and where the receiver looks for a message when it ,expects' it (i.e. is ready to receive it).

An *inputPool* can be congured by the following size restricions:

- restricting the overall capacity of *inputPool*, i.e. the maximal number of messages of any type and from any sender which are allowed to be *Present* at any moment in *input-Pool*,

- restricting the maximal number of messages coming from an indicated *sender* which are allowed to be *Present* at any moment in the *inputPool*,

- restricting the maximal number of messages of an indicated *type* which are allowed to be *Present* at any moment in *inputPool*,

- restricting the maximal number of messages of an indicated *type* and coming from an indicated *sender* which are allowed to be *Present* at any moment in the *inputPool*.

For a uniform description of synchronous communication 0 is admitted as value for input pool size parameters. It is interpreted as imposing that the *receiver* accepts messages from the indicated sender and/or of the indicated type only via a rendezvous with the *sender*.

Asynchronous communication is characterized by positive natural numbers for the input pool size parameters. In the presence of such size limits it may happen that a sender tries to place a message of some type into an input pool which has reached the corresponding size limit (i.e. its total capacity or its capacity for messages of this type and/or from that sender). The following two strategies are foreseen to handle this situation:

- *canceling send* where either a) a forced message deletion reduces the actual size of the input pool and frees a slot to insert the arriving message or b) the incoming message is dropped (i.e. not inserted into the input pool),

- *blocking send* where the sending is blocked and the sender repeats the attempt to send its message until either a) the input pool becomes free for the message to be inserted or b) a timeout has been reached triggering an interrupt of this send action or c) the sender manually abrupts its send action.

Three canceling disciplines are considered, namely to drop the incoming message or to delete the oldest resp. the youngest message m in P, determined in terms of the *insertionTime(m, P)* of m into P.[4]

> *youngestMsg(P)* =
>
> > *im(m ∈ P* **and forall** *m' ∈ P* **if** *m' ≠ m* **then**
> >
> > *insertionTime(m, P) > insertionTime(m', P))* //m came later
>
> *oldestMsg(P)* =
>
> > *im(m ∈ P* **and forall** *m' ∈ P* **if** *m' ≠ m* **then**
> >
> > > *insertionTime(m, P) < insertionTime(m', P))* //m came earlier

Whether a send action is handled by the targeted input pool P as canceling or blocking depends on whether in the given state the pool satises the size parameter constraints which are formulated in a pool *constraintTable*. Each row of *constraintTable(P)* indicates for a combination of sender and *msgType* the allowed maximal *size* together with an *action* to be taken in case of a constraint violation:

> *constraintTable(inputPool)* =
>
> > ...
> >
> > $sender_i$ $msgType_i$ $size_i$ $action_i$ $(1 \le i \le n)$
> >
> > ...
>
> **where**
>
> > $action_i$ ∈ *{Blocking, DropYoungest, DropOldest, DropIncoming}*
> >
> > $size_i$ ∈ {0, 1, 2, ..., ∞}
> >
> > $sender_i$ ∈ *Subject*
> >
> > $msgType_i$ ∈ *MsgType*

When a sender tries to send a message *msg* to the owner of an input pool P the first *row* = *s t n a* in the *constraintTable(P)* is identied whose size constraint concerns msg and would be violated by inserting *msg*:

ConstraintViolation(msg, row) **iff**[5]

> *Match(msg, row)* ∧ *size({m ∈ P | Match(m, row)})* + 1 ⋠ n

> **where**
>
> > *Match(m, row)* iff
> >
> > > *(sender(m) = s* **or** *s = any)* **and** *(type(m) = t* **or** *t = any)*

If there is no such row – so that the first such element in *constraintTable(P)* is undef – the message can be inserted into the pool; otherwise the action indicated in the identied row is taken, thus either blocking the sender or accepting the message (by either dropping it or inserting it into the pool at the price of deleting another pool element).

---

[4] We use Hilbert's -operator to express by i æ P(æ) the unique element satisfying property *P*.
[5] iff stands for: if and only if.

It is required that in each row r with $size = 0$ the *action* is *Blocking* and that in case $maxSize(P) < \infty$ the *constraintTable* has the following last (the default) row:

   any any maxSize Blocking

Similarly a (possibly blocking) receive action tries to receive a message, ‚expected' to be of a given kind (i.e. of a given type and/or from a given sender) and chosen out of nitely many alternatives (again either nondeterministically or respecting a given priority scheme), with possible timeout to abort unsuccessful receives (i.e. when no message of the expected kind is in the input pool) or a manual abort chosen by the subject.

Since in a distributed computation more than one subject may simultane-ously try to place a message to the input pool P of a same receiver, a selection mechanism is needed (which in general will depend on P and therefore is denoted $select_P$) to determine among those subjects that are *TryingToAccess* P the one which *CanAccess* it to place the message to be sent.

   CanAccess(sender, P) if and only if

      $sender = select_P(\{subject \mid TryingToAccess(subject, P)\})$

Alternative Send/Receive Iteration Structure S-BPM forsees so-called *alternative* send/receive states where to perform a communication action *ComAct* (*Send* or *Receive*) the subject can do three things in order:

- choose an *alt*ernative among nitely many *Alternatives*, i.e. message kinds associated to the send/receive state,

- prepare a corresponding *msgToBeHandled*: for a send action a *msgToBeSent* and for a receive action an expectedMsg kind,

- TRYALTERNATIVE$_{ComAct}$, i.e. try to actually send the msgToBeSent resp. receive a message *Matching* the kind of *expectedMsg*.

The choice and preparation of an alternative is defined below by a component

   CHOOSE&PREPAREALTERNATIVE$_{ComAct}$ of TRYALTERNATIVE$_{ComAct}$.

---

[6] One can formally dene the TryingToAccess predicate, but the selectP function is deliberately kept abstract. There are various criteria one could use for its further specication and various mechanisms for its implementation. A widely used interpretation of such functions in a distributed environment is that of a nondeterministic choice, which can be implemented using some locking mechanism to guarantee that at each moment at most one subject can insert a message into the input pool in question. The negative side of this interpretation is that proofs of properties of systems exhibiting nondeterministic phenomena are known to be dicult. Attempts to further specify the selection (e.g. by considering a maximal waiting time) introduce a form of global control for computing the selection function that contradicts the desired decentralized nature of an asynchronous communication mechanism (and still does not solve the problem of simultaneity in case dierent senders have the same waiting time). One can avoid innite waiting of a subject (for a moment where it CanAccess a pool) by governing the waiting through a timeout mechanism.

[7] We consider Alternative as dependent on two parameters, subj ect and state, to prepare the ground for service processes where the choice of Alternatives in a state may depend on the subject type the client belongs to. Otherwise Alternative depends only on the state. In the currently implemented diagram notation the Alternatives appear as pairs of a receiver and a message type, each labeling in the form (to receiver; msgType) an arc leaving the alternative send state in question.

If the selected *alt*ernative fails (read: could not be be communicated neither asynchronously nor in a synchronous manner between sender and receiver), the subject chooses the next *alt*ernative until:

- either one of them succeeds, implying that the send/receive action in the given state can be *Completed* normally,
- or all *Alternatives* have been tried out but the *TryRoundFinished* unsuccessfully.

After such a first (so-called *nonblocking* because non interruptable) Try Round a second one can be started, this time of *blocking* character in the sense that it may be interrupted by a Timeout or *UserAbruption*.

This implies iterations through a runtime set *RoundAlternative* of alternatives remaining to be tried out in both the first *(nonblocking)* and the other *(blocking)* TryRounds in which the subject for its present *ComAct* action has to TRYALTERNATIVE$_{ComAct}$. *RoundAlternative* is initialized for the first round in START, namely to the set *Alternative(subj, node)* of all alternatives of the subject at the *node*, and reinitialized at the beginning of each blocking round. Since the blocking TryRound can be interrupted by a *Timeout*-triggered INTERRUPT or by a (‚manually') *UserAbruption*-triggered ABRUPTION, there are three outgoing edges to PROCEED from a communication node. We use three predicates *NormalExitCond, TimeoutExitCond, AbruptionExitCond* to determine the correct node exit when the COMACT completes normally or due to the *Timeout* condition[8] or due to a *UserAbruption*. One of these three cases will eventually occur so that the corresponding exit condition then determines the next SID-state where the subject has to PROCEED with its run. To guarantee a correct behavior these three exit conditions and the completion predicate are initialized in START to false. Since the machines are the same for the two *ComAction* cases *(Send or Receive)* we parameterize them in the denition below by an index *ComAct*.

Since the actual blocking presents itself only if none of the possible alternatives succeeds in a rst run, *blockingStartTime(subject, node)* – the timeout clock which depends on the subject and the state *node*, not on the messages – is set only after a rst round of unsuccessful sending attempts, namely in the submachine INITIALIZEBLOCKINGTRYROUNDS. As a consequence the *Timeout* condition guards TRYALTERNATIVE$_{ComAct}$ only in the blocking rounds. Timeouts are considered as of higher priority than user abruptions.

This explains the following refinement of the abstract machine PERFORM to PERFORM(subj, COMACT, state). The owchart in Fig. 2 visualizes the structure of PERFORM(subj, COMACT, state).[9] The symmetry between non-blocking and blocking TryRounds is illustrated by a similar coloring of the respective components, whereas the components for the timeout and user abruption extensions are colored dierently. Outgoing edges without target node denote possible exits from the owchart. The equivalent textual denition (where we dene also the components) reads as follows.

---

[8] TimeoutExitCond is only a name for the timeout condition we dene below, namely Timeout(msg; timeout(state)); in the diagram it is written as edge label of the form Timeout : timeout.

[9] These owcharts represent so-called control-statel ASMs which come with a precise semantics, see [2, p.44]. Using the owchart representation of control-state ASMs allow one to save some control-state guards and updates. To make this exposition self-contained we provide however the full textual denition and as a consequence allow us to suppress in the owchart some of the parameters.

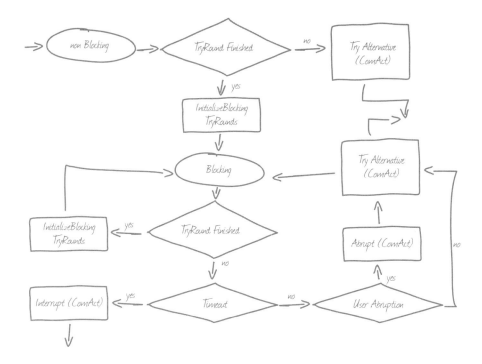

Fig. 2. PERFORM*(subj,* COMACT, *state)*

PERFORM*(subj,* COMACT, *state)* =
  if *NonBlockingTryRound(subj, state)* **then**
    if *TryRoundFinished(subj, state)* **then**
      INITIALIZEBLOCKINGTRYROUNDS*(subj, state)*
    else TRYALTERNATIVE$_{ComAct}$ *(subj, state)*
  if *BlockingTryRound(subj, state)* **then**
    if *TryRoundFinished(subj, state)*
      then INITIALIZEROUNDALTERNATIVES*(subj, state)*
    else
      if *Timeout(subj, state, timeout(state))* **then**
  INTERRUPT$_{ComAct}$ *(subj, state)*
  elseif *UserAbruption(subj, state)*
    then ABRUPT$_{ComAct}$ *(subj, state)*
    else TRYALTERNATIVE$_{ComAct}$ *(subj, state)*

Macros and Components of PERFORM*(subj,* COMACT, *state)* We dene here also the
START*(subj,* COMACT, *state)* machine. The function now used in SETTIMEOUTCLOCK is a
monitored function denoting the current system time.

START*(subj,* COMACT, *state)* =

 INITIALIZEROUNDALTERNATIVES*(subj, state)*

 INITIALIZEEXIT&COMPLETIONPREDICATES$_{ComAct}$ *(subj, state)*

 ENTERNONBLOCKINGTRYROUND*(subj, state)*

where

 InitializeRoundAlternatives*(subj, state)* =

  RoundAlternative*(subj, state)* := *Alternative(subj, state)*

 INITIALIZEEXIT&COMPLETIONPREDICATES$_{ComAct}$ *(subj, state)* =

  INITIALIZEEXITPREDICATES$_{ComAct}$ *(subj, state)*

  INITIALIZECOMPLETIONPREDICATE$_{ComAct}$ *(subj, state)*

 INITIALIZEEXITPREDICATES$_{ComAct}$ *(subj, state)* =

 NormalExitCond(subj, COMACT, *state)* := *false*

 TimeoutExitCond(subj, COMACT, *state)* := *false*

 AbruptionExitCond(subj, COMACT, *state)* := *false*

 INITIALIZECOMPLETIONPREDICATE$_{ComAct}$ *(subj, state)* =

 Completed(subj, COMACT, *state)* := *false*

 [Non]BlockingTryRound(subj, state) =

 tryMode(subj, state) = *[non]blocking*

 ENTER[NON]BLOCKINGTRYROUND*(subj, state)* =

 tryMode(subj, state) := *[non]blocking*

TryRoundFinished*(subj, state)* =

 RoundAlternatives*(subj, state)* = ∅

INITIALIZEBLOCKINGTRYROUNDS*(subj, state)* =

 ENTERBLOCKINGTRYROUND*(subj, state)*

 INITIALIZEROUNDALTERNATIVES*(subj, state)*

 SETTIMEOUTCLOCK*(subj, state)*

SETTIMEOUTCLOCK*(subj, state)* =

 blockingStartTime*(subj, state)* := *now*

Timeout(subj, state, time) =

 now ≥ *blockingStartTime(subj, state)* + *time*

INTERRUPT$_{ComAct}$ *(subj, state)* =

 SETCOMPLETIONPREDICATE$_{ComAct}$ (subj, state)

$\text{SETTIMEOUTEXIT}_{ComAct}$ *(subj, state)*

$\text{SETCOMPLETIONPREDICATE}_{ComAct}$ *(subj, state) =*

   Completed(subj, COMACT, state) := true

$\text{SETTIMEOUTEXIT}_{ComAct}$ *(subj, state) =*

TimeoutExitCond(subj, COMACT, state) := true

ABRUPT_{ComAct} *(subj, state) =*

   $\text{SETCOMPLETIONPREDICATE}_{ComAct}$ *(subj, state)*

   $\text{SETABRUPTIONEXIT}_{ComAct}$ *(subj, state)*

To conclude this section: an attempt to $\text{TRYALTERNATIVE}_{ComAct}$ comes in two phases: the rst phase serves to CHOOSE&PREPAREALTERNATIVE and is followed by a second phase where the subject as we are going to explain in the next section will try to actually carry out the communication. If this attempt succeeds, the *ComAct* is *Completed*; otherwise the subject will try out the next send/receive alternative.

3.2 How to Try a Specic Communication Action

As explained in Sect. 3.1 subject's rst step to $\text{TRYALTERNATIVE}_{ComAct}$ in *[non]blocking try-Mode* is to Choose&PrepareAlternative$_{ComAct}$. Then it will TRY_{ComAct} for the prepared message(s).[10]

$\text{TRYALTERNATIVE}_{ComAct}$ *(subj, state) =*

$\text{CHOOSE\&PREPAREALTERNATIVE}_{ComAct}$ *(subj, state)*

   seq TRY_{ComAct} *(subj, state)*

We first explain the $\text{CHOOSE\&PREPAREALTERNATIVE}_{ComAct}$ component for the elaboration of messages and then dene the machines TRY_{ComAct}.

Elaboration of Messages Messages are objects which need to be prepared. The PrepareMsg component of CHOOSE&PREPAREALTERNATIVE does this for each selected communication *alt*ernative. To describe the selection, which can be done either nondeterministically or following a priority scheme, we use abstract functions $select_{Alt}$ and *priority*. They can and will be further specied once concrete send *states* are given in a concrete diagram.

CHOOSE&PREPAREALTERNATIVE also must MANAGEALTERNATIVEROUND, essentially meaning to MARKSELECTION - typically by deleting the selected alternative from *RoundAlternative*, to exclude the chosen candidate from a possible next *AlternativeRound* step which may happen if sending/receiving the selected message is blocked.

---

[10] Such a sequential structure is usually described using an FSM-like control state, say tryMode, as we will do in the owcharts below. For a succinct textual description we will use sometimes the ASM seq operator (see the denition in [2]) which allows one to hide control state guards and updates. For example in the denition of CHOOSE&PREPAREALTERNATIVE we could skip an $\text{ENTERTRYALTERNATIVE}_{ComAct}$ update because the machine is used only as composed by seq (with TRY_{ComAct} IN $\text{TRYALTERNATIVE}_{ComAct}$).

There is one more feature to be prepared for due to the fact that S-BPM deals also with multi-processes in the form of multiple send/receive actions, which extend single send/receive actions where only one message is sent resp. received to complete the communication act instead of *mult* many messages belonging to the chosen *alt*ernative.

In the S-BPM framework a multi-process is either a multiple send action (where a subject iterates nitely many times sending a message of some given kind) or a multiple receive action (where a subject expects to receive nitely many messages of a given kind). In the diagram notation the (design-time determined) *mult*itude in question, which adds a new kind of message to communicate, appears as number of messages of some kind to be sent or to be received during a Multi Send or MultiReceive. It is assumed that $mult \geq 2$. The principle of multiple send and receive actions in the presence of communication alternatives which is adopted for S-BPM is that once in a state a subject has chosen a MultiSend or MultiReceive alternative, to complete this multi-action it must send resp. receive the indicated multitude of messages of the kind defined for the chosen alternative and in between will not pursue any other communication. Therefore the alternative send/receive TryRound structure (see Fig. 2) and its START component are not aected by the multi-process feature, but only the TRY_{ComAct} component which has to provide a nested MultiRound. For MultiSend actions it is also required that rst all specimens of a *msgToBeHandled* are elaborated by the subject, as to-be-contemplated for the denition of CHOOSE&PREPAREALTERNATIVE$_{Send}$, and then they are tried to be sent one after the other. Thus one needs a MultiRound to guarantee that if a multi-communication action has been chosen as communication *alt*ernative, then:

- each of the *mult(alt)* many specimens belonging to the chosen message *alt*ernative is tried out exactly once,

- if for at least one of these specimens the attempt to communicate fails the chosen alternative is considered to be failed,

- no other communication takes place within a MultiRound.

Thus each MultiRound constitutes one iteration step of the current AlternativeRound where the multi-communication action has been selected as *alt*ernative. Since single send/receive steps are the special case of multi steps where *mult(alt)* = 1 we treat single/multi communication actions uniformly instead of introducing them separately.[11]

In the presence of multi-communication actions for each alternative one has to INITIA-LIZEMULTIROUND, as done in the MANAGEALTERNATIVEROUND component of CHOOSE&PREPAREALTERNATIVE defined below. This explains the following *ComAct*ion preparation machine a subj ect will execute in every communication state as rst step of TRYALTERNATIVE$_{ComAct}$. As before the *ComAct* parameter stands for *Send* or *Receive*.

---

[11] The price to pay is a small MultiRound overhead (which can later be optimized away for the single action case *mult(alt)* = 1). In an alternative model one could introduce rst single communication *actions* (as they are present in the current implementation) and then extend them in a purely incremental way by the multiprocess feature. Both ways to specify S-BPM clearly show that the extension of S-BPM from SingleActions to MultiActions (for both Send and Receive actions) is a *purely incremental* (in logic also called conservative) *extension*, which does only add new behavior without retracting behavior that was possible before. It supports a modular design discipline and compositional proofs of properties of the system. Notably all the other *extensions* defined in S-BPM are of this kind. See Sect. 6 for further explanations.

Choose& PrepareAlternative$_{ComAct}$ *(subj, state)* =

> **let** *alt* = *select$_{Alt}$ (RoundAlternative(subj, state), priority(state))*
>
> > PrepareMsg$_{ComAct}$ *(subj, state, alt)*
> >
> > ManageAlternativeRound*(alt, subj, state)*
>
> **where**
>
> > ManageAlternativeRound*(alt, subj, state)* =
> >
> > MarkSelection*(subj, state, alt)*
> >
> > InitializeMultiRound$_{ComAct}$ *(subj, state)*
> >
> > MarkSelection*(subj, state, alt)* =
> >
> > Delete(alt, RoundAlternative*(subj, state)*)

A subject to PrepareMsgSend will *composeMsgs* out of *msgData* (the values of the relevant data structure parameters) and make the result available in *MsgToBeHandled*.[12] Similarly a receiver to PrepareMsg$_{Receive}$ may select *mult(alt)* elements from a set of *ExpectedMsgKind(alt)* using some choice function *select$_{MsgKind}$*.[13]

> PrepareMsg$_{ComAct}$ *(subj, state, alt)* =
>
> > **forall** $1 \le i \le$ *mult(alt)*
> >
> > **if** *ComAct = Send* **then**
> >
> > > **let** m_i = *composeMsg(subj, msgData(subj, state, alt), i)*
> > >
> > > *MsgToBeHandled(subj, state)* := *{m1, ..., m$_{mult}$(alt)}*
> >
> > **if** ComAct = Receive **then**
> >
> > > **let** m_i = *selectMsgKind(subj, state, alt, i)(ExpectedMsgKind(subj, state, alt))*
> > >
> > > *MsgToBeHandled(subj, state)* := *{m$_1$, ...,m$_{mult}$(alt)}*

The functions *composeMsg* and *msgData* must be left abstract in this high-level model, playing the role of interfaces to the underlying data structure manipulations, because they can be further rened only once the concrete data structures are known which are used by the subject in the send state under consideration. It is however assumed that there are functions *sender(msg), type(msg)* and *receiver (msg)* to extract the corresponding information from a message, so that composeMsg is required to put this information into a message. Similarly for the *expectedMsgKind* and *selectMsgKind* functions.

Try$_{ComAct}$ **Components** The structure of the machines Try$_{ComAct}$ we are going to explain now is visualized by Fig. 3 and Fig. 4.

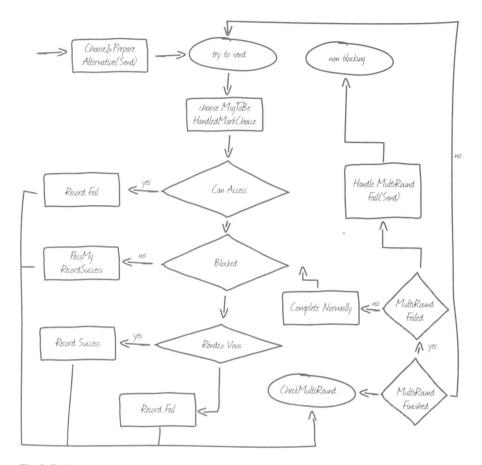

Fig. 3. TRYALTERNATIVE$_{Send}$

In TRY$_{ComAct}$ the subject rst chooses from *MsgToBeHandled* a message m (to send) or kind m of message (to receive) and - to exclude it from further choices - will MARKCHOICE of m.[14] Then the subject does the following:

- For *Send* it checks whether it *CanAccess* the input pool of the *receiver (m)* to TRY$_{Async(Send)}$ ing m (otherwise it will CONTINUEMULTIROUND$_{Fail}$, which includes to RECORDFAILURE of this send attempt).

---

[14] MARKCHOICE is the MultiRound pendant of MARKSELECTION defined in Sect. 3.1 for *AlternativeRounds*. We include into it a record of the current choice because this information is needed to describe the Rendezvous predicate for synchronous communication.

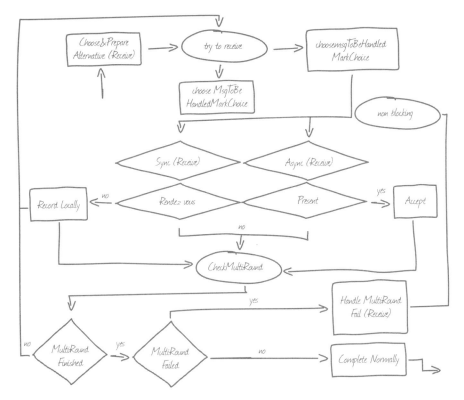

Fig. 4. TRYALTERNATIVE$_{Receive}$

- For Receive it goes directly to TRY$_{Async(Receive)}$ or TRY$_{Sync(Receive)}$ a message of kind m depending on whether the *commMode(m)* is asynchronous (as expressed by the guard *Async(Receive)(m)*) or synchronous (as expressed by the guard *Sync(Receive)(m)*), without the *CanAccess* condition.[15]

Another slight asymmetry between send/receive actions derives from the fact that the sender tries a synchronous action only if the asynchronous one failed. CONTINUEMULTIROUND$_{Fail}$ has a pendant CONTINUEMULTIROUND$_{Success}$ for successful communication. They record success resp. failure of the current MultiRound communication step and check whether to continue with the MultiRound or go back to the AlternativeRound.

TRY$_{ComAct}$ *(subj, state) =*
   choose *m ∈ MsgToBeHandled(subj, state)*
      MARKCHOICE*(m, subj, state)*
      if *ComAct = Send* **then**

---

[15] Thus the access of a receiver to its input *pool* (which comes up to read the pool and to possibly delete an expected message) can happen at the same time as an INSERT of a sender. One INSERT and one DELETE operation can be assumed to be executed consistently in parallel by the pool manager. An alternative would be to include the receiver into the *CanAccess* mechanis – at the price of complicating the denition of *RendezvousWithSender*.

> **let** *receiver = receiver (m), pool = inputPool (receiver)*
>> **if not** *CanAccess(subj, pool)* **then**
>>> CONTINUEMULTIROUND$_{Fail}$ (subj, state;m)
>> **else** TRY$_{Async(Send)}$*(subj, state, m)*
>
> **if** *ComAct = Receive* **then**
> **if** *Async(Receive)(m)* **then** TRY$_{Async(Receive)}$*(subj, state, m)*
> **if** *Sync(Receive)(m)* **then** TRY$_{Sync(Receive)}$*(subj, state, m)*
> **where**
>> MARKCHOICE*(m, subj, state)* =
>> DELETE*(m, MsgToBeHandled(subj, state))*
>> *currMsgKind(subj, state) := m*

The components TRY$_{Async(ComAct)}$ and TRY$_{Sync(ComAct)}$ check whether the *ComAction* can be done asynchronoysly resp. synchronously and in case of failure CONTINUEMULTIROUND$_{Fail}$. If a communication turns out to be possible they use components[16] ASYNCH$_{(ComAct)}$ and SYNC$_{(ComAct)}$ which carry out the actual *ComAction* and CONTINUEMULTIROUND$_{Success}$. They are defined below together with *PossibleAsync$_{ComAct}$ (subj, m)* and *PossibleSync$_{ComAct}$ (subj, m)* by which they are guarded.

> TRY$_{Async(ComAct)}$(subj, state, m) =
>> **if** POSSIBLEASYNC$_{ComAct}$ (subj, m) // async communication possible
>>> **then** ASYNC*(ComAct)(subj, state, m)*
>> **else**
>>> **if** ComAct = *Receive* **then**
>>>> CONTINUEMULTIROUND$_{Fail}$ *(subj, state, m)*
>>> **if** ComAct = *Send* **then** TRY$_{Sync(ComAct)}$*(subj, state,m)*
> TRY$_{Sync(ComAct)}$*(subj, state, m)* =
>> **if** *PossibleSyncComAct (subj, m)* // sync communication possible
>>> **then** Sync(ComAct)*(subj, state, m)*
>>> **else** CONTINUEMULTIROUND$_{Fail}$ *(subj, state, m)*

3.3 How to Actually Send a Message

In this section we dene the ASYNCH$_{(Send)}$ and SYNC$_{(Send)}$ components which if the condition POSSIBLEASYNC$_{Send}$ resp. *PossibleSync$_{Send}$* is true asynchronously or synchronously carry out the actual *Send* and CONTINUEMULTIROUND$_{Success}$. *PossibleAsync$_{Send}$ (subj, m)* means

---

[16] The parameter COMACT plays here the role of an index.

that m is not Blocked by the receiver's input pool so that in $\text{ASYNCH}_{(Send)}$ subject can send
m asynchronously:[17] PASSMSG to the input pool and $\text{CONTINUEMULTIROUND}_{Success}$.[18]

PossibleSync$_{Send}$ *(subj, m)* means that a *RendezvousWithReceiver* is possible for the *subject*
whereby it can denitely send *m* synchronously via $Sync_{Send}$. For the sender subject this
comes up to simply $\text{CONTINUEMULTIROUND}_{Success}$. The prepared message becomes available through the *RendezvousWithReceiver* so that the receiver can RECORDLOCALLY it (see
the denitions in Sect. 3.4). In ASYNC*(Send)* the component PASSMSG*(msg)* is called[19] if the
msg is not Blocked. Therefore *msg* insertion must take place in two cases: either *msg*
violates no constraint row or it violates one and the action of the rst row it violates is not
DropIncoming; in the second case also a Drop action has to be done to create in the input
pool a place for the incoming *msg*.

ASYNC*(Send)(subj, state, msg)* =

    PASSMSG*(msg)*

    $\text{CONTINUEMULTIROUND}_{Success}$ *(subj, state, msg)*

where

PASSMSG*(msg)* =

    let *pool* = *inputPool (receiver (msg))*

      row = *first([r ∈ constraintTable(pool) |*

        ConstraintViolation(msg, r)])

          if row ≠ **undef and** *action(row)* ≠ *DropIncoming*

            then Drop*(action)*

          if *row* = **undef or** *action(row)* ≠ *DropIncoming* **then**

            INSERT*(msg, pool)*

      insertionTime(msg, pool) := *now*

DROP*(action)* =

    if action = *DropYoungest* **then** DELETE*(youngestMsg(pool), pool)*

    if action = *DropOldest* **then** DELETE*(oldestMsg(pool), pool)*

PossibleAsyncSend (subj, msg) iff **not** *Blocked(msg)*

Blocked(msg) iff

    let *row* = *first([r ∈ constraintTable(inputPool (receiver (msg))) |*

      ConstraintViolation(msg, r)])

        row ≠ **undef and** *action(row)* = *Blocking*

In **Sync***(Send)(subj, state, msg)* the *subject* has nothing else to do than to CONTINUEMUL-
TIROUND$_{Success}$ because through the *RendezvousWithReceiver* the elaborated *msg* becomes

---

The reader will notice that for Send actions the PossibleAsync predicate depends only on messages. We have
  included the subj ect parameter for reasons of uniformity, since it is needed for PossibleAsyncReceive .
18 In case of a single send action the subject will directly CompleteNormallySend .
19 Typically an implementation will charge the input pool manager to execute PassMsg, even if here the machine
  appears as component of a subj -rule.

available to the receiver which will RECORDLOCALLY it during its *RendezvousWithSender* (see Sect. 3.4).

SYNC*(Send)(subj, state, msg)* =

CONTINUEMULTIROUND$_{Success}$ *(subj, state, msg)*

PossibleSync$_{Send}$ *(subj, msg)* iff *RendezvousWithReceiver (subj, msg)*

Necessarily the following description of *RendezvousWithReceiver* refers to some details of the denitions for receive actions described in Sect. 3.4. Upon the rst reading this denition may be skipped to come back to it after having read Sect. 3.4. For a *RendezvousWithReceiver (subj, msg)* the receiver has to *tryToReceive* (see Fig. 4) synchronously (i.e. the receiver has chosen a *currMsgKind*[20] which requests a synchronous message transfer, described in *Sync(Receive)* (see Sect. 3.4) as *commMode(currMsgKind)* = sync and *subject* itself has to try a synchronous message transfer, i.e. the *msg* it wants to send has to be Blocked by the first synchronization requiring row which concerns *msg* (i.e. where *Match(msg, row)* holds) in the *constraintTable* of the receiver's input pool. Furthermore the msg the sender offers to send must *Match* the *currMsgKind* the receiver has currently chosen in its current SID state.

RendezvousWithReceiver (subj, msg) iff

tryMode(rec) = *tryToReceive* **and** *Sync(Receive)(currMsgKind)*

and *SyncSend(msg)* **and** *Match(msg, currMsgKind)*

where

rec = *receiver (msg)*, *recstate* = *SID state(rec)*

currMsgKind = *currMsgKind(rec, recstate)*

blockingRow =

first({r ∈ constraintTable(rec) | ConstraintViolation(msg, r)})

SyncSend(msg) iff *size(blockingRow)* = 0

Remark. The denition of *RendezvousWithReceiver* makes crucial use of the fact that for each subject its *SID_state* is uniquely determined so that for a subject in *tryMode tryToReceive* the selected receive alternative can be determined.

3.4 How to Actually Receive a Message

In this section we dene the two ASYNCH*(Receive)* and SYNC*(Receive)* components which asynchronously or synchronously carry out the actual Receive action and CONTINUE-MULTIROUND$_{Success}$ if the conditions *PossibleAsync$_{Receive}$* resp. *PossibleSync$_{Receive}$* is satised. There are four kinds of basic receive action, depending on whether the receiver for the currently chosen kind of expected messages in its current alternative is ready to receive ('expects') *any* message or a message from a particular *sender* or a message of a particular type or a message of a particular type from a particular sender. We describe such

---

[20] This MultiRound location is updated in MARKCHOICE.

receive conditions by the set *ExpectedMsgKind* of triples describing the combinations of sender and message *type* from which the receiver may choose *mult(alt)* many for messages it will accept (see the denition of PrepareMsgReceive in Sect. 3.1). *ExpectedMsgKind(subj, state, alt)* yields a set of 3-tuples of form:

$s\ t\ commMode$

where

$s \in Sender \cup \{any\}$ **and** $t \in MsgType \cup \{any\}$

$commMode \in \{async, syncg\}$ // accepted communication mode

The communication mode decides upon whether the receiver will try to Async*(Receive)* or to Sync*(Receive)* a message of a chosen expected message kind.

Async(Receive)(m) holds if commMode(m) = async. If a subject is called to Async(Receive) (subj; state;m) it knows that a message satisfying the asynchronous receive condition PossibleAsyncReceive (subj ;m) is Present in its input pool. It can then ContinueMulti-RoundSuccess and Accept a message matching m. Since the input pool may contain at a given moment more than one message which matches m, to Accept a message one needs another selection function selectReceiveOfKind(m) to determine the one message which will be received.

Async*(Receive)(subj, state, msg)* =

Accept*(subj, msg)*

ContinueMultiRound$_{Success}$ *(subj, state, msg)*

where

Accept*(subj, m)* =

let *receivedMsg* =

$select_{ReceiveOfKind(m)}$ *({msg $\in$ inputPool (subj) j Match(msg, m)})*

RecordLocally*(subj, receivedMsg)*

Delete*(receivedMsg, inputPool (subj))*

Async(Receive)(m) iff *commMode(m) = async*

PossibleAsyncReceive (subj, m) iff *Present(m, inputPool (subj))*

Present(m, pool) iff **forsome** *msg $\in$ pool Match(msg, m)*

When Sync*(Receive)(subj, state)* is called, the receiver knows that there is a *sender* for a *RendezvousWithSender* (a subject which right now via a Try$_{Send}$ action tries to and CannAccess the receiver's input pool with a matching message, see Sect. 3.3) to receive its *msgToBeSent*. The synchronization then succeeds: subj ect can RecordLocally the *msgToBeSent*, bypassing the input pool,[21] and ContinueMultiRound$_{Success}$ *(subj, state, currMsgKind(subj, state))*.

Sync*(Receive)(subj, state, msgKind)* =

---

[21] The input pool is bypassed only concerning the act of passing the message from sender to receiver during the rendezvous. It is addressed however to determine the synchronization partner as the unique subject which in the given state can communicate with the receiver (whether synchronously or asynchronously), as mentioned in the footnote to the denition of Try$_{Send}$ in Sect. 3.3.

let $P = inputPool (subj), sender = s(CanAccess(s, P))$

$\textsc{RecordLocally}(subj, msgToBeSent(sender, SID\ state(sender)))$

$\textsc{ContinueMultiRound}_{Success} (subj, state, msgKind)$

$Sync(Receive)(msgKind)$ iff $commMode(msgKind) = sync$

$PossibleSync_{Receive} (subj, msgKind)$ iff

$RendezvousWithSender(subj, msgKind)$

$RendezvousWithSender(subj, msgKind)$ iff

$Sync(Receive)(msgKind)$ **and**

let $sender = s(CanAccess(s, inputPool (subj)))$

let $msgToBeSent = msgToBeSent(sender; SID\ state(sender))$

$tryMode(sender) = tryToSend$ **and** $SyncSend(msgToBeSent)$

and $Match(msgToBeSent, msgKind)$

Remark. The denition of *RendezvousWithSender* makes crucial use of the fact that for each subject its *SID_state* is uniquely determined and therefore for a subject in *tryMode tryToSend* also the *msgToBeSent*. Thus through the rendezvous this message becomes available to the receiver to $\textsc{RecordLocally}$ it.

The subcomponent structure of Behavior(*subj, state* for *states* whose associated *service* is a *ComAct* (Send or Receive) is illustrated in Fig. 5.

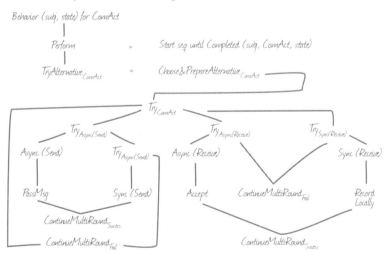

Fig. 5. Subcomponent Structure for Communication Behavior

3.5 Internal Functions

A detailed internal Behavior of a *subject* in a *state* with internal function A can be defined in terms of the submachines START and PERFORM together with the completion predicate *Completed* for the parameters *(subj, A, state)* in the same manner as has been done for communication actions in Sect. 3.3-3.4 | but only once it is known how to start, to perform and to complete A. For example, for Java coded functions A START*(subj, A, state)* could mean to call the (multithreaded) Java interpreter *execJavaThread* defined in terms of ASMs in [4, p.101], PERFORM*(subj, A, state)* means to execute it step by step and the completion predicate coincides with the termination condition of *execJavaThread*. A still more detailed description, one step closer to executed code, can be obtained by a refinement which replaces the computation of *execJavaThread* for A by a (in [4, Ch.14] proven to be equivalent) computation of the Java Virtual Machine model (called *diligentVM$_D$* in [4, p.303]) on *compile(A)*.

For internal *states* with uninterpreted internal functions A the two submachines of BEHAVIOR*(state)* and the completion predicate remain abstract and the semantics of the SBD where they occur derives from the semantics of ASMs [2] for which the only requirement is that in an ASM state every function is interpreted even if the specication does not dene the interpretation. The only requirement is that PERFORMING an internal action is guarded by an interrupt mechanism. This comes up to further specify the SID-transition scheme for internal actions by detailing its **else**-clause as follows:

> **if** *Timeout(subj, state, timeout(state))* **then**
>
> > INTERRUPT$_{service}$*(state)(subj, state)*
>
> **elseif** *UserAbruption(subj, state)*
>
> > **then** ABRUPT$_{service}$*(state)(subj, state)*
>
> > **else** PERFORM*(subj, state)*

Remark. An internal function is not permitted to represent a nested subject behavior diagram so that the SID-level normalized behavior view, the one defined by the subject behavior diagrams of a process (see Sect. 5.2), is clearly separated from the local subject behavior view for the execution of a single internal function by a subject. At present the tool permits as internal functions only self-services, no delegated service.

4 A Structured Behavioral Concept: Alternative Actions

Additional structural constructs can be introduced building upon the denitions for the core constructs of subject behavior diagrams: internal function, send and receive. The goal is to permit compact structured representations of processes which make use of common reuse, abstraction and modularization techniques. Such constructs can be defined by further refinements of the ASMs defined in Sect. 3 to accurately capture the semantics of the core SBD-constituents. The rened machines represent each a conservative (i.e. purely incremental) extension of the previous machines in the sense that on the core actions the two machines have the same behavior, whereas the rened version can also interpret additional constructs.

In this section we deal with a structural extension concerning the general behavior of subjects, namely alternative actions. In Sect. 5 extensions concerning the communication constructs will be explained.

The concept of alternative actions allows the designer to express the order independence of certain actions of a subject. This abstraction from the sequential execution order for specic segments in a subject behavior diagram run is realized by introducing so-called *alternative action* (also called alternative path) states, a structured version of SID-states which is added to communication and internal action states.

At an alternative action *state* the computation of a subject splits into nitely many interleaved subcomputations of that subject, each following a (so-called alternative) subject behavior diagram *altBehDgm(state, i)* of that subject ($1 \leq i \leq m$ for some natural number m determined by the *state*). For this reason such SID-states are also called *altSplit* states.

$$AltBehDgm(altSplit) = \{altBehDgm(altSplit, i) \mid 1 \leq i \leq m\}$$

Stated more precisely, to PERFORM ALTACTION - the *service* associated to an alternative action *state* - means to perform for some subset of these alternative SBDs the behavior of each subdiagram in this set, executed step by step in an arbitrarily interleaved manner.[22] Some of these subdiagram computations may be declared to be compulsory with respect to their being started respectively terminated before the ALTACTION can be *Completed*.

To guarantee for computations of alternative action states a conceptually clear termination criterion in the presence of compulsory and optional interleaved subcomputations each altSplit *state* comes in pair with a unique alternative action join state *altJoin(state)*. The split and join states are decorated for each subdiagram D in AltBehDgm(state) with an *entryBox(D)* and an *exitBox (D)* where in the pictorial representation (see Fig. 6) an x is put to denote the compulsory nature of entering resp. exiting the D-subcomputation via its unique *altEntry(D)* resp. *altExit(D)* state linked to the corresponding box. Declaring *altEntry(D)* and/or *altExit(D)* as Compulsory expresses the following constraint on the run associated to the ALTACTION split state:

- A compulsory *altEntry(D)* state must be entered during the run so that the D-subcomputation must have been started before the run can be *Completed*. It is required that every alternative action split state has at least one subdiagram with compulsory *altEntry* state.

- A compulsory *altExit(D)* state must be reached in the run, for the run to be Completed, if during the run a D-subcomputation has been entered at *altEntry(D)* (whether the

---

altEntry(D) state is compulsory or not). It is required that every alternative action join state has at least one subdiagram with compulsory *altExit* state.[23]

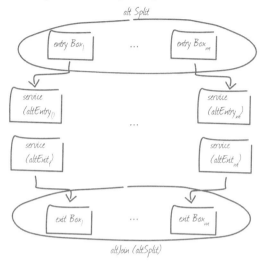

Fig. 6. Structure if Alternative Action Nodes

WHEN PROCEED takes the edge which leads out of *altExit(D)* to its successor state *exitBox (D)* (see Fig. 6), the computation of the service associated to *altExit(D)* and therefore the entire *D*-subcomputation is completed. This does not mean yet that the entire computation of the AltAction state is *Completed: exitBox(D)* is a wait state to wait for all other to-be-exited subcomputations of the ALTACTION state to be completed too. Formally the *service* ALTACTIONWAIT associated to a wait state is empty and there is no isolated exit from a wait state (read: no wait action is ever *Completed* in isolation) but only a common EXITALTACTION from all relevant wait states once ALTACTION is Completed (see below). This is formalized by the following denition.

START*(subj,* AltActionWait, *exitBox)* =

    INITIALIZECOMPLETIONPREDICATE$_{AltActionWait}$ *(subj, exitBox)*

PERFORM*(subj,* ALTACTIONWAIT, *exitBox)* = **skip**

It is then stipulated that an ALTACTION - read: the run STARTED when entering an alternative action SID-state - is *Completed* if and only if for each subdiagram D with compulsory *altExit(D)* state the subject during the run has reached the *exitBox(D)* state - by construction of the diagram this can happen only through the *altExit(D)* after having *Completed* the service associated to this state and therefore the entire D-subcomputation - if in the run a subdiagram computation has been started at all at *altEntry(D)* of D Therefore from the SID-level point-of-view the BEHAVIOR*(subj, node)* for an alternative action

---

[23] This condition implies that if an alternative action node is entered where no subdiagram with compulsory *altExit* has a compulsory *altEntry*, the subcomputation of this alternative action is immediately *Completed*. Therefore it seems reasonable to require for alternative action nodes to have at least one subdiagram where both states *altEntry* and *altExit* are compulsory.

node is defined exactly as for standard nodes (with or without multiple (condition) exits); what is specic is the denition of STARTing and PERFORMing the steps of (read: the run defined by) an ALTACTION and the denition of when it is *Completed*. In other words we treat ALTACTION as the *service* associated to an alternative action state.

For the formal denition of what it means to START and to PERFORM the ALTACTION associated to an *altSplit* state the fact is used that SID-states of a subject are (implicitly) parameterized by the diagram in which the states occur. As a result one can keep track of whether the subject is active in a subcomputation of one of the alternative subject behavior diagrams in *AltBehDgm(altSplit)* by checking whether the *SID_state(subj, D)* has been entered by the subject (formally: whether it is defined) for any of these subdiagrams D. Therefore START*(subj,* ALTACTION*, altSplit)* sets *SID_state(subj, D)* to *altEntry(D)* for each subdiagram *D* whose *altEntry(D)* state is *Compulsory* and guarantees that the associated *service(altEntry(D))* is STARTED. For the other subdiagrams *SID_state(subj, D)* is initialized to **undef**.[24]

START*(subj,* ALTACTION*, altSplit)* =

> **forall** $D \in AltBehDgm(altSplit)$
>
> > **if** *Compulsory(altEntry(D))* **then**
> >
> > > *SID_state(subj, D) := altEntry(D)*
> > >
> > > START*(subj, service(altEntry(D)), altEntry(D))*
> >
> > **else** *SID_state(subj, D)* := **undef**

As a consequence the computation of *subject* in a subdiagram *D* becomes active by dening the *SID_state(subj, D)* so that the formal denition of the completion condition for alternative actions nodes described above reads as follows:[25]

Completed(subj, ALTACTION*, altSplit)* **iff**

> **forall** $D \in AltBehDgm(altSplit)$
>
> > **if** *Compulsory(altExit(D))* and *Active(subj, D)*
> >
> > > **then** $SID\_state(subj, D) \neq exitBox (D)$

> **where**
>
> > *Active(subj, D)* **iff** $SID\_state(subj, D) \neq$ **undef**

Thus from the *altSplit* state the subject reaches its unique SID-successor state *altJoin(altSplit)*,[26] where subj ect performs as EXITALTACTION action (with empyt START) to reset *SID_state(subj, D)* for each alternative diagram $D \in AltBehDgm(altSplit)$ and to SETCOMPLETIONPREDICATE$_{ExitAltAction}$, so that subject in the·next step from here will Proceed to a successor SID-state of the *altJoin(altSplit)* state.

---

[24] This denition of START implies that *entryBox(D)* is only a placeholder for the *Compulsory* attribute of *D*, whereas *exitBox (D)* is treated as a diagram state for ALTACTIONWAITING that the entire ALTACTION action is *Completed*.

[25] The completion predicate for alternative action nodes is a derived predicate, in contrast to its controlled nature for communication actions.

[26] In the diagram no direct edge connecting the two nodes is drawn, but it is implicit in the parenthesis structure formed by *altSplit* and *altJoin(altSplit)*.

START*(subj,* EXITALTACTION, *altJoin(altSplit))* = **skip**

PERFORM*(subj,* EXITALTACTION, *altJoin)* =

> **forall** $D \in AltBehDgm(altSplit)$ *SID_state(subj, D)* := **undef**

> SETCOMPLETIONPREDICATE$_{ExitAltAction}$ *(subj, altJoin(altSplit))*

To PERFORM a step of ALTACTION - a step in the subrun of an alternative action node - the subject either will PERFORMSUBDGMSTEP, i.e. will execute the BEHAVIOR as defined for its current state in any of the subdiagrams where it is active, or it will STARTNEWSUBDGM in one of the not yet active alternative behavior diagrams.

PERFORM*(subj, AltAction, state)* =

> PERFORMSUBDGMSTEP*(subj, state)*

> > **or** STARTNEWSUBDGM*(subj, state)}*

where

> PERFORMSUBDGMSTEP*(s, n)* =

> > **choose** $D \in ActiveSubDgm(s, n)$ *in Behavior(s, SID state(s, D))*

> STARTNEWSUBDGM*(s, n)* =

> > **choose** $D \in AltBehDgm(n)$ *n ActiveSubDgm(s, n)*

> > > *SID_state(s, D)* := *altEntry(D)*

> > > START*(s, service(altEntry(D)), altEntry(D))*

> *ActiveSubDgm(s, n)* = *{D* $\in$ *AltBehDgm(n) | Active(s, D)}*

> *R* **or** *S* = **choose** $X \in \{R, S\}$ **in** *X*

Remark. In each step of ALTACTION the underlying *SID_state* is uniquely determined by the interleaving scheme: it is either the alternative action state itself (when STARTNEW-SUBDGM is chosen) or the *SID_state* in the diagram chosen to PERFORMSUBDGMSTEP, so that it can be computed recursively. There fore its use in dening *RendezvousWith...* is correct also in the presence of alternative actions.

Remark. The understanding of alternative state computations is that once the alternative clause is *Completed* none of its possibly still non completed subcomputations will be continued. This is guaranteed by the fact that the submachine PERFORMSUBDGMSTEP is executed (and thus performs a subdiagram step of subject) only when triggered by Perform in the subject's *altSplit* state, which however (by denition of BEHAVIOR*(subj, state)*) is not executed when *Completed* is true.

Remark. The tool at present does not allow nested alternative clauses, although the specication defined above also works for nested alternative clauses via the *SID_state(s, D)* notation for subdiagrams *D* which guarantees that for each diagram *D* each *subject* at any moment is in at most one *SID_state(subj, D)*. If the subdiagrams are properly nested (a condition that is required for alternative behavior diagrams), it is guaranteed by the denition of PERFORM for an ALTACTION that *altSplit* controls the walk of subj through the subdiagrams until ALTACTION is *Completed* at *altSplit* so that subj can PROCEED to its unique successor state *altJoin(altSplit)*; if one of the behavior subdiagrams of *altSplit* contains an alternative split state *state$_1$* with further alternative behavior subdiagrams, both *altSplit* and *state₁* together control the walk of subj through the subsubdiagrams until ALTACTION is *Completed* at *state₁*, etc."

Remark. The specication above makes no assumption neither on the nature or number of the states from where an alternative action node is entered nor on the number of edges leaving an alternative action node or the nature of their target states. For this reason Fig. 6 shows no edge entering altSplit and no edge leaving *altJoin(altSplit)*.

Remark. Alternative action nodes can be instantiated by natural constraints on which entry/exit states are compulsory to capture two common business process constructs, namely and (where each entry- and exitBox has an x) and or (where no entry- but every exitBox has an x). A case of interest for testing purposes is skip (where not exitBox has an x).

■ 5 Notational Structuring Concepts

This section deals with notational concepts to structure processes. Some of them can be described by further ASM refinements of the basic constituents of SBDs.

5.1 Macros

The idea underlying the use of macros is to describe once and for all a behavior that can be replicated by insertion of the macro into multiple places. Macros represent a notational device supporting to dene processes where instead of rewriting in various places copies of some same subprocess a short (possibly parameterized) name for this subprocess is used in the enclosing process description and the subprocess is separately defined once and for all. In the S-BPM contexte inserted into given SBDs of possibly dierent (types of) subjects (participating in one process or even in dierent processes). The insertion must be supported by a substitution mechanism to replace (some of) the parameters of the macro-SBD by subject types or by concrete subjects that can be assumed to be known in the context of the SBD where the macro-SBD is inserted.

---

[27] Let SBDs $D, D_1, D_2, D_{11}, D_{12}$ be given where D is the main diagram with subdiagrams D_1, D_2 at an alternative action state altSplit and where D_1 contains another alternative action *state₁* with subdiagrams D_{11}, D_{12}. Then the *SID_state* of subj rst walks through states in D (read: assumes as values of *SID_state(subj)* = *SID_state(subj, D)* nodes in D) until it reaches the D-node altSplit; altSplit controls the walks through SID state(subj, Di) states (for i = 1, 2), in D_1 until *SID_state(subj, D₁)* reaches *state₁*. Then altSplit and *state₁* together control the walk through *SID_state(subj, D₁ⱼ)* (for j = 1, 2) until the ALTACTION at node state1 is *Completed*. Then *altSplit* continues to control the walk through *SID_state(subj, Dᵢ)* states (for i = 1, 2) until the ALTACTION at *altSplit* is Completed.

An SBD-macro (which for brevity will be called simply a macro) is defined to be an SBD which is parameterized by nitely many subject types. Usually the rst parameter is used to specify the type of a subject into whose SBDs the macro can be inserted. The remaining parameters specify the type of possible communication partners of (subjects of the type of) the first parameter. Through these parameters what is called macro really is a scheme for various macro instances which are obtained by parameter substitution.

To increase the exibility in the use of macros it is permitted to enter and exit an SBD-macro via nitely many *entryStates* resp. *exitEdges* which can be specied at design time and are pictorially represented by so-called macro tables decorating so-called *macro states* (see Fig. 7). They are required to satisfy some natural conditions (called *Macro Insertion Constraints*) to guarantee that if a subject during its walk through D reaches the macro state it will:

- walk via one of the *entryStates* into the macro,
- then walk through the diagram of the macro until it reaches one of the *exitEdges*,
- through the *exitEdge* Proceed to a state in the enclosing diagram *D*.

Fig. 7. Macro Table associated to a Macro State

The macro insertion constraints are therefore about how the *entryStates* and *exitEdges* are connected to states of the surrounding *subject* behavior diagram *D* if the macro name is inserted there. We formulate them as constraints for (implicitly) transforming an SBD *D* where a macro state appears by insertion of the macro SBD at the place of the macro state.

Macro Insertion Constraints When a *macroState* node with SBD-macro *M* occurs in a subject behavior diagram *D*, *D* is (implicitly) transformed into a diagram *D[macroState=M]* by inserting *M* for the *macroState* and redirecting the edges entering and exiting *macroState* such that the following conditions are satised:

1. Each *D*-edge targeting the *macroState* must point to exactly one *entryState* in the macro table and is redirected to target in *D[macroState=M]* this entryState, i.e. the state in the subject behavior diagram *M* where the subject has to Proceed to upon entering the *macroState* at this *entryState*.

   - There is no other way to enter *M* than via its *entryStates*, i.e. in the diagram *D[macroState=M]* each edge leading into *M* is one of those redirected by cons traint 1.

---

[28] This macro denition deliberately privileges the role of subjects, hiding the underlying data structure parameters of an SBD-macro.

2. Each *exitEdge* in the macro table must be connected in *D[macroState=M]* to exactly one D-successor state succ of the *macroState*, i.e. the state in the enclosing diagram *D* where to PROCEED to upon exiting the macro SBD M through the *exitEdge*.

   ▪ There is no other way to exit *M* than via its *exitEdges*, i.e. in the diagram *D[macroState=M]* each edge leaving the *macroState* node is one of those redirected to satisfy constraint 2.

3. Each *macro exit state* and no other state[29] appears in the macro table as source of one of the *exitEdges*. A state in a macro diagram *M* is called macro exit state if in *M* there is no edge leaving that state.

As a consequence of the macro insertion constraints the behavior of an SBD-macro at the place of a *macroState* in an SBD is defined, namely as behavior of the inserted macro diagram.[30] This denition provides a well-defined semantics also to SBDs with well nested macros.

Remark. For dening the abstract meaning of macro behavior it is not necessary to also consider the substitution of some macro parameters by names which are assumed to be known in the enclosing diagram where the macro is inserted. These substitutions, which often are simply renamings, only instantiate the abstract behavior to something (often still abstract but somehow) closer to the to-be-modeled reality.

5.2 Interaction View Normalization of Subject Behavior Diagrams

Focus on communication behavior with maximal hiding of internal actions is obtained by the *interaction view* of SBDs (also called *normalized behavior view*) where not only every detail of a function state is hidden (read: its internal PERFORM steps), but also subpaths constituted by sequences of consecutive internal function nodes are compressed into one abstract internal function step. In the resulting *InteractionView(D)* of an SBD *D* (also called normalized SBD or function compression *FctCompression(D)*) every communication step together with each entry into and exit out of any alternative action state is kept,[31] but every sequence of consecutive function steps appears as compressed into one abstract function step. Thus an interaction view SBD shows only the following items:

▪ the initial state,

▪ transitions from internal function states to communication and/or alternative action states,

---

[29] The second conjunct permits to avoid a global control of when a macro subrun terminates.

[30] Dierent occurences of the same SBD-macro M at dierent macroStates in an SBD may lead to dierent executions, due to the possibly dierent macro tables in those states.

[31] Alternative action nodes must remain visible in the interaction view of an SBD because some of their alternative behavior subdiagrams may contain communication states and others not. The other structured states need no special treatment here: multi-process communication states remain untouched by the normalization and macros are considered to have their dening SBD to be inserted when the normalization process starts

- transitions from communication or alternative action states,
- the end states.

Since interaction view SBDs are SBDs, their semantics is well-defined by the ASM-interpreter described in the preceding sections. The resulting interaction *view runs*, i.e. runs of a normalized SBD, are distinguished from the standard runs of an SBD by the fact that each time the *subject* PERFORMS an internal action in a state, in the next state it PERFORMS a communication or alternative action (unless the run terminates).

For later use we outline here a normalization algorithm which transforms any SBD *D* by function compression into a normalized SBD *InteractionView(D)*. The idea is to walk through the diagram, beginning at the start node, along any path leading to an end node until all possible paths have been covered and to compress along the way every sequence of consecutive internal function computation steps into one internal function step. Roughly speaking in each step, say *m*, whenever from a given non-internal *state* through a sequence of internal function nodes a non-internal action or end state *state'* is reached, an edge from state to one internal function *node* – with an appropriately compressed semantically equivalent associated *service(node)* – and from there an edge to *state'* are added to *InteractionView(D)* and the algorithm proceeds in step $m+1$ starting from every node in the set *Frontier$_m$* of all such non-internal action or end nodes *state'* which have not been encountered before – until *Frontier$_m$* becomes empty. Some special cases have to be considered due to the presence of alternative action nodes and to the fact that it is permitted that end nodes may have outgoing edges, so that the procedure will have to consider also paths starting from end nodes or *altEntry* or *altJoin* states of alternative action subdiagrams.

Start Step. This step starts at the initial start state of D. start goes as initial state into InteractionView(D). There are two cases to consider.

Case 1. *start* is not an internal function node (read: a communication or alternative action *altSplit* state[32]) or it is an end node of *D*. Then *start* will not be compressed with other states and therefore will be a starting point for compression rounds in the iteration step. We set *Frontier$_1$* := *{start}* for the iteration steps. If an edge from start to start is present in *D*, it is put into *InteractionView(D)* leaving the service associated to the start node in the normalized diagram unchanged.

Case 2. *start* is an internal function node. Then its function may have to be compressed with functions of successive function states. Let *Path$_1$* be the set of all paths *state$_1$*, ..., *state$_{n+1}$* in *D* such that *state$_1$* = start and the following **MaximalFunctionSequence** property holds for the path *state$_1$*, ..., *state$_{n+1}$*:

- for all $1 \le i \le n$ *state$_i$* is an internal function node with associated service f_i and not an end state of *D*
- *state$_{n+1}$* is an end state of *D* or not an internal action state.[33]

---

[32] A start state cannot be an altJoin(altSplit) state because otherwise the diagram would not be well-formed.
[33] The end node clauses in these two conditions guarantee that end nodes survive the normalization.

Then each subpath $state_1, ..., state_n$ of a path in $Path_1$ (if there are any) is compressed into the *start* node[34] with associated service $(f_1 ... f_n)$ and put into *InteractionView(D)* with one edge leading from *start* (which is then also denoted $state_{(1, ..., n)}$) to $state_{n+1}$. All final nodes $state_{n+1}$ of $Path_1$ elements are put into $Frontier_1$ and thus will be a starting point for iteration steps.

Iteration Step. If $Frontier_m$ is empty, the normalization procedure terminates and the obtained set *InteractionView(D)* is what is called the interaction view or normalized behavior diagram of D and denoted *InteractionView(D)*.

If $Frontier_m$ is not empty, let $state_0, .., state_{n+1}$ be any element in the set $Path_{m+1}$ of all paths in D such that $state_0 \in Frontier_m$ and for the subsequence $state_1, ..., state_{n+1}$ the MaximalFunctionSequence property holds. In case of an alternative action altSplit state in $Frontier_m$, as $state_0$ the altEntryi state of any alternative behavior subdiagram is taken, so that upon entering an alternative action node the normalization proceeds within the subdiagrams. The auxiliary wait action states $exitBox_i$ are considered as candidates for nal nodes $state_{n+1}$ of to-be-compressed subsequences (read: not internal action nodes) so that they survive the compression and can play their role for determining the completion predicate for the alternative action node also in *InteractionView(D)*. The altJoin(altSplit) state is considered like a diagram start node so that it too survives the compression. This realizes that alternative action nodes remain untouched by the normalization procedure, though their subdiagrams are normalized.[35]

If the to-be-compressed internal functions subsequence contains cycles, these cycles are eliminated by replacing recursively every subcycle-free subcycle from $state_i$ to $state_i$ by one node statei and associated service $(f_i ... f_i)$. Then each cycle-free subsequence state1, ..., $state_n$ obtained in this way from a path in Pathm+1 is further compressed into one node, say $state_{(1,..., n)}$ with associated service $(f_1 ... f_n)$ and is put into *InteractionView(D)* together with two edges, one leading from $state_0$ to $state_{(1, ..., n)}$ and one from there to $state_{n+1}$.

All final nodes $state_{n+1}$ of such compressed $Path_{m+1}$ elements which are not in $Frontier_k$ for some $k \le m$ (so that they have not been visited before by the algorithm) are put into $Frontier_{m+1}$ and thus may become a starting point for another iteration step. In the special case of an alternative action node: if $state_{n+1}$ is an $exitBox_i$ state, $exitBox_i$ is not placed into $Frontier_{m+1}$ because the subdiagram compression stops here. The normalization continues in the enclosing diagram by putting instead altJoin(altSplit) into $Frontier_{m+1}$.

5.3 Process Networks

This section explains a concept which permits to structure processes into hierarchies via communication structure and visibility and access right criteria for processes and/or subprocesses.

---

[34] This guarantees that initial internal function states survive the compression procedure.

[35] The compression algorithm can be further sharpened for alternative action nodes by compressing into one node certain groups of subdiagrams without communication or alternative action nodes.

Process Networks and their Interaction Diagrams An S-BPM *process network* (shortly called process network) is defined as a set of S-BPM processes. Usually the constituent processes of a process network are focussed on the communication between partner processes and are what we call *S-BPM component processes*. An S-BPM component process (or shortly component) is defined as a pair of an S-BPM process P and a set *ExternalPartnerProc* of external partner processes which can be addressed from within P. More precisely *ExternalPartnerProc* consists of pairs *(caller, (P0', externalSubj))* of a caller – a distinguished P-subject – and an S-BPM process P' with a distinguished $P'\_subject\ externalSubj$, the communication partner in P' which is addressed from within P by the caller and thus for the caller appears as external subject whose process typically is not known to the *caller*.

We define that two process network components *(P, (caller, (P', extSubj')))* and *(P', (caller$_1$, (P$_1$, extSubj'$_1$)))* (or the corresponding subjects *caller, extSubj'*) are *communication partners* or simply partners (in the network) if the external subject which can be called by the caller in the rst process is the one which can call back this caller, formally:

$P' = P_1$ **and** $extSubj' = caller_1$ **and** $P'_1 = P$ **and** $extSubj'_1 = caller$

A *service process* in a process network is a component process which is communication partner of multiple components in the network, i.e. which can be called from and call back to multiple other component processes in the network. Thus the *ExternalSubj* ect referenced in and representing a service process S for its clients represents a set of external subjects[36], namely the (usually disjoint) union of sets *ExternalSubj (P, S)*, namely the *extSubjects* of the partner subjects in *caller (P, S)* which from within their *process P* call the partner process S by referencing *extSubj* , formally:

$$ExternalSubj\ (S) = \bigcup_{P \in Partner(S)} ExternalSubj\ (P,\ S)$$

Each communication between a client process P and a service process S implies a substitution (usually a renaming) at the service process side of its *ExternalSubj(S)* by a dedicated element *extSubj* of *ExternalSubj(S, P)* which is the *extSubj* of an element of the set *caller(P, S)* of concrete subjects calling S from the client process P.

A special class of S-BPM process networks is obtained by the decomposition of processes into a set of subprocesses. As usual various decomposition layers can be defined, leading to the concepts of horizontal subjects (those which communicate on the same layer) and vertical subjects (those which communicate with subjects in other layers) and to the application of various data sharing disciplines along a layer hierarchy.

An S-BPM process network comes with a graphical representation of its communication partner signature by the so-called *process interaction* diagram (PID), which is an analogue of a SID-diagram lifted from subjects to processes to which the communicating subjects belong. A PID for a process network is defined as a directed graph whose nodes are (names of) network components and whose arcs connect communication partners. The arcs may be labeled with the name of the message type through which the partner

---

[36] For this reason it is called a general external subject.

is addressed by the caller. A further abstraction of PIDs results if the indication of the communicating subjects is omitted and only the process names are shown.

Observer View Normalization of Subject Behavior Diagrams The interaction view normalization of SBDs defined in Sect. 5.2 can be pushed further by dening an *observer's ObserverView* of the SBD of an observed *subject*, where not only internal functions are compressed, but also communication actions of the observed subject with other partners than the observer subject. In dening the normalization of an SBD D into the *ObserverView(observer, D_{subj})* some attention has to be paid to structured states, namely those with communication alternatives or multiple communication actions and states with alternative actions. To further explain the concept we outline in the following a normalization algorithm which denes this *ObserverView(observer, D_{subj})*.

In a first step we construct a *CommunicationHiding(observer, D_{subj})* diagram, also written $D_{subj} \downarrow observer$. It is semantically equivalent to but appears to be more abstract than D. Roughly speaking each communication action in D between the subject and other partners than the *observer* is hidden as an abstract pseudo-internal function, whose specication hides the original content of the communication action. Then to the resulting SBD the interaction view normalization defined in Sect. 5.2 is applied (where pseudo-internal functions are treated as internal functions). The nal result is the *ObserverView* of the original SBD:

$$ObserverView(observer, D_{subj}) =$$

$$InteractionView(D_{subj} \downarrow observer)$$

The idea for the construction of $D_{subj} \downarrow observer$ is to visit every node in the SBD of subj ect once, beginning at the start node and following all possible paths in D, and to hide every encountered not *observer*-related communication action of *subject* as a (semantically equivalent) pseudo-internal function step. Since internal function states are not aected by this, it suces to explain what the algorithm does at (single or multi-) communication nodes or at alternative action nodes. The symmetry in the model between send and receive actions permits to treat communication nodes uniformly as one case.

Case 1. The visited *state* has a send or receive action.

If the observer is not a possible communication partner of the *subject* in any communication *Alternative(subj, state)* (Case 1.1), then the entire action in *state* is declared as pseuo-internal function (with its original but hidden semantical eect). If *observer* is a possible communication partner in every communication *Alternative(subj, state)* (Case 1.2), then the communication action in *state* remains untouched with all its communication alternatives. In both cases the algorithm visits the next state.

We explain below how to compute the property of being a possible communication partner via the type structure of the elements of Alternative(subj, state).

Otherwise (Case 1.3.) split *Alternative(subj, state)* following the priority or der into alternating successive segments alt_i *(observer)* of communication alternatives with *observer* as possible partner and $alt_{i+1}(other)$ of communication alternatives with only other possible partners than observer. Keep in a priority preserving way[37] the *observer* relevant elements of any alti (observer) untouched and declare each segment alt_{i+1}*(other)* as one pseudo-internal function (with the original but hidden semantical eect of its elements) which constitutes one alternative of the subj ect in this state as observable by the observer (read: alternative in *CommunicationHiding(observer, D_{subj})*). If an alt_{j+1}*(observer)* segment contains a multi-communication action, the iteration due to the *MultiAction* character of this action remains hidden to the *observer* (read: the pseudo-internal function it will belong to is defined not to be a *MultiAction* in *Dsubj ↓ observer*). The function *select*$_{Alt}$ (and in the *MultiAction* case also the respective constraints) used in this *state* have to be redefined correspondingly to maintain the semantical equivalence of the transformation.

Case 2. The visited state is an alternative action state *altSplit*.

Split AltBehDgm(altSplit) into two subsets Alt_1 of those alternative subdiagrams which contain a communication state with observer as possible communication partner and Alt_2 of the other alternative subdiagrams. If Alt_1 is empty (Case 2.1), then the entire alternative action structure between *altSplit* and *altJoin(altSplit)* (comprising the alternative subdiagrams corresponding to this *state*) is collapsed into one state with a pseudo-internal function, which is specied to have its original semantical effect. All edges into any *entryBox* or out of any exitBox become an edge into resp. out of state and the algorithm visits the next state. If Alt_2 is empty (Case 2.2), then the alternative action state remains untouched with all its alternative subdiagrams and the algorithm visits each *altEntry* state. Once the algorithm has visited each node in each subdiagram, it proceeds from the *altJoin(altSplit)* state to any of its successor states.

Otherwise (Case 1.3.) the alternative action node structure formed by *altSplit* and the corresponding *altJoin(altSplit)* state remains, but the entire set Alt_2 of subdiagrams without communication with the observer is compressed into one new state: it is entered from an *entryBox* and exited from an *exitBox* (where all edges into resp. out of the boxes of Alt_2 elements are redirected) and has as associated service a pseudo-internal function, which is specied to have its original semantical eect. Then the algorithm visits each *altEntry* state of each Alt_1 element. Once the algorithm has visited each node in the subdiagram of each Alt_1 element, it proceeds from the *altJoin(altSplit)* state to any of its successor states.

It remains to explain how to compute whether *observer* is a possible communication partner in a communication *state* of the observed *subject* behavior diagram D_{subj}.

Case 1: state is a send state (whether canceling or blocking, synchronous or asynchronous, *Send(Single)* or *Send(Multi)*). Then observer is a possible communication partner

---

[37] In case dierent elements are allowed to have the same priority there is a further technical complication. For the priority preservation one has then to split each alt_j *(other)* further into three segments of alternatives which have a) the same *priority* as the last element in the preceding segment alt_{j-1}*(observer)* (if there is any) resp. b) a higher priority than the last element in the preceding segment alt_{j-1}*(observer)* and a lower one than the rst element in the successor segment alt_{j+1}*(observer)* (if there is any) resp. c) the same priority as the rst element in alt_{j+1}*(observer)* (if it exists). Each of these three segments must be declared as a pseudo-internal function with corresponding priority.

of subj in this state if and only if *observer* = *receiver (alt)* for some *alt* ∈ *alternative(subj , state)*.

Case 2: *state* is a receive state. Then *observer* is a possible communication partner of *subj* in this *state* if and only if the following property holds, where D_o denotes the SBD of the *observer*:

forsome *alt* ∈ *alternative(subj, state)*

forsome send state *state'* ∈ D_o

forsome *alt'* ∈ *alternative(observer, state')*

alt ∈ *fany, observerg and subj* ∈ *PossibleReceiver (alt')*[38]

    or forsome *type alt* = *type* = *alt'* *and subj* ∈ *PossibleReceiver (alt')*

    or forsome *type alt* = *(type, observer)* **and**

        alt' ∈ *{type, (type, subj)}* **and** *subj* ∈ *PossibleReceiver (alt')*

where

    subj ∈ *PossibleReceiver (alt')* if and only if

        alt' = *any* **or** *receiver (alt')* = *subj*

Remark. The above algorithm makes clear that dierent observers may have a dierent view of a same diagram.

■ 6 Two model extension disciplines

In this section we dene two composition schemes for S-BPM processes which build upon the simple logical foundation of the semantics of S-BPM exposed in the preceding sections. They support the S-BPM discipline for controlled stepwise development of complex processes out of basic modular components and oer in particular a clean methodological separation of normal and exceptional behavior. More precisely they come as rigorous methods to enrich a given S-BPM process by new features in a purely incremental manner, typically by extending a given SBD *D* by an SBD *D'* with some desired additional process behavior without withdrawing or otherwise contradicting the original BEHAVIOR$_{subj}$ *(D)*. This conservative model extension approach permits a separate analysis of the original and the extended system behavior and thus contributes to split a complex system into a manageable composition of manageable components. The separation of given and added (possibly exception) behavior allows one also to change the implementation of the two independently of each other.

---

[38] The second conjunct implies that observer is not considered to be a possible communication partner of *subj* in state if *subj* in this state is ready to receive a message from the *observer* but the *observer's* SBD has no send state with a send alternative where the *subject* could be the receiver of the *msgToBeSent*.

The difference between the two model extension methods is of pragmatic nature. The so-called Interrupt Extension has its roots in and is used like the interrupt handling mechanism known from operating systems and the exception handling pendant in high-level programmming languages. The so-called *Behavior Extension* is used to stepwise extend (what is considered as) 'normal' behavior by additional features. Correspondingly the two extension methods act at dierent levels of the S-BPM interpreter, the Interrupt Extension conditions at the SID-level the 'normal' execution of Behavior*(subj, state)*by the absence of interrupting events and calls an interrupt handler if an interruption is triggered whereas the Behavior Extension enriches the 'normal' execution of Behavior$_{subj}$ *(D)* by new ways to Proceed from Behavior*(subj, state)* to the next state.

6.1 Interrupt Extension

The Interrupt Extension method introduces a conservative form of exception handling in the sense that it transforms any given SBD *D* in such a way that the behavior of the transformed diagram remains unchanged as long as no exceptions occur (read: as long as there are no interrupts), adding exception handling in case an exception event happens. To specify how exceptions are thrown (read: how interrupts are triggered) it suces to consider here externally triggered interrupts because internal interrupt triggers concerning actions to-be-executed by a subject are explicitly modeled for communication actions Send/Receive in blocking Alternative Rounds (see Fig. 2 in Sect. 3.1) and are treated for internal functions through the specication of their Perform component. External interrupt triggers concerning the action currently Performed by a *subject* are naturally integrated into the S-BPM model via a set *InterruptKind* of kinds (pairs of sender and message type) of *InterruptMsgs* arriving in inputPool (subj) independently of whether *subject* currently is ready to receive a message. It suffices to

- guarantee that elements of *InterruptMsg* are never *Blocked* in any input pool, so that at each moment every potential *interruptOriginator* - the sender of an *interruptMsg* – can Pass*(interruptMsg)* to the input pool of the receiving subject,[39]

- give priority to the execution of the interrupt handling procedure by the receiver *subject*, interrupting the Performance of its current action when an *interruptMsg* arrives in the *inputPool(subj)*. This is achieved through the InterruptBehavior*(subj, state)* rule defined below which is a conservative extension of the Behavior*(subj, state)* rule defined in Sect. 2.2. This means that we can locally conne the extension, namely to an incremental modication of the interpreter rule for the new kind of interruptable SBD-states.

Thus the SBD-transformation *InterruptExtension* defined below has the following three arguments:

---

[39] In the presence of the input pool default row any any maxSize Blocking it suces to require that every input pool constraint table has a penultimate default interrupt msg row of form *interruptOriginator type(interruptMsg) maxSize Drop* with associated *Drop* action *DropYoungest* or *DropOldest*.

- A to be transformed SBD D with a set InterruptState of D-states si $(1 \leq i \leq n)$ where an interrupt may happen so that for such states a new rule INTERRUPTBEHAVIOR*(subj, state)* must be defined which incrementally extends the rule BEHAVIOR*(subj, state)*.

- A set *InterruptKind(s_j)* of indexed pairs *interrupt_j* $(1 \leq m)$ of sender and message type of interrupt messages to which *subject* has to react when in state s_1.

- An interrupt handling SBD D' the *subject* is required to execute immediately when an *interruptMsg* appears in its input pool, together with a set *InterruptProcEntry* of edges $arc_{i,j}$ without source node, with target node in D' and with associated $ExitCond_{i,j}$.[40]

InterruptExtension when applied to $(D, InterruptState)$, *InterruptKind* and the exception procedure $(D', InterruptProcEntry)$ joins the two SBDs into one graph D^*

$$D^* = D \cup D' \cup Edges_{D,D'}$$

where $Edges_{D,D'}$ is defined as set of edges (called again) $arc_{i,j}$ connecting in D^* the source node s_i in D with the $target(arci,j)$ node in D' where $j = indexOf (e, InterruptKind(s_i))$ for any $e \in InterruptKind$. BEHAVIOR(D^*) is defined as in Sect. 2.2 from BEHAVIOR$_D$*(subj, state)* with the following extension INTERRUPTBEHAVIOR$_D$* of BEHAVIOR$_{D(subj, si)}$ for *Interrupt-States* s_i of D, whereas BEHAVIOR*(subj, state)* remains unchanged for the other D states and for *states* of D' – which are assumed to be disjoint from those of D:[41]

BEHAVIOR$_{D^*}$ *(subj, state)* = // Case of InterruptExtension(D, D')

$$\left\{ \begin{array}{l} \text{BEHAVIOR}_D(subj, state) \text{ if } state \in D \setminus InterruptState \\ \text{BEHAVIOR}_{D'} (subj, state) \text{ if } state \in D' \\ \text{INTERRUPTBEHAVIOR}(subj, state) \text{ if } state \in InterruptState \end{array} \right.$$

INTERRUPTBEHAVIOR*(subj, s_1)* = // at *InterruptState s_1*

    if SID *state(subj)* = s1 **then**

        if *InterruptEvent(subj, s_1)* **then**

            choose *msg* $\in$ *InterruptMsg(s1)* $\setminus$ *inputPool (subj)*[42]

            let *j = indexOf (interruptKind(msg), InterruptKind(si))*

                handleState = target(arci, j)

                    PROCEED*(subj, service(handleState), handleState)*

                    DELETE*(msg, inputPool (subj))*

        else BEHAVIOR$_D$*(subj, s_i)*

    where

---

[40] This includes the special case m = 1 where the (entry into the) interrupt handling procedure depends only on the happening of an interrupt regardless of its kind. The general case with multiple entries (or equivalently multiple exception handling procedures each with one entry) prepare the ground for an easy integration of compensation procedures as part of exception handling, which typically depend on the state where the exception happens and on the kind of interrupt (pair of originator and type of the interrupt message).

[41] This does not exclude the possibility that some edges in D0 have as target a node in D, as is the case when the exception handling procedure upon termination leads back to normal execution.

[42] Note that in each step subj can react only to one out of possibly multiple interrupt messages present in its inputPool (subj). If one wants to establish a hierarchy among those a priority function is needed to regulate the selection procedure.

InterruptEvent(subj, s₁) **iff**

      forsome $m \in$ *InterruptMsg(s₁) m ∈ inputPool (subj)*

When no confusion is to be feared we write again BEHAVIOR*(subj, s₁)* also for INTERRUPTBEHAVIOR*(subj, s₁)*.

Remark. The denition of INTERRUPTBEHAVIOR implies that if during the execution of the exception handling procedure described by *D'* subj ect encounters an interrupt event in*D'*, it will start to execute the handling procedure *D"* for the new exception, similar to the exception handling mechanism in Java [4, Fig.6.2].

6.2 Behavior Extension

The SBD-transformation method *BehaviorExtension* has the following two arguments:

- A to be transformed SBD *D* with a set *ExtensionState* of *D*-states si ($1 \le i \le n$) where a new behavior is added to be possibly executed if selected by *select$_{Edge}$* in BEHAVIOR*(subj, si)* when exiting s_i upon completion of its associated service.

- An SBD *D'* (assumed to be disjoint from *D*) which describes the new behavior the subj ect will execute when the new behavior is selected to be executed next. To enter *D'* from extension states in *D* we use (in analogy to *InterruptProcEntry*) a set *AddedDgmEntry* of edges *arc$_i$* without source node and with target node in *D'* and associated *ExitCond$_i$*.

BehaviorExtension applied to *(D, ExtensionState)* and *(D', AddedDgmEntry)* joins the two SBDs into one graph *D$^+$*:

$$D^+ = D \cup D' \cup Edges_{D,D'}$$

where *Edges$_{D,D'}$* is defined as set of edges (called again) *(arc$_i$* connecting in *D$^+$* the source node si in *D* with the *target(arc$_i$)* node in *D'*.

BEHAVIOR*(D$^+$)* can be defined as in Sect. 2.2 from BEHAVIOR*(subj, state)* for states in *D* resp. *D'* but with the selection function *selectEdge* extended for *ExtensionState* nodes s_i to include in its domain arci with the associated *ExitCondi* . In this way new *D'*-behavior becomes possible which can be analyzed separately from the original *D*-behavior.

■ 7 S-BPM Interpreter in a Nutshell

Collection of the ASM rules for the high-level subject-oriented interpreter model for the semantics of the S-BPM constructs.

7.1 Subject Behavior Diagram Interpretation

$\textsc{Behavior}_{subj} (D) = \{\textsc{Behavior}(subj, node) \mid node \in Node(D)\}$

$\textsc{Behavior}(subj, state) =$
   if $SID\_state(subj) = state$ **then**
      if $Completed(subj, service(state), state)$ **then**
         let $edge =$
         $select_{Edge}(\{e \in OutEdge(state) \mid ExitCond(e)(subj, state)\})$
            $\textsc{Proceed}(subj, service(target(edge)), target(edge))$
      else $\textsc{Perform}(subj, service(state), state)$
   where
      $\textsc{Proceed}(subj, X, node) =$
      $SID\_state(subj) := node$
      $\textsc{Start}(subj, X, node)$

7.2 Alternative Send/Receive Round Interpretation

$\textsc{Perform}(subj, ComAct, state) =$
   if $NonBlockingTryRound(subj, state)$ **then**
      if $\textsc{TryRound}_{Finished}(subj, state)$ **then**
         $\textsc{InitializeBlockingTryRounds}(subj, state)$
      else $\textsc{TryAlternative}_{ComAct} (subj, state)$
   if $BlockingTryRound(subj, state)$ **then**
      if $TryRoundFinished(subj, state)$
      then $InitializeRoundAlternatives(subj, state)$
      else
         if $Timeout(subj, state, timeout(state))$ **then**
            $\textsc{Interrupt}_{ComAct} (subj, state)$
         elseif $UserAbruption(subj, state)$
            then $\textsc{Abrupt}_{ComAct}(subj, state)$
            else $\textsc{TryAlternative}_{ComAct}(subj, state)$

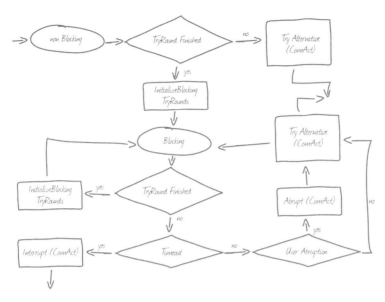

Interpretation of Auxiliary Macros

START*(subj,* COMACT, *state) =*

INITIALIZEROUNDALTERNATIVES*(subj, state)*

INITIALIZEEXIT&COMPLETIONPREDICATES$_{ComAct}$ *(subj, state)*

ENTERNONBLOCKINGTRYROUND*(subj, state)*

where

INITIALIZEROUNDALTERNATIVES*(subj, state) =*

RoundAlternative(subj, state) := Alternative(subj, state)

INITIALIZEEXIT&COMPLETIONPREDICATES$_{ComAct}$ *(subj, state) =*

INITIALIZEEXITPREDICATES$_{ComAct}$ *(subj, state)*

INITIALIZECOMPLETIONPREDICATE$_{ComAct}$ *(subj, state)*

INITIALIZEEXITPREDICATES$_{ComAct}$ *(subj, state) =*

NormalExitCond(subj, COMACT, *state) := false*

TimeoutExitCond(subj, COMACT, *state) := false*

AbruptionExitCond(subj, COMACT, *state) := false*

INITIALIZECOMPLETIONPREDICATE$_{ComAct}$ (subj, state) =

Completed(subj, COMACT, *state) := false*

[Non]BlockingTryRound(subj, state) =

tryMode(subj, state) = [non]blocking

ENTER[NON]BLOCKINGTRYROUND*(subj, state) =*

tryMode(subj, state) := [non]blocking

TryRoundFinished(subj, state) =
  RoundAlternatives(subj, state) = ,
INITIALIZEBLOCKINGTRYROUNDS*(subj, state) =*
  ENTERBLOCKINGTRYROUND*(subj, state)*
  INITIALIZEROUNDALTERNATIVES*(subj, state)*
  SETTIMEOUTCLOCK*(subj, state)*
SETTIMEOUTCLOCK*(subj, state) =*
  blockingStartTime(subj, state) := now
Timeout(subj, state, time) =
  $now \geq blockingStartTime(subj, state) + time$

INTERRUPT$_{ComAct}$ *(subj, state) =*
  SETCOMPLETIONPREDICATE$_{ComAct}$ *(subj, state)*
  SETTIMEOUTEXIT$_{ComAct}$ *(subj, state)*
SETCOMPLETIONPREDICATE$_{ComAct}$ *(subj, state) =*
  Completed(subj, COMACT*, state) := true*
SETTIMEOUTEXIT$_{ComAct}$ *(subj, state) =*
  TimeoutExitCond(subj, COMACT*, state) := true*
ABRUPT$_{ComAct}$ *(subj, state) =*
  SETCOMPLETIONPREDICATE$_{ComAct}$ *(subj, state)*
  SETABRUPTIONEXIT$_{ComAct}$ *(subj, state)*

7.3 MsgElaboration Interpretation for Multi Send/Receive

TRYALTERNATIVE$_{ComAct}$ *(subj, state) =*
  CHOOSE&PREPAREALTERNATIVE$_{ComAct}$ *(subj, state)*
    seq TRY$_{ComAct}$ *(subj, state)*
CHOOSE&PREPAREALTERNATIVE$_{ComAct}$ *(subj, state) =*
  let *alt = select*$_{Alt}$ *(RoundAlternative(subj, state), priority(state))*
    PREPAREMSG$_{ComAct}$ *(subj, state, alt)*
    MANAGEALTERNATIVEROUND*(alt, subj, state)*
  where
    MANAGEALTERNATIVEROUND*(alt, subj, state) =*
      MARKSELECTION*(subj, state, alt)*
      INITIALIZEMULTIROUND$_{ComAct}$ *(subj, state)*
    MARKSELECTION*(subj, state, alt) =*

$\textsc{Delete}(alt, RoundAlternative(subj, state))$

$\textsc{PrepareMsg}_{ComAct} (subj, state, alt) =$

    forall $1 \leq i \leq mult(alt)$

    if $ComAct = Send$ **then**

        let $m_1 = composeMsg(subj, msgData(subj, state, alt), i)$

        $MsgToBeHandled(subj, state) := \{m1, ..., mmult(alt)\}$

    if $ComAct = Receive$ **then**

        let $m_1 = selectM_{sgKind(subj, state, alt, 1)}(ExpectedMsgKind(subj, state, alt))$

        $MsgToBeHandled(subj, state) := \{m1, ...,mmult(alt)\}$

7.4 Multi Send/Receive Round Interpretation

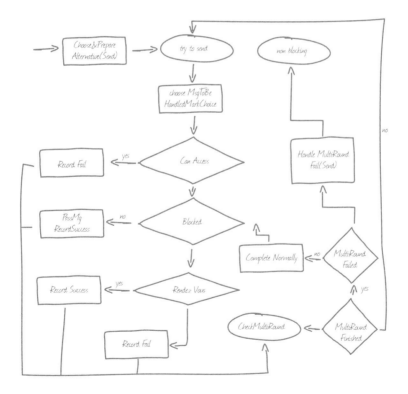

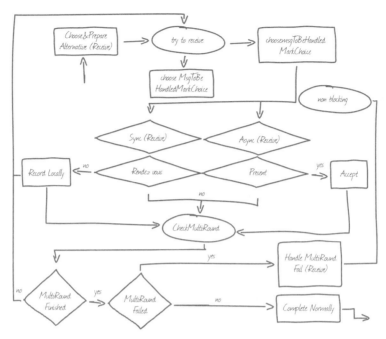

TRY$_{ComAct}$ *(subj, state)* =

   choose *m* ∈ *MsgToBeHandled(subj, state)*

      MARKCHOICE*(m, subj, state)*

      if *ComAct* = *Send* **then**

         let *receiver* = *receiver (m), pool* = *inputPool (receiver)*

           if not *CanAccess(subj, pool)* **then**

              CONTINUEMULTIROUND$_{Fail}$ *(subj, state, m)*

           else TRY$_{Async(Send)}$*(subj, state m)*

      if *ComAct* = *Receive* **then**

         if *Async(Receive)(m)* **then** TRY$_{Async}$*(Receive)(subj, state, m)*

         if *Sync(Receive)(m)* **then** TRY$_{Sync(Receive)}$*(subj, state, m)*

   where

      MARKCHOICE*(m, subj, state)* =

         DELETE*(m, MsgToBeHandled(subj, state))*

         currMsgKind(subj, state) := *m*

TRY$_{Async}$*(ComAct)(subj, state, m)* =

   if PossibleAsyncComAct *(subj, m)* // async communication possible

      then ASYNC*(ComAct)(subj, state, m)*

      else

if *ComAct = Receive* **then**

        CONTINUEMULTIROUND$_{Fail}$ *(subj, state, m)*

    if *ComAct = Send* **then** TRYSYNC$_{(ComAct)}$*(subj, state, m)*

TRYSYNC$_{(ComAct)}$*(subj, state, m) =*

    if *PossibleSync$_{ComAct}$ (subj, m)* // sync communication possible

        then SYNC*(ComAct)(subj, state, m)*

        else CONTINUEMULTIROUND$_{Fail}$ *(subj, state, m)*

7.5 Actual Send Interpretation

ASYNC*(Send)(subj, state, msg) =*

    PASSMSG*(msg)*

    CONTINUEMULTIROUND$_{Success}$ *(subj, state, msg)*

where

    PASSMSG*(msg) =*

      let *pool = inputPool (receiver (msg))*

        row = first({ ∈ constraintTable(pool) j

        ConstraintViolation(msg, r)})

            if *row ≠* **undef and** *action(row) ≠ DropIncoming*

              then DROP*(action)*

            if *row =* **undef or** *action(row) ≠ DropIncoming* **then**

              INSERT*(msg, pool)*

              insertionTime(msg, pool) := now

DROP*(action) =*

    if *action = DropYoungest* **then** DELETE*(youngestMsg(pool), pool)*

    if *action = DropOldest* THEN DELETE*(oldestMsg(pool), pool)*

PossibleAsync$_{Send}$ (subj, msg) iff **not** *Blocked(msg)*

Blocked(msg) iff

    let *row = first({r ∈ constraintTable(inputPool (receiver (msg))) |*

    ConstraintViolation(msg, r)})

    row ≠ **undef and** *action(row) = Blocking*

SYNC*(Send)(subj, state, msg) =*

    CONTINUEMULTIROUND$_{Success}$ *(subj, state, msg)*

PossibleSync$_{Send}$ (subj, msg) iff *RendezvousWithReceiver (subj, msg)*

RendezvousWithReceiver (subj, msg) iff
    tryMode(rec) = tryToReceive **and** *Sync(Receive)(currMsgKind)*
        and *SyncSend(msg) and Match(msg; currMsgKind)*
where
    rec = receiver (msg), recstate = SID_state(rec)
    currMsgKind = currMsgKind(rec, recstate)
    blockingRow =
        first([r $\in$ constraintTable(rec) | ConstraintViolation(msg, r)])
    SyncSend(msg) iff *size(blockingRow) = 0*

7.6 Actual Receive Interpreation

Async*(Receive)(subj, state, msg) =*
    Accept*(subj, msg)*
    ContinueMultiRound$_{Success}$ (subj, state, msg)
where
    Accept(subj, m) =
        let *receivedMsg =*
            select$_{ReceiveOfKind(m)}$([msg $\in$ inputPool (subj) | Match(msg, m)])
            RecordLocally*(subj, receivedMsg)*
            Delete*(receivedMsg, inputPool (subj))*
    Async(Receive)(m) iff *commMode(m) = asyn*
    PossibleAsync$_{Receive}$ (subj, m) iff *Present(m; inputPool (subj))*
    Present(m, pool) iff **forsome** *msg $\in$ pool Match(msg, m)*

Sync*(Receive)(subj, state, msgKind) =*
    let *P = inputPool (subj), sender = s(CanAccess(s, P))*
        RecordLocally*(subj, msgToBeSent(sender, SID_state(sender))*
        ContinueMultiRound$_{Success}$ *(subj, state, msgKind)*
    Sync(Receive)(msgKind) iff *commMode(msgKind) = sync*
    PossibleSyncReceive (subj, msgKind) iff
        RendezvousWithSender(subj, msgKind)

    RendezvousWithSender(subj, msgKind) iff
        Sync(Receive)(msgKind) **and**
          let *sender = s(CanAccess(s, inputPool (subj))*

let *msgToBeSent = msgToBeSent(sender, SID_state(sender))*

tryMode(sender) = tryToSend **and** *SyncSend(msgToBeSent)*

and *Match(msgToBeSent, msgKind)*

7.7 Alternative Action Interpretation

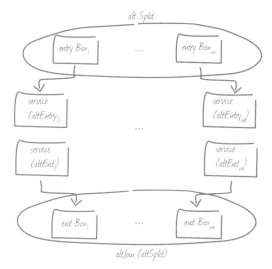

START*(subj,* ALTACTION*, altSplit) =*

    forall *D ∈ AltBehDgm(altSplit)*

        if *Compulsory(altEntry(D))* **then**

            SID_state(subj, D) := altEntry(D)

            START*(subj, service(altEntry(D)), altEntry(D))*

        else *SID_state(subj, D)* :=**undef**

PERFORM*(subj, AltAction, state) =*

    PERFORMSUBDGMSTEP*(subj, state)*

        or STARTNEWSUBDGM*(subj, state)}*

where

    PERFORMSUBDGMSTEP*(s, n) =*

        choose *D ∈ ActiveSubDgm(s, n)* **in** BEHAVIOR*(s, SID state(s,D))*

    STARTNEWSUBDGM*(s, n) =*

        choose *D ∈ AltBehDgm(n) \ ActiveSubDgm(s, n)*

            SID_state(s,D) := altEntry(D)

            START*(s, service(altEntry(D)), altEntry(D))*

$ActiveSubDgm(s, n) = \{D \in AltBehDgm(n) \mid Active(s,D)\}$

R or $S =$ **choose** $X \in \{R, S\}$ **in** X

$Completed(subj, \text{ALTACTION}, altSplit)$ iff

    forall $D \in AltBehDgm(altSplit)$

        if $Compulsory(altExit(D))$ **and** $Active(subj, D)$

            then $SID\_state(subj, D) = exitBox\,(D)$

where

    $Active(subj, D)$ iff $SID\_state(subj, D) \neq$ **undef**

Auxiliary Wait/Exit Rule Interpretation

    $\text{START}(subj, AltActionWait, exitBox) =$

        $\text{INITIALIZECOMPLETIONPREDICATE}_{AltActionWait}\,(subj, exitBox\,)$

    $\text{PERFORM}(subj, \text{ALTACTIONWAIT}, exitBox) =$ **skip**

    $\text{START}(subj, \text{EXITALTACTION}, altJoin(altSplit)) =$ **skip**

    $\text{PERFORM}(subj, ExitAltAction, altJoin) =$

        forall $D \in AltBehDgm(altSplit)$ $SID\_state(subj, D) :=$ **undef**

        $\text{SETCOMPLETIONPREDICATE}_{ExitAltAction}\,(subj, altJoin(altSplit))$

■ 8 Interrupt Behavior

$\text{BEHAVIOR}_D.(subj, state) =$ // Case of $InterruptExtension(D, D')$

$\begin{cases} \text{BEHAVIOR}_D(subj, state) & \textbf{if } state \in D \setminus InterruptState \\ \text{BEHAVIOR}_{D'}\,(subj, state) & \textbf{if } state \in D' \\ \text{INTERRUPTBEHAVIOR}(subj, state) & \textbf{if } state \in InterruptState \end{cases}$

$\text{INTERRUPTBEHAVIOR}(subj, s_I) =$ // at InterruptState s_I

    if $SID\_state(subj) = s_I$ **then**

        if $InterruptEvent(subj, s_I)$ **then**

            choose $msg \in InterruptMsg(s_I) \setminus inputPool\,(subj)$[43]

            let $j = indexOf\,(interruptKind(msg), InterruptKind(s_I))$

                $handleState = target(arc_{I,\,j})$

---

[43] Note that in each step subj can react only to one out of possibly multiple interrupt messages present in its inputPool (subj). If one wants to establish a hierarchy among those a priority function is needed to regulate the selection procedure.

$\text{P\textsc{roceed}}(subj,\ service(handleState),\ handleState)$

$\text{D\textsc{elete}}(msg,\ inputPool\ (subj))$

else $\text{B\textsc{ehavior}}_D(subj,\ s_1)$

where

$InterruptEvent(subj,\ s_1)$ iff

forsome $m \in InterruptMsg(s_1)\ m \in inputPool\ (subj)$

■ 9 References

[Börger 2003]

Börger, E.: The ASM refinement method. Formal Aspects of Computing, 15:237 - 257, 2003.

[Börger et al. 2003]

E. Börger, E; Stärk, R. F.: Abstract State Machines. A Method for High-Level System Design and Analysis. Berlin 2003.

[Knuth 1992]

Knuth, D. E.: Literate Programming. Number 27 in CSLI Lecture Notes. Center for the Study of Language and Information at Stanford/ California, 1992.

[Stärk et al. 2001]

Stärk, R. F.; Schmid, J; Börger, E.: Java and the Java Virtual Machine: Denition, Verication, Validation. Berlin, 2001.

ANHANG

TEIL II

Bedeutungen des Begriffs „Subjekt"

■ 1 Überblick

In Kapitel 2 haben wir den Begriff des Subjektes aus Sicht des Subjektorientierten Geschäftsprozessmanagements eingeführt und, auch in den Folgeabschnitten, ausführlich erläutert. Darüber hinaus wird der Begriff in vielen anderen Disziplinen und Kontexten jeweils in unterschiedlichen Bedeutungen verwendet. Allein ein Blick in Wikipedia fördert folgende Interpretationen des Wortes ,Subjekt' zu Tage (www.wikipedia.org, 24.03.2011):

- Staatsbürgerliche Rolle:
- bis zur Französischen Revolution: die des Untertans
- nach der Französischen Revolution: die des freien und selbstbewussten Bürgers
- Umgangssprache: Person, oft abwertend verwendet
- Begriff der Philosophie:
- Referenzpunkt im Rahmen der Subjekt-Objekt-Spaltung
- Stellung eines Begriffs in einer Aussage der traditionellen Logik
- Begriff der Sozialwissenschaft: Individuum, bewusst handelnde Person
- Begriff der Rechtswissenschaft: Rechtssubjekt, Träger von Rechten und Pflichten
- Begriff des Völkerrechts: völkerrechtlicher Träger von Rechten und Pflichten
- Begriff der Sprachwissenschaft (Grammatik): Wortgruppe oder Wort
- Begriff der Volkswirtschaftslehre: Wirtschaftssubjekt, eine handelnde wirtschaftliche Einheit
- Begriff der Russischen Föderation: Föderationssubjekt, Verwaltungseinheit

Eine Übersetzung ins Englische führt zum ,Subject', worunter auf deutsch meist ,Thema' zu verstehen ist. Deutlich wird dies beispielsweise in E-Mail-Programmen, wo ,Subject' als ,Betreff' übersetzt wird. Abbildung 1 listet gängige Bedeutungen im Englischen auf (http://www.webster-online-dictionary.org/definition/subject, Stand 23.03.2011).

Englischen auf (http://www.webster-online-dictionary.org/definition/subject, Stand 23.03.2011).

1. The subject matter of a conversation or discussion: „he didn't want to discuss that subject"; „it was a very sensitive topic"; „his letters were always on the theme of love".
2. Some situation or event that is thought about: „he kept drifting off the topic"; „he had been thinking about the subect for several years"; „it is a matter for the police".
3. A branch of knowledge: „in what discipline is his doctorate?"; „teachers should be well trained in their subject"; „anthropology is the study of human beings".
4. Something (a person or object or scene) selected by an artist or photographer for graphic representation;" a moving picture of a train is more dramatic than a still picture of the same subject.
5. A person who is subjectedto experimental or other observational procedures: someone who is an object of investigation: „the subjects for this investigation were selected randomly"; „the cases the we studied were drawn from two different communities".
6. A person who owes allegiance to that nation: „a monarch has a duty to this subjects".
7. (linguistics) one of the two main constituents of a sentence: the grammatical constituent about which something is predicated.
8. (logic) the first term of a proposition.

Abbildung 1: Mögliche Bedeutungen des Substantives 'Subject' in der englischen Sprache

Die Vielzahl unterschiedlicher Interpretationen des Subjektbegriffs kann zu Missverständnissen führen. Deshalb erläutern wir nachfolgend das Begriffsverständnis in ausgewählten Bereichen wie der mathematischen Logik und der Informatik, auch um es von der Subjektbedeutung im S-BPM abzugrenzen.

2 Subjekte in der mathematischen Logik

Die Begriffe Subjekt und Prädikat werden ebenfalls in der mathematischen Logik verwendet, jedoch anders als in der natürlichen Sprache. Die folgenden Ausführungen zu den beiden Begriffen in der Logik orientieren sich stark an [Detel 2007].

„Logik ist eine spezielle Theorie des Argumentierens" [Detel 2007]. Die Logik untersucht die Gültigkeit des Argumentierens hinsichtlich seiner Struktur ohne auf die jeweiligen Inhalte von Aussagen einzugehen. Aussagen sind Sätze, in denen die deskriptive Verwendung dominiert und die einen Wahrheitswert besitzen. Das Wahre und das Falsche, abgekürzt mit w bzw. f, werden als Wahrheitswerte bezeichnet. Sätze mit einer deskriptiven Verwendung dienen der Informationsübermittlung und der Feststellung von Fakten [Detel 2007].

Im Vergleich dazu dienen Sätze mit einer expressiven Verwendung überwiegend der Übermittlung von Gefühlen, während Sätze mit evokativer Verwendung Appelle übermitteln. Sprechakte bezeichnen die Art und Weise, wie Sätze gebraucht werden. Die Prädikation ist ein Sprechakt, nämlich eine Feststellung, dass Gegenstände eine bestimmte Eigenschaft bzw. bestimmte Beziehungen zueinander haben. Dabei wird eine Prädikation in zwei Schritten durchgeführt: Zuerst wird ein Gegenstand herausgegriffen und in einem zweiten Schritt wird er klassifiziert, indem ihm eine Eigenschaft zugeordnet wird. Bei der Prädikation werden also zwei Wortarten verwendet.

Mit einer Wortart werden Gegenstände herausgegriffen. Diese Wörter werden als Nomi-natoren oder, in älteren Abhandlungen über Logik, als Subjekte bezeichnet [Detel 2007]. Mit der zweiten Wortart werden Gegenstände unter bestimmten Eigenschaften klassifi-ziert. Diese Worte werden als Prädikatoren oder, in älteren philosophischen Texten, als Prädikate bezeichnet [Detel 2007]. Hier wird zwischen einstelligen und mehrstelligen Prädikatoren unterschieden. Mehrstellige Prädikatoren beziehen sich auf Beziehungen zwischen mehreren Gegenständen.

Die Bedeutung der Begriffe Subjekt und Prädikat in der Logik ist vollständig unter-schiedlich zu den grammatischen Kategorien gleichen Namens. Einige Substantive, alle Verben und alle Adjektive sind Prädikatoren. Substantive sind aber auch Eigennamen und damit Nominatoren. Kennzeichnungen und Demonstrativpronomina sind andere Arten von Nominatoren. „Die prädikationstheoretische Unterscheidung zwischen meh-reren Arten von Nominatoren und zwischen ein- und mehrstelligen Prädikatoren findet in der Grammatik keine Entsprechung" [Detel 2007].

Da sich das Subjektorientierte BPM an die Begriffsbildung für Subjekte an die Gramma-tik natürlicher Sprachen anlehnt, haben die Begriffe Subjekt, Prädikat und Objekt im Subjektorientierten BPM nichts gemein mit den gleichen Begriffen in der Logik, und daraus abgeleitet, im Semantic Web.

◼ 3 Subjekte in der Informatik

3.1. Subjekte im Subject-oriented Programming

In der Informatik hat das Wort ‚subject' in Zusammenhang mit dem Subject-oriented Programming eine spezielle Bedeutung. Diese ist in Abbildung 2 wiedergegeben.

> Subject: In subject-oriented programming, a subject is a collection of classes or class fragments whose class hierarchy models its domain in its own, subjective way. A subject may be a complete application in itself, or it may be an incomplete fragment that must be composed with other subjects to produce a complete application. Subject composition combines class hierarchies to produce new subjects that incorporate functionality form existing subjects.
> (1999-08-31) Source: The free On-line Dictionary of Computing

Abbildung: 2 Definition von Subject-orientedProgramming (http://websters-online-dictionary.org/definition/subject)

Die deutsche Übersetzung lautet ‚subjektorientierte Programmierung', obwohl hier mit dem englischen Wort ‚subject' eher der deutsche Begriff ‚Thema' gemeint ist (wikipedia http://de.wikipedia.org/wiki/Subjektorientierte_Programmierung, Stand 08.05.2008).

Subject-oriented Programming stellt eine Erweiterung der objektorientierten Program-mierung dar und wurde erstmals 1993 von William Harrison und Harold Osher 1993 publiziert [Harrison et al. 1993]. Sie hat zum Ziel, die Schwächen der objektorientierten Programmierung bei der Entwicklung großer Anwendungen und der Zusammenführung unabhängig entwickelter Anwendungen auszugleichen. Darüber hinaus sollen verschiedene Sichtweisen auf ein Programm unterstützt werden (subjektive Sichten). Das Thema ‚Subject-oriented Programming' wurde jedoch in der Forschung nicht weiter verfolgt. Zumindest finden sich keine nach dem Jahr 2000 erschienenen Publikationen. Das Thema scheint mehr oder weniger in der aspektorientierten Programmierung aufgegangen zu sein.

3.2 Subjekte im Semantic Web

Eine weitere Bedeutung von Subjekt in der Informatik existiert im Kontext des Semantic Web. Die Daten im Web sind zurzeit nur von Menschen interpretierbar. Diese sind jedoch wegen der Flut an im Internet verfügbarer Information zunehmend überfordert. Ziel ist es deshalb, dass verstärkt auch Maschinen Informationen interpretieren und weiterverarbeiten können. Voraussetzung dafür ist das sogenannte Semantic Web, in dem Daten in einer Form strukturiert und aufbereitet werden, welche es Computern ermöglicht, sie miteinander zu verknüpfen und als Ganzes zu verarbeiten, ähnlich der Abfrage einer Datenbank.

Dafür muss das verfügbare Wissen formal repräsentiert werden. Dies ermöglicht die Abfrage und Verarbeitung mittels Computerprogrammen. Ein wesentliches Konzept der Informatik hierfür sind Ontologien. Ontologien definieren die für ein bestimmtes Wissensgebiet wesentlichen Objekte, inklusive ihrer Eigenschaften und wechselseitigen Beziehungen.

Ontologien werden heute häufig mit der Sprache RDF (Ressource Definition Framework) beschrieben. Die zentrale Idee von RDF ist es, binäre Relationen zwischen eindeutig bezeichneten Ressourcen zu beschreiben [Stuckenschmidt 2011]. Diese binären Relationen werden als Triple mit Subjekt, Prädikat und Objekt dargestellt. Hierbei beschreibt das Prädikat die Relation zwischen den mit Subjekt bzw. Objekt bezeichneten Ressourcen. Das Prädikat in RDF entspricht also einem binären Prädikator aus der Logik und das Subjekt bzw. Objekt in RDF sind Nominatoren. Die Verwendung der Begriffe Subjekt, Prädikat und Objekt im Bereich des Semantic Web entsprechen der Begriffsverwendung in der Logik.

■ 4 Literatur

[Detel 2007]

Detel, W.: Grundkurs Philosophie, Band 1, Logik, Ditzingen 2007.

[Harrison et al. 1993]

Harrison W.; Osher, H.: Subject-Oriented Programming - A Critique of Pure Objects, Proceedings of 1993 Conference on Object-Oriented Programming Systems, Languages, and Applications, Washington 1993.

[Stuckenschmidt 2011]

Stuckenschmidt, H.: Ontologien – Konzepte, Technologien und Anwendungen, 2. Auflage, Heidelberg 2011.

ANHANG

TEIL III

◼ Modellierungswerkzeugkasten

Wesentliche Elemente	Grundkonstrukte	Erweiterungskonstrukte (z.B. zur Erhaltung von Kompatibilität und Übersichtlichkeit bei der Abbildung komplexer Sachverhalte
Subjekt	Subjekt	Externes Subjekt · Allgemeines externes Subjekt
Interaktion	Subjektinteraktionsdiagramm Synchronisation des Nachrichten-austausches – Senden – Empfangen – Input Pool (Nachricht)	Horizontale Prozessanteile (Prozessnetz-wertdiagramm) · Service-prozesse · Multiprozess (Hinter-legungen, Indizierung) · Hierarchische Prozess-netzwerke (Prozess-hierarchiediagramm)
Verhalten	Subjektverhaltensdiagramm – interne Funktion – Sendezustand – Empfangszustand Normalisiertes Verhalten Zustandsübergänge (Funktions-zustand, Sende-zustand, Empfangs-zustand)	Verhaltens-makros/ Verhaltens-matroklasse · Subjekt-klasse · Wiederholrate · Ausnahmebehandlung · Verhaltenserweiterungen · Zusatz-semantik
Geschäftsobjekt (-instanzen)	Struktur, Status, Sichten Zugriffsrechte, Operationen	

Raum für zukünftige Erweiterungen

GLOSSAR

ABLAUFORGANISATION

Die Ablauforganisation einer Organisation umfasst die Abläufe zur Arbeitsbewältigung (Prozesse). Sie steht im komplementären Verhältnis zur → Aufbauorganisation.

ABSTRACT STATE MACHINE (ASM)

Eine Abstract State Machine ist ein Automat der theoretischen Informatik zur formalen Beschreibung von Zuständen. Basierend auf dem Konzept der Turing-Maschine kann sie zur formalen Spezifikation verwendet werden, um z. B. Programmiersprachen zu beschreiben. In der jüngsten Zeit gibt es auch Verifikationen von Geschäftsprozessmodellen. Eine ausführliche Beschreibung zu dem Modell des S-BPM findet sich im Anhang dieses Buches.

ACTORS

Actors sind aktiv Handelnde in einem Prozess und repräsentieren damit einen Typ der vier →S-BPM-Akteure. Sie werden im Rahmen des → S-BPM-Vorgehensmodells in die Lage versetzt, an dessen Gestaltung mitzuwirken. Sie entsprechen den Subjektträgern, die die Rollen von Subjekten ausführen. Actors stellen vor allem im Rahmen der Analyse, Modellierung, Optimierung und Implementierung von Geschäftsprozessmodellen, entsprechend der Zielsetzung des S-BPM, Bezugspunkt und Handelnde zugleich dar. Unterstützt werden sie von → Experts und → Facilitators.

AKTIVITÄT

Eine Aktivität ist eine Tätigkeit oder ein von einem Computersystem evtl. automatisierter Schritt im Rahmen der Arbeitsbewältigung. Der Begriff wird in funktionsorientierten Ansätzen auch als Funktion bezeichnet, beim subjektorientierten Geschäftsprozessmanagement sprechen wir auch vom → Prädikat. Durch Implementierung einer Aktivität in der Organisation (Zuweisung zu einem Ausführenden) wird sie zur konkreten Aufgabe.

AKTIVITÄTSBÜNDEL

Unter Aktivitätsbündel versteht man im → S-BPM-Vorgehensmodell die → Aktivitäten, welche die verschiedenen → S-BPM-Akteure im Rahmen eines kompletten organisationalen Entwicklungsschritts ausführen. Dabei handelt es sich um:

- → Analyse
- → Modellierung
- → Validierung
- → Optimierung
- → Organisationsspezifische Implementierung
- → Informationstechnische Implementierung
- → Monitoring

ALIGNMENT → IT/BUSINESS ALIGNMENT

ANALYSE

Wird ein S-BPM-Projekt begonnen, so steht die Analyse in der Regel an erster Stelle. Sie bedeutet eine zielgerichtete Sammlung und Auswertung relevanter Prozessinformationen zur Vorbereitung für die weiteren Schritte. Die Besonderheit der subjektorientierten Analyse ist die Orientierung an Subjekten, Prädikaten und Objekten. Sie realisiert systemisches Denken, indem mit der Information über Geschäftsvorgänge Aufgabenträger bzw. Rollen bestimmt werden, die als Referenzpunkte dienen. Der entscheidende Vorteil für Organisationen besteht bei der Analyse mit der Methode des S-BPM darin, dass Ausführende (→ Actors) und Verantwortliche (→ Governors) direkt in die Erhebung und Auswertung eingebunden werden.

AUFBAUORGANISATION

Die Aufbauorganisation einer Organisation legt Organisationseinheiten, wie Abteilungen und Stellen, sowie Weisungs- und Entscheidungsbefugnisse fest. Sie bildet das Komplement zur → Ablauforganisation.

AUFGABE

Eine Aufgabe ist ein Arbeitsschritt, den ein → Subjektträger im Rahmen seines → Subjektverhaltens in einer konkreten → Prozessinstanz abarbeitet.

AUSNAHMEBEHANDLUNG

Eine Ausnahmebehandlung (auch Message Guard oder Message Control, Nachrichtenüberwachung, Nachrichtenbeobachter) ist eine Verhaltensbeschreibung für ein Subjekt, die dann relevant wird, wenn eine bestimmte Ausnahmesituation während des → Subjektverhaltens eintritt. In sie wird verzweigt, wenn eine entsprechende → Nachricht eintrifft und sich das Subjekt in einen Zustand befindet, in dem diese Nachricht zum Sprung in die Ausnahmebehandlung freigegeben ist.

BUSINESS ACTIVITY MONITORING (BAM)

Der Begriff des Business Activity Monitoring (BAM) bezeichnet die kontinuierliche, betriebswirtschaftlich orientierte Überwachung und Auswertung von Geschäftsprozessinstanzen in Echtzeit. BAM bezieht aber nicht nur betriebswirtschaftliche Kennzahlen, sondern auch technische Parameter wie Datenbankantwortzeiten in die permanente Überwachung ein. Das Business Activity Monitoring nutzt wie die periodisch und ad hoc vorgenommenen Auswertungen die permanent erfassten Messdaten. Es unterzieht diese jedoch in der Regel sofort einer datenstrombezogenen Analyse (Stream-and-analyse) mit Verfahren des → Complex Event Processing (CEP).

BUSINESS OBJECT → GESCHÄFTSOBJEKTE

BUSINESS PROCESS MANAGEMENT (BPM)

Der Begriff Business Process Management (BPM) bzw. Geschäftsprozessmanagement (GPM) lässt sich in zwei Dimensionen fassen:

Die ursprünglich rein betriebswirtschaftliche Sicht bezieht sich auf ein integriertes Managementkonzept für Dokumentation, Design, Optimierung, Implementierung, Steuerung und Weiterentwicklung von Management-, Kern- und Support-Prozessen in Organisationen. Es soll helfen, die Anforderungen der Stakeholder, vor allem der Kunden, zu befriedigen und die Unternehmensziele zu erreichen.

Mittlerweile assoziiert man mit dem Begriff in Wissenschaft und Praxis meist auch die technische Dimension der IT-Unterstützung von Geschäftsprozessen. Diese reicht u. a. von Werkzeugen für die Dokumentation und Modellierung von Prozessen über Workflow Engines für die Abarbeitung von Prozessinstanzen unter Nutzung von Anwendungssoftwarefunktionalitäten (z. B. Services eines ERP-Systems) bis hin zu Business-Intelligence-Applikationen zur Auswertung der Prozessperformance. Lösungen mit einem hohen Grad der Abdeckung der genannten Teilaspekte werden als Business-Process-Management-Systeme (BPMS) oder, bevorzugt von Softwareherstellern, als Business-Process-Management-Suiten bezeichnet.

COMPLEX EVENT PROCESSING (CEP)

Complex Event Processing bezeichnet Methoden, Techniken und Werkzeuge, mit denen sich Ereignisse zum Zeitpunkt ihres Auftretens, also kontinuierlich und zeitnah, verarbeiten lassen. Dabei geht es vor allem um die Erkennung und Verarbeitung von Ereignismustern (Sachverhalten), welche nur durch die Kombination mehrerer einzelner Ereignisse (simple events) zu so genannten komplexen Ereignissen (Complex Events), zu Tage treten. Wichtig ist, dass möglichst zeitnah aus dem Auftreten der simplen Ereignisse das wahrscheinliche Eintreten des komplexen Ereignisses geschlossen wird, damit daraufhin noch (pro)aktiv Maßnahmen zur Verhinderung bzw. Folgenbegrenzung ergriffen werden können.

COMPLIANCE → CORPORATE COMPLIANCE

CORPORATE COMPLIANCE

Corporate Compliance ist eine → Governance-Aufgabe und bezeichnet Konzepte und Maßnahmen, mit denen Organisationen Risiken aus Verstößen gegen externe und interne Regelungen zu vermeiden suchen, indem sie die Befolgung solcher Vorgaben sicherstellen. Es geht dabei nicht um die selbstverständliche Einhaltung von geltendem Recht, sondern darum, mögliche Verstöße gegen Regelungen als dem Risikomanagement zu unterwerfende Risiken zu identifizieren, denen mit geeigneten organisatorischen, technischen und personellen Maßnahmen zu begegnen ist. Beispiele für solche Maßnahmen sind die Gestaltung und Implementierung entsprechender Prozesse (z. B. Genehmigungs-Workflows), die sorgfältige Sensibilisierung, Information und Schulung des Personals und die regelmäßige Kontrolle und Dokumentation der Regelkonformität inkl. Sanktionen bei Verstößen. Wegen dem engen Zusammenhang von Compliance, Governance und Risikomanagement hat sich der Begriff der Governance-Risk-Compliance-(GRC)-Trias herausgebildet.

CORPORATE GOVERNANCE

Unter Corporate Governance wird ein Managementsystem verstanden zur Unternehmenssteuerung und -überwachung, das an der langfristigen Wertschöpfung orientiert ist und dabei sowohl juristischen Rahmenbedingungen als auch ethischen Grundsätzen folgt. Die Grundlage dafür bilden in Deutschland der Deutsche Corporate Governance Kodex, das Gesetz zur Kontrolle und Transparenz im Unternehmensbereich (KonTraG) und das Bilanzrechtsmodernisierungsgesetz (BilMOG). Aus der Corporate Governance wird auch die → IT-Governance abgeleitet.

EINBETTUNG

Bei der → organisationsspezifischen Implementierung werden die abstrakten Elemente der Modellierung auf konkrete Bestandteile der Organisation übertragen. Diese Übertragung heißt auch Einbettung. Werden → Subjekte eingebettet, so werden sie zu → Subjektträgern, die Einbettung der → Aktivitäten führt zu konkreten → Aufgaben.

EXPERTS

In vielen Situationen ist es für → Actors erforderlich, fachliche Unterstützung einzuholen. Hierzu wird ein Expert als weiterer → S-BPM-Akteur benötigt, welcher entweder von den Entwicklungsbegleitern → Facilitators, den → Governors, oder den operativen Kräften selbst hinzugenommen wird. Ein Expert wird für unterschiedliche Fragestellungen als Problemlöser herangezogen.

EXTERNES SUBJEKT

Repräsentiert in einem betrachteten Prozess das → Schnittstellensubjekt eines verknüpften Prozesses. Die gegenseitige Referenzierung knüpft ein → Prozessnetzwerk.

FACILITATORS

Ein Facilitator ist organisationaler Entwicklungsbegleiter und einer der vier Typen von →
S-BPM-Akteuren. Er unterstützt → Actors beim Initiieren von organisationalen Entwicklungsschritten sowie bei Übergängen von einem Aktivitätsbündel in ein anderes. Er begleitet den Prozess zum Einführen oder Anpassen eines Prozesses und beeinflusst mit seinen
Empfehlungen organisationale Entwicklungsverläufe. Der Facilitator regelt und unterstützt
auch die Kommunikation von Arbeitshandelnden und Fachspezialisten. Damit kann man
den Facilitator als Katalysator bezüglich der organisationalen Entwicklung auffassen, dem
es auch gelingen kann, die anderen beteiligten → S-BPM-Akteure fachlich oder persönlich
weiter zu entwickeln.

GESCHÄFTSOBJEKTE

Geschäftsobjekte sind jene betriebswirtschaftlich relevanten Objekte, die im Rahmen eines Prozesses das Geschäft prägen. Sie repräsentieren Daten (ggf. mit den dahinterste-
henden, sie verwaltenden Werkzeugen), welche die → Subjekte zur Erfüllung ihrer Aufgaben benötigen. Bei → subjektorientiertem Geschäftsprozessmanagement werden jene
Objekte erfasst, die für den Austausch von Nachrichten zwischen Subjekten und für die
Durchführung der einzelnen Aktivitäten der Subjekte relevant sind.

GESCHÄFTSPROZESS

Ein Geschäftsprozess ist eine

- Summe von miteinander verknüpften Aktivitäten (Aufgaben), die von
- Akteuren (Menschen, Systeme als Aufgabenträger) in
- sachlogischer und zeitlicher Reihenfolge
- mit Hilfsmitteln (Sachmittel, Information)
- zur Bearbeitung eines Geschäftsobjekts ausgeführt werden,
- um ein Kundenbedürfnis zu befriedigen (und damit zur Wertschöpfung beizutragen),
  und
- einen definierten Anfang und Input sowie ein definiertes Ende und Ergebnis aufweisen.

GESCHÄFTSPROZESSANALYSE → ANALYSE

GESCHÄFTSPROZESSMANAGEMENT → BUSINESS PROCESS MANAGEMENT

GESCHÄFTSPROZESSMODELL → MODELL

GESCHÄFTSPROZESSIMPLEMENTIERUNG → INFORMATIONSTECHNISCHE IMPLE-
MENTIERUNG, ORGANISATIONSSPEZIFISCHE IMPLEMENTIERUNG

GESCHÄFTSPROZESSMODELLIERUNG → MODELLIERUNG

GESCHÄFTSPROZESSMONITORING → MONITORING

GESCHÄFTSPROZESSOPTIMIERUNG → OPTIMIERUNG

GESCHÄFTSPROZESSVALIDIERUNG → VALIDIERUNG

GOVERNANCE → CORPORATE GOVERNANCE

GOVERNANCE-RISK-COMPLIANCE-(GRC)-TRIAS

Metapher für die enge Verflechtung und zunehmende Bedeutung von → Governance/→IT-Governance, Risikomanagement und → Corporate Compliance/→ IT-Compliance.

GOVERNORS (KÜMMERER, TREIBER UND VERANTWORTLICHE)

Governors sind → S-BPM-Akteure, die Verantwortung für die Rahmenbedingungen eines Prozesses besitzen und Einfluss auf die jeweiligen Arbeits- und Entwicklungsprozesse nehmen. Ihnen obliegt der Brückenschlag im Rahmen der organisationalen Entwicklung von der Geschäftsleitung hin zum operativen Geschäft. Für eine inhaltliche und fachliche Steuerung eines Prozesses sind sie nicht zuständig, sondern dafür, dass die Prozesse gegebenen Standards entsprechen: ein Prozess ist immer im Kontext einer ganzen Organisation zu sehen. Für seine Einsetzung sollten deshalb Vorgaben der Unternehmensführung (z. B. → Corporate Compliance, → IT-Compliance) vorliegen. Diese sind bei der Durchführung einzuhalten.

INFORMATIONSTECHNISCHE IMPLEMENTIERUNG

Zur Realisierung einer IT-Unterstützung ist ein Geschäftsprozess als → Workflow abzubilden, bei dem es sich um die detaillierte Spezifikation des Prozesses aus IT-Sicht handelt.

INPUT POOL

Ein Input Pool ist ein Nachrichtenpuffer, den jedes Subjekt besitzt, um Problemen beim asynchronen Nachrichtenaustausch zu begegnen. In ihm werden an das Subjekt gesendete Nachrichten zwischengespeichert, unabhängig davon, von welchem Kommunikationspartner sie stammen. Die Input Pools sind demnach „Briefkästen" zur flexiblen Konfiguration des Nachrichtenaustausches zwischen Subjekten. Im Vergleich zum Puffer, bei dem immer nur die vorderste Nachricht gesehen und entnommen werden kann, ermöglicht die Pool-Lösung die Entnahme beliebiger Nachrichten.

INSTANZ → PROZESSINSTANZ

IT/BUSINESS ALIGNMENT

IT/Business Alignment bezeichnet die Ausrichtung der IT an den Geschäftsanforderungen zur Erschließung des optimalen Wertbeitrags der IT. Diese Ausrichtung ist eine wesentliche Aufgabe der → IT-Governance. Im Kontext des Alignment ist auch das Enabling zu sehen. Damit ist der umgekehrte Zusammenhang gemeint, bei dem die IT ihrerseits Impulse für das Geschäft liefert, z. B. durch Ermöglichung neuer Geschäftsmodelle (Enabling).

IT-GOVERNANCE

Aus der → Corporate Governance abgeleitet, soll IT-Governance mit geeigneter Führung und ebensolchen Organisationsstrukturen und Prozessen sicherstellen, dass die IT die Erreichung der Geschäftsziele unterstützt und dabei Ressourcen verantwortungsvoll eingesetzt und Risiken angemessen überwacht werden.

KEY PERFORMANCE INDICATOR (KPI)

Ein Key Performance Indicator (KPI) ist eine Prozesskennzahl, der eine besondere Bedeutung für eine Organisation im Sinne eines kritischen Erfolgsfaktors zugemessen wird. Übliche Key Performance Indicators sind die Zufriedenheit der externen oder internen Kunden, die Qualität der Prozessergebnisse, die Termintreue bei der Lieferung der Ergebnisse, die Prozesszeit (Durchlaufzeit, Zykluszeit) und die Prozesskosten.

KOMMUNIKATIONSSTRUKTURDIAGRAMM (KSD) → SUBJEKTINTERAKTIONSDIAGRAMM (SID)

MODELL

Alle Modelle sind mithilfe von → Modellbeschreibungssprachen vorgenommene Abbildungen menschlich wahrgenommener Realität. Geschäftsprozessmodelle sind zumeist grafische Abbilder von → Geschäftsprozessen und beschreiben die Aktivitäten und Kommunikation der beteiligten Personen, Anwendungssysteme, Maschinen, Daten und sonstige Hilfsmittel bzw. Werkzeuge. Sie sind Medium, um für alle Beteiligten einen gemeinsamen Bezug zu den Tätigkeiten und der unterstützenden Technik herzustellen. Demnach sollen Geschäftsprozessmodelle nicht nur von den Spezialisten verstanden werden, welche sie erstellen, sondern auch von denjenigen, die später entsprechend dem Modell, der Geschäftsprozessbeschreibung, arbeiten werden oder die Geschäftsprozesse durch Hilfsmittel ergänzen sollen. Auf der einen Seite finden sich also Akteure oder Anwender, die ausdrücken, wie sie ihre Tätigkeiten verrichten sollen oder können, und auf der anderen Seite Softwareentwickler, die bestimmte Anwendungsprogramme in einen Prozess integrieren, und weitere Beteiligte, die z. B. den Geschäftsprozess bewerten. Über den Geschäftsprozess und sein Modell erhalten alle Beteiligten ein gemeinsames Verständnis von Geschäftsvorgängen.

Ein Geschäftsprozessmodell ist das Grundmuster, nach dem für konkrete Situationen Prozessinstanzen erzeugt werden. So beschreibt ein Modell des Prozesses ‚Dienstreiseantrag‘, wie der Prozess grundsätzlich abläuft, während eine → Prozessinstanz des Prozesses beispielsweise die konkrete Abarbeitung des Dienstreiseantrags eines Mitarbeiters gemäß Modell widerspiegelt.

MODELLIERUNG

Unter Modellierung wird allgemein die Komplexität reduzierende Abbildung eines Ausschnitts der Realität mit Hilfe einer → Modellbeschreibungssprache verstanden.

Die Geschäftsprozessmodellierung dient der Erfassung, Darstellung, Reflexion und (Weiter-) Entwicklung von Sachverhalten, die für Geschäftsprozesse relevant sind. Bei ihr geht es im Wesentlichen darum, darzustellen, welche Subjekte (Menschen, Maschinen als Handelnde), welche Aktivitäten (Verrichtungen, Funktionen), an welchen Objekten (in der Regel an bestimmte Träger gebundene Informationen), mit welchen Hilfsmitteln (z. B. IT-Systeme) ausführen und wie sie dabei interagieren, um die gewünschten Prozessziele und -ergebnisse zu erreichen.

Bei der Prozessmodellierung nach dem subjektorientierten Ansatz stehen die Subjekte als Repräsentanten für an einem Prozess beteiligte Handelnde im Mittelpunkt der Betrachtung. Die Modellierung läuft im Wesentlichen in folgenden Schritten mit zunehmendem Detaillierungsgrad ab:

- Identifikation der Prozesse in einer Organisation: Das Ergebnis ist eine Prozesslandkarte mit den Prozessen und ihren Beziehungen untereinander.
- Festlegen der Kommunikationsstruktur: Auf Basis der Identifikation der Subjekte und ihrer Interaktionen kann in diesem Schritt die Kommunikationsstruktur eines Geschäftsprozesses einschließlich der zwischen den Subjekten ausgetauschten Nachrichten bestimmt werden (→ Subjektinteraktionsdiagramme).
- Spezifikation des Verhaltens der an dem Prozess beteiligten Subjekte: Dabei werden auch die Arbeitsschritte der Subjekte und die darin zu befolgenden Regeln festgelegt (→ Subjektverhaltensdiagramme)
- Beschreiben der von den Subjekten im Prozess lokal bearbeiteten und untereinander über die Nachrichten ausgetauschten Information (→ Geschäftsobjekte).

MODELLIERUNG DURCH KONSTRUKTION

Die Modellierungsmethode der Konstruktion ist als gängige Vorgehensweise weitgehend bekannt: Ausgangspunkt ist ein Prozess, bei dem zunächst nichts klar definiert ist. Es wird mit einem ‚leeren Blatt Papier' begonnen und dann ein Prozessmodell aufgebaut. Die beteiligten Subjekte, ihre Aktivitäten und Geschäftsobjekte müssen Schritt für Schritt eingeführt werden. Bei der Konstruktion eines Prozessmodells beginnen die → Actors mit besagtem ‚leeren Blatt Papier'. Mit den Informationen aus der Analyse wird der Prozess Schritt für Schritt gemäß folgender Struktur beschrieben:

- Beschreibung der Prozesse mit ihren Beziehungen (→ Prozessnetzwerk)
- Identifikation des zu beschreibenden Prozesses
- Identifikation der an dem Prozess beteiligten Subjekte
- Festlegen der zwischen den Subjekten ausgetauschten Nachrichten

- Beschreiben des Verhaltens der einzelnen Subjekte
- Definition der Geschäftsobjekte und deren Verwendung

Diese Aktivitäten müssen nicht streng sequenziell durchgeführt werden. Es kann beispielsweise vorkommen, dass bei der Beschreibung des Subjektverhaltens festgestellt wird, dass später noch eine Nachricht hinzugefügt oder entfernt werden muss. Auf diese Weise wird das Prozessmodell stetig erweitert.

Die Modellbildung durch Konstruktion ist auch bei anderen Modellierungsmethoden wie z. B. UML, BPMN oder EPKs üblich. Dort stellt sie allerdings die einzige mögliche Vorgehensweise dar, während die Subjektorientierung auch die → Modellierung durch Restriktion zulässt.

MODELLIERUNG DURCH RESTRIKTION

Ausgangspunkt ist eine „Welt" von Subjekten, die zunächst alles tun können und die in der Lage sind, mit allen anderen Subjekten zu kommunizieren. Die Modellierung beginnt mit einem offenen Modell, in dem sämtliche Kommunikationsbeziehungen zwischen Subjekten möglich sind. Die Ausgangslage bei der Modellierung durch Restriktion entspricht einem Bild, in dem mit moderner Kommunikationstechnologie jeder zu jedem Zeitpunkt an jedem Ort mit jedem Partner jegliche Informationen austauschen kann. In S-BPM ist die Welt vor der Modellierung durch Reduktion ein „Universalprozess", wo jeder mit jedem kommuniziert. Dieser Prozess wird immer weiter in seinen möglichen Abläufen eingeschränkt, bis der gewünschte Prozess vorliegt. Dies geschieht, indem schrittweise die Komponenten weglassen werden, die nicht zur Aufgabenbewältigung gebraucht werden. Die Methode der Reduktion ist nur bei Subjektorientierung möglich.

MODELLBESCHREIBUNGSSPRACHE

Eine Modellbeschreibungssprache besteht aus einem Vorrat an Symbolen (z. B. grafische, mathematische oder natürlich-sprachliche Zeichen) und einer Syntax für deren zulässige Zusammenstellung. Auf der semantischen Ebene sorgen → Modellierungskonventionen für eine einheitliche Interpretation.

Es gibt eine Modellbeschreibungssprache, die jeder Mensch beherrscht und die grundsätzlich für eine erste Beschreibung von Geschäftsvorgängen hinreichend ist: die natürliche Sprache. Der Vorteil ist, dass sie allen bekannt ist, von allen sofort verstanden und verwendet werden kann. Vorgangs- oder Prozessbeschreibungen werden deshalb fast immer in der ersten Fassung in natürlicher Sprache, ergänzt mit Diagrammen, erstellt.

MODELLIERUNGSKONVENTION

Mit Hilfe von Modellierungskonventionen werden die in einer Organisation oder in einem Projekt für die Modellierung verwendeten Diagrammtypen, Elemente, zu hinterlegenden Attribute, die grafische Anordnung usw. festgelegt. Damit wird sichergestellt, dass auch bei mehreren Modellierern einheitliche Modelle erstellt werden, die für den jeweiligen Modellierungszweck geeignet sind.

MONITORING

Die Erhebung und Aufbereitung von Daten laufender Prozesse zur Unterstützung der Entscheidungsfindung bei Abweichungen von einem vordefinierten Soll-Verhalten ist Gegenstand des Monitoring. Ein permanentes, zeitnahes Monitoring der Prozesseffizienz in den wesentlichen Dimensionen Qualität, Zeit und Kosten kann solchen Entwicklungen entgegenwirken und zudem oft Verbesserungsmöglichkeiten erkennen lassen. Dazu nehmen meist IT-Systeme mit entsprechender Funktionalität Ist-Werte für geeignete Kennzahlen auf, vergleichen sie mit vorgegebenen Soll-Werten, melden Abweichungen außerhalb der Toleranzgrenzen und liefern so die Basis für eine Analyse der Ursachen und anschließende Maßnahmen. Adressaten der aufgezeichneten Daten und Ausnahmemeldungen sind zunächst die Sachbearbeiter als → Actors und der → Process Owner als → Governor, welche die Ergebnisse interpretieren und angemessen reagieren. Das auch als Process Performance Measurement oder operative Prozesskontrolle bezeichnete Prozessmonitoring bildet das sachlogisch letzte → Aktivitätsbündel des offenen S-BPM-Regelkreises. Da ein im laufenden Betrieb aufgenommener Kennzahlenwert vom Adressaten meist unwillkürlich interpretiert wird, ist das Monitoring ganz eng mit dem → Aktivitätsbündel der → Analyse verknüpft. Es ist ein wesentlicher Bestandteil des Process Performance Management (PPM), bei dem es um die Planung, Messung, Bewertung und Steuerung der Geschäftsprozesse geht. Das PPM wiederum ist Teil eines unternehmensweiten Corporate Performance Management (CPM), das sich auf die gesamte Unternehmensleistung bezieht.

MULTIPROZESS

Ein Multiprozess ist eine Menge gleichartiger Prozesse, die unabhängig voneinander ausgeführt werden. Die konkrete Anzahl dieser voneinander unabhängigen Teilprozesse wird erst zur Laufzeit ermittelt.

NACHRICHTEN

Nachrichten dienen der Abbildung der Interaktionsbeziehungen der → Subjekte bei der Prozessabarbeitung. Sie transportieren einfache Parameter oder komplexe Informationsgebilde wie → Geschäftsobjekte.

NATÜRLICHE SPRACHE

Natürliche Sprachen werden zur Kommunikation zwischen Menschen benutzt. Natürliche Sprachen haben drei wesentliche semantische Bestandteile. Dies sind das Subjekt als Ausgangspunkt einer Handlung, das Prädikat als die ausgeführte Handlung und das Objekt als das Ziel der Handlung. Diese drei Bestandteile definieren einen vollständigen Satz mit der entsprechenden Standardsatzsemantik. Diese kommt der Beschreibung von → Geschäftsprozessen entgegen: Auch in Prozessen gibt es Handelnde, die Aktionen auf bestimmten Objekten ausführen.

NORMALISIERUNG

Mit der Normalisierung werden zum einen die gröbst mögliche Beschreibung eines Prozesses und zum anderen die Mindestgranularität für Prozessbeschreibungen festgelegt. Die Normalisierung von → Subjektverhalten wird auch benötigt, um das von außen beobachtbare Verhalten eines Prozesses zu ermitteln.

OFFENER S-BPM-REGELKREIS → S-BPM-VORGEHENSMODELL

OPTIMIERUNG

Im Rahmen der Optimierung steht die Effizienz von Prozessen im Mittelpunkt der Aktivitäten. Optimierung umfasst ein systematisches Vorgehen zur Erhebung von Messgrößen und deren Analyse bezüglich der Organisationsziele. Im Mittelpunkt der Aktivitäten steht die Effizienz von Prozessen. Prinzipiell können alle → S-BPM-Akteure mit unterschiedlichen Methoden Beiträge zur Erzielung von Optimierungseffekten liefern.

ORGANISATIONSSPEZIFISCHE IMPLEMENTIERUNG

Ein Prozess muss nicht nur technisch umgesetzt werden, er muss auch in der Organisation eingeführt werden. Hierbei werden aus den abstrakten → Subjekten konkrete Menschen, die → Subjektträger, und aus den → Aktivitäten konkrete → Aufgaben für die Mitarbeiter.

PROCESS OWNER

Rolle, Stelle oder Person, die innerhalb einer Organisation für einen Prozess verantwortlich ist. Die Process Ownership wird querschnittlich über die Grenzen der funktionalen Linienaufbauorganisation hinweg ausgeübt.

PROCESS PERFORMANCE MANAGEMENT → MONITORING

PROZESSANALYSE → ANALYSE

PROZESSCONTROLLING

Das Prozesscontrolling umfasst alle Aktivitäten zur strategischen und operativen Überwachung und Kontrolle von → Geschäftsprozessen.

PROZESSIMPLEMENTIERUNG → INFORMATIONSTECHNISCHE IMPLEMENTIERUNG, ORGANISATIONSSPEZIFISCHE IMPLEMENTIERUNG

PROZESSINSTANZ

Eine Prozessinstanz ist im Gegensatz zu einem Prozessmodell eine konkrete Ausprägung des modellhaft beschriebenen Prozesses. Sie entsteht, wenn ein Geschäftsvorgang des jeweiligen Typs zur Laufzeit angestoßen wird.

PROZESSKOSTEN

Unter Prozesskosten wird der Aufwand verstanden, der zur Ausführung einer → Prozessinstanz erbracht werden muss. Im Rahmen einer Prozesskostenrechnung werden die Kosten für die einzelnen Prozessaktivitäten den ausführenden Einheiten zugeordnet. Die Prozesskostenrechnung unterscheidet zwischen leistungsmengeninduzierten Kosten und leistungsmengenneutralen Gemeinkosten. Leistungsmengenneutrale Gemeinkosten sind Grundkosten, die für den Prozess zu jeder Zeit anfallen. Leistungsmengeninduzierte Kosten sind instanzbezogen und spielen nur dann eine Rolle, wenn der Prozess durchlaufen wird.

PROZESSMODELL → MODELL

PROZESSMODELLIERUNG → MODELLIERUNG

PROZESSMONITORING → MONITORING

PROZESSNETZWERKE

Durch Verknüpfungen von Subjekten in unterschiedlichen Prozessen lassen sich komplexe Prozessnetzwerke aufbauen. Die Verbindung erfolgt über sich gegenseitig referenzierende → Schnittstellensubjekte und → externe Subjekte.

PROZESSNETZWERKDIAGRAMM (PND)

Prozessnetzwerkdiagramme zeigen nur die in einem Prozessnetzwerk verknüpften Prozesse und die über deren Grenzen hinweg ausgetauschten Nachrichten. Sie verdichten → Subjektinteraktionsdiagramme mit wechselseitigen Referenzen zwischen → Schnittstellensubjekten bzw. → externen Subjekten.

PROZESSOPTIMIERUNG → OPTIMIERUNG

PROZESSVALIDIERUNG → VALIDIERUNG

PROZESSVERANTWORTLICHER → PROCESS OWNER

RAHMENBEDINGUNGEN

Geschäftsprozessmanagement mit den beschriebenen → Aktivitätsbündeln findet nicht unabhängig von seiner Umgebung in der Organisation statt. Es ist eingebettet in Rahmenbedingungen wie das Geschäftssystem und die IT einer Organisation, die Vision, Strategie und Kultur für das BPM sowie das Risikomanagement, die → Corporate Governance und die → Corporate Compliance. Diese Rahmenbedingungen werden vorwiegend von den → Governors gestaltet.

REPORTING

Das Reporting erstreckt sich auf die Aufbereitung und Bereitstellung bzw. Verteilung von → Monitoring-Ergebnissen in Form von Berichten. Für die Ergebnisdarstellung kommen konventionelle Tabellen und grafische Mittel wie Management-Dashboards oder -Cockpits zum Einsatz.

SCHNITTSTELLENSUBJEKT

Stellt bei einer Verknüpfung innerhalb eines → Prozessnetzwerks das referenzierte Subjekt in jenem Prozess dar, der angeknüpft werden soll. Wird im betrachteten Prozess als → externes Subjekt modelliert.

SERVICE

Subjekte nutzen Services zur Kommunikation mit anderen Subjekten oder als Zugriff auf → Geschäftsobjekte. In S-BPM ist ein Service eng an ein Subjekt gekoppelt. Damit kann eine → service-orientierte Architektur auch subjektorientiert aufgebaut werden.

SERVICE-ORIENTIERTE ARCHITEKTUR (SOA)

Service-orientierte Architekturen bezeichnen Softwaresysteme, welche aus lose gekoppelten Funktionsbausteinen (Services) aufgebaut sind. Jeder Service übernimmt klar abgegrenzte fachliche Aufgaben und kapselt Applikationslogik und Daten. Die gesamte Logik einer Geschäftsanwendung lässt sich so auf viele voneinander unabhängige Dienste verteilen. Die einzelnen Services sind in verschiedenen Kontexten wiederverwendbar.

SERVICEPROZESS

Ein Serviceprozess ist ein Prozess, der ein definiertes Ergebnis hat und von mehreren anderen Prozessen zu dessen Erbringung genutzt werden kann. Auf der Seite des Serviceprozesses erfolgt die Kopplung an den nutzenden Prozess über ein allgemeines externes Subjekt, welches alle potenziellen Nutzerprozesse repräsentiert. In diesen wiederum wird das → Schnittstellensubjekt als → externes Subjekt verwendet.

S-BPM → SUBJEKTORIENTIERTES GESCHÄFTSPROZESSMANAGEMENT

S-BPM-AKTIVITÄTSBÜNDEL → AKTIVITÄTSBÜNDEL

S-BPM-AKTEURE

Akteure sind die Handelnden im → S-BPM-Vorgehensmodell. Gewissermaßen sind sie in S-BPM Meta-Subjekte, die den Gestaltungsprozess vorantreiben. Kümmerer, Treiber und Verantwortliche → Governors) schaffen die Rahmenbedingungen, unter denen operativ Arbeitshandelnde → Actors), gegebenenfalls mit Fachspezialisten → Experts) Arbeitsaufgaben erledigen. → Governors zeichnen auch für die organisationale Entwicklung verantwortlich. Die jeweiligen Entwicklungsschritte werden von organisationalen Entwicklungsbegleitern → Facilitators) unterstützt, unter Umständen ebenfalls unter Einbeziehung von Fachexperten. S-BPM sieht keine hierarchische Gliederung der Akteure vor. Es bedarf daher keiner expliziten Leitungsstrukturen. Zudem ist zu bemerken, dass im S-BPM die klassische Unterscheidung zwischen Fachbereich und IT aufgelöst wird. Vertreter von beiden Bereichen finden sich in allen Rollen wieder.

S-BPM-METHODIK → S-BPM-VORGEHENSMODELL

S-BPM-VORGEHENSMODELL

Das Vorgehen zur Implementierung von subjektorientierten Geschäftsprozessen wird als S-BPM-Vorgehensmodell beschrieben. Das Objekt für das Vorgehensmodell bilden dabei die Geschäftsprozesse, die mit den → Aktivitätsbündeln, Analyse, Modellierung, Validierung, Optimierung, organisationsspezifische Implementierung, IT-Implementierung sowie Betrieb und Monitoring, gestaltet werden. Die Aktivitätsbündel im S-BPM werden in der Regel in einem offenen, von den → S-BPM-Akteuren situativ gesteuerten Regelkreis durchgeführt.

S-BPM-WERKZEUGE

Folgende Werkzeuge zur Unterstützung des → S-BPM-Vorgehensmodells sind bei Drucklegung des vorliegenden Buches auf dem Markt erhältlich: jBOOK ist ein Dokumentationswerkzeug zur Unterstützung der subjektorientierten Analyse. jSIM können Akteure nutzen, um Prozessabläufe anhand subjektorientierter Modelle am Rechner zu simulieren. Die Metasonic Suite besteht aus einer Reihe von Tools: Das Modul „Build" unterstützt die Modellierung der Subjekte, ihres Verhaltens, ihrer Interaktionen sowie der dabei ausgetauschten Nachrichten und Geschäftsobjekte. „Proof" ermöglicht die verteilte, rechnergestützte Validierung, und „Flow" steuert als Process Engine die Ausführung von Instanzen mit allen am Prozess Beteiligten. Zum Basismodul zählt u. a. der „User Manager", mit dem die Verantwortlichen bei der organisationsspezifischen Implementierung die Zuordnung von Benutzern zu Rollen und Subjekten vornehmen können.

SUBJEKT

Subjekte repräsentieren Menschen oder technische Systeme wie Maschinen oder Computerprogramme mit einem bestimmten Verhalten. Als Handelnde in definierten Rollen erledigen sie ihre individuellen Aufgaben und interagieren miteinander, um ihr gemeinsames Handeln zur Erreichung des gewünschten Prozessergebnisses zu strukturieren und abzustimmen. In der Regel nutzen sie dazu geeignete Werkzeuge sowie Informations- und Geschäftsobjekte, auf die sie lesend oder schreibend zugreifen, und die sie austauschen. Subjekte haben einen auf den Prozess bezogenen Bezeichner und ein entsprechendes → Subjektverhalten.

SUBJEKTINTERAKTIONSDIAGRAMM (SID)

Ein Subjektinteraktionsdiagramm stellt die Interaktionsbeziehungen zwischen den am Prozess beteiligten → Subjekten dar. Dies sind die zwischen den Subjekten ausgetauschten → Nachrichten. Solche Nachrichten können bei Bedarf strukturierte Information, sogenannte → Geschäftsobjekte enthalten. Ergebnis ist das Subjektinteraktionsdiagramm (SID) als ein nach Subjekten strukturiertes Modell mit expliziten Kommunikationsbeziehungen, das synonym als Kommunikationsstrukturdiagramm (KSD) bezeichnet wird.

SUBJEKTKLASSE

Eine Subjektklasse ist ein abstraktes Subjekt, das zur Prozesslaufzeit mit einem bestimmten Subjektnamen belegt wird.

SUBJEKTORIENTIERTE BESCHREIBUNG EINES PROZESSES

Die subjektorientierte Beschreibung eines Prozesses beginnt mit der Identifikation der am Prozess beteiligten prozessspezifischen Rollen, den → Subjekten, und der zwischen diesen ausgetauschten → Nachrichten. Beim Senden von Nachrichten werden die vom Empfänger benötigten Daten als einfache Parameter oder komplexere → Geschäftsobjekte übermittelt. In einer weiteren Verfeinerungsstufe wird beschrieben, welche Aktivitäten und Interaktionen die Subjekte bei der Erledigung des Vorgangs in welcher Reihenfolge ausführen, d. h. es wird das → Subjektverhalten der einzelnen Subjekte definiert. Für jedes Subjekt wird die Reihenfolge festgelegt, in welcher es Nachrichten sendet, empfängt und interne Aktionen ausführt, sowie in welchen → Zuständen es sich dabei befindet (Senden, Empfangen, Funktionszustand). Den einzelnen Zuständen und Zustandsübergängen in einer Subjektbeschreibung wird schließlich eine Operation zugeordnet, wobei es nicht von Bedeutung ist, wie diese definiert wird.

SUBJEKTORIENTIERTES GESCHÄFTSPROZESSMANAGEMENT (S-BPM)

Es stellt in seinem Wesen das Subjekt eines Prozesses in den Mittelpunkt der Betrachtung. Damit werden Geschäftsprozesse und ihr organisatorisches Umfeld aus einer Kommunikationsperspektive der involvierten Akteure betrachtet.

SUBJEKTORIENTIERTES MODELL

Die wesentlichen Elemente eines subjektorientierten Modells sind:

- die an dem Prozess beteiligten Subjekte,
- die zwischen ihnen stattfindenden Interaktionen,
- die Nachrichten, die sie bei jeder Interaktion senden bzw. empfangen, sowie
- das Verhalten der einzelnen Subjekte

In der Beschreibung eines Subjekts wird festgelegt, in welcher Reihenfolge es Nachrichten sendet und empfängt bzw. interne Funktionen ausführt. Sein Verhalten definiert also, in welcher Reihenfolge das Subjekt welche Prädikate (Operationen) anstößt. Dies können die Standardprädikate Senden oder Empfangen sein oder andere Prädikate, die auf entsprechenden Objekten definiert sind.

SUBJEKTORIENTIERUNG

Unter Subjektorientierung wird im S-BPM die Ausrichtung der Geschäftsvorgänge auf Handlungsträger (Akteure) oder ausführende IT-Komponenten verstanden, die im Rahmen von Geschäftsvorgängen in Kommunikationsbeziehungen zu anderen Subjekten steht. Sie begründet ein durchgängiges → S-BPM-Vorgehensmodell. Der Fokus liegt auf der Zusammenarbeit von Beteiligten an Prozessen und Verantwortlichen für Prozesse, die in einer global vernetzten Struktur das Wissen vom Unternehmen teilen. Damit ist S-BPM ein Ansatz, die Organisation ganzheitlich weiterzuentwickeln. Und das vor dem Hintergrund von Prozessen, die sich in subjektorientierter Form in besonders geeignetem Maße in komplexe und heterogene IT-Landschaften integrieren lassen.

SUBJEKT-PRÄDIKAT-OBJEKT IN DER MODELLBILDUNG

Je nachdem, welche Modellelemente essenziell sind, werden bei der Geschäftsprozessdefinition verschiedene Ansätze zur Modellbildung verwendet. Um diese essentiellen Elemente werden die Akzidenzien gruppiert. Folgende Aspekte der Modellbildung in der Softwareentwicklung werden derzeit verwendet:

- Beim funktionalen Ansatz stehen im Mittelpunkt Funktionen. Beispiele für funktionsorientierte Modelle sind Kontrollflussdiagramme und Datenflussdiagramme nach deMarco oder Ereignisgesteuerte Prozessketten (EPK).
- Beim datenorientierten Ansatz werden Akzidenzien um Daten gruppiert.
- Ein allgemein bekanntes Beispiel für datenorientierte Modellierungsansätze sind Entity-Relationship-Diagramme.
- Beim objektorientierten Ansatz werden Akzidenzien um Objekte gruppiert. Objekte in der Informatik sind Datenstrukturen und die Operationen auf diesen Datenstrukturen.

Der objektorientierte Modellierungsansatz gilt als der zurzeit am meisten akzeptierte. Eine bekannte Beschreibungsmethode ist die Unified Modeling Language (UML).

SUBJEKTTRÄGER

Im Rahmen der → organisationsspezifischen Implementierung werden abstrakte Subjekte auf konkrete Menschen übertragen, die sogenannten Subjektträger.

SUBJEKTVERHALTEN

Die Handlungen eines Subjektes im Rahmen eines Prozesses nennt man Subjektverhalten. Über → Zustände und Zustandsübergänge wird beschrieben, welche Aktionen es durchführt und wie diese voneinander abhängen. Neben den Kommunikationsaktionen Senden und Empfangen führt ein Subjekt auch sogenannte interne Aktionen/Funktionen aus.

SUBJEKTVERHALTENSDIAGRAMM (SVD)

Das vollständige Verhalten eines Subjektes wird im Subjektverhaltensdiagramm (SVD) beschrieben. Es besteht aus → Zuständen und Zustandsübergängen.

VALIDIERUNG

Im Prozessmanagement wird unter Validierung eine Überprüfung verstanden, ob ein Geschäftsprozess effektiv ist, d. h., ob das von ihm erwartete Ergebnis in Form eines Produktes oder einer Dienstleistung erbracht wird. Dies entspricht dem in der ISO 9001 (Prozesse der Produktion und Dienstleistungserbringung) geforderten Nachweis, dass ein Prozess geeignet ist, die vorgegebenen Spezifikationen und Qualitätsmerkmale zu erfüllen. Als Output eines Prozesses wird dabei nicht nur das Prozessergebnis aus der Sicht von Kunden gesehen, sondern auch sein Beitrag zur Umsetzung der Unternehmensstrategie, also sein Wertbeitrag. Mit der Validierung soll sichergestellt werden, dass der Prozess die an ihn gestellten Anforderungen erfüllt („doing the right things") und die im Zuge der Analyse und Modellierung vorgenommene Spezifikation der Prozessergebnisse und Prozessabläufe das ermöglichen, was eine Organisation mit dem betrachteten Prozess erreichen möchte. Davon abzugrenzen ist die → Optimierung, wo beispielsweise durch Simulation die Effizienz des Modells verbessert werden soll („doing the things right"). Andernfalls können Validierung und Optimierung zeitlich zusammenfallen. So werden in der Praxis üblicherweise bei einem Validierungs-Workshop auch dort erkannte Optimierungsansätze aufgegriffen.

VERHALTEN → SUBJEKTVERHALTEN

VERHALTENSMAKRO

Ein Verhaltensmakro ist ein Zustand, der mehrfach an beliebigen Stellen im Verhalten eines Subjektes eingebunden werden kann.

VERHALTENSMAKROKLASSE

Eine Verhaltensmakroklasse ist eine Verhaltensbeschreibung, die mehrfach in das Verhalten verschiedener Subjekte eingebunden werden kann.

VERHALTENSREDUKTION

Unter einer Verhaltensreduktion versteht man eine Vereinfachung des Verhaltens eines Subjekts auf jene Aspekte, die von einem anderen Subjekt erkennbar sein müssen, das mit dem reduzierten Subjekt kommunizieren möchte. Dieses andere Subjekt ist nur am Kommunikationsverhalten des Partners interessiert.

VORGEHENSMODELL → S-BPM-VORGEHENSMODELL

WAHLFREIHEIT

Unter Wahlfreiheit versteht man, dem → Subjekt(-träger) die Entscheidung für verschiedene Optionen in seinem Verhalten zu überlassen.

WORKFLOW

Zur Realisierung einer IT-Unterstützung ist ein Geschäftsprozess als Workflow abzubilden, bei dem es sich um die detaillierte Spezifikation des Prozesses aus IT-Sicht handelt. Ein Workflow ist eine

* formale Beschreibung von
* Aktivitäten, welche
* miteinander kommunizierende Handelnde (Rollen / Personen, eingebundene IT-Systeme)
* teilweise oder komplett automatisiert auf
* Objekten (Inputs und Outputs inkl. Datenstrukturen) unter
* Befolgung von Geschäftsregeln (Business Rules) und
* gesteuert durch die Geschäftslogik (Business Logic)

ausführen. Ein Workflow ist also eine Verfeinerung des rein fachlichen, der Umsetzung der Strategie dienenden Geschäftsprozesses (was?) im Hinblick auf die IT-Unterstützung (wie?).

ZUSATZSEMANTIK

Für einzelne Subjekte oder Zustände innerhalb der Verhaltensbeschreibungen besteht die Möglichkeit, eine Zusatzsemantik und damit Gründe für die Existenz eines Subjekts oder Zustands innerhalb eines Prozesses oder für einzelne Zustände in einer Verhaltensbeschreibung anzugeben.

ZUSTÄNDE

Bei den Zuständen eines Subjekts wird deshalb unterschieden zwischen Aktions- und Kommunikationszuständen zur Interaktion mit anderen Subjekten (Empfangen und Senden). Hieraus ergeben sich für ein Subjekt drei unterschiedliche Zustandstypen, in denen sich ein Subjekt befinden kann:

- Funktionen ausführen (Funktionszustand)
- Nachrichten senden (Sendezustand)
- Nachrichten empfangen (Empfangszustand)

INDEX

AUTOREN

Albert Fleischmann

Albert Fleischmann ist Aufsichtsratsvorsitzender des von ihm gegründeten Unternehmens Metasonic AG. Zuvor leitete er das Unternehmen von seiner Gründung 2004 bis 2009. Er hat durch seine Beratertätigkeit langjährige Erfahrung im Prozessmanagement. 2003 war er Mitglied des Bewertungsteams für den European Quality Award. Vor seiner Beratertätigkeit war Albert Fleischmann bei verschiedenen internationalen Computerherstellern in der Forschung, Service und Vertrieb beschäftigt. Er beschäftigt sich mit dem Entwurf und der Implementierung verteilter Softwaresysteme und mit der Beschreibung und Implementierung von Geschäftsprozessen im Besonderen. Dazu hat er zwei Bücher geschrieben und mehrere Artikel veröffentlicht. Albert Fleischmann hat Informatik an der Universität Erlangen studiert und auch dort promoviert.

Werner Schmidt

Werner Schmidt ist Professor für Wirtschaftsinformatik an der Hochschule für Angewandte Wissenschaften (FH) Ingolstadt. Nach einer Lehre zum DV-Kaufmann studierte er BWL (Hauptfächer Wirtschaftsinformatik und Unternehmensführung) an der Universität Erlangen-Nürnberg und promovierte dort in Wirtschaftsinformatik. Anschließend war er mehrere Jahre in der Softwareentwicklung tätig. Hauptthema in Lehre und Forschung bilden – wie bereits während der gesamten berufspraktischen und akademischen Laufbahn – das Management von Prozessen und deren Unterstützung durch IT. Zweites, angrenzendes Themenfeld ist das IT-Management. Beide Schwerpunkte spiegeln sich in der Herausgeber- und Autorenschaft bei einer Reihe von Fachpublikationen sowie in der Begleitung von entsprechenden Praxisprojekten wider.

/